WO DEUTSCHLAND AM SCHÖNSTEN IST

1000 Ausflugsziele fürs ganze Jahr

Freizeit • Familie • Ferienideen

Erläuterungen der Symbole

Hotels: Preise für eine Ü im DZ ohne Frühstück

€€€€ über 240 Euro €€€ 180 – 240 Euro €€ 150 – 180 Euro € bis 120 Euro

Restaurants: Preise für ein Menü mit Vorspeise und Dessert ohne Getränke

€€€€ über 60 Euro €€€ 40 – 60 Euro €€ 25 – 40 Euro € unter 25 Euro

Baden-Württemberg

Bayern

Berlin

Brandenburg

Bremen

Hamburg

Hessen

Mecklenburg-Vorpommern

Niedersachsen

Nordrhein-Westfalen

Rheinland-Pfalz

Saarland

Sachsen

Sachsen-Anhalt

Schleswig-Holstein

Thüringen

Baden-Württemberg

Die Leute sprechen wie Winfried Kretschmann und Jogi Löw, sie bauen Häusle und Autos (was für Häusle! Was für Autos!), essen Spätzle und Maultaschen und halten das Geld zusammen. Ist ja nicht ganz falsch, das Klischee – aber die Wirklichkeit im »Ländle« zwischen Bodensee, Schwarzwald und Heidelberg hat mehr zu bieten.

Heilig's Blechle und gelobt sei, was mehr PS hat. Andacht im Mercedes-Benz-Museum in Stuttgart.

Museumsmeile

Baden-Baden

Mit seinem Casino, seinen Luxushotels, Museen, Parkanlagen und nicht zuletzt auch mit seinen großartigen Bädern – dem Friedrichsbad und der modernen Caracalla-Therme – ist der traditionsreiche »Weltkurort« am Westrand des Schwarzwalds eines der bekanntesten Reiseziele in Deutschland. Als Kulturmetropole genießt Baden-Baden europaweites Ansehen. Großartig ist die Museumsmeile am Westufer der Oos:

1

Kulturhaus LA8, Staatliche Kunsthalle, Museum Frieder Burda und Stadtmuseum Baden-Baden – vier herausragende Museen auf 800 m Strecke! Auch »outdoor« hat Baden-Baden mit seinen wunderbaren Grünanlagen eine Menge zu bieten. Der Rosenneuheitengarten auf dem Beutig (Moltkestraße), von Mitte März bis zum Herbst täglich bis Sonnenuntergang geöffnet, gilt bei Botanikern in ganz Europa als Institution. Zum Pflichtprogramm gehört auch die Fahrt mit der 100 Jahre alten Standseilbahn auf den Hausberg Merkur (668 m). Noch mal 23 m höher ist der Aussichtsturm auf dem Gipfel, von dem man bis nach Straßburg sehen kann.

Info, Schwarzwaldstr. 52 und Kaiserallee 3;
Tel. 0 72 21/27 52 00; www.baden-baden.de

2

Schloss
Mannheim

Mit dem ICE fährt man direkt vorbei an der spätbarocken Fassade (1720–1760), hinter der heute Studenten und Dozenten residieren. Es gibt aber auch prächtige Räume wie den Rittersaal zu sehen, dazu kostbares Mobiliar und Accessoires, historische Sammlungen und die Kabinettsbibliothek der Kurfürstin Elisabeth Augusta.

Bismarckstr. 1; Tel. 06 21 / 2 92 28 91; www.schloss-mannheim.de; Mo geschl.

3

Münster
Freiburg

Um 1200 begonnen, Anfang des 16. Jh. vollendet: eines der schönsten gotischen Baudenkmäler in Deutschland. Im Innenraum beeindrucken vor allem die Skulpturen, der Hochaltar (1512–1516) und die vielen farbigen Glasfenster – bei Sonnenschein besonders eindrucksvoll!

Münsterplatz;
Tel. 07 61 / 20 27 90;
www.freiburgermuenster.info

4

Kunsthaus L6
Freiburg

Kunst ist eine Lebensform: Zehn Künstlerateliers, acht Probenräume für Bands, Werkstatträume und ein Wohnatelier für Gastkünstler aus aller Welt stellt die Stadt Freiburg seit 2004 im Kunsthaus L6 im Stadtteil Zähringen zur Verfügung. Dazu kommt eine Ausstellungshalle, in der aktuelle Kunst aus der Region zu sehen ist.

Lameystr. 6;
Tel. 07 61 / 58 53 94 57;
www.freiburg.de/kunsthausl6

Zeppelin-museum
Friedrichshafen

Im ehemaligen Hafenbahnhof wurde ein Teil der 245 m langen »Hindenburg« rekonstruiert, des größten jemals gebauten Zeppelins, der 1937 in den USA in Flammen aufging.
Wer sich von den schwarz-weißen Fotos des explodierenden Zeppelins nicht abschrecken lässt, kann nach Besichtigung der sehenswerten Dokumentation von der Zeppelinhalle zwischen Messe und Flughafen mit einem modernen Zeppelin in die Luft gehen (Tel. 0 75 41/5 90 00; www.zeppelinflug.de); der kürzeste, 30 Minuten dauernde Rundflug kostet 265 Euro.

5

Seestraße 22;
Tel. 0 75 41/3 80 10;
www.zeppelin-museum.de

6

Technoseum
Mannheim

Das ehemalige Landesmuseum für Technik und Arbeit vermittelt eine anschauliche, sehr lebendige und unterhaltsam inszenierte Zeitreise durch die unterschiedlichen Lebens- und Arbeitswelten im Lauf der Industrialisierung – mit den entsprechenden Wohn-Interieurs, Werkstatteinrichtungen und Büroausstattungen.

Museumsstr. 1; Tel. 06 21/ 4 29 89; www.landesmuseum-mannheim.de

7

Deutsches Literaturarchiv
Marbach

Eine kurze Strecke neckarabwärts von Ludwigsburg stehen in Marbach das alte Geburtshaus Friedrich Schillers (1759–1805) und die neue Gralsburg der deutschen Sprache: das 2006 eröffnete Literaturmuseum der Moderne, entworfen von David Chipperfield. Seine Schätze sind »nur« beschriebenes Papier – aber das Originalmanuskript von Kafkas »Process« zu sehen und zu wissen, dass Literatur danach nicht mehr dieselbe gewesen ist, ist schon für einen kleinen Schauer gut.

Schillerhöhe 8–10; Tel. 0 71 44/ 84 80; www.dla-marbach.de; Mo geschl.

8

Schloss
Rastatt

»Versailles am Rhein« wird es genannt: Das französische Vorbild ist unverkennbar. Dennoch ist Schloss Rastatt, 25 km südlich von Karlsruhe, ein »Original«. Als einzige barocke Schlossanlage am Oberrhein hat es den Krieg unbeschadet überstanden. Die 1705 bezogene Residenz beeindruckt mit ihrer 230 m langen Gartenfront und prunkvollen Räumen. Im Schloss befindet sich auch das Wehrgeschichtliche Museum. Im schönen barocken Zentrum von Rastatt steigt übrigens alle zwei Jahre im Mai das bunte »tête-à-tête«-Straßentheaterfestival (www.tete-a-tete.de).

Herrenstr. 18–20; Tel. 0 72 22/97 83 85; www.schloss-rastatt.de; Mo geschl.

Schloss Meersburg
Meersburg

10

Eine echte Ritterburg mit Wehrgängen, Türmen, einem großen Rittersaal und einer Folterkammer, höchst fotogen über dem Bodensee gelegen – mit weitem Panoramablick bis zu den Alpen: So eine Immobilie muss die Menschen in Scharen anziehen. Was sie auch tut. Ursprünglich im 7. Jh. erbaut, ist diese älteste bewohnte Burg Deutschlands heute im Stil des Biedermeiers eingerichtet. Was aber völlig in Ordnung ist, denn die berühmteste Bewohnerin des Schlosses, die Dichterin Annette von Droste-Hülshoff, lebte hier von 1841 bis zu ihrem Tod im Revolutionsjahr 1848, als Schluss mit bieder war.

Schlossplatz 10; Tel. 0 75 32/8 00 00; www.burg-meersburg.de

Pfahlbaumuseum
Unteruhldingen

9

Zurück in die Steinzeit: Beim einstündigen Rundgang am und über dem Bodensee hat man Gelegenheit, die sorgfältig rekonstruierten Waffen und Werkzeuge unserer Ahnen von vor 4000 Jahren in die Hand zu nehmen. Die Lage der fotogenen Pfahlbauten im ältesten Naturschutzgebiet der Region nahe Birnau ist wunderbar.

Strandpromenade 6;
Tel. 0 75 56/92 89 00;
www.pfahlbauten.de

11

Kloster
Maulbronn

Man muss nicht Hermann Hesses Jugenderinnerungen über seine Schulzeit in Maulbronn (»Unterm Rad«) gelesen haben, um den am besten erhaltenen Klosterkomplex nördlich der Alpen mit Ehrfurcht zu betrachten. Im Jahr 1147 hatten Zisterziensermönche damit begonnen, im abgeschiedenen Salzachtal am Nordrand des Schwarzwalds ein Kloster zu bauen. In der Folge entstand eine ausgedehnte Anlage mit Kirche, Kreuzgang, Refektorien, einem Kapitelsaal, Kellergewölben und einem Klostergarten. Ein Museum informiert über die Geschichte der seit 1993 gelisteten Welterbestätte. Von Mai bis September finden die stimmungsvollen Klosterkonzerte statt.

Klosterhof 5; Tel. 0 70 43/92 66 10; www.kloster-maulbronn.de

Schloss
Achberg

12

Das ehemalige Deutschordensschloss thront, hinter Bäumen versteckt, auf einem Bergsporn hoch oberhalb der Argenschlucht und zählt zu den Geheimtipps im Hinterland des Bodensees. Beeindruckend ist der imposante Rittersaal mit einer der detailfreudigsten Stuckdecken Süddeutschlands. Von Frühjahr bis Herbst finden in Schloss Achberg Kulturveranstaltungen, Kunstausstellungen und klassische Konzerte statt. Bei Führungen können Gäste die Geschichte des Hauses entdecken oder in die aktuelle Kunstausstellung eintauchen. Ein buntes Familien und Kinderprogramm begeistert auch die kleinsten Schlossbesucher/innen.

Achberg 2; Tel. 07 51/85 95 10; www.schloss-achberg.de

Bauernhaus-Museum
Wolfegg

13

Inmitten der idyllischen Hügel Oberschwabens liegt das Bauernhaus-Museum in Wolfegg mit seinen 28 historischen Bauernhäusern und Nebengebäuden aus Oberschwaben und dem württembergischen Allgäu. Die originalgetreu eingerichteten Stuben, Kammern, Ställe und Werkstätten geben einen authentischen Einblick in die einstigen Lebens- und Arbeitsumstände der Landbevölkerung. Die über 15 ha umfassende Kulturlandschaft, die Bauerngärten und zum Teil frei laufende Tiere begeistern große und kleine Besucher/innen. Die Ausstellung über die »Schwabenkinder«, Sonderausstellungen und ein großes pädagogisches Angebot vermitteln lebendig regionale und länderübergreifende Geschichte.

Bauernhaus-Museum Allgäu-Oberschwaben Wolfegg;
Vogter Str. 4; Tel. 0 75 27/9 55 00;
www.bauernhaus-museum.de

Schloss
Ludwigsburg

14

1704 begann Herzog Eberhard Ludwig von Württemberg (1693–1733) mit dem Bau eines Jagdschlösschens 14 km nördlich von Stuttgart. Bis 1733 entstand ein verstreutes Ensemble von 18 Gebäuden in einem insgesamt 32 Hektar großen Park. Mag das mit Stuckschnörkeln, Porzellanblumen, Spiegeln und Putten prunkende Residenzschloss auch als eine der größten Barockanlagen Europas gelten – die kleineren Lustschlösser Favorite und Monrepos, wunderbar in der weitläufigen Parklandschaft gelegen, sind vielleicht noch schöner.

Schlossstr. 30;
Tel. 0 71 41/18 64 00;
www.schloss-ludwigsburg.de

15

ZKM
Karlsruhe

Daddeln, bis die Finger glühen: Computerspiele gehören eigentlich nicht ins Museum, im Zentrum für Kunst und Medientechnologie ZKM aber schon. Es gibt natürlich auch »seriöse« Abteilungen, die spannend, bunt und unterhaltsam vermitteln, wie moderne Medien zu Kunst werden oder wie moderne Kunst zum Medium wird und was das alles für unser Leben bedeutet. Besucher werden schon mal zum »mobile tagging« eingeladen: Wer mit dem Handy den QR-Code fotografiert und die Software zur Decodierung besitzt, sieht Texte und Bilder oder hört Töne. Attraktives Veranstaltungsprogramm.

Lorenzstr. 19;
Tel. 07 21/8 10 00;
www.zkm.de; Mo, Di geschl.

16

Die »Goldstadt«
Pforzheim

Schon gewusst? 75 Prozent des deutschen Schmucks kommen aus Pforzheim. Im Industriehaus nahe dem Bahnhof sind die Schmuckwelten (www.schmuckwelten.de, So/Fei geschl.) untergebracht: Die »Einkaufswelt« zeigt heimische und internationale Geschmeide und Uhren, die »Erlebniswelt« bietet Information und Interaktion: Man kann sich an einer Wand aus Gold entlangtasten, Mineralien bewundern und in der Gläsernen Manufaktur Goldschmieden bei der Arbeit zusehen. Am Stadtgarten zeigt das Schmuckmuseum (www.schmuckmuseum.de, Mo geschl.) Schmuckkunst aus 5000 Jahren, und im Technischen Museum (www.technisches-museum.de) demonstrieren Mitarbeiter an verschiedenen Maschinen, wie Goldketten, Anhänger und Ringe entstehen.

Schlossberg 15–17;
Tel. 0 72 31/39 37 00;
www.pforzheim.de

Kunstmuseum
Stuttgart

17

Der gläserne Würfel am Schlossplatz weckt die Neugierde – und enttäuscht sie dankenswerterweise nicht. Was man von außen sieht, ist dabei nur der kleinste Teil des 2005 eröffneten Kunstmuseums, das zur Hauptsache unter der Erde liegt und mit seiner avantgardistischen Architektur eine faszinierende Raumwirkung entfaltet. Neben der weltgrößten Sammlung von Werken Otto Dix' sind in der Dauerausstellung großartige Werke der klassischen Moderne bis hin zur Gegenwartskunst zu sehen.

Kleiner Schlossplatz 1; Tel. 07 11/21 61 96 00; www.kunstmuseum-stuttgart.de; Mo geschl.

Porsche-Museum
Stuttgart

18

Die Zuffenhausener haben für ihre Selbstdarstellung ein »unmögliches« Bauwerk errichten lassen, das tatsächlich eher eine (sehr schiefe) Brücke als ein Haus ist. Weil auf weitere Inszenierungen verzichtet wird, sieht man innen nicht mehr als – zugegeben – schöne Autos. Aufregend ist das »Haus«.

Porscheplatz 1; Tel. 07 11/91 12 09 11; www.porsche.com/museum/de; Mo geschl.

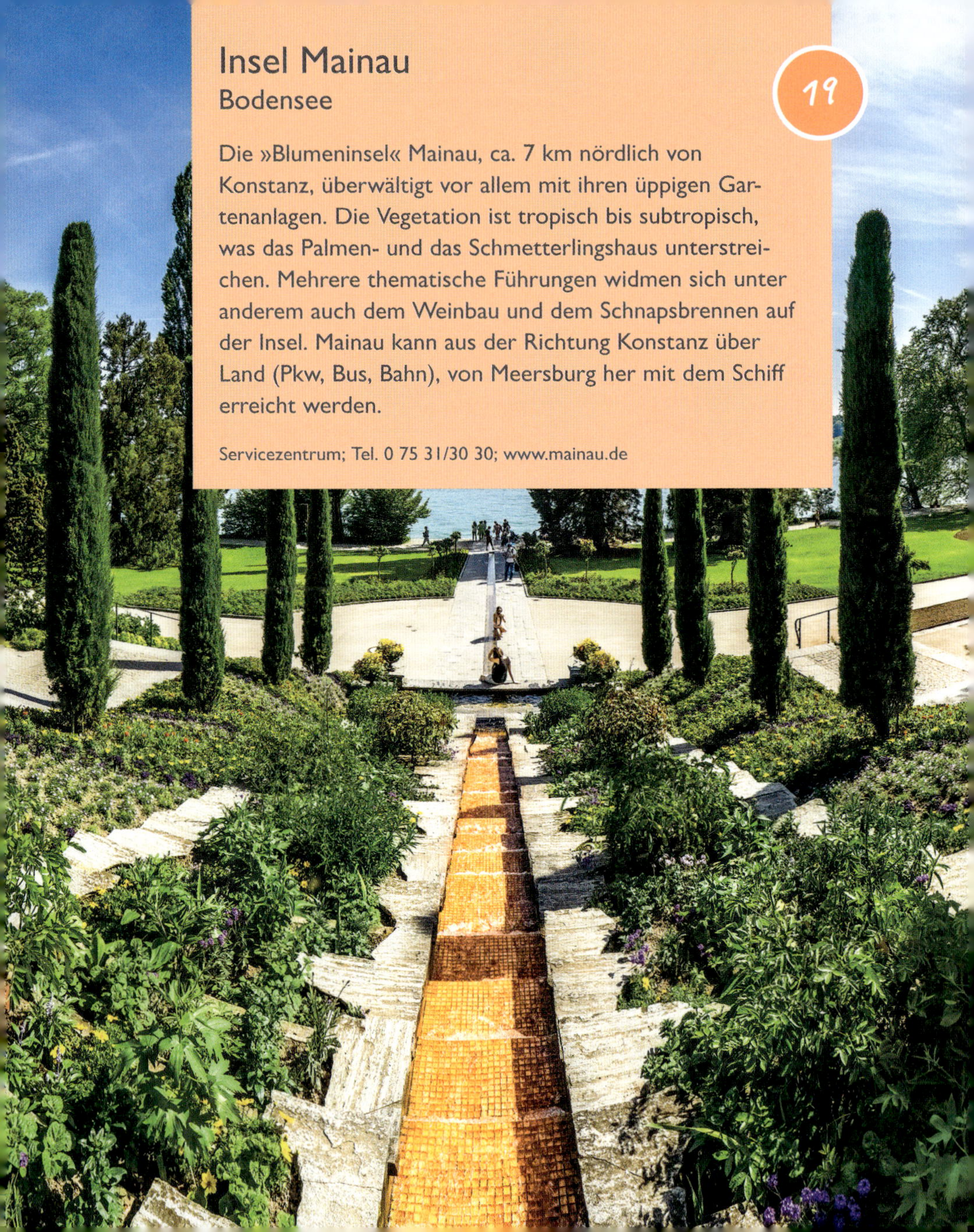

19

Insel Mainau

Bodensee

Die »Blumeninsel« Mainau, ca. 7 km nördlich von Konstanz, überwältigt vor allem mit ihren üppigen Gartenanlagen. Die Vegetation ist tropisch bis subtropisch, was das Palmen- und das Schmetterlingshaus unterstreichen. Mehrere thematische Führungen widmen sich unter anderem auch dem Weinbau und dem Schnapsbrennen auf der Insel. Mainau kann aus der Richtung Konstanz über Land (Pkw, Bus, Bahn), von Meersburg her mit dem Schiff erreicht werden.

Servicezentrum; Tel. 0 75 31/30 30; www.mainau.de

20

Schlossgarten
Schwetzingen

Sozusagen ein Crossover-Gesamtkunstwerk aus Architektur und Natur, aus Barock und Romantik. In der zweiten Hälfte des 18. Jh. entstand hinter der Sommerresidenz der pfälzischen Kurfürsten in Schwetzingen, 12 km westlich von Heidelberg, einer der beeindruckendsten Schlossgärten Europas. Zu den sehr sehenswerten Gebäuden auf dem 73 Hektar großen Areal zählen die Moschee, das römische Wasserkastell, das wunderschöne Badhaus und das berühmte Rokokotheater. Von Ende April bis Juni finden in diesem Ambiente die bekannten Schwetzinger Festspiele statt.

Tel. 0 62 21/65 88 80;
www.schloss-schwetzingen.de

21

Kunsthalle
Mannheim

Direkt am Friedrichsplatz mit dem Mannheimer Wahrzeichen, dem 60 m hohen Wasserturm, hängt und steht alles was Rang und Namen hat im europäischen Kunstbetrieb des 19. und 20. Jh. Bemerkenswert ist vor allem die Skulpturensammlung, noch bemerkenswerter der nicht unumstrittene Neubau, der voraussichtlich Ende 2017 eröffnet wird.

Friedrichsplatz 4;
Tel. 06 21/2 93 64 23;
www.kuma.art;
Mo geschl.

Ulmer Museum
Ulm

22

Die Wiege der Menschheit mag in Afrika liegen, die Wiege der Künste aber liegt auf der Schwäbischen Alb: 2008 fand man hier die 40 000 Jahre alte »Schwäbische Venus«, die älteste figürliche Darstellung der Menschheit. Im Ulmer Museum kann man zwar nicht sie, aber andere der frühesten Kunstwerke der Menschheit betrachten, darunter den »Löwenmensch« aus einer Zeit, als Mammuts und Löwen die Schwäbische Alb bevölkerten. Außerhalb der Archäologischen Sammlung ist im Museum neben etwas Spätgotik viel moderne Kunst zu sehen.

Marktplatz 9; Tel. 07 31/1 61 43 30; www.museumulm.de; Mo geschl.

23

Schloss
Heidelberg

Es ist die Kulisse zum großen Melodram der deutschen Romantik: Ein großes Gemäuer in walddunkler Bergesflanke; eine Burg ohne Menschen, leer und mit sehr viel Platz für träumende Seelen. Als die Soldaten des französischen »Sonnenkönigs« Ludwig XIV. 1689 und 1693 das gewaltige Renaissancebauwerk über der Stadt Heidelberg zerstörten, schufen sie damit ohne Absicht einen deutschen Sehnsuchtsort, ein Symbol – und eine der größten Sehenswürdigkeiten des Landes. Zugang am besten zu Fuß auf dem Burgweg in guten zehn Minuten oder mühelos mit der Bergbahn vom Kornmarkt. Der Schlosshof ist frei zugänglich, in die Innenräume gelangt man jedoch nur im Rahmen von Führungen.

Schlosshof 1;
Tel. 0 62 21/53 84 72;
www.schloss-heidelberg.de

24 Museum Sammlung Prinzhorn
Heidelberg

Im ehemaligen Hörsaalgebäude der Psychiatrischen Abteilung geht es ums Ganze. Was hier zu sehen ist, packt, berührt, beklemmt. Von 1919 bis 1921, als psychiatrische Anstalten noch »Irrenhäuser« hießen, sammelte der Heidelberger Arzt und Kunsthistoriker Hans Prinzhorn rund 5000 Kunstwerke von psychisch kranken Patienten. Hier versteht man, dass Kunst mehr sein kann als dekoraktiver Wandschmuck. Ohne Frage eines der wichtigsten Museen für »moderne« Kunst (was man so nennt) in Deutschland.

Voßstr. 2;
Tel. 0 62 21/56 44 92;
prinzhorn.ukl-hd.de;
Mo geschl.

Kloster und Schloss Salem

25

Salem beim Bodensee

Salem wurde 1134 als Zisterzienserkloster gegründet, kam im Laufe des Mittelalters mit seinem weitläufigen Besitz zu großem Wohlstand und wurde zur Reichsabtei erhoben. Nach einem verheerenden Brand im März 1697 bauten die Mönche das Kloster neu auf – nun im barocken Stil. Mit der Säkularisation 1802 wurde Salem Schloss der Markgrafen von Baden. Seit 2009 gehört es zum größten Teil zu den Staatlichen Schlössern und Gärten Baden-Württemberg.
Salem ist weitgehend im authentischen Zustand erhalten: die Gärten mit den Labyrinthen, die weitläufige Anlage mit den Wirtschaftsgebäuden, das gotische Münster, die Prälatur mit dem Kaisersaal, dem Appartement des Abtes und der Bibliothek. Bei einer Führung können sich die Besucher auf die Spuren der Mönche begeben und dabei erfahren, wie sie lebten und arbeiteten. Das Klostermuseum zeigt anhand hochkarätiger Exponate die Geschichte Salems. Und im Feuerwehrmuseum wird die Geschichte des Brandschutzes vom Mittelalter bis heute lebendig.

Tel. 0 75 33/9 16 53 36; www.salem.de; April–Okt.

26

Mercedes-Benz Museum

Stuttgart

Was der Weltkonzern neben das Gelände des unsteter performenden VfB Stuttgart hingestellt hat, ist eine Kathedrale des Glaubens an die nie endende Mobilität. Aus dem sakralen, fast 50 m hohen Atrium führen zwei Aufzüge, als Zeitmaschinen gestaltet, hinauf. Während der Fahrt hört man moderne Motoren, dann alte Motoren, zuletzt Hufgetrappel. Oben steht ein Pferd. Es schaut auf die Daimler-Motorkutsche und den Benz-Motorwagen, die ersten Autos überhaupt. 1 PS und seine technische Imitation, der Anfang einer Weltrevolution – und einer starken Inszenierung: Willkommen im Jahr 1886. Auf schrägen Rampen läuft man abwärts in die Zukunft, die Autos werden größer, die Motoren stärker. Sieben »Mythosräume« (von den ersten Autos der Welt bis zu den Silberpfeilen) und fünf »Collectionsräume« (Reisefahrzeuge, Lastwagen, Nutzfahrzeuge, Staatskarossen, Autos des Alltags) führen durch die Kulturgeschichte Deutschlands. Am Ende legt sich ein Schwarm Silberpfeile über den Köpfen der Besucher in die Kurve. Motoren dröhnen, Formel-1-Weltmeister nehmen Pokale entgegen. Es ist der dramaturgische Höhepunkt. Ein subversiver Vorschlag: Machen Sie die Zeitreise im Mercedes-Benz Museum mal in umgekehrter Richtung, gegen den Strom von »heute« nach »gestern«. Vom Dröhnen der Formel-1-Motoren und vom glatten Design des 21. Jh. zurück zu den Anfängen, wo 1 PS noch wieherte und die Emissionen im Kutschenverkehr sofort biologisch abbaubar waren. Damals entstand übrigens das Wort Kotflügel.

Mercedesstr. 100; Tel. 07 11/ 1 73 00 00; www.benz.me/ tickets; Mo geschl.

27

Urwelt-Museum Hauff

Holzmaden

Kurz hinter der Ausfahrt Aichlberg auf der A8 Richtung Ulm stapfen acht Saurier durchs Gras. Sie beißen nicht, sie spielen nicht mal, sie sind nur die lebensgroßen Rekonstruktionen früherer Schwaben – und glücklicherweise stumm. Das einzigartige Museum in Holzmaden, das größte private Naturkundemuseum Deutschlands, zeigt daneben eine Reihe ausgezeichnet präparierter Fossilien, unter ihnen einen riesigen Ichthyosaurier.

Aichelberger Str. 90;
Tel. 0 70 23/28 73; Mo geschl.
www.urweltmuseum.de

28

Münster

Ulm

Nur in Köln steht ein noch größerer gotischer Dom, und wie dieser wurde das Ulmer Münster – Baubeginn 1377 – erst Ende des 19. Jh. fertig, als der 161 m hohe Turm entstand. Von der Aussichtsterrasse, 20 m tiefer, sieht man bis zu den Alpen. Überwältigend der Raumeindruck, großartig das Chorgestühl (15. Jh.), der Kreuzaltar sowie die Glasfenster im Chor und in der angrenzenden »Besserkapelle«.

Münsterplatz;
Tel. 07 31/3 79 94 50;
www.muenster-ulm.de

Insel Reichenau

Bodensee

29

Das sprichwörtliche Paradies auf Erden liegt ganz nah. Reichenau, auf einem Damm vom Festland zu erreichen, zählt mit seinen drei Kirchen zum UNESCO-Welterbe: In St. Georg zeigt ein Freskenzyklus aus ottonischer Zeit (um 980) die Wundertaten Christi, die Basilika St. Peter und Paul birgt romanische Fresken, und im Münster St. Maria und Markus (9.–11. Jh.) sind das Grab Kaiser Heinrichs III. und eine Schatzkammer zu sehen. Heute geht es eher weltlich zu, auch wenn seit 1994 wieder Mönche hier leben: Die Insel ist ein bekanntes Gemüseanbaugebiet.

Tourist-Information, Pirminstr. 145; Tel. 0 75 34/9 20 70;
www.reichenau.de

30

Zwei Flüsse – eine Region – tausend Möglichkeiten

Wertheim

Wertheim liegt in idyllischer Lage an zwei Flüssen nahezu mitten in Deutschland. Die Stadt an der Romantischen Straße ist heute deutschlandweit als Shoppingeldorado Wertheim Village bekannt. Die mittelalterlichen Gassen mit den vielen kleinen Geschäften und die kleinen Plätze mit ihren Cafés und Restaurants muten beinahe mediterran an. Außergewöhnliche Kunst und besondere Ausstellungen gibt es in den Museen zu entdecken. Wahrzeichen der Stadt ist die mächtige Burgruine, die über der Altstadt thront. Wertheim ist der ideale Ausgangspunkt für Touren entlang von Main und Tauber wie z. B. ins »Himmelreich«. Weit über 150 Rad- und Wanderwege, teilweise mit höchsten Auszeichnungen prämiert, laden zum Erkunden ein. Egal, ob gemütliche Flachstrecken vorbei an herrlichen Flusslandschaften oder etwas anspruchsvollere Wege – alles ist verkehrsarm und top beschildert. Wertheim bildet zudem das Zentrum der »Route der Genüsse«. Hier heißt es entdecken, verkosten und genießen.

Gerbergasse 16; Tel. 0 93 42/93 50 90; www.tourismus-wertheim.de; www.route-der-genuesse.de

31

Park-Villa

Heilbronn

In feiner Heilbronner Wohngegend haben Elke und Hans-Peter Gaupp inmitten eines herrlichen Parks eine Jugendstilvilla und eine Landhaus-Dependance zu Gästehäusern umgebaut. Die Zimmer sind individuell und teilweise mit Antiquitäten eingerichtet. Bewacht wird die touristische Wohngemeinschaft vom (lebenden!) Hausgeparden »Bungee«.

Gutenbergstr. 30;
Tel. 0 71 31/9 57 00;
www.hotel-parkvilla.de; €€

32

Riva

Konstanz

Cool geht auch am Bodensee. Die blitzblank renovierte Jugendstilvilla und der angeschlossene, sehr eckige Neubau haben die Design-Hotellerie an die Seepromenade gebracht. Zimmer und Suiten sind kantig, aber nicht kalt, sehr hell, mit schönen Holzfußböden und der angemessenen technischen Ausstattung. Oben auf dem Dach genießt man beim Bad im Pool den Seeblick, unten im Restaurant »Ophelia« die mit zwei Michelin-Sternen ausgezeichnete französische Küche von Dirk Hoberg. Vorbildlich ist das Energiekonzept, das einen saisonalen Energiespeicher mit Wärmepumpen kombiniert.

Seestr. 25; Tel. 0 75 31/36 30 90; www.hotel-riva.de; €€€€

33

Schiefes Haus
Ulm

Die Restaurierung muss bestimmt spannend gewesen sein. In dem 1443 erbauten Fachwerkhaus neben der Donau gibt es keinen rechten Winkel. Trotzdem gelang das Kunststück, darin Hotelzimmer mit allem modernen Komfort einzurichten und die alte Bausubstanz dennoch zu erhalten. Sogar die Holzmalereien an den Deckenbalken im ersten Stock konnten gerettet werden. Darum ist man in Ulm natürlich auch stolz auf den Eintrag als »schiefstes Hotel der Welt« im Guinessbuch der Rekorde 1997.

Schwörhausgasse 6;
Tel. 07 31/96 79 30;
www.hotelschiefeshausulm.de;
€€

34

Le Méridien
Stuttgart

Vom Bahnhof durch den Schlossgarten getrennt, bietet das große, moderne City-Hotel eine Top-Lage nahe der Oper, schick designte Zimmer und einen eleganten Wellness-Bereich. Im Restaurant Le Cassoulet gibt es regionale Küche mit französischem Einschlag. Toller 24-Stunden-Service.

Willy-Brandt-Str. 30;
Tel. 07 11/2 22 10;
www.lemeridienstuttgart.com;
€€€

35

Brenner's Park-Hotel und Spa
Baden-Baden

Eines der schönsten deutschen Grandhotels. Mit ihm begann 1834 der Bädertourismus in Baden-Baden. In den Zimmern und Suiten Antiquitäten, in den Bädern Carrara-Marmor, im 2000 Quadratmeter großen Spa-Bereich das volle Wohlfühlprogramm. Das feine Parkrestaurant – Herren bitte im Jackett! – bietet feine Küche: leicht, französisch, mediterran und sehr gut.

Schillerstr. 4–6;
Tel. 0 72 21/90 00;
www.brenners.com; €€€€

36 Der Europäische Hof
Heidelberg

Luxus nicht von der Stange beziehungsweise in der Kette, sondern ganz privat – und das bereits in der dritten Familiengeneration.
Viel investiert wurde in den letzten Jahren nicht nur in die Renovierung der Zimmer, sondern auch in den wirklich schönen und bestens ausgestatteten, 600 Quadratmeter großen »Panorama Spa Club« – Fitness und Wellness (Pool, Sonnenterrasse, Sauna und Sanarium, Dampfbad, Solarium, Fitness, Beauty-Lounge und Personal Training) über den Dächern von Heidelberg – mit Blick aufs Schloss. Und beim Diner in der »Kurfürstenstube« überzeugt die Qualität der feinen Gourmetküche ebenso wie das stilvolle Ambiente unter der Kassettendecke.

Friedrich-Ebert-Anlage 1;
Tel. 0 62 21/51 50;
www.europaeischerhof.com;
€€€

37 Victoria
Freiburg

Wer der Meinung ist, dass »öko« ein anderes Wort für »verzichten« ist, sollte in dem notorisch »grünen« (und deshalb mehrfach ausgezeichneten) Best Western Premium Hotel mitten in Freiburg einchecken.
In den Zimmern steht zwischen Stuckdecken und Parkettfußböden eher modernes Mobiliar, das bevorzugt bei heimischen Schreinern bestellt wird, die dafür gut abgehangenes Schwarzwald-Gehölz verarbeiten. WLAN gibt's kostenlos, die Gratis-Fahrkarte für Busse und Bahnen auch. Die Lage am Colombipark, direkt am Rand der Altstadt, ist großartig, die »Hemingway«-Bar ein Hot Spot des Freiburger Nachtlebens.

Eisenbahnstr. 54;
Tel. 07 61/20 73 40;
www.hotel-victoria.de; €€

38 Bareiss
Baiersbronn

Mit Claus-Peter Lumpp, einem der neun deutschen Drei-Sterne-Köche hat das große Wohlfühlhotel im Luxusresort Baiersbronn einen herausragenden Botschafter. Aber nicht nur das Gourmetrestaurant bietet allen, die es sich leisten können, einen erstklassigen Service.
Im 2400 Quadratmeter großen Wellnessbereich findet man alles, das hilft, die Welt da draußen zu vergessen; die Spa- und Beauty-Anwendungen ziehen alle erdenklichen Register. Erwähnenswert, da bei Häusern dieser Kategorie nicht selbstverständlich: Familien mit Kindern sind ausdrücklich erwünscht.

Hermine-Bareiss-Weg;
Tel. 0 74 42/4 70;
www.bareiss.com; €€€€

Kreuz Post
Vogtsburg-Burkheim

Reiner Gehr ist ein ausgezeichneter Vertreter der Wirtevereinigung Kulinarischer Kaiserstuhl, und sein Hotel-Restaurant in Burkheim ist tatsächlich so etwas wie ein Geheimtipp. Hier gibt es badisch-elsässische Küche, mal klassisch, dann wieder in überraschenden bis gewagten Variationen. Verarbeitet wird, was die Jahreszeiten hergeben: Spargel und Pfifferlinge, Kürbis, Wild und Fisch. Die Weine kommen von den Winzern nebenan, die Obstbrände – Zwetschge, Mirabelle, Williamsbirne und Kirsche – produziert Reiner Gehr selbst.

Landstr. 1; Tel. 0 76 62/9 09 10; www.hotel-kreuz-post.de; €€

39

40

Basho-An
Freiburg

Der beste Japaner in Freiburg – und einer der besten in Deutschland. Wer im hellen, freundlichen und unaufgesetzt schlichten Ambiente mit Holzboden »nur« Sushi, Sashimi und Tempura bestellt, wird zwar auch glücklich, er sollte aber keineswegs die fantastischen Vorspeisen auslassen. Sehr zu empfehlen sind beispielsweise Sunomono Moriawase (in Reisessig eingelegte Meeresfrüchte und Gurken) oder Jagaimo Manju (Garnelen und Entenfleisch in gebackenem Kartoffelpüree). Dabei kann man live verfolgen, wie die Meister mit den flinken Fingern und scharfen Messern die nächsten Gänge zubereiten. Zu trinken gibt es natürlich Sake und japanisches Bier, aber auch schöne badische Weiß- und Rotweine. So viel Qualität hat außerdem noch einen sehr attraktiven Preis.

Merianstr. 10; Tel. 07 61/2 85 34 05; www.bashoan.com; So, Mo geschl. €€€

41

Schwarzwaldstube
Baiersbronn

Das deutsche Gourmet-Phänomen schlechthin: Im eher unauffälligen Schwarzwaldort walten zwei Drei-Sterne-Köche ihres Amtes. Der Meister aller Klassen heißt Torsten Michel und verteidigt in der Schwarzwaldstube des Hotels Traube Tonbach schon seit vielen Jahren seinen Rang als »bester Koch Deutschlands« mit einer unaufgeregten Souveränität, die schwer fassbar ist. Dazu agieren mit Patissier Logan Seibert, Sommelier Stéphane Gass und dem Service-Team so ziemlich die besten ihres Faches.

Tonbachstr. 237; Tel. 0 74 42/49 20; www.traube-tonbach.de; Mo, Di geschl. €€€€

Le Corange

Mannheim

42

Im 5. und 6. Stock des Modehauses Engelhorn wird auch »modisch« gekocht, nämlich mit einer Art von neo-mediterranem Purismus, der alle Konzentration aufs perfekt bereitete Produkt lenkt – am besten auf Fisch (wobei das Fleisch auch ausgezeichnet schmeckt). Viel zu schauen gibt es auch. Von Karte und Teller kann man den Blick über Mannheim bis zum Odenwald schweifen lassen oder aber den Küchenchefs auf die Finger sehen.

Innenstadt, O5, 9–12; Tel. 06 21/ 1 67 11 99; www.corange-restaurant.de; So geschl. €€€

43

Kommödchen

Karlsruhe

Nur 30 Gäste haben in dieser Location Platz, und allzu viel Ellenbogenfreiheit genießen sie nicht. Aber das Wohnzimmerambiente ist einfach zu nett, und apropos genießen: Was aus der Küche kommt, schmeckt einfach toll – irgendwo zwischen Mittelmeer, Asien, Neuer Welt und Baden. Wer unbedingt will, nennt es Fusion. Nicht zu verachten ist auch die absolut zentrale Lage.

Marienstr. 1; Tel. 01 72/7 41 55 44; www.kommoedchen-ka.de; So, Mo geschl. €€€

Landgasthof Adler Rosenberg

44

Gaisburger Marsch und Blutwurst mit Filderkraut treffen Gänsestopfleber und Schwarzen Kabaljau. Spannend – und nicht zu teuer.

Ellwanger Str. 15; Tel. 0 79 67/5 13; www.landgasthofadler.de; Mo, Di geschl. €€€

45

Schlegelhof Kirchzarten

Dass ein Wiener Schnitzel (natürlich vom Kalb) auch im Schwarzwald perfekt zubereitet werden kann, beweist Martin Schlegel im Dreisamtal östlich von Freiburg. Wer Rind, Reh, Lamm oder Fisch bestellt (letzterer wird mündlich angesagt, entsprechend dem Tageseinkauf), wird genausowenig enttäuscht. Bei schönem Wetter speist man im Garten.

Höfener Str. 92; Tel. 0 76 61/50 51; www.schlegelhof.de; Mi geschl. €€€

46

Zirbelstube Freiburg

Im 5-Sterne-Hotel Colombi zelebriert Küchenchef Christoph Fischer die hohe Kunst der modernen Gourmetgastronomie. Unweit der französischen Grenze zeigt diese Kunst die entsprechenden Schattierungen. Um den Genuss zu vervollkommnen, liegen im Keller 600 Weine.

Rotteckring 16; Tel. 07 61/2 10 60; www.colombi.de; €€€€

47

Speisemeisterei
Stuttgart

»Rokoko rockt« heißt das Motto: In zeitgemäß angesagtem Ambiente – oben hübsch alt und ausgesprochen schnörkelig, unten cool modern und mit gerader Kante – bringen Sternekoch Stefan Gschwendtner und sein Team in Schloss Hohenheim höchst kreative, kulturübergreifende Leckereien auf den Tisch. Die Küche ist saisonal und stark regional geprägt, bewährte Kochkunst wird zeitgemäß neu interpretiert. Das Motto lautet: moderne und authentische Sternegastronomie ohne abzuheben.

Schloss Hohenheim;
Tel. 07 11/34 21 79 79;
www.speisemeisterei.de;
Di geschl. €€€€

48

Schneider's Weinstube
Baden-Baden

Die Weinstube mit angeschlossener Vinothek ist eine Institution der Baden-Badener Gastronomie. Unweit des Museums Frieder Burda gelegen, genießen die Gäste hier in urig-rustikalem Ambiente eine wunderbare regional-internationale Küche, die nicht gut-, sondern eher bestbürgerlich genannt werden kann – was man zum Beispiel beim Badischen Blutwurst-Pfännle mit Äpfeln, Zwiebeln und Bratkartoffeln oder beim Wiener Schnitzel (natürlich vom Kalb) schmecken kann. Die Auswahl der Weine aus der Region zwischen Schwarzwald und Kaiserstuhl ist ebenso umfangreich wie hochklassig, die Atmosphäre ausgesprochen herzlich.

Maria-Viktoria-Str. 2;
Tel. 072 21/976 69 29;
www.schneiders-weinstube.de;
So und Fei geschl.
€€€

49

Strandcafé Mettnau
Radolfzell

Das Ausflugslokal blickt auf eine lange Tradition zurück. 1928 erbaut und immer wieder umgebaut und saniert bietet es heute traumhaften Genuss, bei ständigem Wechsel der Tages- und Saisonkarte. Je nach Jahreszeit, werden vorwiegend saisonale Fisch- und Wildspezialitäten sowie regional typische Gemüsesorten, wie Spargel und Pfifferlinge serviert. Ob Saibling, Zander, Bodenseefelchen oder der Zwiebelrostbraten vom Rumpsteak, aber auch die Käse-Spätzle mit Röstzwiebeln werden frisch aufgetischt. Man sitzt direkt am Ufer und genießt die herrliche Aussicht auf den Bodensee bis zur Schweiz hinüber.

Strandbadstr. 102;
Tel. 0 77 32/16 50;
www.strandcafe-mettnau.de;
Mi geschl. €€

51

Nationaltheater
Mannheim

Die Uraufführung der »Räuber« von Friedrich Schiller am 13. Januar 1782 hat einen Ehrenplatz in den Annalen des Hauses. Ebenso die Jahre 1777/78, als Wolfgang Amadeus Mozart in Mannheim lebte und zwar keine Festanstellung bekam, dafür aber seine Constanze. Heute genießen insbesondere die Operninszenierungen des Nationaltheaters höchstes Ansehen in der deutschen Bühnenlandschaft. Wolfgang Rihms »Hamletmaschine« ist nur eine der modernen Opern, die in Mannheim uraufgeführt wurde.

Am Goetheplatz; Tel. 06 21/1 68 00; www.nationaltheater-mannheim.de

50

E-Werk
Freiburg

30 bildende Künstler arbeiten hier in ihren Ateliers, es proben und spielen die Freiburger Schauspielschule, die Tanzschule »bewegungs-art« und das Musiktheater »Die Schönen«. Damit ist das E-Werk eine der besten Adressen Freiburgs für Konzerte (Klassik, Jazz, Rock), Tanz und Theater.

Eschholzstr. 77; Tel. 07 61/ 20 75 70; www.ewerk-freiburg.de

52

Staatstheater
Karlsruhe

Das Dreispartenhaus genießt gewissermaßen »im zweiten Glied« hinter den großen Bühnen in München oder Stuttgart einen ausgezeichneten Ruf. Nicht nur das Opernprogramm und die Konzerte der Badischen Staatskapelle im Großen Haus (1002 Plätze) erhalten regelmäßig gute Kritiken, auch das Sprechtheater bietet von Shakespeare über Kleist und Beckett bis Jelinek ein komplettes Programm. Das 2011 gegründete Junge Staatstheater bedient daneben den Theater-Nachwuchs. Jeden Februar finden die Händel-Festspiele statt.

Hermann-Levi-Platz 1;
Tel. 07 21/93 33 33;
www.staatstheater.karlsruhe.de

53

Staatstheater
Stuttgart

Kaum zu glauben: Der prächtige Bau am Ecksee im Schlossgarten hat den Krieg fast unbeschadet überstanden. Im wunderschönen Innenraum ist allabendlich zu sehen und zu hören, dass das größte Dreispartentheater der Welt auch künstlerisch ganz vorn mitspielt. Unter der Leitung von John Cranko (1961–1973) erlangte das Stuttgarter Ballett Weltruhm. Aber auch die Sparten Schauspiel und Musiktheater sammeln seit vielen Jahren fleißig Auszeichnungen wie jene zum »Theater des Jahres« und zum »Opernhaus des Jahres« ein.

Oberer Schlossgarten 6,
Tel. 07 11/20 20 90;
www.staatstheater-stuttgart.de

Partymeile Theodor-Heuss-Straße
Stuttgart

Ihre Sprache mag komisch sein, ihre Ausgabebereitschaft nicht übertrieben – aber feiern können sie trotz allem, die Stuttgarter. Auf der Theodor-Heuss-Straße im Zentrum von Stuttgart hat die partywütige Community die große Auswahl: Club reiht sich an Club, Bar an Bar. Die Konkurrenz ist groß, die Szene bleibt in Bewegung – und weicht gern zum benachbarten Szene-Viertel rund um den Hans-im-Glück-Brunnen aus.

Tourist-Information, Königstr. 1A;
Tel. 07 11/2 22 80;
www.stuttgart-tourist.de

54

Am Schwäbischen Alb-Weg

55

Aalen

Das Wahrzeichen Aalens ist das historische Rathaus (Marktplatz) mit dem »Spion«, dem es die Stadt einer Sage nach zu verdanken hat, dass sie einst von den kaiserlichen Truppen verschont wurde. Im Rathaus ist auch das Urweltmuseum untergebracht. Neben einer großen geologischen und paläontologischen Sammlung findet man dort das Geopark-Infozentrum. Sehenswert ist zudem das Mitmachmuseum explorhino (Beethovenstr. 12) mit über 120 interaktiven Entdeckerstationen zu naturwissenschaftlichen Phänomenen. Anfassen und Ausprobieren unbedingt erwünscht!
Die Reichsstädter Tage am zweiten Septemberwochenende mit Musikfeuerwerk gehören zu den Höhepunkten im Aalener Veranstaltungskalender. Sie sind das größte Stadtfest Ostwürttembergs. Weitere beliebte Feste sind das Internationale Fest an einem Wochenende im Juli mit Kultur und Kulinarik aus vielen Ländern sowie das hochkarätig besetzte Jazzfestival im November.

Tourist-Information Aalen; Reichsstädter Str. 1; Tel. 0 73 61/52 23 58; www.aalen-tourismus.de

56

Speick Naturkosmetik

Leinfelden-Echterdingen

Mit der Begeisterung für eine ganz besondere, hochalpine Heilpflanze fing 1928 alles an. Über 90 Jahre später steht Speick Naturkosmetik für sanfte und natürliche Produkte zur Körperpflege.

Allen Produkten ist eines gemeinsam: Sie tun Gutes. Einerseits, weil sie durch eine nachhaltige und regionale Produktion das Ergebnis fairen Handelns sind. Andererseits, weil sie mit ihren natürlichen Inhaltsstoffen einen kleinen Wohlfühlmoment im Alltag spenden, einen Moment, in dem wir unserer Haut eine kleine pflegende Entspannung gönnen können und gleichzeitig umweltbewusst und zum Schutz unserer natürlichen Ressourcen handeln.

Alle Produkte mit dem Namen Speick enthalten den Extrakt der hochalpinen Speick-Pflanze – und damit ist jedes Produkt für sich einzigartig. Die Serie Made by Speick bietet zusätzlich eine vielseitige Kollektion besonderer Pflegeprodukte. Die Produkte Made by Speick unterscheiden sich im Wesentlichen dadurch, dass sie keinen Extrakt der einzigartigen Speick-Pflanze enthalten.

Speick Naturkosmetik GmbH & Co. KG; Benzstraße 9; Tel. 07 11/1 61 30

57 Kaiserstühler Landeis
Endingen-Königschaffhausen

Die Menschen stehen Schlange vor Edwin Burys Eismanufaktur. Erdbeere, Kirsche und Holunderblüte sind im Frühsommer die beliebtesten Sorten. Wenn sie reif sind, gibt es auch Quitte, Apfel, Ringelotte, Zitronenmelisse und – »das ist das Beste!« – Williamsbirnen. Bury verarbeitet, was das Land hergibt: Obst, Gemüse, Milch, Wein und Schnaps. Nur Schokolade und Vanille wachsen nicht am Kaiserstuhl. »Den Kompromiss muss ich machen«, sagt der Eismann lächelnd. Die Kunden lächeln auch.

Untere Guldenstr. 10;
Tel. 0 76 42/33 77;
www.kaiserstuehlerlandeis.de

58 Markthalle
Stuttgart

Schinken und Käse aus Italien, Jamon Ibérico und Chorizo aus Spanien, Käse und Merguez aus Frankreich, Fisch aus der Nordsee, Kaviar aus dem Iran, Arganöl aus Marokko, Gewürze aus Indien und Arabien, Obst und Gemüse aus dem Ländle. In vergleichsweise sachlichem Jugendstil-Ambiente wird das Beste aus aller Welt und, nicht zu vergessen, aus der Region verkauft. Zum Beispiel am Stand der Bäuerlichen Erzeugergemeinschaft Schwäbisch-Hall, wo es Fleisch und Wurst von der ältesten und traditionsreichsten Schweinerasse Deutschlands gibt. Oder das Lammfleisch bei »Kustermann«: In der Theke liegen nicht nur die »feinen« Filets vom Münsinger Alblamm, sondern auch Haxe, Schulter, Niere, Leber und Hals. Dass sie dafür ein paar Euro mehr hinlegen müssen, stört die anspruchsvolle Kundschaft in der Stuttgarter Markthalle nicht.

Dorotheenstr. 4;
Tel. 07 11/48 04 10;
www.markthalle-stuttgart.de

59 Weinlade
Karlsruhe

Guntram Fahrner ist einer der besten Sommeliers in Deutschland, und sein Weingeschäft am Gutenbergplatz darf in diesem Sinn ruhig als eines der, na ja, sehr guten bezeichnet werden. Hier erlebt der Kunde, wie inspirierend es ist, einem Menschen bei der Arbeit zuzusehen, der nichts lieber macht als das, was er eben macht.

Wein ist Lebensqualität, nach dieser Maxime wird man in der Weinlade hervorragend bedient: mit einem 1994er Château Mouton Rothschild ebenso wie mit einem badischen Spätburgunder vom Weingut Kopp oder einem schönen Mosel-Riesling von Fritz Haag.

Nelkenstr. 33 ;
Tel. 07 21/8 30 77 70;
www.weinlade.de

60 Cannstatter Wasen
Stuttgart

O doch, der Schwabe kann es richtig krachen lassen. In der letzten Septemberwoche beginnt der große Rummel in Bad Canstatt – zeitgleich zum Münchner Oktoberfest. 17 Tage lang kann man sich in den neuesten Fahrgeschäften schwindlig schleudern lassen. Und in den Bierzelten den Schwindel verstärken. Das erste Cannstatter Volksfest wurde übrigens 1818 am Ende einer schweren Hungersnot gefeiert.

www.cannstatter-volksfest.de

61 Das Fest
Karlsruhe

Wenn eine Großveranstaltung schlicht »Das Fest« heißt, dann ist das schon mal ein Statement – oder besser: Understatement. Tatsächlich verzeichnen die Veranstalter des dreitägigen Sommer-Open-Airs auf der Günther-Klotz-Anlage entlang des Alb-Flusses an jedem Tag um die 50 000 Zuschauer – und die brauchen für das Geschehen auf Hauptbühne, Zeltbühne, Theaterbühne, Cafébühne und Mixery-DJ-Bühne keinen Cent zu bezahlen. Das ist umso erstaunlicher, weil hier im Juli auch Top-Acts wie die Beatsteaks, Bilderbuch, Fettes Brot und Wanda auftreten.

www.dasfest.de

Tübingen ist top

62

Tübingen

Tübingen verfügt über eine der schönsten mittelalterlichen Altstädte Deutschlands und ist mit fast 29 000 Studierenden aus aller Welt zugleich eine der jüngsten Städte Deutschlands. Trotz der großen Anzahl geschichtsträchtiger Sehenswürdigkeiten auf engstem Raum ist die Tübinger Altstadt alles andere als ein Museum. Sie ist ein authentisches Ensemble, in dem gelebt, gewohnt, gearbeitet, geforscht und gefeiert wird. Ob beim Bummel durch die engen Altstadtgassen, beim Cappuccino in einem reizenden Café, beim Essen in einem gemütlichen Restaurant oder beim Stöbern in den kleinen Läden mit exotischem Kunsthandwerk – man ist immer mittendrin. Kulturinteressierte staunen über die einzigartigen Schätze der Eiszeitkunst auf Schloss Hohentübingen oder die multimediale Dauerausstellung zum Dichter Friedrich Hölderlin im gleichnamigen Turm. Wer sich lieber an der frischen Luft bewegt, entdeckt die Stadt bei einer Stocherkahnfahrt auf dem Neckar oder steuert mit dem E-Bike attraktive Ziele wie den Alten Botanischen Garten oder das Kloster Bebenhausen vor den Toren der Stadt an.

Tourist & Ticket-Center; An der Neckarbrücke 1; Tel. 0 70 71/9 13 60; www.tuebingen-info.de

63

Heidenheimer Brenzregion

Schwäbische Alb

Die Heidenheimer Brenzregion ist eine der bezauberndsten Regionen im UNESCO Geopark Schwäbische Alb und gilt unter Naturliebhabern noch als Geheimtipp. Ihre Landschaft wurde über Jahrmillionen geformt und nirgendwo sonst auf der Alb sind die Spuren der Erdgeschichte noch so imposant zu bestaunen. In Kombination mit dem Fahrrad erfreut sich vor allem der Brenz-Radweg großer Beliebtheit: Hier radelt man am Fluss entlang durch die typische Karstlandschaft. Links und rechts des Brenztals eröffnen sich weitere eindrucksvolle Landschafts- und Erlebnisräume, die zu abwechslungsreichen Touren und Ausflügen einladen. So kann man z. B. im UNESCO-Welterbegebiet im Lonetal in die Eiszeit reisen, mittelalterliche Burgen und Ruinen bestaunen oder den Geburtsort des Teddybären besuchen. Wer zu Fuß unterwegs ist, der erliegt beim Wandern auf dem Albschäferweg dem Charme der Landschaft und ihrer Ursprünglichkeit. Auf 158 km führt der Qualitätsweg an beeindruckende Naturschauplätze und durch die typische Kulturlandschaft der Wacholderheide auf die Spuren der Wanderschäferei.

Landratsamt Heidenheim; Felsenstr. 36; Tel. 07 32 1/3 21 25 93; www.heidenheimer-brenzregion.de

65

Kinzigtal – per E-Bike
Schwarzwald

Fast ohne Mühe über Berg und Tal: 27 E-Bike-Verleihstellen bietet die Region, 67 Lade- oder Wechselstationen und 28 Abgabestellen garantieren, dass man auch vor der letzten Steigung noch »Saft« hat. Das Kinzigtal ist die Heimat des Bollenhuts und vielleicht die schönste und typischste Schwarzwaldlandschaft. Auf der Fahrt von Offenburg bis kurz vor Freudenstadt sieht man Weinberge und Waldberge, weite Wiesen, schöne Dörfer und alte Bauernhöfe. Besonders sehenswert sind Gengenbach mit seinen Stadttoren und Fachwerkhäusern, das ebenso malerische Haslach, das Freilichtmuseum Vogtsbauernhof bei Hausach sowie die fast 1000 Jahre alte Klostersiedlung Alpirsbach mit ihrer romanischen Säulenbasilika und dem spätgotischen Kreuzgang.

Schwarzwald Tourismus Kinzigtal, Hauptstr. 41, Wolfach;
Tel. 0 78 34/2 38 00 90; schwarzwald-kinzigtal.info

64

Schauinsland
Freiburg

Der Freiburger Hausberg misst 1284 m. Freiburg liegt auf 278 m. Wer die 1000 Höhenmeter mit der Seilbahn oder den Bussen der Bergweltlinie mühelos bewältigt hat, »schaut ins Land«. Sehr weit. Danach ins Schaubergwerk und in den Steinwasen-Park mit seiner 218 m langen Seilbrücke. Eine Schau ist die Abfahrt mit Hightech-Rollern auf der 8 km langen Downhill-Strecke.

Horben, Bohrerstr. 11;
Tel. 07 61/4 51 17 77;
www.schauinslandbahn.de

ECHT BODENSEE

66

von Lindau bis Stockach

Auf der nördlichen Seeseite des flächengrößten und tiefsten Sees Deutschlands finden sich zahlreiche attraktive Städte und Städtchen, von denen jede für sich einen Besuch wert ist. Sei es Bodman, übrigens Namensgeber des Bodensees, mit seinem Schlossgarten im englischen Stil oder Lindau, das die Besucher aus aller Welt vor allem durch die historische, auf einer Insel gelegene, Altstadt fasziniert und mit unzähligen Foto- und Postkartenmotiven besticht. Zu den kulturellen Höhepunkten zählen neben den Schlössern und Burgen auch die zahlreichen Museen, die Interessantes über die lange Geschichte der Region verraten. Von UNESCO-Weltkulturstätten wie den Pfahlbauten in Uhldingen-Mühlhofen über Schlösser wie das Hohenzollern-Schloss mit seinen Türmchen und Erkern, das bis heute das Stadtbild von Sigmaringen beherrscht, bis hin zum Zeppelin Museum in Friedrichshafen mit der weltweit umfangreichsten Ausstellung zur Luftschifffahrtsgeschichte.

Der Bodensee ist bei aktiven Urlaubern gleichermaßen beliebt. Die vielen zertifizierten Premiumwanderwege oder das umfassende Radwegenetz mit dem beliebten Bodenseeradweg als Flaggschiff, locken Seefreunde aller Fitnesslevels auch nach mehreren Urlauben immer wieder in die Gegend. Dass die Gegend auch ein Hotspot für Genießer ist, liegt daran, dass Obst- und Weinbau dank dem milden Klima noch heute intensiv betrieben werden. Urige Hofläden, weitläufige Obstwiesen und steile Weinhänge laden im Frühjahr und Herbst dazu ein, die Natur zu entdecken – ob zu Fuß oder mit dem Rad. Drei Länder teilen sich den See und ihre Bewohner tauschen fröhlich aus, was es zu genießen gibt – vom Fisch über Maultaschen und Strudel bis hin zu Schweizer Schokolade und dem abschließenden Edelbrand.

Deutsche Bodensee Tourismus GmbH; Karlstraße 13;
Tel. 0 75 41/37 83 40
www.echt-bodensee.de

67

Europapark

Rust

Manche brauchen einen Katapult, um Spaß am Leben zu haben. In 2,5 Sekunden von 0 auf 100, rein in den Looping, dann in die Steilkurve ... Der »Blue Fire Megacoaster« stellte 2009 das Vergnügen auf den Kopf. Eine andere Attraktion im größten deutschen Freizeitpark zwischen Freiburg und Offenburg nahe Ettenheim ist der »Wodan Timburcoaster«, eine 40 m hohe Holzachterbahn. Es gibt aber auch »zahmere« Fahrgelegenheiten, ein gutes Dutzend inszenierter Länderbereiche, Hotellerie, Gastronomie und alles, was mehr als vier Millionen Besucher pro Jahr so nachfragen.

Europapark-Str. 2;
Tel. 0 78 22/77 66 88;
www.europapark.com

68

Sauschwänzlebahn

Zollhaus/Südschwarzwald

Auf engen Schleifen, durch Tunnels und über Viadukte dampft diese niedliche Museumsbahn: ein Gesamtkunstwerk, das große und kleine Kinder begeistert. Die Wutachschlucht, die man auf der Fahrt überquert, ist eines der schönsten Ziele für Wanderer im Schwarzwald.

Bahnhofstr. 1;
Tel. 0 77 02/5 13 00;
www.sauschwaenzlebahn.de

69

Am Neckar entlang

Bad Wimpfen, Burg Guttenberg

Aus zwei Stadtteilen besteht Bad Wimpfen, 15 km nördlich von Heilbronn. Direkt am Neckar liegt das ältere Wimpfen im Tal, in dem die Stadtmauer und die gotische Stiftskirche St. Peter mit ihrem Kreuzgang beeindrucken. In einzigartiger Geschlossenheit präsentiert sich das denkmalgeschützte Zentrum von Wimpfen am Berg. Die romanische Königspfalz aus dem 12. Jh. bildet zusammen mit den schönen Kirchen und Fachwerkhäusern der Altstadt ein eindrucksvolles mittelalterliches Ensemble, in dem der 58 m hohe Blaue Turm herausragt. Weiter den Neckar hinab erreicht man mehrere schöne Burgen bzw. Ruinen: Ehrenberg bei Gundelsheim, Horneck oberhalb von Gundelsbach (heute Heimatmuseum) und Hornberg oberhalb von Neckarzimmern. Sehr schön ist auch Burg Guttenberg bei Neckarmühlbach: Hier ist die älteste private Greifvogelwarte Europas untergebracht (Flugvorführungen zwischen März und November).

Tourist-Info, Hauptstr. 45;
Tel. 0 70 63/9 72 00;
www.badwimpfen.de
Burg Guttenberg, Neckarmühlbach; Tel. 0 62 66/3 88;
www.deutsche-greifenwarte.de

Seeferiengemeinde
Uhldingen-Mühlhofen

70

In der Seeferiengemeinde Uhldingen-Mühlhofen lässt sich zwischen sonnigen Seeufern und grünen Weinbergen die herrliche Bodenseelandschaft genießen. Wer Wassersport mag, hat die Qual der Wahl zwischen Schwimmen, Segeln und Tauchen. Die überwältigende Aussicht auf den See und das Alpenpanorama kann man während einer Tour mit dem Fahrrad genießen. Uhldingen-Mühlhofen ist der perfekte Startpunkt. Ein gut ausgebautes Netz an Fahrradwegen führt durch die Gemeinde und das Umland. Beliebte Tourenziele sind die Kulturdenkmäler Kloster und Schloss Salem, die Pfahlbauten, das Auto & Traktor Museum, der Affenberg Salem oder die Barock-Basilika Birnau. Gemütliche Einkehrmöglichkeiten und Hofläden sorgen überall in der Region dafür, dass der kulinarische Genuss auch unterwegs nicht auf der Strecke bleibt. Wer nach den Aktivitäten des Tages mit Blick auf den See noch ein wenig ausspannen möchte, findet immer einen Platz am idyllischen Naturstrand in Unteruhldingen.

Tel. 0 75 56/9 21 60; www.seeferien.com

Wandern auf den Spuren des Löwen

Landkreis Göppingen

Das magische Symbol der Schwäbischen Alb ist der einzigartige Löwenmensch. Der Löwe steht für Macht und Würde, Stolz und Kraft und findet sich im Wappen des Stauferkreises Göppingen und des Landes Baden-Württemberg wieder. Die Löwenpfade stehen für Wandern mit Qualitätsanspruch und locken mit eindrucksvollen Ausblicken, abwechslungsreichen Naturlandschaften und geheimnisvollen Orten. Insgesamt 16 attraktive Rundwanderwege bieten Wanderspaß für jeden Geschmack. Ruhe-Suchende, Familien und Naturliebhaber, aktive Sportler und Abenteurer finden hier ihr persönliches Paradies.
Der Albtrauf, die sich bis auf 1000 m ü. NN erhebende 200 km lange Felskante, trennt die raue Hochfläche vom sanften Albvorland. Im Landkreis Göppingen lässt sich dabei der Doppelte Albtrauf bestaunen, wo die Fils Täler in die Landschaft gegraben hat. Den Aufenthalt im Filstal komplettiert die AlbCard, mit der viele Eintritte und Leistungen (inkl. öffentlicher Nahverkehr) kostenlos sind, z. B. der Eintritt ins Wäscherschloss oder die Thermen und Bäder der Region.

Lorcher Str. 6; Tel. 0 71 61/2 02 97 40; www.loewenpfade.de

Willkommen in der Freizeit! Schönbuch & Heckengäu – reizvolle Landschaften im Landkreis Böblingen

72

Im Süden von Stuttgart zieht sich der Naturpark Schönbuch von Herrenberg über Tübingen bis kurz vor Filderstadt. Weitläufige Wälder, Streuobstwiesen, Bäche, Teiche und Seen – ein Paradies, auch für seltene Tiere und Pflanzen. Am Schönbuchtrauf genießt man herrliche Weitblicke, und speziell im Frühjahr liegt einem das Blütenmeer der Streuobstwiesen zu Füßen. Der Landkreis Böblingen gehört zum Schwäbischen Streuobstparadies, das von 1,5 Millionen Obstbäumen geprägt wird. Nicht nur landschaftlich besonders, hier kann man auch nach einer Tour den Tag mit leckeren Streuobstprodukte in den charmanten Städtchen ausklingen lassen.
Das Heckengäu ist eine reizvolle, sehr charakteristische Kulturlandschaft zwischen Schönbuch und dem Nordschwarzwald. In einer ganz besonderen Natur kann der Blick über Wacholderheiden und die vielen namensgebenden Hecken schweifen.
Ein absolutes Highlight der Region ist der Schönbuchturm bei Herrenberg. Hier verbinden sich beeindruckende Architektur, deutsche Ingenieurskunst und grandiose Aussichten. Von den drei Plattformen hat man einen fantastischen Rundumblick.
Durch die Region führen viele Wanderwege, von denen besonders die Land.Touren empfehlenswert sind: bestens ausgeschilderte, abwechslungsreiche Rundtouren zwischen vier und 14 Kilometern, angelehnt an die Kriterien der Qualitätswege »Wanderbares Deutschland«.
Auch mit dem Rad kommt man auf seine Kosten. Ein Highlight ist die rund 40 km lange Freiluftgalerie SCULPTPOURA, zwischen Weil der Stadt und Waldenbuch – ein fantastisches Zusammenspiel aus Kunst und Natur.

Tourismusinitiative Natur.Nah Schönbuch & Heckengäu;
Landratsamt Böblingen;
tourismus@lrabb.de;
www.schoenbuch-heckengaeu.de

Bayern

Man nehme Berge, Seen und Kirchen, man ergänze Museen, Biergärten und Neuschwanstein – fertig ist der touristische Selbstläufer. Die Laptops sind zwar den Smartphones und Tablets gewichen, aber Lederhosen wird es zwischen Königssee und Zugspitze noch längere Zeit geben. Franken und Schwaben mit Sicherheit auch.

Wer hat den größten?
Der Bayer zeigt gerne, was er hat. Da kann ihm die Heimat schon mal zu Kopf steigen.

73

BMW Welt
München

Seit 2007 steht diese wild verquirlte Architektur aus Glas und Stahl neben dem »Vierzylinder«-Hochhaus der BMW-Konzernzentrale am Mittleren Ring gegenüber dem Olympiagelände. Die BMW Welt – Eintritt frei – ist Ausstellungs-, Anbetungs-, Auslieferungs- und Eventstätte mit umfangreichem Terminkalender. Sie ergänzt sich mit dem 2008 neukonzipierten BMW Museum (125 Exponate aus fast 100 Jahren Firmengeschichte) und dem BMW Stammwerk gleich über der Straße zum Tempelbezirk des bayerischen Automobilbaus. Für Führungen über die zwölf Hallen durchlaufende Produktionsmeile (Mo–Fr) sollte man sich lange im Voraus anmelden.

Am Olympiapark 1; Tel. 0 89/1 25 01 60 01; www.bmw-welt.com; Mo geschl. (nur Museum)

74

Stadtbummel
Wasserburg

Die schönste kleine Stadt in Oberbayern? Ihre Halbinsellage inmitten einer Schleife des Inn und die nahezu unversehrt erhaltene Renaissance-Architektur mit hübschen Plätzen und Laubengängen laden ein zum Bummeln, Shoppen und Kaffeetrinken.

Gäste-Information, Marienplatz 2; Tel. 0 80 71/1 05 22; www.wasserburg.de

75

Schloss, Kloster St. Mang

Füssen

Das Hohe Schloss und das Barockkloster St. Mang dominieren die »Skyline« der alten Römerstadt an der ehemaligen Via Claudia Augusta. Heute liegt Füssen an der Romantischen Straße (siehe Tipp 194) und ansonsten immer noch genauso schön am Rand der Alpen – dort, wo der Lech die Berge verlässt, um zuerst in den Forggensee und danach weiter Richtung Donau zu fließen. Im ehemaligen Benediktinerkloster ist das Museum der Stadt Füssen untergebracht (Mo geschl.). Hier kann man die wunderbare Barockbibliothek sehen, eine Sammlung historischer Lauten und Geigen (in Füssen wurde 1562 die erste Lautenmacherzunft Europas gegründet) sowie in der Annakapelle den ältesten erhaltenen Totentanz-Zyklus Bayerns aus dem Jahr 1602: Angeführt vom Papst und dem Kaiser folgen die Vertreter der 20 gesellschaftlichen Stände dem Knochenmann, ob sie wollen oder nicht: »Sagt Ja Sagt Nein, Getanzt Muess sein«.

Kaiser-Maximilian-Platz 1;
Tel. 0 83 62/9 38 50;
www.fuessen.de

76

Museen

Schweinfurt

Die »Kugellagerstadt« und »Welthauptstadt des Wälzlagers« ist heute nicht nur mit ihren Industriebetrieben bestens aufgestellt. Auch die Kultureinrichtungen können sich sehen lassen: Die Kunsthalle im umgebauten Ernst-Sachs-Bad in der Rüfferstraße 4 zeigt Kunst des 20. und 21. Jh., das architektonisch besonders spektakuläre Museum Georg Schäfer in der Brückenstraße 20 deutsche Malerei des 19. und frühen 20. Jh. (beide Mo geschl.).

Tourist-Information, Markt 1;
Tel. 0 97 21/51 36 00;
www.schweinfurt.de

Nymphenburg

München

77

Einen ganzen Tag kann man hier verbringen: im eindrucksvollen Barockschloss (1664–1728), der Residenz der Wittelsbacher, mit dem »Steinernen Saal« und der »Schönheitengalerie« Ludwigs I.; im Marstallmuseum mit seinen Prunkkutschen und -schlitten und der Sammlung der Nymphenburger Porzellanmanufaktur; und in dem bei Familien beliebten Museum Mensch und Natur im Nordflügel. Im Schlosspark tummeln sich Spaziergänger, Jogger und im Winter die Eisläufer. Hier steht auch das entzückende Rokoko-Jagdschlösschen der Amalienburg.

Tel. 0 89/17 90 80;
www.schloss-nymphenburg.de

78

Die Drei-Flüsse-Stadt

Passau

Wo Inn und Ilz in die Donau fließen, steht eine der schönsten Städte Bayerns. Zur tollen Lage kommen Bauwerke wie der Dom St. Stephan, berühmt durch die größte Kirchenorgel der Welt. Gleich daneben sind in der Neuen Bischöflichen Residenz das Treppenhaus, ein Traum in Stuck, repräsentative Räume und das Dom- und Diözesanmuseum zu bestaunen. In der Veste Oberhaus auf dem Bergsporn zwischen Donau und Ilz ist das Oberhausmuseum mit seiner kulturgeschichtlichen Sammlung untergebracht, das Museum für Moderne Kunst wurde dagegen in einem besonders schönen Altbau einquartiert.

Tourist Information, Bahnhofstr. 28 und Rathausplatz 2; Tel. 08 51/39 66 10; www.passau.de

79 Plassenburg und Altstadt

Kulmbach

Am Fuß der mächtigen Plassenburg mit ihrem wunderschönen Renaissance-Innenhof und dem Zinnfiguren-Museum breitet sich ein regelrechtes Labyrinth von Fachwerkhäusern und engen Gassen aus. In der Plassenburg zeigt das Zinnfigurenmuseum die weltgrößte Sammlung von Zinnfiguren (mehr als 300 000 Einzelfiguren), darunter, im Mönchshof, sind das Bayerische Bier- und Bäckereimuseum zu besichtigen. Vier Brauereien versorgen 27 000 Einwohner und viele Besucher mit flüssiger Nahrung.

Tourist Information;
Buchbindergasse 5;
Tel. 0 92 21/9 58 80;
www.kulmbach.de

80

Kloster
Ettal

Von 1330 bis zur Säkularisation im Jahr 1803 bestand die Benediktinerabtei im Graswangtal nahe Oberammergau. 1900 zogen die Mönche wieder ein. Sie gründeten ein Gymnasium mit Internat und, wie man heute weiß, manchen dunklen Flecken. Ein Besuch der gewaltigen Anlage lohnt vor allem wegen ihrer Lage mitten im Gebirge. Über dem runden Kirchenraum beeindruckt das prächtige Kuppelfresko (1746). Im Klosterladen gibt es Käse, Bier, Likör und einen ausgezeichneten Kräuterbitter aus eigener Produktion.

Kaiser-Ludwig-Platz 1;
Tel. 0 88 22/7 40;
www.kloster-ettal.de

81

Residenz und Schatzkammer
München

Aus der Zeit um 1500 datiert der älteste Teil der gewaltigen Anlage zurück, von der die Wittelsbacher das Land regierten. Nach dem Krieg umfassend restauriert, ist der zentral gelegene Gebäudekomplex mit seinen verschiedenen Stilelementen (Renaissance, Barock, Rokoko, Klassizismus) als Museum zum großen Teil öffentlich zugänglich. Highlights sind das prächtige Antiquarium (16. Jh.), das sehr niedliche Cuvilliés-Theater (1751–1755) und die Schatzkammer, zu deren Preziosen die bayerische Königskrone von 1806 gehört.

Residenzstraße 1;
Tel. 0 89/29 06 71;
www.residenz-muenchen.de

82

Dom und Altstadt
Augsburg

Die drittgrößte Stadt Bayerns. 15. v. Chr. von Kaiser Augustus gegründet, 1500 Jahre später von Familie Fugger zur Handelsgroßmacht aufgebaut. Dass die Stadt früh reich gewesen ist, sieht man am Hohen Dom (vier Tafelbilder von Hans Holbein d. Ä. und die fünf »Prophetenfenster« aus dem 12. Jh.). Im Rathaus, einem Renaissancetraum aus den Jahren 1615–1620, beeindruckt der nach dem Krieg rekonstruierte, mit Intarsien, Schnitzereien, Blattgoldverzierungen sowie Wand- und Deckenmalereien versehene »Goldene Saal«. Das Schaezler-Palais, ein Meisterwerk des Rokoko in der Maximilianstraße 46, beherbergt heute die Deutsche Barockgalerie und die Staatsgalerie Alter Meister (Mo geschl.). Den schönsten Blick über Augsburg hat man übrigens vom 70 m hohen Perlachturm neben dem Rathaus.

Tourist-Information, Rathausplatz 1; Tel. 08 21/50 20 70;
www.augsburg-tourismus.de

83 Fürstbischöfliche Residenz
Würzburg

Den Kopf in den Nacken gelegt und mit offenem Mund gestaunt: Ahhh … Was der Venezianer Tiepolo über dem prachtvollen Treppenhaus auf den Putz gemalt hat, ist das größte Deckenfresko der Welt. Aber nicht nur deshalb zählt die Würzburger Residenz zum Welterbe. Sie entstand unter der Leitung von Balthasar Neumann von 1720 bis 1744. Die komplette Innenausstattung war allerdings erst 1780 fertig. Die Abfolge der großen Säle mit ihren üppigen Stuckaturen und Fresken hat in der barocken Schlösserarchitektur Deutschlands kaum ein Gegenstück. Neben dem Treppenhaus zählen der Weiße Saal und der Kaisersaal zu den bemerkenswertesten Räumen. Als eines der schönsten Raumkunstwerke des Rokoko überhaupt gilt das atemberaubende Spiegelkabinett. 1945 zerstört, ist es nach jahrelanger Rekonstruktion seit 1987 wieder zu sehen. Nicht versäumen sollte man danach auch einen Spaziergang durch den herrlichen Hofgarten.

Residenzplatz 2;
Tel. 09 31/35 51 70;
www.residenz-wuerzburg.de

84 Bayerisches Armeemuseum
Ingolstadt

Die »Neue Veste« mit ihren bis zu 3 m dicken Mauern ist der angemessene Ort für eines der großen militärhistorischen Museen in Europa. Gut polierte Ritterrüstungen, Schwerter, Hellebarden sowie schnörkelige Beutestücke aus den Türkenkriegen sind zu sehen. Angenehme Stille herrscht in der Zinnfigurensammlung, wo sich teilweise mehr als 15 000 Figuren in Dioramen große Schlachten liefern, darunter die Völkerschlacht bei Leipzig. Die umfangreiche Sammlung zum Ersten Weltkrieg ist auf der anderen Seite der Donau, im Reduit Tilly, zu besichtigen.

Paradeplatz 4; Tel. 08 41/
9 37 70, www.armeemuseum.de;
Mo geschl.

Deutsches Museum

München

Man könnte es, voller Respekt, als das Werk eines Irren bezeichnen. 1903 gründete Oskar von Miller das Deutsche Museum auf der Isarinsel, 1925 konnte er es eröffnen. Mehr als 100 000 Objekte sind inventarisiert, darunter viele wertvollste Originale. Kein Mensch schafft den (theoretisch) 17 km langen Rundgang durch mehr als 50 Abteilungen an einem Tag. Auf 45 000 Quadratmeter Fläche wird nicht weniger als ein Querschnitt durch die gesamte naturwissenschaftlich-technische Entwicklung der Menschheit gezeigt. Viele Objekte haben heute eine dicke Patina, die sie umso reizvoller macht. Beliebt bei großen und kleinen Kindern sind die Schiffsmodelle und Flugzeuge sowie das Schaubergwerk, ein Publikumsrenner ist das Zeiss-Planetarium. Achtung: Weil ständig irgendwo renoviert und umgebaut und modernisiert wird, sind kaum jemals alle Abteilungen geöffnet. Seit Jahren läuft eine besonders umfangreiche Sanierung. Mit dem Verkehrszentrum an der Theresienwiese und der Flugwerft Oberschleißheim hat das Museum auch noch zwei sehr sehenswerte Ableger.

85

Museumsinsel 1; Tel. 0 89/2 17 93 33; www.deutsches-museum.de

86 Markgräfliches Welterbe
Bayreuth

Richard Wagner und sein Clan im heute musealisierten Haus Wahnfried (Mo geschl., Juli/Aug. tgl., www.wagner museum.de) lenken oft davon ab, dass Bayreuth seine kulturelle Blütezeit schon zur Mitte des 18. Jh. erlebte. Unter Markgräfin Wilhelmine, der Lieblingsschwester Friedrichs des Großen, wurde die Stadt zur prachtvollen Residenz mit Gärten und Parkanlagen. Neben dem Neuen Schloss mit dem angeschlossenen Hofgarten zählt vor allem der großartige Landschaftspark mit der Eremitage, dem gräflichen Lustschloss, dem Alten und dem Neuen Schloss vor der Stadt zu den bemerkenswertesten Baudenkmälern dieser Zeit. Das Markgräfliche Opernhaus, 1748 vollendet und eines der schönsten Theater Europas, steht seit 2012 auf der Liste des UNESCO-Welterbes. Leider bleibt es wegen umfangreicher Sanierungsarbeiten in den nächsten Jahren geschlossen.

Schlossverwaltung, Ludwigstr. 21; Tel. 09 21/75 96 90; www.bayreuth-wilhelmine.de

87 Festung Marienberg
Würzburg

Es ist *das* Postkartenmotiv in Würzburg: vorne, schön gestaffelt, die Reihe der Heiligenstatuen auf der Alten Mainbrücke, darüber die Silhouette der Festung. Fast 800 Jahre lang wurde an ihr gebaut – von 1200 bis 1990, als der Wiederaufbau nach dem Krieg abgeschlossen war. Zu sehen sind prunkvolle Räume und eine Schatzkammer sowie, im Mainfränkischen Museum, die Sammlung zur Früh- und Stadtgeschichte. Der »barocke« Fürstengarten entstand 1937/38 nach originalen Plänen.

Festung Marienberg; Tel. 09 31/3 55 17 50; www.schloesser.bayern.de; Mo geschl.

88 Am Watzmann
Berchtesgaden

Bis 1810 gehörte die Stadt am Fuß des Watzmann (2713 m) zu Salzburg. Die meisten Gäste kommen heute wegen des historischen Salzbergwerks mit seinen netten Holzrutschen (Tel. 0 86 52/6 00 20; www.salzbergwerk.de). Im Königlichen Schloss wird das Ansehen des bayerischen Königshauses hochgehalten, auf der Rossfeld-Höhenstraße und der Bergstraße zum Kehlstein mit dem ehemaligen Teehaus Adolf Hitlers – heute ein »Führer«-loser Berggasthof – genießt man schönste Gebirgspanoramen.

Kur- und Kongresshaus, Maximilianstr. 9; Tel. 0 86 52/6 56 50 50; www.tourismus-berchtesgaden.de

89

Stadt am Fluss
Landsberg

Die Altstadt entführt auf eine Zeitreise durch Mittelalter, Rokoko bis hin zur Neuzeit. In den historischen Bauten warten gemütliche Cafés, kleine Läden und einladende Restaurants. Ein schöner Ausblick über die Stadt bis zu den Alpen bietet sich vom spätgotischen Bayertor. Das schönste Haus am Platz ist das Historische Rathaus, das ab 1700 errichtet wurde, gestaltet u.a. von Dominikus Zimmermann, dem Baumeister der Wieskirch. Weithin sichtbar grüßt die Heilig-Kreuz-Kirche mit ihren Rokoko-Haubentürmen. Ihr Deckengewölbe mit den schönen Fresken hat eine der größten Spannweiten Bayerns. Auch die mächtige Stadtkirche zeugt von der reichen Geschichte Landsbergs. Die denkmalgeschützten Salzstadel und bunten Bürgerhäuser erwecken die Zeit des Salzhandels, der die Stadt einst zu Wohlstand führte, wieder zum Leben. Nach der Stadtbesichtigung lockt eine Erfrischung am Lechwehr oder ein Besuch des Biergartens direkt am Lech. Von dort ist es nicht weit zum Highlight des Lechtals – dem Landschaftsschutzgebiet Pössinger Au. Der tiefgrüne Lech, das Damwild im gleichnamigen Wildpark sowie traumhafte Wassersport-Routen und viele Angebote für Wanderer oder Fahrradfahrer locken ins Grüne.

Tourist-Information Landsberg am Lech; Hauptplatz 152; Tel. 0 81 91/12 82 46; www.landsberg.de

90

Richard Wagner Museum

Bayreuth

Haus Wahnfried, das Richard Wagner von 1874 bis zu seinem Tod 1883 bewohnte, zeigt eine Dokumentation zu Leben, Werk und Schaffen des Künstlers. Das Erdgeschoss vermittelt die Lebenswelt und gibt einen Einblick in die Zeit um 1880 und den Alltag der Familie. Im Kellergeschoss macht die »interaktive Partitur« verschiedene Aspekte der Rückverwandlung des Notentextes in Klang und Musik zum Erlebnis. Der Museumsneubau beherbergt eine Sonderausstellungshalle und im Untergeschoss eine Dauerausstellung zur Aufführungsgeschichte der Bayreuther Festspiele. Das Erdgeschoss des denkmalgeschützten Siegfried Wagner-Hauses ist in seiner originalen Erscheinung der 1930er-Jahre erhalten. Hier geht es um die ideologiegeschichtliche Dimension, die enge Verbindung zwischen Bayreuth und der NS-Diktatur. Im Nationalarchiv der Richard-Wagner-Stiftung Bayreuth werden die handschriftlichen Briefe, Manuskripte und Partituren Richard Wagners sowie der Nachlass Cosima Wagners und ihrer Nachkommen aufbewahrt.

Richard-Wagner-Str. 48;
Tel. 09 21/7 57 28 16;
www.wagnermuseum.de

92

Saline und Predigtstuhl
Bad Reichenhall

Das Staatsbad zählt zu den bekanntesten Kurorten in den bayerischen Alpen – eine Tradition, die man 2005 mit dem Neubau der modernen Rupertustherme (www.rupertustherme.de) eindrucksvoll fortführte. In der 850-jährigen Geschichte des Ortes spielt das Salz allerdings die größere Rolle. Neben einem Besuch der alten Saline (www.alte-saline.de) sollte man sich auch noch eine Fahrt mit der bereits 1928 gebauten und original erhaltenen Predigtstuhlbahn zur Bergstation auf 1615 m Höhe gönnen: Oben gibt es schöne Wanderwege mit herrlicher Aussicht (www.predigtstuhlbahn.de).

Tourist-Info, Wittelsbacher Str. 15; Tel. 0 86 51/71 51 10; www.bad-reichenhall.de

Medizin-Museum
Ingolstadt

91

Monströs – auch ohne Monster. Das Medizinhistorische Museum in der Frankenstein-Stadt zeigt im Gebäude der Alten Anatomie chirurgische Werkzeuge, medizinische Hilfs- und Lehrmittel wie Skelette und Präparate. Sehr hübsch ist der angeschlossene Garten, in dem Heil- und Gewürzpflanzen angebaut werden.

Anatomiestr. 18–20; Tel. 08 41/ 3 05 28 60; www.dmm-ingolstadt.de; Mo geschl.

93

Altstadt
Bamberg

Im Zentrum der Altstadt steht auf der Insel zwischen den zwei Regnitzarmen das bunt bemalte Rathaus. Wie angeklebt, hängt an seiner Vorderseite das kleine Rottmeisterhaus über dem Wasser. Im Krieg weitestgehend verschont, ist Bamberg heute eine der schönsten deutschen Städte – und Welterbe der UNESCO. Hoch über dem Labyrinth der Gassen ragt der Dom (ca. 1215–1237) mit seinen vier spitzen Türmen und der berühmten Skulptur des »Bamberger Reiters« (frühes 13. Jh.) auf. Nebenan stehen die Alte (1571–1576) und die Neue Residenz (1695–1704); erstere mit dem Historischen Museum, zweitere mit der Staatsgalerie (alte Meister) und einem romantischen Rosengarten. Auf dem Michaelsberg ist die Benediktinerabtei mit der gotischen Michaelskirche zu sehen; die ehemalige Klosterbrauerei ist heute ein Brauereimuseum, das nicht zuletzt mit seinem Eiskeller beeindruckt.

Tourist-Info, Geyerswörthstr. 5;
Tel. 09 51/2 97 62 00;
www.bamberg.info

94

Kelten Römer Museum
Manching

Ungefähr 10 km südlich von Ingolstadt, steht am Rand eines ehemaligen keltischen Oppidums ein langer, flacher Riegel mit einer Fassade aus (Milch)Glas. Darin wird ausgestellt, was man in der Keltensiedlung so alles fand: vor allem einen Goldschatz aus 450 Goldmünzen sowie das weltweit einzigartige »Kultbäumchen« aus dem 3. Jh. v. Chr. Höhepunkte der Sammlung sind die Wracks zweier 15 m langer römischer Militärschiffe aus der Zeit um 100 n. Chr.

Im Erlet 2;
Tel. 0 84 59/32 37 30;
www.museum-manching.de;
Mo geschl.

95

Walhalla
Donaustauf

Klingt germanisch, sieht aber griechisch aus. Leo von Klenzes klassizistischer Tempel (1830–1842) über der Donau 9 km östlich von Regensburg bietet eine Leistungsschau des nationalen Geistesadels. Bayern sucht die Superstars und stellt sie in dieser Ruhmeshalle aus: 131 Mamorbüsten und 65 Plaketten erinnern an große Deutsche, von Hermann dem Cherusker bis Sophie Scholl. Die Galerie wird in unregelmäßigen Abständen ergänzt, zuletzt (2019) mit dem Bildnis von Käthe Kollwitz. Anträge auf neue Köpfe bitte an die Bayerische Staatsregierung (www.bayern.de).

Walhallastr. 48;
Tel. 0 94 03/96 16 80;
www.walhalla-regensburg.de

Königs Schlösser

Schachen, Neuschwanstein, Linderhof, Herrenchiemsee

96

Hier feierte Ludwig II. (1845–1886), König von Bayern, also seine Geburtstage. Farbige Lichtflecken fallen durch die Buntglasfenster auf etwas, das aussieht wie ein orientalisches Spielzimmer. Drinnen verschnörkelte Wände und goldener Klimbim, draußen, vor den Fenstern, grüne Almwiesen und die Felsburgen des Wettersteingebirges. Das Königshaus am Schachen (1866 m) über Garmisch-Partenkirchen ist der verrückteste Bau des »Märchenkönigs« und der am wenigsten besuchte. Man kommt nur im Sommer hinauf und nur zu Fuß. Für Auf- und Abstieg muss man zusammen 6 bis 7 Stunden veranschlagen.

»Ein ewig Rätsel will ich bleiben mir und anderen«, das schrieb der König zehn Jahre bevor er – abgesetzt und entmündigt – am Abend des 13. Juni 1886 zusammen mit seinem Nervenarzt im Starnberger See *irgendwie* zu Tode kam. Auch das ist ein Rätsel. Statt Hirsche totzuschießen und Trophäen zu sammeln wie seine Verwandten, tauchte er lieber in Kunstwelten ab. Vor den Amtsgeschäften in München floh er in die Berge. Am Ende hinterließ er ein beeindruckendes Erbe. Als glühender Verehrer und Mäzen des Komponisten Richard Wagner hatte er entscheidenden Anteil an der Uraufführung von »Tristan und Isolde« in München (1865). Auch den Bau des Festspielhauses in Bayreuth und die erste komplette Aufführung des »Ring des Nibelungen« (1876) unterstützte der König nach Kräften. Und dann sind da die »Märchenschlösser«: Neuschwanstein, dieses Fake einer mittelalterlichen Ritterburg im Ostallgäu nahe Füssen, kennt die ganze Welt von Postern und Kalenderbildern. Und viele wollen das Original sehen: 6000 Besucher an einem durchschnittlichen Sommertag, 1,5 Mio. Besucher im Jahr ... 1868 war der Grundstein gelegt worden, und schon ein Jahr später begannen die Bauarbeiten auf dem Schachen. Von 1874 bis 1878 entstand im Graswangtal nahe Kloster Ettal Schloss Linderhof. Es ist das kleinste der drei »großen« Schlösser. Ludwig war es das liebste. Als einziges wurde es vollendet, als einziges auch länger bewohnt. Nach 1878 sollte Herrenchiemsee dann die bayerische Antwort auf

Versailles werden. Der Spiegelsaal ist sogar noch 7 m länger als das französische Original. Im Speisezimmer hängt ein unfassbar schöner und unschätzbar wertvoller Lüster aus Meißner Porzellan. Ende der Führung: Aus den Privatgemächern im ersten Stock tritt man direkt ins unverputzte Treppenhaus. Bis 1884 stand der König mit 7,5 Millionen Gulden in der Kreide. Wie schon Neuschwanstein blieb Herrenchiemsee unvollendet. Dabei träumte er längst von neuen Schlössern. Heute, wo sich die Tausendschaften durch sein Schlafzimmer auf Herrenchiemsee schieben, ist er ferner und geheimnisvoller als je zuvor. Er hat in diesem Zimmer kein einziges Mal geschlafen.

Neuschwanstein und Hohenschwangau, Tel. 0 83 62/93 98 80; Herrenchiemsee, Tel. 0 80 51/6 88 70; Linderhof, Tel. 0 88 22/9 20 30; www.schloesser.bayern.de

Hochzeitsstadt

Landshut

97

Die Stadt an der Isar erscheint fast wie ein verkleinertes Abbild von Regensburg. Wahrzeichen ist die spätgotische Martinskirche mit dem höchsten Backsteinturm der Welt (130 m). Die Stadtresidenz beherbergt heute die Gemäldegalerie und das Stadtmuseum (Mo geschl.). Sehr schön ist der Aufstieg zur Burg Trausnitz (13. Jh.). Die wunderbare Altstadt und die wenig jüngere Neustadt sind zur »Landshuter Hochzeit« besonders schön herausgeputzt. Das Spektakel steigt alle vier Jahre – nächstes Mal von 30. Juni bis 23. Juli 2023.

Tourismus Landshut, Altstadt 315; Tel. 08 71/92 20 50; www.landshut.de

98

Dom und Altstadt

Regensburg

Castra Regina nannte Kaiser Marc Aurel anno 179 das Römerlager an der Donau. Im 8. Jh. wurde Regensburg Bischofssitz, im 13. Jh. war es die reichste Stadt Süddeutschlands. Als die größte erhaltene Großstadt aus dem Mittelalter nördlich der Alpen zählt sie zum UNESCO-Welterbe, als beliebte Uni-Stadt verfügt sie über ein reges Kulturleben. Im Mittelpunkt steht der Dom, bedeutendstes gotisches Baudenkmal in Bayern. Zweites Wahrzeichen ist die Steinerne Brücke (1135–1146), die erst seit 2008 für den motorisierten Verkehr gesperrt ist.

Tourist-Information, Rathausplatz 4; Tel. 09 41/5 07 44 10; tourismus.regensburg.de

99

Glentleiten

Großweil

500 Jahre Landwirtschaft in Bayern sind in schöner Voralpenlandschaft zwischen Murnau und dem Kochelsee zu besichtigen: rund 60 Gebäude – Bauernhöfe, Werkstätten, Mühlen – aus vielen Gebieten Oberbayerns. Umfangreiche Schauproduktionen und Veranstaltungsprogramme.

An der Glentleiten 4; Tel. 0 88 51/18 50; www.glentleiten.de; 12. Nov.–18. März geschl.

100

Kunstareal
München

Das Münchner Pendant zur Berliner Museumsinsel. Im Museum Brandhorst mit seiner Fassade aus sehr bunten Keramikstäben sind Werke von Warhol, Beuys, Polke, Hirst und Cy Twombly zu sehen (Mo geschl.). Die Pinakotheken daneben haben ihre Felder sauber abgesteckt: Die »Alte« zeigt, na klar, Alte Meister (Mo geschl.), die »Neue« hört bei Jugendstil und Impressionismus auf (wegen Umbau geschl.). In der Pinakothek der Moderne ist neben der klassischen Moderne viel Gegenwartskunst untergebracht – Bilder, Installationen, Design, Foto und Video –, daneben das Architekturmuseum (Mo geschl.).

www.kunstareal.de

101

DB-(Eisenbahn-)Museum
Nürnberg

1835 dampfte der »Adler« von Nürnberg nach Fürth. Die erste Eisenbahn der Welt gilt als verschollen, das Museum zeigt einen (schönen!) Nachbau von 1952. Originale sind dagegen der Hofzug des »Märchenkönigs« Ludwig II., ein Traum in Gold und Blau, ein TEE mit Hubschrauberantrieb, die superschnelle Dampflok »05001« sowie viele andere Lokomotiven und Zuggarnituren. Im Museum für Kommunikation im 1. Stock ist eine nette Sammlung zum Thema Post und Telekommunikation zu sehen. Toll: die funktionierende Rohrpost mit durchsichtigen Rohren!

Lessingstr. 6; Tel. 08 00/32 68 73 86; www.dbmuseum.de und www.museumsstiftung.de; beide Mo geschl.

102

Altstadt und Burg
Nürnberg

Mittelalterlich-rustikal, so schätzt man die Stadt der Lebkuchen und Bratwürste, in der Albrecht Dürer, der »deutsche Leonardo«, in der heute nach ihm benannten Straße lebte (Nr. 39). Vor 75 Jahren lag sie in Schutt und Asche. Heute reihen sich innerhalb der Stadtmauer die wiederhergestellten Sehenswürdigkeiten – zum Beispiel beim Schönen Brunnen auf dem Hauptmarkt, der während der Adventszeit mit dem Christkindlesmarkt am schönsten ist. Großartig sind die beiden Kirchen St. Sebaldus und St. Lorenz, letztere mit dem Sakramentshaus und fantastischen Glasfenstern. Scheinbar unerschütterlich thront über allem die Burg, das Nürnberger Wahrzeichen – und eine der großen deutschen Kulissen (www.schloesser.bayern.de).

Tourismus-Zentrale, Frauentorgraben 3/IV; Tel. 09 11/2 33 60; www.tourismus.nuernberg.de

103

Industriekultur
Augsburg

400 Jahre nach der Blütezeit der Fugger war Augsburg das »Manchester Deutschlands«. Tausende arbeiteten in Spinnereien, Webereien und Färbereien sowie im Maschinenbau. Bei MAN entstand der Dieselmotor, bei den Bayerischen Flugzeugwerken (ab 1938 Messerschmitt) ziviles und militärisches Fluggerät.
Das Textilviertel östlich der Altstadt hat in Europa kaum ein Beispiel. Fabrikschlösser wie der imposante Glaspalast (heute mit Sammlungen moderner Kunst; www.glaspalast-augsburg.de), Fabrikantenvillen und Arbeitersiedlungen sind zu sehen. 2010 wurde auf dem Gelände der ehemaligen Kammgarn-Spinnerei das Textil- und Industriemuseum (www.tim bayern.de; Mo geschlossen) eingerichtet. Weitere Ziele: der Bahnpark, Wasserkraftwerke am Lech und das eindrucksvolle Gaswerk (www.gaswerk-augsburg.de). Das Kurhaustheater im Stadtteil Göggingen setzt mit seiner Glas- und Gusseisenkonstruktion einen eleganten Kontrapunkt. Alle Infos (auch zum Download) gibt es bei:

Tourist-Information, Rathausplatz 1; Tel. 08 21/50 20 70; www.augsburg-tourismus.de

104

Audi Forum
Ingolstadt

Ein Tempelbezirk des deutschen Automobilbaus mit moderner Architektur, gut inszenierten Ausstellungen im »museum mobile« und vielen Argumenten dafür, warum andere Autos nicht ganz so gut sind. Besonders interessant ist das Veranstaltungsprogramm mit vielen hochklassigen Konzerten. Hier traten schon Klaviergott Lang Lang auf – und die Fantastischen Vier.

Auto-Union-Straße 1; Tel. 08 00/2 83 44 44; www.audi.de

Fuggerei
Augsburg

105

Sozialer Wohnungsbau aus den Jahren 1514–1523. Eine Mauer umgibt die Stadt in der Stadt, die Jakob Fugger stiftete, um arme Augsburger von der Straße zu holen. Es gibt in der Fuggerei 140 Wohnungen, jede etwa 60 Quadratmeter groß. An den Modalitäten hat sich nichts geändert: Die rund 150 Menschen, die hier wohnen, sind Augsburger, katholisch und ohne eigene Schuld in Not geraten; Kaltmiete fur ein Jahr, damals wie heute: 1 Rheinischer Gulden – bzw. 0,88 Euro; Nebenkosten: täglich drei Gebete für den Stifter und seine Familie, die die Siedlung bis heute finanziert.

Fuggerei 56; Tel. 08 21/3 19 88 10; www.fugger.de

Dokuzentrum
Nürnberg

106

1933 erklärte Adolf Hitler Nürnberg zur »Stadt der Reichsparteitage«. Und Albert Speer plante und baute – auf 11 Quadratkilometern im Südosten der Stadt: eine Kongresshalle für 50 000 Menschen; die »Große Straße«, einen 2 km langen und 60 m breiten Marschriegel; Zeppelinfeld und -tribüne für 160 000 Menschen. Das Deutsche Stadion für 400 000 Menschen blieb ein monströses Hirngespinst. Im Nordflügel der Kongresshalle, des größten erhaltenen Bauwerks der NS-Diktatur, ist heute das überaus sehenswerte Dokumentationszentrum untergebracht.

Bayernstr. 110; Tel. 07 11/ 2 31 75 38; www.museen.nuernberg.de/dokuzentrum

107

Schloss und Park
Aschaffenburg

Der schönste Weg nach Aschaffenburg ist der auf dem Main – wenn über dem grünen Uferstreifen mit seinen Wiesen und Bäumen die roten Türme von Schloss Johannisburg auftauchen.
Im prachtvollen Renaissance-Geviert aus den Jahren 1604 bis 1614 kann man neben den historischen Wohnräumen das Schlossmuseum und die städtischen Sammlungen sehen, vor allem aber die Staatsgalerie mit der Sammlung Alter Meister (Mo geschl.). In einem Landschaftspark neben dem Schloss steht das Pompejanum. Die Rekonstruktion einer römischen Villa spiegelt die Italienbegeisterung König Ludwigs I. wider und ist ein schönes Sinnbild für das mediterrane Klima der Stadt Aschaffenburg. Vor den Toren Aschaffenburgs liegt der ungemein reizvolle Park Schönbusch, einer der ersten deutschen Landschaftsgärten überhaupt, der nach 1775 im englischen Stil umgestaltet wurde.

Schlossplatz 4;
Tel. 0 60 21/38 65 70;
www.schloesser.bayern.de

108

Germanisches Nationalmuseum Nürnberg

Kultur, Kunst und Geschichte des deutschen Sprachraums, von den Anfängen bis zur Gegenwart. Das ist eine ganze Menge … Wer ein geübter Museumsgänger ist und viel Interesse mitbringt, wird den Spagat zwischen dem mehr als 3000 Jahre alten »Goldkegel von Ezelsdorf«, dem Erdglobus von Martin Behaim (1492), dem Selbstbildnis mit Halskrause von Rembrandt (1629) und dem Bauhaus-Designsessel »Wassily« von Marcel Breuer (1925) intellektuell und sinnlich mit größter Lust bewältigen.

Kartäusergasse 1;
Tel. 09 11/1 33 10;
www.gnm.de; Mo geschl.

Sonnenalp
Ofterschwang

110

Wellness satt auf 10 000 Quadratmetern (indoor und outdoor) inmitten der Postkartenlandschaft der Allgäuer Berge. Eine eigene medizinische Abteilung sorgt nach Kräften dafür, dass man noch mehr Gesundheit davon hat. In den Zimmern dominieren Holz und dicke Polster, vor den Türen quietscht das Grün: Zwei 18-Loch-Meisterschaftsplätze und ein 6-Loch-Kurzplatz bieten Golfern genügend Auslauf. Das riesige Luxusresort mit eigener Einkaufspassage und mehreren Restaurants (darunter die Sterneprämierte »Silberdistel«) ist übrigens immer noch in Familienbesitz – in der vierten Generation.

Sonnenalp 1; Tel. 0 83 21/27 20;
www.sonnenalp.de; €€€€

Hotel am Mühlbach
Bad Füssing

109

Spätestens beim Frühstück wird die bäuerliche Tradition im Bäderdreieck deutlich: Marmeladen und Obst kommen vom eigenen Bauernhof. Ansonsten bietet das familiär geführte Haus alles, was man hier erwartet: Thermalpools innen wie außen, Saunen, Ruheräume – und einen Trinkbrunnen mit Grander-Wasser.

Bachstr. 15; Tel. 0 85 31/27 80;
www.muehlbach.de; €€€

Orphée
Regensburg

111

Das Regensburger Kult-Hotel hat eigentlich drei Adressen. Über dem gleichnamigen Restaurant (französische Bistro-Küche in tollem Ambiente) in einem Barockhaus der Altstadt sind auf fünf Etagen die Zimmer des Großen Hauses eingerichtet: schön schnörkelig mit Stuck und hohen Decken, altem Mobiliar und bis zu 60 Quadratmeter groß. Dicht daneben steht das nicht weniger hübsch eingerichtete »Kleine Haus«, und nahe der Steinernen Brücke kann im urigen Künstlerhaus Andreasstadel übernachtet werden.

Untere Bachgasse 8; Tel. 09 41/59 60 20; www.hotel-orphee.de; €€

112

Bayerischer Hof
München

Eine Münchner Institution: 350 Luxuszimmer und Themensuiten im Stil von Laura Ashley über Graf Pilati bis Cosmopolitan R&B (Rot und Beige) und auf dem Dach der »Blue Spa«, die schönste Wellness-Adresse der Stadt. Feste Größen im Münchner Nachtleben sind die Komödie, »falk's Bar« im Spiegelsaal (1839) und der Nightclub, eine ausgezeichnete Adresse für Jazzfans.

Promenadeplatz 2–6; Tel. 0 89/ 2 12 00; www.bayerischerhof.de; €€€€

113

Mariandl
München

Zwischen Goetheplatz und Hauptbahnhof steht dieser prächtige Gründerzeitbau. Kult ist das Café-Restaurant im Erdgeschoss, mit Kronleuchtern und Live-Musik von Jazz bis Klassik. Kult sind auch die stilvollen Zimmer mit altem Parkett, hohen Stuckdecken und – ein Tribut an die Authentizität – teilweise Etagenduschen.

Goethestr. 51; Tel. 0 89/ 5 52 91 00; www.mariandl.com; € bis €€

114 Le Meridien Grand Hotel

Nürnberg

Jugendstil und Art-Déco prägen den Charakter des schönen, jüngst renovierten Hotels am Hauptbahnhof, direkt am Rand der Altstadt. Auch die Zimmer sind stilgerecht möbliert und ausgestattet – und unterscheiden sich in ihrer Größe mitunter erheblich. Zum Wohlfühlgefühl tragen die schönen Marmorbäder nicht unerheblich bei. Sehr ansprechend auch die Angebote des Restaurants »Brasserie« und der angesagten Atelier Bar – hier wird jeden Donnerstagabend Live-Jazz geboten.

Bahnhofstr. 1–3; Tel. 09 11/2 32 20; www.lemeridiennuernberg.com; €€€€

115 Das Kranzbach

Kranzbach

Ringsum Wiesen, Wälder und – weit genug, um nicht zu erdrücken, nah genug, um zu beeindrucken – die Berge des Wetterstein- und Karwendelgebirges. Keine anderen Häuser und Straßen sind zu sehen. Von 2005 bis 2007 wurde das Herrenhaus, das die englische Aristokratin Mary Isabel Portman 1915 mitten in die bayerischen Alpen stellte, im »Arts and Crafts«-Stil eingerichtet und zum »Hideaway«. In den hohen Salons passt alles aufs Schönste zusammen: Farben, Möbel und Accessoires, die schweren Vorhänge, die teuren Sessel, die riesigen Stehlampen. Kultig sind die »Hummelzimmer« im alten Haus, warme Modernität pragt den Anbau, einen niedrigen Riegel mit Lärchenholzlamellen und viel Glas. Der Wellnessbereich ist groß, schön und geschmackvoll, das Außenbecken herrlich. Tolle Spa-Anwendungen, dazu TCM und Yoga.

Kranzbach bei Garmisch-Partenkirchen; Tel. 0 88 23/92 80 00; www.daskranzbach.de; €€€€

116 Alpenhof

Bayrischzell

Eine kleine Wohlfühloase mit großem Komfort und schöner Lage am Fuß des Wendelsteins, unweit der Seilbahn-Talstation. Plüschige Zimmer zum Kuscheln, dazu acht Themensuiten in italienischem, asiatischem oder orientalischem Look; standortgerecht ist auch das luxuriöse Almquartier zu haben. Dazu gibt es einen Spa mit Pool, Dampfgrotte und direktem Zugang zum Garten. Golfern werden Abschlagszeiten auf fünf 18-Loch-Plätzen in der Umgebung vermittelt. In der feinen Alpenstube werden Gourmets glücklich, in der Bauernstube Liebhaber gehobener bayerischer Küche.

Osterhofen 1,
Tel. 0 86 40/2 09 02 11;
www.der-alpenhof.com; €€

117

Gut Ising

Chieming

Wer Tennis, Golf (9-Loch) und ein eigenes Pferdesport-Zentrum anbietet, braucht viel Platz. Die weitläufige, luxuriöse Ferienanlage über dem Nordostufer des Chiemsees bietet ihn. Ums alte Herrenhaus gruppieren sich schön renovierte Hof-, Wohn- und Nebengebäude. Die Zimmer? Mal biedermeierlich, mal bäuerlich, mal maßvoll modern. Hübsche Pool- und Saunalandschaft. Echtes Brauchtum ist im Aufenthalt inbegriffen: Die Kirche Mariä Himmelfahrt (1384) nebenan ist bis heute das Ziel von Wallfahrern aus der Region.

Kirchberg 3; Tel. 0 86 67/7 90; www.gut-ising.de; €€€

118

Hotel Maximilian's

Augsburg

In Augsburgs guter Stube bietet die Traditionsherberge, Baujahr 1722, Komfort in schön moblierten Zimmern – und die Gewissheit, als Gast in einer Reihe mit Casanova, Mozart, Napoleon und Richard Wagner zu stehen. Bis zum März 2012 wurde generalsaniert. Neu hinzugekommen ist die Show-Küche im Restaurant Maximilian's.

Maximilianstr. 40; Tel. 08 21/5 03 60; www.hotelmaximilians.com; €€

119

Sorat Inselhotel

Regensburg

Die denkmalgeschützte ehemalige Kunsthandwerksmanufaktur auf einer Insel mitten in der Donau ist im Jahr 1995 sehr geschmackvoll zum Hotel umgebaut worden. Der Stil? Art Déco und 1930er-Jahre. Vor den Fenstern regiert dagegen das Mittelalter: Der Blick auf die Altstadt aus vielen Zimmern und Räumen ist fantastisch.

Müllerstr. 7;
Tel. 09 41/8 10 40;
www.sorat-hotels.com; €€€

Das Tegernsee

Tegernsee

120

Die Lage des Hotels und des Sengerschlosses am Hang über Tegernsee ist fantastisch: Schöner und ruhiger kann man den Blick auf See und Berge nicht genießen. Traumhaft sind die Turmsuiten im Schloss, günstiger die individuell eingerichteten Zimmer in den Zubauten. Der Spa mit Feng-Shui-Architektur und Naturmaterialien wurde kürzlich erweitert und bietet ganz großes Wohlfühlkino.

Neureuthstr. 23;
Tel. 0 80 22/18 20;
www.dastegernsee.de;
€€€

Romantik Hotel Weinhaus Messerschmitt

Bamberg

121

Bis 1422 reicht die Geschichte des Hauses in der Stadtmitte zurück. Der heutige Bau stammt aus dem Jahr 1640, der große Anbau wurde 2006 eröffnet. Ausgezeichnet ist die Küche, die vor allem regionale Produkte sehr gekonnt verarbeitet: von der Landente über Wild aus heimischer Jagd bis zum Zander aus dem nahen Main – ansprechend begleitet von Weinen aus Franken, Italien und Frankreich.

Lange Str. 41; Tel. 09 51/29 78 00; www.hotel-messerschmitt.de; €€€

122 Villino
Bodolz

Klein, aber fein – wenn dieses Prädikat irgendwo zutrifft, dann hier. Etwas versteckt am Hoyerberg oberhalb von Lindau residiert man in individuell eingerichteten Zimmern und Suiten wie in einem italienischen Landhaus. In der Wellness- und Beauty-Oase kann man sich dazu nach allen Regeln der globalisierten Zunft verwöhnen lassen. Wunderschön ist der Garten mit seinen Spalieren und Laubengängen. Im edel dekorierten Gourmet-Restaurant wird auf Stern-Niveau gekocht, und zwar asiatisch-mediterran.

Mittenbuch 6;
Tel. 0 83 82/9 34 50;
www.villino.de;
€€€

123 Wilder Mann
Passau

Bis ins Jahr 1303 reicht die Geschichte des Hauses an der Donau zurück. Hinter der gar nicht wilden, sondern ausgesprochen hübschen Fassade logiert man unter Stuckdecken und Lüstern und in historischem Mobiliar. Für Fans ein absolutes Muss: eine Nacht im Hochzeitszimmer von Ludwig II.! Angeschlossen ist das Passauer Glasmuseum mit der weltweit größten Sammlung von europäischem Glas: mehr als 30 000 Exponate aus Bayern, Böhmen, Österreich und Schlesien, von Barock über Biedermeier bis Art Déco und Moderne.

Schrottgasse 2;
Tel. 08 51/3 50 71;
www.wilder-mann.com; €

124 Kempinski Hotel Berchtesgaden Obersalzberg

Auf 1000 m Höhe blickt man vom Obersalzberg über das Tal von Berchtesgaden hinweg auf die allerschönste Alpenlandschaft. Eine echte Schau ist das »Kempinski The Spa« mit Innen- und Außenpools, Saunen und Wasserbett-Schwebeliegen. Auch attraktive Day-Spa-Arrangements sind zu haben. Die luxuriösen Zimmer zeigen passend zum Ort nach außen hin viel Glas. Innen wurden sie mit viel Naturstein, edlem Holz und einem Farbspektrum im warmen Bereich (Erdtöne, Rot und Orange) gestaltet. Sie bieten zum exquisiten Bergpanorama selbstredend allen erdenklichen 5-Sterne-Komfort. Im Top-Restaurant »PUR« wird klassisch-moderne französische Gourmetkost geboten (ein Michelin-Stern). Erstklassige Regionalküche mit bestem Fleisch aus der Umgebung bekommt man im Restaurant Johann Grill.

Obersalzberg, Hintereck 1;
Tel. 0 86 52/9 75 50;
www.kempinski.com;
€€€€

125

Blauer Gockel – Bauernhof- und Landurlaub e.V.

Bayern

Der Blaue Gockel vereint rund 1400 Höfe im gesamten Freistaat – von der charmanten Ferienwohnung über »Camping auf dem Bauernhof« bis zum preisgekrönten Wellness-Bio-Hof. Ob ein köstliches Frühstücksbuffet wie im Hotel auf dem Danner-Hof am Kochelsee oder eine luxuriöse Ferienwohnung mit Fünf-Sterne-Komfort und Sauna auf dem Hussnhof im Tölzer Land – die Vielfalt ist groß. Yogafans können auf dem Heindlhof im Oberpfälzer Wald erst ihre innere Mitte finden und anschließend in den Salzwasserpool springen, und wer das Besondere sucht, übernachtet in den Landeiern des Baumhaushotel Allgäu – Blick in den Sternenhimmel und Abenteuer inklusive. Auf den Ferienhöfen mit dem Blauen Gockel findet jeder Gast sein individuelles Urlaubsdomizil für einen rundum gelungenen, vielfältigen Urlaub. Und das Beste daran: Urlaub auf dem Land ist nachhaltig, dank kurzer Anreise, verantwortungsvoller Gastgeber und regionaler Lebensmittel, die direkt vom Erzeuger kommen.

www.blauergockel.de

Klosterbräu
Irsee

Eine Brauereigaststätte, wie sie sein muss: mit langen Tischen unter alten Gewölben, mit Wildschweinbraten, Brauergröstl und selbstgebrautem Bier. Wer nebenan im Hotel übernachtet, darf das letztere, das unfiltriert wie anno dazumal ausgeschenkt wird, ohne Reue genießen. Außerdem bietet Irsee mit der barocken Anlage des ehemaligen Stifts – 1186 gegründet, 1802 säkularisiert und heute ein bekanntes Tagungszentrum – einen stimmungsvollen Rahmen. Am besten genießt man das Ambiente an schönen Sommertagen im Biergarten.

126

Klosterring 1–3, Irsee; Tel. 0 83 41/43 22 00; www.irsee.com; €

127

Residenz Heinz Winkler
Aschau

Mehr als 20-mal hat er die drei Michelin-Sterne geholt. Wer sich von Heinz Winkler bekochen lässt und so souverän ist, auch ein Zwei-Sterne-Menü himmlisch zu finden, erlebt mediterran bestimmte Küchenkunst in schönem Rahmen, serviert von der mehrfach ausgezeichneten Service-Crew. Die Weinkarte umfasst 950 Posten.

Kirchplatz 1; Tel. 0 80 52/1 79 90; www.residenz-heinz-winkler.de; €€€€

128

Essigbrätlein
Nürnberg

Gerade mal 20 Gäste passen in das Gourmettempelchen – Platzangst sollte man nicht haben. Küche, Weinkarte und Service sind überragend. Unbedingt zu empfehlen ist das Menü, das mit furchtlosen Kombinationen ein wahres Aromenfeuerwerk entfesselt. Die Kartoffelscheiben mit Grapefruit und karamellisierter Senfsaat und der Hirschrücken mit Feigen, Rauken, Macadamianuss und Holunderblütensoße zeigen an, womit man es hier zu tun hat – nämlich mit einer höchst modernen Zwei-Sterne-Küche.

Weinmarkt 3; Tel. 09 11/22 51 31; www.essigbraetlein.de; So, Mo geschl. €€€€

129 August
Augsburg

Christian Grünwalds Menüs sind so komplex, dass selbst geübte Gourmets den Überblick verlieren können. Die Reise durch die unterschiedlichsten Aromen vom Land (aus dem eigenen Kräuter- und Gemüsegarten), aus dem Wasser und aus der Luft vergisst man nicht. Zwei Sterne!

Johannes-Haag-Straße 14;
Tel. 08 21/3 52 79;
So, Mo, Di geschl. €€€€

130 Tantris
München

Eine Orgie in Rot und Schwarz. Mit Eckart Witzigmann, Heinz Winkler und – aktuell – Benjamin Chmura hat das Tantris die möglicherweise beeindruckendste Linie von Starköchen in Gourmet-Deutschland vorzuweisen. Und mit der berühmten Sommelière Paula Bosch von 1991 bis 2011 die beste ihres Faches. Wer das achtgängige Menü von der leicht geräucherten Taubenbrust mit Gänseleberpraline bis hin zur leicht gelierten Champagnersuppe mit Mango und Bananensorbet auf dem Gaumen hatte, weiß, dass danach nicht mehr viel Besseres kommen wird.

Johann-Fichte-Str. 7; Tel. 0 89/3 61 95 90; www.tantris.de;
€€€€

Kneitinger
Regensburg

Der Kneitinger ist DIE Wirtshausinstitution in Regensburg. Das altehrwürdige Lokal am Arnulfsplatz ist klassenlos und in jeder Beziehung typisch bayerisch. Rustikales Ambiente, bodenständige Küche zu erschwinglichen Preisen und Biere aus der eigenen Brauerei – besonders der Bock erfreut sich großer Beliebtheit. Und wer die gewisse Ruppigkeit mit etwas Humor nimmt, der entdeckt darin eine echte Liebenswürdigkeit. Die Geschichte der hauseigenen Brauerei, die mittlerweile von einer gemeinnützigen Stiftung geführt wird, geht bis auf das frühe 16. Jh. zurück.

131

Arnulfsplatz 3; Tel. 09 41/524 55; www.reichinger.info; €

Zum Stachel
Würzburg

Historisch das Gewölbe über dem Tisch, frisch (sehr frisch!) das Angerichtete auf dem Teller. Gleich neben dem Marktplatz geht es hinein ins Traditionsgasthaus, wo Chefkoch Oliver Fritzsche fränkische Köstlichkeiten auf hohem Niveau zubereitet. Eingekauft wird nur, was aus der Region kommt und auch das, wenn möglich, in Bio-Qualität: z. B. Spanferkel, Bauernhähnchen, Spessart-Saibling und Donau-Waller. Im Weinkeller lagern Frankens beste Tröpfchen, bis sie endlich bestellt und am Tisch entkorkt werden.

Gressengasse 1;
Tel. 09 31/5 27 70;
www.weinhaus-stachel.de;
So, Mo geschl. €€€

132

133

Herzogliches Bräustüberl

Tegernsee

Eine oberbayerische Kultstätte, immer voll. Die Gewölbe im ehemaligen Kloster sind in der Hand der Einheimischen, die schon hier saßen, als der Tegernsee noch keine »Genießerland-Region« war, und die so aussehen, wie sie das Wort »krachledern« nur sehr unzureichend beschreibt. Touristen kommen in Scharen und genießen das Zusammensitzen mit den Tegernseern. Haben sie sich sattgesehen, probieren sie am besten das dunkle Bier aus der herzoglichen Brauerei (das helle »Spezial« ist auch hervorragend), dazu eine Schweinshaxe oder das Bierbratl mit Kartoffelsalat.

Schlossplatz; Tel. 0 80 22/41 41; www.braustuberl.de; €

134

Almgasthaus Aibl

Kreuth-Scharling/Tegernsee

Zum Genießerland Tegernsee zählen die Gastronomiebetriebe am Wasser sowie in der umliegenden Bergwelt. Das Café Aibl liegt idyllisch am Fuß des Hirschbergs (Aufstieg 3 Std., tolle Aussicht!) und ist berühmt für seinen karamellisierten Kaiserschmarrn. Das Wild kommt aus eigener Jagd, der Schnaps aus der eigenen Brennerei.

Aibl-Alm 1; Tel. 0 80 29/4 37; www.aibl.de; Mi, Do geschl. €

Restaurant Überfahrt Christian Jürgens

Rottach-Egern

Gault Millau kürte ihn 2013 zum Koch des Jahres, und Michelin rückte den dritten Stern heraus. Damit ist Christian Jürgens in Bayerns Gastronomie die Nummer 1. In edlem Ambiente bietet er eine höchst kreative, aber nie abgehobene Verbindung von regionaler und internationaler Küche – und schönes Understatement: der Menü-Punkt »Kartoffel & Ei« bezeichnet eine »gefüllte Kartoffelkiste auf Perigord-Trüffelmousseline«. Zum Kaffee reicht die Küche fantasievolle Pâtisserie.

135

Überfahrtstr. 10; Tel. 0 80 22/66 90; www.seehotel-ueberfahrt.de; Mo, Di geschl. €€

Gulden Stern

Nürnberg

136

Die »älteste Bratwurstküche der Welt« unweit des Weißen Turms in der Altstadt wurde bereits im Jahr 1419 urkundlich erwähnt. Und sie ist immer noch die beste, zumindest in Nürnberg. Die Bratwürste werden nach alten Rezepten handwerklich hergestellt und nicht vorgebrüht, sondern frisch über dem Buchenholzfeuer gegart. Von den Kartoffeln über Merrettichwurzeln und Salate bis zum Sauerkraut kommen alle Zutaten von genau bezeichneten Familienbetrieben aus der Region – Zubereitung täglich frisch.

Zirkelschmiedsgasse 26; Tel. 09 11/2 05 92 88; www.bratwurstkueche.de; €

137

Weißes Brauhaus

München

Kein Geheimtipp, aber immer noch eine sehr empfehlenswerte Alternative zum nahen Hofbräuhaus. Laut und voll ist es hier, das Essen ist sehr bayerisch und sehr gut, das Hefeweizen der Schneider-Brauerei sehr süffig. Wer es wagt, bestellt zum traditionellen Kronfleisch einen »Aventinus«, ein dunkles Weizen-Starkbier. Ein sehr starkes, dunkles Weizenbier.

Tal 7; Tel. 0 89/2 90 13 80; www.schneider-brauhaus.de; €€

138

Schnitzlbaumer

Traunstein

Für den Jungschweinebraten in Dunkelbier-Soße mit Semmelknödel und Speck-Kraut-Salat zahlt man 9,90 Euro. Sollte auch mal erwähnt werden. Dazu trinkt man die hauseigenen Biere – im Sommer auch auf der Terrasse.

Taubenmarkt 11–13; Tel. 08 61/98 66 50; www.schnitzlbaumer.de; €

139

landersdorfer & innerhofer

München

Weiß und Braun, die Wände ohne Bilder: Das Interieur ist schlicht, aber nicht cool. In einem stillen Winkel im Herz der Innenstadt haben ein Oberbayer und ein Oberösterreicher das alpenländische Erbe zeitgemäß aufpoliert. Mittags gibt es neben einem Lunchmenü ein paar à-la-carte-Gerichte, abends »nur« das viergängige (ausbaubare) Überraschungsmenü.

Hackenstr. 6–8; Tel. 0 89/26 01 86 37; www.landersdorferundinnerhofer.de; Sa/So geschl. €€€€

140

Unterfahrt
München

Das englische Jazz-Magazin *The Wire* listete die Unterfahrt unter die zehn besten Clubs in Europa. Hier spielen alle, die Rang und Namen haben in der Szene. Die Atmosphäre im gemütlichen Keller ist sehr herzlich, das Preisniveau sehr moderat.

Einsteinstr. 42;
Tel. 0 89/4 48 27 94;
www.unterfahrt.de

141

Künstlerhaus
Nürnberg

Das ehemalige »Komm«, wo zwischen 1973 und 1996 Kultur gemacht und immer wieder öffentliches Ärgernis erregt wurde, ist heute *das* Kulturzentrum im Norden Bayerns. Die Mischung aus Theater, Konzert und Kino, aus Kunstbetrieb und offenen Werkstätten ist reizvoll und engagiert – und vom Mainstream weit entfernt.

Königstr. 93;
Tel. 09 11/23 11 40 00;
www.kunstkulturquartier.de

142

Konzerthalle
Bamberg

In der kürzlich renovierten und akustisch hervorragend eingestellten Konzerthalle musiziert eines der deutschen Spitzenorchester. 1946 gegründet, haben sich die Bamberger Symphoniker unter der Leitung von Dirigenten wie Josef Keilberth, Herbert Blomstedt, Eugen Jochum und Günter Wand auch im Ausland einen hervorragenden Ruf erspielt. In den Mahler-Jahren 2010 und 2011 war in der »Sinfonie an der Regnitz« viel Musik des österreichischen Spätromantikers zu hören. Der Gustav-Mahler-Dirigentenwettbewerb, 2020 zum sechsten Mal veranstaltet, ist eines der wichtigsten Podien für den Dirigenten-Nachwuchs.

Mußstr. 1; Tel. 09 51/9 64 72 00;
www.bamberg-ce.de

144

Staatsoper und -schauspiel
München

Subventionierte Staatskunst kann richtig gut sein. Das klassizistische Schmuckstück bildet mit der angrenzenden Residenz eine der Münchner Postkartenansichten und zählt zugleich zu den führenden Opernhäuser weltweit. Die Annalen des Hauses verzeichnen allein fünf Uraufführungen von Opern Richard Wagners, gefördert durch seinen Bewunderer König Ludwig II. Sprechtheater auf ähnlichem Niveau gibt es gleich nebenan: Auf der Bühne des Residenztheaters kann man Spitzenkräften aus dem deutschsprachigen Bühnenfach bei der Arbeit zusehen.

Max-Joseph-Platz 1/2; Tel. 0 89/21 85 19 20; www.staatstheater.bayern.de

143

Stadttheater
Aschaffenburg

Aschaffenburg nennt sich »Kulturstadt« und leistet sich also ein Theater. In dem klassizistischen Bau (1811) sieht und hört man Gastspiele renommierter Ensembles in den Sparten Schauspiel, Musik- und Tanztheater, Jugendtheater und Kleinkunst – nach dem großen Umbau (2008–2011) auf drei Bühnen.

Schlossgasse 8; Tel. 0 60 21/ 3 30 18 88; www.stadttheater-aschaffenburg.de

145 Augsburger Puppenkiste
Augsburg

Jim Knopf und das Urmel, Kater Mikesch, der Räuber Hotzenplotz: Kein Kind und also auch kein Erwachsener, der diese Protagonisten eines erfüllten Lebens nicht kennen würde. Das liegt nicht zuletzt an den Figuren der Augsburger Puppenkiste, die sie seit Jahrzehnten verkörpern. 1948 feierte das Puppentheater im ehemaligen Heilig-Geist-Spital Premiere, 1953 begann die Zusammenarbeit mit dem Fernsehen. Gespielt werden übrigens auch Stücke für Erwachsene wie die Volkslegende vom »Dr. Faust«. Im Museum der Puppenkiste sind die Helden der netteren Gegenwart in schönen Kulissen zu sehen.

Spitalgasse 15; Tel. 08 21/ 4 50 34 50; www.augsburger-puppenkiste.de

146 Kammerspiele
München

Eine Institution: Im Jahr 1912 gegründet, seit 1926 im traumhaften Jugendstil-Schauspielhaus gegenüber dem Hotel Vier Jahreszeiten. Bertolt Brecht inszenierte hier seine Stücke, nach 1945 hießen die Regisseure Axel von Ambesser, Fritz Kortner, Peter Stein, Ernst Wendt, Robert Wilson, George Tabori und Dieter Dorn. 2008 erhielten die Kammerspiele den Deutschen Kritikerpreis, 2009 und 2013 wurden sie zum Theater des Jahres gekürt, 2009 auch für das beste Bühnenbild ausgezeichnet: Es ging an den »Prozess« in der Inszenierung von Andreas Kriegenburg. Neben dem 800 Zuschauer fassenden, intimen Schauspielhaus gibt es zwei kleinere Spielstätten: das Werkraumtheater für wilde Experimente und das Neue Haus im modernen Probengebäude.

Maximilianstr. 28; Tel. 0 89/ 23 39 66 00; www.muenchner-kammerspiele.de

147 Schumann's
München

Das »Schumann's« ist kein Geheimtipp, sondern Legende, aber nicht wegen der A-, B- und C-Promis und auch nicht wegen der reservierten Tische, auf die manche Stammgäste viele Jahre warten. Eher schon wegen der Bratkartoffeln, die Meister Charles so gern und gut zubereitet. Vor allem aber wegen der Cocktails, die hier so gut gemixt werden, und die man auch in illustrer Nachbarschaft genießt wie im eigenen Wohnzimmer. Das Interieur ist eher schlicht, Glamour gibt's woanders. Auch gut: Die »Schumann's Tagesbar« in der nahen Einkaufspassage Fünf Höfe.

Odeonsplatz 6–7; Tel. 0 89/ 22 90 60; www.schumanns.de

Philharmonie
München

148

Zusammen mit dem nicht »schlechteren« Orchester des Bayerischen Rundfunks halten die Philharmoniker die Pole Position im Süden und behaupten sich als eines der besten Orchester Europas. Maßgeblichen Anteil daran hatte Sergiu Celibidache, der dem Klangkörper von 1979 bis zu seinem Tod 1996 vorstand. Bis zum russischen Überfall auf die Ukraine 2022 war Valery Gergiev Leiter. Der große Konzertsaal am Gasteig wird generalsaniert, Ausweichquartier ist seit 2021 die Isarphilharmonie. Ein neues Konzerthaus im Münchner Werksviertel ist in Planung.

Rosenheimer Str. 5; Tel. 0 89/ 48 09 80; www.mphil.de

149

Theater Wasserburg
Wasserburg

Ein absoluter Kulturtipp ist das frühere Theater Belacqua in der vielleicht schönsten kleinen Stadt Bayerns – auf der »anderen Seite« des Inn. Das kleine Ensemble steht beispielhaft für die Leidenschaft und Professionalität, mit der auch im Schatten der Kulturmetropole München Kunst gelebt wird: egal ob bei Shakespeare-Klassikern, Wedekinds »Lulu« oder dem »Black Rider« von Robert Wilson und Tom Waits, für den die Wasserburger bei den Bayerischen Theatertagen in Augsburg 2012 den Preis für eine »herausragende Ausstattung« gewannen. Bemerkenswert ist auch das Niveau des Tanztheaters. Im Sommer Freilichtaufführungen in der Altstadt oder »Am Stoa«, einem gewaltigen Findling im Wald nordwestlich von Wasserburg.

Salzburger Str. 15; Tel. 0 80 71/ 10 32 63; theaterwasserburg.de

150

Stadttheater
Schweinfurt

Es ist eine Ikone der Nachkriegsarchitektur: das Stadttheater von Erich Schelling aus dem Jahr 1966. Und die Schweinfurter lieben es – die Auslastung liegt seit Jahren bei über 85 Prozent. Grund dafür ist sicher nicht nur die Qualität der Aufführungen, sondern auch deren Vielfältigkeit. Wer zwischen Oper und Operette, Musical und Ballett, Schauspiel und Konzert, Kinder-, Jugend- und Puppentheater wählen darf, wird sicher fündig. Erstklassig ist das Konzertprogramm, was nicht zuletzt an den Bamberger Symphonikern liegt, die hier regelmäßig mit den Stars des Klassik-Betriebs musizieren. Alle zwei Jahre finden die Schweinfurter Puppenspieltage statt.

Roßbrunnstr. 2;
Tel. 0 97 21/51 49 55;
www.theater-schweinfurt.de

Build2Ride
Garmisch-Partenkirchen

151

Kaufen, was man selbst hergestellt hat: Hier bekommt man Ski, Snowboards und Mountainbikes nach eigenen Vorstellungen, im selbst gewählten Design und unter fachmännischer Anleitung. Man kann die gewünschten Unikate aber auch bei den Bastlern in Auftrag geben.

Heubergweg 15, Farchant;
Tel. 0 88 21/9 67 59 44,
www.build2ride.com

152

Dallmayr
München

Münchens erste Feinschmeckeradresse bietet viel mehr als den aus der Fernsehwerbung hinlänglich bekannten Kaffee. Der Gang durch die duftenden Hallen zwischen Marienplatz und Staatsoper ist selbst dann ein Erlebnis, wenn man »nur mal schauen« will. Aber wer schafft das schon, wenn er erst mal eingetreten ist. Brot und Käse, Fisch und Fleisch, Süßes und Saures sind höchst appetitlich auf den Theken ausgebreitet. Das Restaurant im 1. Stock hat sich mit zwei Michelin-Sternen als eine der Münchner Top-Adressen etabliert.

Dienerstr. 14/15; Tel. 0 89/2 13 50; www.dallmayr.de

153

Geigers Hofladen
Hindelang-Oberjoch

Auf dem höchstgelegenen Bauernhof Deutschlands macht Stefan Bentele Käse. Seine treuen Mitarbeiterinnen veredeln das besonders gute Berggras zu besonders guter Milch, die der Chef danach zu besonders gutem Käse verarbeitet. Wurst und Speck produziert er auch.

Ornachstr. 29–33; Tel. 0 83 24/ 76 98; www.haflingerhof.de

154

Radspieler
München

Verwinkelte Räume, ein wildgrüner Garten, 300 m vom Marienplatz entfernt: Im stillen Winkel der Innenstadt gibt es edle Stoffe, Textilien und Mode zu kaufen, dazu Möbel aus eigener Werkstatt, aus Italien, Frankreich und der Schweiz. Früher königlicher Hoflieferant, heute Münchens schönstes Geschäft.

Hackenstr. 7; Tel. 0 89/ 2 35 09 80; www.radspieler.com

155

Glashütte Valentin Eisch
Frauenau

Die lange Tradition des Glasmacherhandwerks im Bayerischen Wald ist in Frauenau nahe Zwiesel besonders lebendig. Schöne Stücke wie Weingläser und Dekanter kann man direkt vom Produzenten beim Fabrikverkauf von Valentin Eisch erwerben. 1952 wurde das erste Glas in der damals jüngsten und kleinsten Glashütte Bayerns geschmolzen. Die aktuellen Kollektionen von Trinkgläsern, Platten, Vasen und Objekten erscheinen denn auch entsprechend jung.

Am Steg 7; Tel. 0 99 26/18 90; www.eisch.de

156 Büttenpapierfabrik Gmund
Gmund a. Tegernsee

Wo *wireless* kommuniziert wird, macht Papier den Unterschied. Im gleichnamigen Ort am Ufer des Tegernsees stellt Gmund seit 1829 Papiere her – und ist damit in Zeiten von Mail und Skype sehr erfolgreich. Das Sortiment bietet Naturpapiere mit Einschlüssen aus Rinde ebenso wie die »Gmund Act Green« Kollektion mit Umweltzertifikat oder die stofflich-weichen Papiere der Kollektion Kaschmir. Wer es individueller mag, wählt aus über 100 Oberflächen, über 55 matten und an die 30 glänzenden Farben und Grammaturen von 100 bis 900 g/m² sein Wunschpapier. Mehr als 100 000 verschiedene Papiersorten sind möglich: für Geschäftspapiere, Visiten- und Hochzeitskarten, Einladungen oder Geburtsanzeigen. Wer Gmund am Produktionsstandort besucht (oder in München, Hannover, Bremen, Innsbruck und, ja!, Tokio), kann auch feine Notizhefte und Blöcke, handgeschöpfte Papiere und allerlei schöne Schreibgeräte mitnehmen. Für alle, die es noch nicht verlernt haben.

Mangfallstr. 5; Tel. 0 80 22/ 7 50 00; www.gmund.com

157 Viktualienmarkt
München

Viktualien, das ist lateinisch und heißt Lebensmittel. Und die werden auf dem Gelände des Heiliggeistspitals, hinter dem Alten Rathaus, schon seit 1807 verkauft. Das Angebot ist in dieser Zeit nicht nur größer, sondern mit Sicherheit auch besser geworden – und es wird, Sonntage und Feiertage ausgenommen, täglich verkauft: Obst und Gemüse, feine Fleisch- und Wurstwaren, Käse zum Niederknien, Weine, edelste Trüffel … Sehr schön ist auch der Biergarten.

Viktualienmarkt; www.viktualienmarkt-muenchen.de

158 Enzian von Grassl
Berchtesgaden

Was die Wurzel der Enzianpflanze an Bitterstoffen produziert, ist so wertvoll und bekömmlich, dass der Geschmack keinerlei Anlass zu Klagen geben kann. Der bayerische Schnaps schlechthin wird in Berchtesgaden produziert. Nur Familie Grassl hat das Recht, nach der heute streng geschützten Enzianwurzel zu graben. Das edelste Tröpfchen ist der Funtensee-Enzian. Er wird aus Wurzeln gebrannt, die Männer in Lederhosen hoch oben im Berchtesgadener Nationalpark mit Hacken aus der Erde holen und gleich vor Ort in eigenen Hütten hacken, einmaischen und brennen.

Salzburgerstr. 105; Tel. 0 86 52/ 9 53 60; www.enzian-grassl.com

159

Internationales Bergfilm Festival
Tegernsee

Exotische Länder, fremde Menschen und mutige Männer und Frauen sind hier zu sehen – wenn es auch meistens Männer sind, die sich an den höchsten und schwersten Bergen der Welt filmen lassen. Seit der ersten Konkurrenz im Jahr 2003 hat sich das Bergfilmfestival zu einem der bedeutendsten seiner Art entwickelt – und zu einem Publikumsmagneten. Dabei machen die überwiegend sanften Berge um den Tegernsee weit weniger Angst als viele der Fels- und Eisriesen, die da in jedem Oktober auf die Leinwand kommen.

www.bergfilm-tegernsee.de

160

Passionstheater
Oberammergau

1633 gelobten die Oberammergauer, alle zehn Jahre die Geschichte vom Leiden Christi nachzuspielen, wenn sie denn von der Pest befreit würden – was rasch geschah. Schon 1634 erfüllten sie das Gelübde, ab 1680 verlegten sie das Spiel auf die Zehner-Jahre. 2022 stand das halbe Dorf wieder auf der Bühne, um Zuschauer aus aller Welt zu »unterhalten«. Das Festspielhaus bietet aber in jedem Jahr Kultur, u. a. das Heimatsoundfestival Ende Juli.

www.passionstheater.de

161

Kaltenberger Ritterspiele
Schloss Kaltenberg

Kein geringerer als Luitpold Prinz von Bayern rief 1979 das größte Ritterturnier der Welt ins Leben. Mittelalter-Wrestling sozusagen, mit schwer gerüsteten Eisenmännern, schnellen Pferden, kreisenden Morgensternen und splitternden Lanzen. Die Stunts sind erstklassig! Rundherum herrscht das übliche bunte Markttreiben mit bunten Kostümen, Gauklern, Fleisch am Spieß, Bier und Met und frechen Barden. Immer an den drei Wochenenden im Juli auf Luitpolds Schloss Kaltenberg (erbaut 1292) zwischen Augsburg und München.

www.ritterturnier.de

162 Festspiele
Bayreuth

Im Publikum sitzen mehr oder weniger Reiche und mehr oder noch mehr Berühmte. Und dazwischen nicht Wenige, die tatsächlich etwas von Richard Wagners Musiktheater verstehen. Mit der Übergabe der künstlerischen Leitung von Enkel Wolfgang (1919–2010) an Urenkelin Katharina, Jahrgang 1978, wurde 2008 ein bemerkenswerter Generationswechsel vollzogen.

Das Regietheater hatte aber schon lange vorher Einzug gehalten im Festspielhaus auf dem Grünen Hügel, und man kann nicht sicher sein, was während der Festspiele vom 25. Juli bis zum 2. September an seltsamen und großartigen Dingen auf der Bühne geschieht – und ob die Sänger im Tarnanzug oder in Strapsen auf der Bühne stehen. Fest steht allein, dass alle Vorstellungen, vorsichtig gesagt, ausverkauft sind. »Mal so« an eine Karte zu kommen, ist nahezu ausgeschlossen. Die Wartezeit beträgt meistens mehrere Jahre.

www.bayreuther-festspiele.de

163 Drachenstich
Furth im Wald

2009 hatte der alte Drache seinen letzten Auftritt. Seit 2010 verröchelt ein neues Hightech-Ungeheuer, der größte Roboter auf vier Beinen, unter Ritter Udos Lanzenstößen sein Leben. Das traditionsreiche Ritterspektakel im Bayerischen Wald – das älteste deutsche Volksschauspiel überhaupt – bietet großes Theater. Lasst doch mal die Kinder vor!

www.drachenstich.de

Sambafestival
Coburg

Wer Samba hört, denkt nicht sofort an Oberfranken. Sollte er aber. Jedes zweite Juli-Wochenende wird getrommelt zwischen Fachwerk- und Renaissancefassaden – beim größten Samba-Festival außerhalb Brasiliens. 3000 Musiker, Trommler und Tänzer(innen) bieten ein Feuerwerk für Augen und Ohren. Man kürt die »Belaza Negra«, die schönste farbige Frau, und den besten Capoeira-Tänzer. Sehr hübsch sind die Ökumene beim Sambagottesdienst am Sonntagvormittag und der große Umzug durch die Coburger Altstadt, den die Königin des Karnevals von Rio anführt. Caipi bis zum Abwinken.

164

www.samba-festival.de

165

Fränkisches Bierfest
Nürnberg

Unter den großen deutschen Festen für Biertrinker ist es vom Ambiente her vielleicht das schönste: Im schattigen Graben unter den Türmen und Zinnen der Nürnberger Burg lassen mehr als 40 Brauereien aus der Umgebung im Mai oder Juni fünf Tage lang die Krüge überschäumen. Gezapft werden Bierspezialitäten vom Land, ohne modischen Craft-Hype und in einer Vielfalt, die begeistert. Man vergleiche nur ein naturtrübes Zwickelbier mit einem Bamberger Rauchbier. Weil man Flüssiges jedweder Art auf eine feste Grundlage stellen muss, wird dazu allerlei Gegrilltes, Gebratenes und Gebackenes geboten.

www.bierfest-franken.de

166

Viehscheid
Hindelang

Wenn im Herbst die Kühe von den Almen ins Tal zurückkehren, ist das Grund zu feiern. Der traditionelle Almabtrieb oder Viehscheid findet im September statt – besonders schön im Allgäu, am schönsten in Hindelang. Kein Theater, sondern Teil einer Lebensweise, die viele nur noch mit dem Einkauf im Bio-Laden verbinden.

www.allgaeu-viehscheid.de

167

Gäubodenvolksfest

Straubing/Bayerisches Golf- und Thermenland

Die 47 000-Einwohner-Stadt Straubing an der Donau hat mit der St.-Jakobs-Basilika, vor allem aber mit der Petersbasilika und den an sie anschließenden, ungemein stimmungsvollen Friedhof zwei außergewöhnlich Baudenkmäler. Und mit dem Gäubodenvolksfest findet hier in jedem August die echte Alternative zum Münchner Oktoberfest statt. Wem das größte Volksfest nicht mehr bayrisch genug ist, der geht zum zweitgrößten. Hochdeutsch oder australisches Englisch wird am Rand des Bayerischen Waldes eher selten gesprochen.

www.volksfest-straubing.de

168

Rock im Park

Nürnberg

Die Parallelveranstaltung zu »Rock am Ring« in der Eifel steigt in Nürnberg auf dem Zeppelinfeld. 2016 begeisterte das dreitägige Event mit Shows von den Red Hot Chili Peppers, Black Sabbath, Volbeat und vielen anderen Bands die 80 000 Besucher. Anfang Juni 2022 stieg die letzte Party in der Bratwurststadt – dabei waren etliche Große, wie Green Day oder Placebo.

www.rock-im-park.com

Oktoberfest

München

169

Wer sein Bier lieber im Sitzen trinkt und sich dabei unterhält, meidet die Orgie auf der Münchner Theresienwiese, der »Wies'n«, die großflächig asphaltiert ist. Beim größten Volksfest der Welt trinken 6 bis 7 Millionen Besucher etwa ebenso viele gefüllte Literkrüge (»Maßen«) Bier und essen mehr als 100 Ochsen. Größten Anklang fand beim 200-jährigen Jubiläum im Jahr 2010 die »oide (alte) Wies'n«, ein abgezäuntes Retro-Ghetto mit kostenpflichtigem Zugang. Jedes Jahr wird das Retro-Bollwerk gegen die globalisierte Partykultur wieder errichtet. Empfehlenswert.

www.oktoberfest.de

Allgäu Skyline Park

Rammingen

170

Der Allgäu Skyline Park bei Bad Wörishofen lockt auf über 35 ha mit mehr als 60 Attraktionen für Jung und Alt, u.a. der höchsten Überkopf-Achterbahn Europas, dem Sky Wheel. Zu den weiteren Highlights zählen Wildwasserbahn, Wasserrutschen-Spaßbad, Formel-1-Autoscooter und viele Nostalgie-Klassiker wie Riesenrad, Geisterbahn und Krinoline. Seit 2020 sorgt das welthöchste Flugkarussell, der Allgäuflieger, mit schwindelerregenden 150 m Höhe für herrliche Flugmomente. Nicht nur Adrenalinfreunde verbringen im Skyline Park einen actionreichen Tag. Familien mit Kindern ab 4 Jahren werden hier reichlich Spaß und Abwechslung mit 15 Attraktionen finden. Die Juniorachterbahn Kids Spin oder die Kids Farm bieten u.a. grenzenlosen Spielspaß. Faire Preise für Erwachsene, Kinder und Gruppen zeichnen den Skyline Park ebenso aus, wie das abwechslungsreiche Gastronomieangebot.

Skyline-Park-Str. 1; Tel. 0 82 45/9 66 90;
www.skylinepark.de

171

Märchenweg

Freudenberg

In den waldreichen Bergen rund um Freudenberg, der Pforte zum Oberpfälzer und zum Böhmerwald sind die Waldmärchen zuhause, die Erzählungen von zauberhaften Holzfräulein, von geheimnisvollen Irrlichtern und von der Wilden Jagd, die nachts über die Baumwipfel streift. Seit Sommer 2021 erweckt der Freudenberger Märchenweg die alten Geschichten, die sich die Menschen an langen Winterabenden erzählt haben, zu neuem Leben. Bei der sagenumwobenen Ortschaft Hainstetten ist ein etwa 2 km langer Rundweg entstanden, der die von Franz Xaver von Schönwerth (1810–1868) niedergeschriebenen Märchen lebendig macht. Ausgangspunkt ist das Cafe Oma Gerti, das im Sommer 2022 neu eröffnet hat. Von hier aus geht es über Streuobstwiesen an Feldrainen entlang zu einem markanten Aussichtspunkt, dem Böhmerwaldblick, der den Blick bis zum Großen Arber (1455 m) und dem Cherkov in Tschechien (1042 m) freigibt. Halbtages- und Tagestouren rund um den Buchberg (667 m) und den Rotbühl (673 m) sind hier möglich, z. B. auf dem Bernsteinweg, einer der historischen Bernstein-Routen von Venedig an die Ostseeküste.

Hainstetten 13; hkv-freudenberg@web.de; www.freudenberger-maerchenweg.de; www.aove.de

172

Allgäuer Alpen
Oberstdorf

Die südlichste Gemeinde Deutschlands ist das Mekka der Skifahrer, Skispringer, Wanderer und Mountainbiker. Die tolle Bergkulisse kann man aber auch erleben, ohne in Schweiß und/oder Gefahr zu baden – mit den Seilbahnen auf Nebelhorn und Fellhorn. Sehr schön ist eine Wanderung durch die tosende Breitachklamm, wahrhaft schwindelerregend ist die Besichtigung des »schiefen Turms von Oberstdorf«, der Heini-Klopfer-Skiflugschanze. Der 72 m hohe, frei auskragende Anlaufturm bietet einen großartigen Tiefblick, der Schanzenrekord stand 2022 bei 242,5 m.

Tourist Information, Prinzregentenplatz 1; Tel. 0 83 22/ 70 00; www.oberstdorf.de

173

Naturpark und Kulturschätze
Eichstätt / Altmühltal

Am besten folgt man dem Lauf der Altmühl nördlich von Ingolstadt radelnd (www.altmuehltal-radweg.de) oder paddelnd. Die Szenerie ist bezaubernd: Uferwiesen, bewaldete Höhen, Kalkzinnen und postkartenschöne Orte. Kultureller Höhepunkt ist Eichstätt. Neben dem großartigen Dom (1350–1396), der Fürstbischöflichen Residenz und dem Residenzplatz zieht vor allem die auf einem Felssporn errichtete Willibaldsburg das Interesse auf sich: Hier sind im Juramuseum neben anderen Fossilien im Solnhofer Plattenkalk ein Urvogel der Gattung Archaeopteryx und ein Juravenator starki in bestem Zustand zu sehen (Tel. 0 84 21/ 47 30; Mo geschl.).

Tourist Information, Domplatz 8; Tel. 0 84 21/6 00 14 00; www.eichstaett.de

174

Wallfahrt zur Schwarzen Madonna
Altötting

Zu Dutzenden stehen Holzkreuze an der Wand, damit die Pilger sie aufnehmen und vorbei an mehr als 2000 Votivbildern um die Gnadenkapelle tragen können. Selbst wer dabei an »Das Leben des Brian« denkt (»Jeder bitte nur ein Kreuz!«), wird still, sobald er im Dämmerlicht vor der Schwarzen Madonna steht. Das Lindenholz ist schwarz vom Kerzenrauch und bildet einen starken Kontrast zum üppigen Silberschmuck des Altars. In der gotischen Pfarrkirche schwingt der »Doud z'Äding« (Tod zu Ötting), eine Skelettfigur aus dem 17. Jh., auf einem Uhrkasten seine Sense. Als berührend oder kurios können die Autoweihen und Devotionaliengeschäfte empfunden werden.

Wallfahrts- und Verkehrsbüro, Kapellplatz 2a; Tel. 0 86 71/ 50 62 19; www.altoetting.de

176

Donaudurchbruch

Kelheim und Kloster Weltenburg

Es ist sozusagen die bayerische Antwort auf das Obere Mittelrheintal zwischen Bingen und Koblenz: viel kleiner, aber auch, echt wahr, noch romantischer. Über eine Strecke von gut 5 km Länge fließt die Donau hinter Kelheim durch ein äußerst beeindruckendes, enges Durchbruchtal. 80 m hoch sind die Felswände, zwischen denen man auf dem Schiff zum malerisch in einer Flussschlinge gelegenen Benediktinerkloster Weltenburg, dem ältesten Kloster Bayerns (gegründet 617), gelangt. Wo man aussteigt, um sich im Biergarten das Bier aus der wahrscheinlich ältesten Klosterbrauerei der Welt (gegründet 1050) schmecken zu lassen.

Personenschifffahrt; Tel. 0 94 41/58 58; www.schiffahrt-kelheim.de

175

Stadtbummel

Landsberg am Lech

Hier brachte Adolf Hitler als Häftling sein Propaganda-Manifest »Mein Kampf« zu Papier (1923/24). Ein anderer Name steht Landsberg besser zu Gesicht: Dominikus Zimmermann schmückte die Stadt im 18. Jh. mit einem Rathaus und mit der Johanneskirche. Im wunderschönen Ensemble der Altstadt mit ihren Türmen und Toren fällt das Bayertor (1425) besonders auf.

Tourismus Ammersee-Lech, Schulgasse 2901/2; Tel. 0 81 91/ 9 70 03 77; www.ammerseelech.de

177

See und Berge

Ferienregion Tegernsee

Aktivität und Erholung, ausgezeichnete Restaurants und Gasthäuser: Zum perfekten Tag an einem der beliebtesten Ausflugsziele der Münchner startet man am besten mit der Bayerischen Oberlandbahn – auf der Straße kann es an schönen Wochenenden eng werden. Die Besucher kommen zum Baden (der See hat Trinkwasserqualität), Segeln und Wandern, zum Mountainbiken und Schifferlfahren (Tel. 0 80 22/9 33 11; www.seenschifffahrt.de). Bei guter Sicht ist die Fahrt mit der Seilbahn zum Wallberg höchst empfehlenswert (Wallbergstr. 26; Tel. 0 80 22/70 53 70; www.wallbergbahn.de). Oben genießt man das 360-Grad-Panorama, im Panoramarestaurant bayerische Hausmannskost und man beobachtet das bunte Treiben der Gleitschirmflieger. Bergab geht's mit der Gondel, per Pedes oder als Passagier am Gleitschirm. Danach ins Gulbransson-Museum im Tegernseer Kurgarten: Hier betrachten Kunstinteressierte neben wechselnden Ausstellungen vor allem die Werke des großen Karikaturisten Olaf Gulbransson, der sich 1929 am Tegernsee niederließ (Kurgarten 5; Tel. 0 80 22/33 38; Mo geschl.). Ein heißer Tipp ist die »monte mara«-Seesauna mit ihrem schönen Innen- und Außenbereich und dem fest vertäuten Saunaschiff »Irmingard« (Hauptstr. 63; Tel. 0 80 22/1 87 47 70).

Tegernseer Tal Tourismus GmbH, Hauptstr. 2; Tel. 0 80 22/92 73 80; www.tegernsee.com

178 Kunst und Technik
Kochel

Kunst: im Franz-Marc-Museum, einer ansprechend-intimen Sammlung wichtiger Werke des populären Expressionisten und »Blauen Reiters« (Franz-Marc-Park 8–10; Tel. 0 88 51/92 48 80; Mo geschl.); Technik: im historischen Walchenseekraftwerk (Altjoch 21).

Tourist Information, Bahnhofstr. 23; Tel. 0 88 51/3 38; www.kochel.de

179 Geigen aus dem Hochgebirge
Mittenwald

Aus aller Welt kommen junge Menschen ins Hochtal zwischen Karwendel- und Wettersteingebirge, um die Kunst des Geigenbaus zu erlernen. Sie wird hier seit 1684 gepflegt und hat die »bayerischen Stradivaris« berühmt gemacht. Das sehenswerte Geigenbaumuseum steht in der Ballenhausgasse 3 (Tel. 0 88 23/25 11; Mo geschl.). Der Sessellift auf den Kranzberg erschließt ein schönes Wandergebiet, die Karwendelbahn hochalpine Eindrücke vom größten Naturschutzgebiet der Ostalpen (Besucherzentrum).

Tourist-Information, Dammkarstr. 3; Tel. 0 88 23/3 39 81; www.alpenwelt-karwendel.de

180 Fränkische Schweiz
Ailsbachtal

Burgen und Mühlen, Fachwerk-Städtchen, Flüsschen und Wäldchen. Besonders schön ist der Ausflug ins Ailsbachtal mit Burg Rabenstein und der Sophienhöhle.

Tourismuszentrale, Tel. 0 91 91/86 10 54; www.fraenkische-schweiz.com

181 Burg und Stadt
Burghausen

Mehr als einen Kilometer ist man unterwegs, um durch die sechs Höfe von einem Ende der längsten Burg Europas ans andere Ende zu kommen. Längst sind Wohnungen, Museen (Sadtmuseum, Burgmuseum, Foltermuseum) und Galerien in das aufwendig restaurierte Gemäuer eingezogen. Die Altstadt, wunderbar gelegen zwischen dem steilen Burgberg und der Salzach, lädt ein zum Bummel in mittelalterlichem Ambiente. Bei der weithin berühmten Jazzwoche im Frühling treten hier die großen Stars der Szene auf.

Tourist Info, Stadtplatz 99; Tel. 0 86 77/88 71 40; visit-burghausen.com

182

Entdeckungsreise zwischen Isar und Vils

Ferienland Dingolfing-Landau

Mit einem Radwegenetz von über 800 km ist das Ferienland Dingolfing-Landau schon lange ein attraktives Ziel für passionierte Radler und naturverbundene Ausflugsgäste. Den Landkreis durchziehen zudem große Fernradwanderwege wie der Isarradweg, der Vilstalradweg und der Bockerlbahnradweg mit Anschluss an Donau, Rott und Inn.
Außer sehenswerten und historischen Highlights in den beiden Städten Dingolfing und Landau a. d. Isar bietet die Region Natur pur. Herausragend ist der »Wachsende Felsen«, eine 5000 Jahre alte steinerne und bis heute größer werdende Wasserrinne oder das »Mäandertal«, wo die Vils sich wie in alten Zeiten durch die Landschaft schlängelt. Neben sechs Natur- und zwei Landschaftsschutzgebieten hat das Ferienland Dingolfing-Landau eines der größten zusammenhängenden Gemüseanbaugebiete Europas zu bieten und ist damit ein Füllhorn für die heimische Gastronomie. Gasthäuser, Biergärten und traditionelle Feste laden Einheimische und Gäste zum Entdecken ein. Zudem lockt bei Reisbach das Freizeitparadies Bayern-Park mit spektakulären Familienfahrgeschäften, rasanter Action wie dem Freifallturm »Voltrum« sowie einem Naturerlebnispfad und einer Greifvogel-Flugschau.

Ferienland Dingolfing-Landau, Informationszentrum im Bruckstadel; Fischerei 9, 84130 Dingolfing;
Tel. 0 87 31/32 71 00; tourismus@landkreis-dingolfing-landau.de; www.ferienland-dingolfing-landau.de

Allgäu für die Sinne

Ottobeuren

183

Mit einer der größten barocken Klosteranlagen der Welt ist Ottobeuren ein Juwel der oberschwäbischen Barockstraße in Bayern. Der Urlaubsort ist zudem der perfekte Ausgangspunkt, um die Allgäuer Natur und geschichtsträchtige Stätten zu erleben. Die Barock-Basilika zählt zu den schönsten in Deutschland. Von Mai bis September finden hier und im Museum für zeitgenössische Kunst hochkarätige Klassik-Konzerte statt.

Ende 2022 wird das 1881 gegründete Museum der Abtei Ottobeuren in neuem Gewand wiedereröffnet. Es ist reich an kulturgeschichtlichen und kunsthistorischen Schätzen vom frühen Mittelalter bis in die Gegenwart. Die Bibliothek, der Kaisersaal, das historische Theater und die kostbare Privatkapelle der Äbte sind dem Museumsrundgang angeschlossen.

Ottobeuren ist zudem der Geburtsort von Pfarrer Sebastian Kneipp, nach dessen Lebenslehre 14 neue Unterallgäuer Glückswege inspiriert sind, von denen zwei in Ottobeuren verlaufen.

Adventure Golf ist das moderne Minigolf, und in Ottobeuren findet sich eine der größten Anlagen in Bayern.

Touristikamt Ottobeuren, Marktplatz 14;
Tel. 0 83 32/92 19 50; www.ottobeuren.de;
www.abtei-ottobeuren.de

Geld, Adel, Kunst

Starnberger See

Rundherum leben die reichsten Deutschen. Der See ist aber für alle da – mit schönen Badeplätzen und königlichen Parks: In Schloss Possenhofen war »Sisi« Elisabeth, Tochter von Herzog Max Joseph, so lange glücklich, bis sie zum Kaiser nach Wien ziehen musste; gegenüber, bei Schloss Berg, ertrank ihr Cousin, »Märchenkönig« Ludwig II. von Bayern. Moderner Höhepunkt: das Buchheim-Museum in Bernried mit seiner Sammlung expressionistischer Meisterwerke (Am Hirschgarten 1; Tel. 0 81 58/9 97 00; www.buchheimmuseum.de; Mo geschl.).

184

Tourismusverband, Starnberg, Hauptstr. 1; Tel. 0 81 51/9 06 00; www.sta5.de

185

Wendelstein

Brannenburg, Osterhofen

Mit der historischen Zahnradbahn von Brannenburg im Inntal hinauf, mit der Seilbahn nach Bayrischzell hinab: Den Ausflug auf den Wendelstein mit seinem markanten Sendemast darf man nicht versäumen. Zum einen wegen der 1912 eröffneten Zahnradbahn, zum anderen wegen der phänomenalen Aussicht. Die letzten 100 Höhenmeter zum 1838 m hohen Gipfel geht man zu Fuß auf einem in die Felsen gesprengten Weg (Geo-Lehrpfad). An der Bergstation steht ein Gasthaus. Egal, in welcher Richtung man über den Berg reist: Zurück zum Ausgangspunkt geht es mit der Bus-Ringlinie.

Brannenburg, Sudelfeldstr. 106; Osterhofen 90; Tel. 0 80 34/30 80; www.wendelsteinbahn.de

186

Festung und Wallfahrtskirche

Coburg

Die gewaltige mittelalterliche Veste über der Stadt, das schöne Gebäudeensemble um den Marktplatz, die Schlösser Callenberg und Rosenau und die Ehrenburg: Das sind die architektonischen Highlights im oberfränkischen Coburg. Bis 1918 residierten hier die Herzöge von Sachsen-Coburg, eines der großen europäischen Adelsgeschlechter. Bei Staffelstein, gute 20 km südlich von Coburg, ragen zwei Glanzstücke sakraler Baukunst auf: auf der rechten Mainseite Kloster Banz, bekannt auch bei Musikliebhabern wegen seiner alljährlichen Kammermusikreihe, und über dem linken Mainufer die atemberaubende Wallfahrtskirche Vierzehnheiligen: In den Jahren 1743–1772 errichtet, gilt sie als schönster barocker Kirchenbau in Franken.

Tourist-Info, Herrngasse 4; Tel. 0 95 61/89 80 00; www.coburgmarketing.de

Mozart und mehr
Salzburg

187

Pflicht-Abstecher nach Österreich. Unter der Burg reiht sich Kirche an Kirche, Sehenswertes an nicht zu Versäumendes: Dom, Residenzgalerie, Haus der Natur und, leider am südlichen Stadtrand, Schloss Hellbrunn (Bus 25).

Tourismus Salzburg, Auerspergstr. 6; Tel. +43/(0)6 62/ 88 98 70; www.salzburg.info

188

Königssee
Schönau/Berchtesgaden

18 große Elektroboote erschließen eine Kulisse, wie man sie in den Rocky Mountains vermutet, nicht aber in Deutschland. Der Königssee bei Berchtesgaden ist 8 km lang und 190 m tief. Links Wasserfälle, rechts Felswände, der Bootsführer spielt die Trompete, die Felsen werfen das Echo zurück. Dann erscheinen rechts oben der Watzmann (2713 m), rechts unten die Zwiebeltürmchen und die Kuppeldächer der Wallfahrtskirche St. Bartholomä auf der Halbinsel Hirschau. Daneben liegt der spektakulärste Biergarten Bayerns. 650 Sitzplätze sind nicht einer zu viel.

Schönau am Königssee; Tel. 0 86 52/17 60; www.seenschifffahrt.de, www.koenigssee.com

Im Hopfenland
Pfaffenhofen

Zwischen Ingolstadt und Landshut liegt das Hopfenland der Hallertau, wo ein knappes Drittel der Weltproduktion an Hopfen eingefahren wird. Darum ist ein Besuch im modernen Hopfenmuseum in Wolnzach (Elsenheimerstr. 2; Tel. 0 84 42/75 74; www.hopfenmuseum.de; Mo geschl.) ebenso Pflicht wie die Einkehr in einer der einschlägigen Gastronomien – zum Beispiel im Schloss-Bräukeller von Au in der Hallertau: Im herrlichen Biergarten genießt man zum guten Bier Spareribs (Schlossbräugasse 2; Tel. 0 87 52/98 22; Mo geschl.).

Hopfenland Hallertau, Münchener Vormarkt 1; Tel. 0 84 41/4 00 92 84; www.hopfenland-hallertau.de

189

190

Nationalpark und Museumsdorf Bayerischer Wald

Einst schockte der erste deutsche Nationalpark die Menschen zwischen Zwiesel und Freyung mit umgestürztem, von Borkenkäfern zerfressenem und unaufgeräumtem Holz. Heute ist der Nationalpark um Falkenstein, Rachel und Lusen das touristische Zugpferd der Region. In einem großen Freigehege leben Wölfe und Bären, in der freien Wildbahn auch Luchse. Rund 300 km markierte Wanderwege führen auf die Gipfel, über die Moore und entlang den Bergbächen. Eine Attraktion ist der 1,3 km lange Baumwipfelpfad beim Nationalparkhaus Lusen in Neuschönau. Viele Tipps für Aktivitäten bietet das neue Web-Portal www.bayerwald-expeditionen.de: von der Sonnenauf- oder -untergangswanderung zum Lusen (1373 m) bis zur Familientour zu Fuß oder mit dem E-Bike. Aber es ist nicht alles nur Natur: Rund 50 Gebäude – Höfe, Mühlen und Kapellen – vermitteln in Tittling, direkt am malerischen Dreiburgensee, ein Bild von der alten Zeit im Bayerischen Wald. Ob sie gut war, kann jeder selbst entscheiden. Sehenswert ist sie in jedem Fall, zumal sie auch die größte volkskundliche Sammlung der Region enthält. Großes Veranstaltungsprogramm.

Museumsdorf, Tittling, Am Dreiburgensee; Tel. 0 85 04/84 82; www.museumsdorf.com; www.nationalpark-bayerischer-wald.bayern.de

191 Wasserschloss im Räuberland

Mespelbrunn/Spessart

»Das Wirtshaus im Spessart«, eine Räubergeschichte von Wilhelm Hauff aus dem Jahr 1828, kennt man heute sicher weniger als die gleichnamige Filmkomödie von 1957 mit Liselotte Pulver. Gedreht wurde damals (fast) am Originalschauplatz: beim entzückenden Wasserschloss Mespelbrunn. Das märchenhafte Gemäuer aus dem 15./16. Jh. findet man etwa 15 km südöstlich von Aschaffenburg im Spessart. Mit seinen romantischen Tälern und Aussichtspunkten ist er ein beliebtes Naherholungsgebiet der Würzburger und Frankfurter – und eventuell der nächste bayerische Nationalpark.

Schloßhof 1; Tel. 0 60 92/2 69; www.schloss-mespelbrunn.de

192 Zugspitze

Garmisch-Partenkirchen

2962 m – das ultimative deutsche Gipfelerlebnis. Rauf geht's mit der Zahnradbahn, runter (seit Ende 2017) mit der ganz neuen Kabinenbahn zum Eibsee: Technik zum Staunen, Natur zum Fotografieren, Bier und Bratwurst zum Genießen, Tiefe zum Fürchten. Nur bei gutem Wetter fahren – teuer!

Zugspitzbahnhof, Olympiastr. 27; Tel. 0 88 21/79 70; www.zugspitze.de

193 Romantische Straße

Von Würzburg nach Füssen

Als sie 1950 ins Leben gerufen wurde, trieb das Wirtschaftswunder erste zarte Blüten. Aber weil der deutsche Mensch romantisch ist und gern Auto fährt, gibt es die Romantische Straße heute noch. Sie beginnt in Würzburg am Main und endet nach 366 km in Füssen am Rand der Alpen. Und sie verbindet einige der schönsten Städte Frankens, darunter das berühmte Fachwerkidyll von Rothenburg ob der Tauber und, hinter Feuchtwangen, Dinkelsbühl, das Rothenburg nicht nachsteht. Ehrlich.

Touristik AG, Dinkelsbühl, Segringer Str. 19; Tel. 0 98 51/55 13 87; www.romantischestrasse.de

Kloster
Andechs

194

Hoch über dem Ammersee, im Südwesten von München, ist Kloster Andechs mit seiner Rokoko-Klosterkirche nach Altötting der zweitgrößte Wallfahrtsort Bayerns – und längst auch eine sehr weltliche Pilgerstätte: Das Bier der Klosterbrauerei ist legendär. Will man Hellen Bergbock und Dunklen Doppelbock ausgiebig genießen, sollte man unbedingt mit der S-Bahn von München nach Herrsching am Ammersee fahren und Auf- wie Abstieg am Klosterberg mit Biergarten und Bräustüberl zu Fuß unternehmen.

Bergstr. 2; Tel. 0 81 52/37 60; www.andechs.de

195

Dolce Vita an der Isar
Bad Tölz

Kaffeetrinker und Flaneure bewundern in der Marktstraße die prachtvollen Fassaden der Kaufmannshäuser – Zeugnisse jahrhundertelangen Wohlstands. Wie es dazu kam, zeigt das Stadtmuseum (Marktstr. 48, Mo geschl.). Hier sind auch wertvolle Trachten und aufwendig bemalte Tölzer Kästen (Schränke) zu sehen. Blickfang über den Dächern der Stadt ist die weiße Heilig-Kreuz-Kirche mit ihren zwei Türmen auf dem Kalvarienberg. Auf der westlichen Seite der Isar liegen der Kurpark, das schöne Kurhaus von 1914, Streidlpark und Rosengarten.

Tourist Information, Max-Höfler-Platz 1; Tel. 0 80 41/7 86 70; www.bad-toelz.de

Sauna-Rallye

Bad Füssing, Dingolfing, Bad Birnbach, Bad Abbach

196

So verschnauft man im Bayerischen Golf- und Thermenland! Originelle Heißluftbäder bietet die Therme 1 in Bad Füssing: In der Hexensauna verwirbeln »Hexenbesen« die Kräuterdämpfe, die Kartoffelsauna bietet das historische Ambiente eines Kartoffelkellers, und im Salzkammerl spürt man die harmonisierende Wirkung von Salzkristallen. Im Bad Füssinger Johannesbad »reisen« Sauna-Fans durch ein indisches Kristall-Blütendampfbad, ein Römisches Schwitzbad unter flackernder Sternendecke, einen osmanischen Badetempel und eine Iglu-Eisgrotte, in der man den erhitzten Körper mit Crushed-Eis abreibt. Natur pur bietet die Erdsauna des Erlebnisbads Caprima in Dingolfing im Freibereich wie auch an der Vitalbar im Wintergarten. Einen Hauch von Science-Fiction vermittelt die Bad Birnbacher Rottal-Terme, wo in der neuen Kristallsauna farbige Lichtbänder den Aufgussdampf bunt aufleuchten lassen. Toll auch die Lehmsauna: Die aus Muschelkalk gebaute Höhle ist vollständig mit Lehm ausgekleidet und erhitzt sich auf ca. 80 Grad. Ungewohnt aussichtsreich ist dagegen die Panorama-Außensauna der Kaiser-Therme in Bad Abbach: Sie gewährt einen Rundumblick vom Kaiser-Heinrichs-Turm, dem Wahrzeichen des Ortes, bis hinab ins Donautal.

Tourismusverband Ostbayern, Regensburg, Im Gewerbepark D 04; Tel. 09 41/58 53 90; www.bayerisches-thermenland.de

Gabriele-Münter-Haus

Murnau/Staffelsee

197

Kunstliebhaber zieht es ins »Blaue Land« am bayerischen Alpenrand. Die hübsche Kleinstadt Murnau, auf einem grünen Höhenrücken am Staffelsee gelegen, schmückt sich mit ihrer Künstlertradition: Vor den Toren der Stadt stießen Gabriele Münter, Wassily Kandinsky und andere Maler der Münchner Künstlervereinigung »Der Blaue Reiter« zwischen 1909 und 1914 das Tor in die Moderne weit auf. Das farbenfrohe Lotterleben wird im Gabriele-Münter-Haus dokumentiert.

Kottmüllerallee 6;
Tel. 0 88 41/62 88 80;
www.muenter-stiftung.de;
Mo geschl.

Berlin

Wer braucht schon einen neuen Flughafen, wenn er nicht reich, aber sexy ist. Und wenn er mehr Weltgeschichte, Museen und Clubs auf der Festplatte hat als die urbane Konkurrenz im Rest der Republik. Alt und schnörkelig, stilvoll vergammelt, teuer aufgehübscht: Berlin ist und bleibt die einzige echte Metropole Deutschlands. Punkt.

»Goldelse« wacht über die Mauerläufer. Balanceakt vor der Viktoria auf der Siegessäule im Tiergarten.

Museumsinsel

Mitte

198

1841 bestimmte eine königliche Order die von Spree und Kupfergraben umflossene Insel zu einem »der Kunst und der Altertumswissenschaft geweihten Bezirk«. Die in der Folge entstandenen fünf Museen wurden im Zweiten Weltkrieg großteils zerstört. Seit der Wiedervereinigung wird das Areal renoviert. Im Alten Museum ist ein Teil der Antikensammlung zu sehen: Skulpturen, Waffen, Goldschmuck und Silberschätze der griechischen Kunst- und Kulturgeschichte.

Das architektonisch grandios sanierte Neue Museum bietet seit seiner Wiedereröffnung 2009 dem Ägyptischen Museum mit der berühmten Büste der Nofretete ein neues Zuhause. Mit imposanten Rekonstruktionen archäologischer Bauensembles (Pergamonaltar, Markttor von Milet, Ischtar-Tor samt Prozessionsstraße) genießt das Pergamonmuseum Weltruhm. Allerdings wird das Haus seit einigen Jahren umfassend renoviert, sodass insbesondere der legendäre Pergamonaltar bis 2023 (voraussichtlich) nicht zu sehen ist. Die Antikensammlung wanderte vorübergehend ins Alte Museum. Gemälde von Caspar David Friedrich und französischen Impressionisten sind neben römischen Fresken in der Alten Nationalgalerie zu sehen. Das Bode-Museum zeigt byzantinische Kunstwerke vom 3. bis zum 19. Jh., italienische und deutsche Skulpturen ab dem frühen Mittelalter bis zum 18. Jahrhundert, ein Münzkabinett sowie alte Meister der Gemäldegalerie.

Seit 1999 ist die Museumsinsel ein Teil des UNESCO-Welterbes. Der Masterplan sieht die Neuordnung und gemeinsame Präsentation der Sammlungen vor, die dadurch bis 2025 zum größten Museum für Weltkunst und Weltkulturen auf dem Globus werden soll. 2019 wurde die James-Simon-Galerie, das Besucherzentrum der Museumsinsel, nach Plänen des britischen Architekten David Chipperfield eröffnet.

Bodestr. 1–3, Tel. 0 30/2 66 42 42 42; www.smb.museum; bis auf Neues Museum Mo geschl.

199

Brandenburger Tor

Mitte

Von 1788 bis 1791 errichtet, 26 m hoch und 65 m breit – ein Wahrzeichen Deutschlands und ein Brennpunkt der Weltgeschichte. Hier marschierten triumphierende Preußen und fackeltragende SA, hier standen sich »Westen« und »Osten« nach dem Bau der Berliner Mauer 1961 feuerbereit gegenüber, hier endete 28 Jahre später die Teilung Deutschlands symbolisch, als der Durchgang am 22. Dezember 1989 offiziell freigegeben wurde. Heute erinnern Sowjetfolklore und Devotionalien aus dem Kalten Krieg an die junge Vergangenheit.

Pariser Platz

200 Schloss Charlottenburg
Charlottenburg

Das Weiße muss ins Grüne. Von 1695 bis 1699 entstanden zunächst ein kleines Lustschloss und ein großer Barockgarten für die anspruchsvolle Gemahlin des Kurfürsten Friedrich III., Sophie Charlotte. Im 18. Jh. – Preußen war nun Königreich – wurde das Schloss nach Versailler Vorbild immer größer und repräsentativer ausgebaut. Zuletzt kam 1791 das Schlosstheater dazu. Im Zweiten Weltkrieg wurde das Schloss schwer beschädigt und hinterher über zwei Jahrzehnte lang restauriert. Zu sehen sind üppig dekorierte Säle, beeindruckende Raumfluchten und eine ganze Menge Kunst – darunter die größte Sammlung französischer Malerei des 18. Jh. außerhalb von Frankreich. Nach der Besichtigung geht es dann hinaus in den Schlossgarten, den ältesten erhaltenen Park in Berlin und Potsdam.

Spandauer Damm 10–22;
Tel. 0 30 / 32 09 10,
www.spsg.de

201 Holocaust-Mahnmal
Mitte

Man muss den verblüffenden Effekt selber erleben, wenn man den Verkehr auf der Ebertstraße hinter sich lässt und eintaucht in das wogende Feld der 2710 grauen Betonstelen, die der Architekt Peter Eisenman auf den fast 20000 Quadratmeter großen, offenen Platz nahe des Brandenburger Tors gesetzt hat. Der Ort des Gedenkens an die Opfer des Holocaust ruft seit seiner Eröffnung 2005 die unterschiedlichsten Reaktionen hervor. Kalt lässt er keinen. Unter dem Stelenfeld liegt der nicht weniger beeindruckende Ort der Information (Mo geschl.).

Cora-Berliner-Str. 1;
Tel. 0 30/2 63 94 30;
www.stiftung-denkmal.de

202 Zoo
Berlin

Eisbär Knut, geb. 2006, ist nicht mehr niedlich, sondern 2011 gestorben. Trotzdem strömen die Menschen auf das 1844 eröffnete Gelände, das als der artenreichste Zoo der Welt gilt: Über 18000 Tiere in mehr als 1500 Arten leben hier. Lange vor Knut hatte der Zoo schon legendäre Bewohner wie Flusspferd Knautschke (1943–1988), einen Überlebenden des Krieges, und seine Tochter Bulette (1952–2005). Im angeschlossenen Aquarium, das auf drei Etagen Fische, Reptilien, Amphibien sowie Wirbellose wie Insekten und andere zeigt, feierte man 2013 bereits den hundertsten Geburtstag.

Hardenbergplatz 8; Tel. 0 30/
25 40 10, www.zoo-berlin.de

Dahlemer Museen
Dahlem

Nach der Museumsinsel (siehe Seite 96) ist dies der zweite große Museumsbezirk der Bundeshauptstadt. Sehr beeindruckend und hoch berühmt ist die Sammlung von Objekten aus Afrika, Asien, Amerika, Australien und der Südsee im Ethnologischen Museum. Im Museum für Asiatische Kunst sind kostbare Kunstwerke aus China, Japan und Korea zu bestaunen. Und dann gibt es im Südwesten, nahe dem Grunewald, auch noch das Museum Europäischer Kulturen zu besichtigen – weil wir als Deutsche über unsere Nachbarn nie genug wissen können.

203

Lansstr. 8/Arnimallee 25; Tel. 0 30/2 66 42 42 42; www.smb.museum; Mo geschl.

204

Gendarmenmarkt
Mitte

Der schönste Platz Berlins? Das Ensemble von Deutschem Dom, Französischem Dom und dem Konzerthaus ist wirklich ein Traum. Die fast baugleichen Kuppeltürme der beiden Dome wurden übrigens erst später an die Kirchen angebaut und hatten nie eine andere Funktion als – schön zu sein. Um den Platz zahlreiche Restaurants, Geschäfte und Hotels, auf dem Platz von Ende November bis Silvester der »Hauptstadtweihnachtsmarkt« .

Gendarmenmarkt

205

Berliner Mauer
Wedding

In der Nacht zum 13. August 1961 begann die DDR-Regierung mit dem Bau der Sperren zwischen dem Ost- und den Westsektoren der Stadt. Bald prägten Sand- und Kontrollstreifen, Beobachtungstürmen, Hunde-Laufanlagen, ein elektrischer Signalzaun, Selbstschussanlagen und Minen die damals »tödlichste Grenze der Welt«. Zwischen Ost- und West-Berlin war die Mauer 43 km lang. Ihre Öffnung am 9. November 1989 beendete die deutsche Teilung und symbolisierte das Ende des Kalten Krieges. Wo die Mauer mal stand, verrät meist nur noch eine doppelte Pflastersteinreihe, die sich quer durch die Stadt zieht. Im Bezirk Prenzlauer Berg kann man ihr folgen: vom S-Bahnhof Bornholmer Straße in den »Mauerpark« mit originalen Mauerresten, dann die Bernauer Straße entlang zum Nordbahnhof. Empfehlenswert ist der MauerGuide, eine GPS-gesteuerte Führung entlang der Berliner Mauer; man kann sich die Geräte auch im Dokumentationszentrum ausleihen.

Bernauer Str. 111; Tel. 0 30/2 13 08 51 23; www.berliner-mauer-gedenkstaette.de; Mo geschl. (nur Dokuzentrum)

206

Berliner Unterwelten

Mitte

Der Trick mit dem Gespenst kommt immer besonders gut, darum wird er an dieser Stelle auch nicht verraten. Nur soviel: Er hat mit giftiger Leuchtfarbe und einem Stabblitzgerät in einem finsteren Betonbunker zu tun … An den Ort der unheimlichen und (das sei verraten!) unheimlich lustigen Erscheinung gelangt man nur im Rahmen von Führungen des Vereins Berliner Unterwelten. Der widmet sich der »Erforschung und Dokumentation unterirdischer Bauten« in der Hauptstadt. Direkt beim U-Bahnhof Gesundbrunnen, zwischen den Gleisen und der Oberfläche, hat er in ehemaligen Zivilschutzräumen aus dem Zweiten Weltkrieg sein Unterwelten-Museum eingerichtet. Was man dort zu hören und zu sehen bekommt, ist in der Regel nicht lustig. Offiziell sollten hier 1348 Menschen auf insgesamt 1400 Quadratmetern Fläche Schutz vor den Luftangriffen alliierter Bomberverbände finden. In der Praxis sah das oft anders aus. Zum Beispiel in Raum 3, eingerichtet für 20 Personen: Hier standen in kalten Winternächten bis zu 80 Menschen, eng an eng in dicker Kleidung, und von den Wänden und Decken tropfte das Kondenswasser. Der Alltag im Ausnahmezustand, vom Kochen bis zum Toilettengang, ist aber nur ein Aspekt der eindrucksvollen Führung. Auch das Überleben im zerbombten Berlin nach Kriegsende ist gut dokumentiert. Andere Touren der Berliner Unterwelten führen in den teilweise zerstörten Flakturm im Volkspark Humboldthain und durch die Relikte des Kalten Krieges zur Zeit der Berliner Mauer, durch Flucht- und Spionagetunnel oder den Geisterbahnhof am Oranienplatz. Übrigens, weil immer wieder danach gefragt wird: Hitlers »Führerbunker« unter dem Garten der alten Reichskanzlei gibt es nicht mehr. Er wurde nach mehreren vergeblichen Sprengungen in den 1980er-Jahren abgetragen, mit Schutt aufgefüllt und mit einem Parkplatz überbaut. Auch so kann man Gespenster bannen.

Brunnenstr. 105 (südl. Vorhalle des U-Bahnhofs Gesundbrunnen); Tel. 0 30/49 91 05 17; www.berliner-unterwelten.de

207

Deutsches Spionagemuseum
Mitte

Im Zentrum der Stadt, am Potsdamer Platz, da wo einst die Mauer Berlin teilte, gibt das Museum einzigartige Einblicke in ein Schattenreich. Eine packende Zeitreise: Auf einer Aufstellungsfläche von 3000 m^2 dreht sich alles um die Geschichte der Spionage von der Antike bis zur Gegenwart.

Zu den Highlights des Deutschen Spionagemuseums gehören Hunderte Exponate von Stasi, BND und Co., beispielsweise versteckte Kameras, Wanzen und Waffen wie eine Lippenstift-Pistole oder die BH-Kamera, tote Briefkästen, Agenten-Funkgeräte und Geheimschreibmittel.

Mit 3D-Brillen und an interaktiven Multimedia-Installationen können Besucher u.a. morsen und Passwörter hacken, Wanzen suchen, Akten puzzeln, observieren lernen, einen Lügendetektor ausprobieren, durch einen Lüftungskanal flüchten oder einen Tresor knacken. Dazu erzählen Top-Spione atemberaubende Geschichten.

Leipziger Platz 9; Tel. 0 30/3 98 20 04 50; www.deutsches-spionagemuseum.de

Humboldt Forum Mitte

208

Berlins neue Attraktion ist eigentlich eine alte – denn anstelle des Palastes der Republik wurde hier das Berliner Schloss wiedererrichtet. Bis auf die Spree-Seite wurde die alte Barockfassade des 1950 vom DDR-Regime gesprengten Schlosses nach den Plänen von Franco Stella rekonstruiert. Heute residiert hier in Erinnerung an das geistige Erbe Alexander und Wilhelm von Humboldts das Humboldt Forum, ein Kulturforum und Universalmuseum mit Veranstaltungsräumen für Wissenschaft und Kultur.

Schloßpl. 1; Tel. 0 30/9 92 11 89 89; www.humboldtforum.org; Di geschl.

Neue Nationalgalerie

Tiergarten

209

Seit August 2021 steht sie den Besuchern wieder offen: Nach umfangreichen Sanierungsarbeiten wurde der Bau von Ludwig Mies van der Rohe wiedereröffnet und beherbergt Exponate im Bereich der Malerei, Skulptur und Plastik des 20. Jh, von der klassischen Moderne bis zur Kunst der 1960er-Jahre.

Potsdamer Str. 50,; Tel. 0 30/2 66 42 42 42; www.smb.museum; Mo geschl.

211 Reichstagsgebäude
Tiergarten

Das neue Deutschland hat sich eine transparente Mütze aufgesetzt. Unter der Glaskuppel von Norman Foster beschließt der Deutsche Bundestag seit 1999 die Gesetze des Landes. Der mächtige Neorenaissance-Bau beherbergte schon die Reichstage des Deutsches Kaiserreichs und der Weimarer Republik. 1945 wurde er schwer beschädigt, in den 1960er-Jahren wiederhergestellt und in den 1990er-Jahren grundlegend umgestaltet. Im Sommer 1995 packte ihn das Künstlerpaar Cristo und Jeanne-Claude in silberglänzendes Gewebe ein. Wer Kuppel und Dachterrasse besichtigen möchte, muss sich anmelden (online, per Fax oder amtsdeutsch per Analog-Post), braucht aber keinen Eintritt zu bezahlen.

Platz der Republik 1; Tel. 0 30/22 73 21 52; www.bundestag.de

210 Hackesche Höfe Mitte

Das größte geschlossene Hofareal in Deutschland zieht seit seiner Rundum-Sanierung in den 1990er-Jahren die Besucher geradezu magisch an. Ihre besondere Attraktivität verdanken die acht Höfe der Mischnutzung: Hier wird gewohnt, gearbeitet und bewirtet, Kunst gemacht und Kultur geschaffen.

Rosenthaler Str. 40/41;
Tel. 0 30/28 09 80 10;
www.hackesche-hoefe.de

212

Sofitel Berlin
Charlottenburg

New York an der Spree: Zwischen Ku'damm und KaDeWe schiebt das schmucke Hotel seinen breiten, runden Bug mit der Natursteinfassade aus Muschelkalk 17 Stockwerke hoch in die Berliner Luft. Innen herrschen klare Linien und rechte Winkel, weiße Wände, dunkles Holz und grauer Stoff – ganz im klassisch-modernen Stil der 1920er-Jahre.

Augsburger Str. 41;
Tel. 0 30/8 00 99 90;
https://sofitel.accor.com;
€€€€

213

Garden Boutique Hotel
Mitte

Nicht nur für Frischvermählte. Hinter der Fassade (1845) an der lauten Invalidenstraße in Berlin-Mitte liegt ein stiller, geradezu paradiesischer Garten. Mit Vögeln, Fröschen und Goldfischen, mit alten Bäumen, Efeu und einem plätschernden Brunnen. Die Gartenzimmer in den ehemaligen Geräteschuppen haben Blick ins Grüne. Im schön sanierten Haupthaus bieten Stuck und Holzdielen zusammen mit alten Bildern und Antiquitäten ein retro-urbanes Ambiente.

Invalidenstr. 122;
Tel. 0 30/28 44 55 77;
www.gardenhotelberlin.de;
€€

214

Lux 11
Mitte

Größter Trumpf dieses trendigen Design-Hotels ist seine Lage in Berlin Mitte: Zu Alexanderplatz, Museumsinsel und den Hackeschen Höfen kommt man bequem zu Fuß. Die Apartments sind »stylish«: Böden und Wände in hellem, warmem Grau, hohe Fenster, begehbare Schränke und einer kleinen Küchenzeile. Toll sind die geräumigen Duschen im Raum (hinter einer Glasscheibe). Vorwiegend junges und schickes Publikum, das sich im angeschlossenen Spa und Friseurstudio ayurwedisch verwöhnen und hauptstädtisch ausgehfein machen lässt.

Rosa-Luxemburg-Str. 11–13;
Tel. 0 30 / 9 36 28 00;
www.lux-eleven.com;
€€€

216

ackselhaus & blue home
Prenzlauer Berg

Die beiden restaurierten Mietskasernen aus der Gründerzeit mit den stadtbekannten Aquarien in den Wänden der Hofdurchfahrt bieten keine Zimmer, sondern »Wohnwelten«: höchst individuell nach verschiedenen Themen eingerichtet, immer ausgesprochen gemütlich. Wer Kairo bucht, bekommt sozusagen den »Englischen Patienten«, muss dankenswerterweise aber nicht auch dessen Schicksal teilen. Im »blue home« logiert man balinesisch, im »club del mar« gibt es Frühstück. Das Dschungelambiente im Hinterhofgarten lädt zum Faulenzen ein.

Belforter Str. 21; Tel. 0 30/44 33 76 33; www.ackselhaus.de; €€

215

Waldorf Astoria
Charlottenburg

Bestlage West, neben Zoo, Ku'damm und Gedächtniskirche. Die neue Luxusherberge ist 118 m hoch, bietet 182 Zimmer, 50 Suiten, ein Gourmetrestaurant, das Romanische Café, eine eindrucksvolle Lobby, die Lang Bar im Art-Déco-Stil, Räume für Tagungen und natürlich ein Spa mit allen Schikanen.

Hardenbergstr. 28; Tel. 0 30/ 8 14 00 00, www.waldorfastoria berlin.com; €€€€

217

Facil
Tiergarten

Im Atrium des Mandala Hotels sitzt man wie im Aquarium und genießt, was Michael Kempf zubereitet: den St. Pierre mit Bulgur, Falafel und Harissa oder das Bisonfilet mit Selimspfeffer und Bamberger Hörnchen – originell, nie verkünstelt.

Potsdamer Str. 3;
Tel. 0 30/5 90 05 12 34,
www.facil-berlin.de;
Sa, So geschl. €€€€

218

Tim Raue
Kreuzberg

Was der Star-Koch aus dem Kiez (»Koch des Jahres 2011« im *Feinschmecker*) in seinem Restaurant anstellt, ist so radikal, dass es in der deutschen Spitzengastronomie kein Gegenstück hat. Kohlehydrate in Form von Kartoffeln, Nudeln, Reis oder Brot? Gibt's nicht. Alles andere wie Kaisergranat, blauer Hummer, Pekingente und Jasmintaube, wird nie heißer als mit 48 Grad serviert. Raue versteht seine Küche als Verbindung von »japanischer Produktperfektion, thailändischer Aromatik und chinesischer Küchenphilosophie«. Das Etikett »Cross-over« ist zu schlicht. Eine Erfahrung.

Rudi-Dutschke-Str. 26;
Tel. 0 30/25 93 79 30,
www.tim-raue.com;
So, Mo geschl. €€€€

Die Quadriga
Wilmersdorf

219

Im Gourmet-Restaurant des Dormero-Hotels Berlin Ku'damm ist seit 2015 der junge André Haufler Chef am Herd. Zusammen mit seinem ebenfalls jungen Team zelebriert er eine Crossover-Küche, die »mediterrane Elemente mit asiatischen und regionalen Einflüssen und einem Touch internationalem Chaos« verbindet. Bei der Hummersuppe kommen die Schalen vor dem Rösten in Vanille, abgeschmeckt wird mit Süßwein. Und sonst? Ente mit Mohn, Spargel und Stachelbeere, Languste mit Eiszapfen, Spargel und Olivenöl. Toll.

Eislebener Str. 14; Tel. 0 30/
21 40 50; www.dormero.de/
hotel-berlin-kudamm;
So, Mo geschl. €€€€

220

Cookies Cream
Mitte

Wo funktioniert ein vegetarisches Restaurant, wenn nicht in der Hauptstadt? Diese Location bietet zum szenigen Ambiente (und Publikum) viele Argumente, warum der Verzicht auf Fleisch viel Spaß machen kann. Ausgesprochen fein und kreativ wird hier gekocht. Beispiele: Gebackene Aubergine mit Maispüree, grünen Bohnen und Erdnuss, ein Wachtelei im Brioche mit Kartoffelschaum, die Sellerieessenz mit Apfelgyoza, Walnuss, Thymian und Chili. Der Schwerpunkt wird auf regionale Produkte gelegt, die meisten Zutaten kommen erntefrisch vom Bauernhof in Krielow/Brandenburg. Im Herbst und Winter werden durch Einmachen und Fermentieren die sommerlichen Kräfte auf die Teller gezaubert.

Behrenstr. 55;
Tel. 0 30/6 80 73 04 48;
cookiescream.com;
So, Mo geschl. €€€

221

Rotisserie Weingrün
Mitte

Sehr leckeres Essen zu fairen Preisen. Vom Flammenwand-Grill kommen Köstlichkeiten wie das halbe Paderborner Masthähnchen, die Brandenburger Bauernente aus kontrollierter Aufzucht oder Spareribs vom Havelländer Apfelschwein mit Barbecue-Soße. Weine vom eigenen Gut Horcher in der Pfalz sowie von weiteren Gütern in Deutschland und Österreich.

Gertraudenstr. 10–12; Tel. 030/20 62 19 00,
www.rotisserie-weingruen.de; So geschl. €€

Lebensstern
Tiergarten

222

Es kann passieren, dass man mal allein vor dem Barchef sitzt. Es kann passieren, dass man vor dem Tresen stehen muss (»Selten, das ist eigentlich nicht unser Stil«). Es ist auch schon passiert, dass Männer in Wehrmachtsuniformen mit SS-Runen am Kragen und schweren Stiefeln hinaufgekommen sind und mit ihren Gegnern einen »Suffering Bastard« getrunken haben. Ein weißes Schild mit einer krakeligen Handschrift erinnert an den seltsamen Besuch: »To the wonderful crew of Lebensstern from the wonderful crew of Inglorious Basterds – Love, Quentin.« Quentin Tarantino war hier. Jetzt ist er weg. Auch gut. »Namedropping ist nicht unser Ding«, sagt man vor Ort. Manchmal würden die Leute gar nicht wissen, wer gerade da sei. Und wüssten sie es – was wäre dann anders? In einer guten Bar ist In-Sein keine Kategorie. Und der »Lebensstern«, im ersten Stock der schönen Villa, die im Erdgeschoss das berühmte Café Einstein beherbergt, ist eine gute Bar. Mit drei Räumen, einer schönen Einrichtung und einer entspannten Atmosphäre. Mit knapp 200 Sorten Gin und rund 600 verschiedenen Sorten Rum, was weltweit ohne Beispiel ist. Mit einer kompetenten Beratung, tadellosem Handwerk und einer Experimentierfreudigkeit, die sprichwörtlich nicht ins Blaue schießt. Mit Kräutern aus eigenem Anbau.

Eine Happy Hour gibt es nicht, und den Swimming Pool muss man woanders bestellen – Discounttrinken, Blue Curaçao und Sahne sind tabu. Und wenn mal ein »Caipi« geordert wird? Ja, das passiere hin und wieder mal, heißt es an der Bar. »Wir haben eine Sorte Cachaça, 25 Jahre alt, Einkaufspreis 68 Euro. Da können Sie sich ausrechnen, was der Drink am Ende gekostet hätte.«

Kurfürstenstr. 58; Tel. 0 30/ 26 39 19 22; www.cafeeinstein.com/lebensstern

Radialsystem V
Friedrichshain

223

Kenner schwärmen vom aufregendsten Tanztheater der Welt. Und sie nennen den Namen: Sasha Waltz. Die 1963 geborene Choreographin zeigt ihre hohe Kunst der Bewegung auf der ganzen Welt – und immer wieder in den Räumen eines alten Pumpwerks am Spreeufer.

Holzmarktstr. 33;
Tel. 0 30/28 87 88 50;
www.radialsystem.de

224

Berliner Philharmonie
Tiergarten

Die Berliner Philharmoniker sind laut Eigenauskunft »128 Instrumentalisten von Weltklasse« und nicht weniger als das Aushängeschild der deutschen E-Musik. Mit Wilhelm Furtwängler und Herbert von Karajan hatten sie zwei legendäre Leiter. Letzterer, der das Orchester bis kurz vor seinem Tod im Jahr 1989 leitete, gab der von Hans Scharoun 1960–1963 gebauten Philharmonie am Kemperplatz in Berlin-Tiergarten ihren Spitznamen: »Zirkus Karajani«. Aktueller Chef ist der russische Dirigent Kirill Petrenko – auch ein sehr, sehr Guter.

Herbert-von-Karajan-Str. 1; Tel. 0 30/25 48 80;
www.berliner-philharmoniker.de

225

Berliner Ensemble
Mitte

Von Bertolt Brecht bis Claus Peymann: Seit seiner Gründung (1949) und dem Umzug nach Berlin-Mitte (1954) hat das Thater am Schiffbauerdamm die größten Autoren und Regisseure gesehen. Dies ist eine der wichtigsten Bühnen im Land – mutig, frech, rücksichtslos, relevant. Und mit großem Abstand zum populären Zeitgeist.

Bertolt-Brecht-Platz 1;
Tel. 0 30/28 40 81 55;
www.berliner-ensemble.de

226

Friedrichstadtpalast
Mitte

Man(n) kommt wegen der Beine hierher. Früher waren sie die schönsten Beine des Sozialismus, heute sind sie nur noch schön und trotz Kapitalismus nicht länger. Die »Girl-Reihe« ist Legende, die mitreißenden Choreographien und phantasievollen Kostüme sind es nicht minder. Das größte Revuetheater Europas ist ein Muss.

Friedrichstr. 107;
Tel. 0 30/23 26 23 26;
www.palast.berlin

227

Oper
Berlin

Vier Opernhäuser gibt es in Berlin: Die Deutsche Oper in Charlottenburg (Bismarckstr. 35) hat sich mit ihrer 1960er-Jahre-Architektur zur »plüschfreien Zone« erklärt – im Kontrast zur »plüschigen« Staatsoper (Unter den Linden 7). Gute Kritiken bekommt auch die Komische Oper (Behrenstr. 55), besondere Beachtung verdient die Neuköllner Oper (Karl-Marx-Str. 131/133) mitten im Kiez – sie pendelt undogmatisch zwischen E und U.

Deutsche Oper:
Tel. 0 30/34 38 43 43;
Staatsoper:
Tel. 0 30/20 35 45 55;
Komische Oper;
Tel. 0 30/47 99 74 00;
Neuköllner Oper:
Tel. 0 30/68 89 07 77;
www.berlin-bühnen.de

228 Ku'Damm
Charlottenburg

2011 wurde er 125 Jahre alt: der Boulevard, der Berlin zur Weltstadt macht. Die repräsentative Shopping-Meile führt über mehr als 3,5 km vom Rathenauplatz im Westen bis zur symbolträchtigen Gedächtniskirche im Osten. Nach Osten hin werden die Geschäfte exklusiver.

www.kurfuerstendamm.de

229 Lunge
Charlottenburg

Ausgezeichnete Laufschuhe, made in Germany: Aus der Manufaktur im brandenburgischen Düssin kommt Schuhwerk, das der Konkurrenz aus Übersee qualitativ meilenweit davonläuft. Die Teile sind *no-nonsense*, sehr haltbar, sie passen fantastisch, und sie können wiederbesohlt werden. Dazu gibt's im Laden Video-Analysen und eine Indoor-Laufbahn.

Bismarckstr. 101;
Tel. 0 30/91 55 59 59;
www.lunge.de

230 KaDeWe
Schöneberg

Viele fahren gleich in den 6. Stock. Nirgendwo sonst in Deutschland dürfte es mehr Käsesorten (über 1300) und verschiedene Weine (ca. 3400) auf einer Etage geben als hier. Legendär ist auch das Angebot an exotischem Obst und feinstem Gemüse sowie an Fisch und Meeresfrüchten. Natürlich bekommt man auch jede Menge Mode im 1907 gegründeten **Ka**ufhaus **De**s **We**stens, das im Kalten Krieg die kapitalistische Staatsräson besonders schön verkörperte.

Tauentzienstr. 21-24; Tel. 0 30/2 12 10; www.kadewe.de

232

Silvesterparty
Tiergarten

Dass man in der Bundeshauptstadt zu feiern weiß, sollte sich herumgesprochen haben. Ob sie nun die beste Party in Berlin ist, sei dahingestellt, mit Sicherheit ist sie aber die größte: Immer am Abend des 31. Dezember kann man sich auf der Straße des 17. Juni zwischen Brandenburger Tor und Siegessäule mit ein paar anderen Menschen treffen, um mit ihnen gemeinsam Sekt zu trinken. Die Zahl der Mitfeiernden bewegt sich dabei im sechsstelligen Bereich. Deutschland umarmt sich und wünscht sich »ein gutes Neues«. Das Feuerwerk am Berliner Himmel ist natürlich auch das größte. Es ist legendär.

www.berliner-silvester.de

31

Grüne Woche
Charlottenburg

Die »weltgrößte Messe für Ernährung, Landwirtschaft und Gartenbau«, 1926 erstmals veranstaltet, ist spätestens in den Nachkriegsjahren 1948/49 in der Stadt der Luftbrücke zum Mythos geworden – zur legendären Fressmesse. Wer wissen will, was wo gegessen wird und wie es woanders schmeckt, hat gute Chancen, es hier zu erfahren. Immer im Januar.

www.gruenewoche.de

Berlinale
Berlin

233

Die Internationalen Filmfestspiele Berlin sind der größte Kultur-Event der Hauptstadt, ein absoluter Fixtermin der weltweiten Filmindustrie und nebenbei mit rund 325 000 verkauften Eintrittskarten das größte Publikumsfestival überhaupt. Zwei Wochen lang werden im Februar rund 400 Filme gezeigt, darunter zahlreiche Welt- und Europapremieren. Hauptspielstätte ist das Theater am Potsdamer Platz mit 1800 Sitzplätzen. Bemerkenswert und immer wieder spannend ist die ausgewogene Bilanz zwischen industriellen Großproduktionen und Independent-Werken.

www.berlinale.de

234

Berlin Marathon
Berlin

Der Fixtermin der Szene – und mit etwa 50 000 Teilnehmern aus aller Welt die größte Laufveranstaltung in Deutschland. Wer wissen will, *wie* groß sie ist, muss zuschauen oder selbst mitlaufen. Wer die 42,195 km lange Runde durch Berlin schneller schafft als der Kenianer Eliud Kipchoge, der am 16. September 2014 nach 2 Stunden, 1 Minute und 39 Sekunden als Erster durchs Ziel lief, ist vermutlich Sieger und sicher Weltrekordhalter.

www.bmw-berlin-marathon.de

235

Christopher Street Day
Mitte/Tiergarten

Ganz schön bunt hier. Spätestens seit der Regierende Ex-Bürgermeister Klaus Wowereit sein Coming-out mit den berühmten Worten »Und das ist gut so!« kommentierte, ist die quietschfidele Party der Schwulen und Lesben – die größte in Deutschland – absolut massenkompatibel und mittlerweile längst auch eine Touristenattraktion.

www.csd-berlin.de

Havel-Kreuzfahrt

Wannsee und Pfaueninsel

237

Es gibt viele verschiedene Touren, viele verschiedene Anbieter – und ein gemeinsames Ziel: »Nüscht wie raus nach Wannsee« (Conny Froboess, 1951). Dazu startet man am besten am Lindenufer in Spandau, unweit der Einmündung der Spree in die Havel. Auf der Fahrt zum berühmten, 1300 m langen Strandbad Wannsee sieht man viel grüne Natur und im Wasser (Sport) treibende Berliner. Ein Highlight ist auch der Besuch der idyllischen Pfaueninsel im Wannsee. Zwischen den uralten Eichen entdeckt man das weiße Schloss (1794), Kavaliershaus, Schweizerhaus, die alte Meierei, Skulpturen und Springbrunnen.

Verkaufsbüro Stern und Kreis Schifffahrt, Hafen Treptow; Tel. 0 30/5 36 36 00; www.sternundkreis.de

Jagdschloss

Grunewald

236

Sehr schön ist ein Bummel durch das feine Wohn- und Villenquartier am Rand des Waldes. Ausgangspunkt ist die S-Bahn-Station Grunewald. Im großen Waldgebiet östlich der Havel war schon zu Renaissancezeiten gut jagen: Das Jagdschloss Grunewald – von Friedrich I. barockisiert und von Kaiser Wilhelm II. zwischen 1901 und 1909 modernisiert – zeugt von dieser Zeit.

Hüttenweg 100 (am Grunewaldsee); Tel. 0 30/9 69 42 00; www.spsg.de

Brandenburg

»Janz viel Jejend!« Wo die Preußen herkommen, ist die Szenerie nicht zackig, sondern sehr sanft, rund und friedlich. Die Potsdamer Parklandschaft mit dem Rokoko-Juwel Sanssouci, alte Alleen und Herrenhäuser, die Wasserwege zwischen Havel und Spreewald, das neue Seenland in der Lausitz: Land Art, wohin man schaut.

Auf dem Linken steht man besser. Vor der Orangerie im Park von Sanssouci hat sich ein Preuße locker gemacht.

238

Branitzer Park

Cottbus

Pyramiden sind nicht unbedingt typisch für die Architektur der Niederlausitz, aber Hermann Fürst von Pückler-Muskau (1785–1871) war auch kein typischer Niederlausitzer. Der verhaltensauffällige Adelige, der die letzten 25 Jahre seines Lebens in Schloss Branitz verbrachte, hat der Nachwelt neben seinem Gesamtkunstwerk in Bad Muskau (siehe Seite 364) auch den Park in Cottbus geschenkt: das vergleichsweise intime, doch um nichts weniger bezaubernde Idealbild einer künstlerisch gestalteten Landschaft mit einer Land- und eine Seepyramide. In letzterer wurde das Herz des Fürsten beigesetzt – neben dem Körper seiner Gattin. Auch das Schloss ist zu besichtigen (im Winter Mo geschl.).

Robinienweg 5; Tel. 03 55/7 51 50; www.pueckler-museum.de

239

Sanssouci

Potsdam

Hier bezog Friedrich der Große seine Sommerresidenz, »ohne Sorge« *(frz. sans souci)* und ohne Frauen. Selbst die Königin bekam das Schloss auf dem eigens terrassierten Weinberg nur von außen zu sehen. Friedrichs Villa Sorgenfrei, 1745–1747 entstanden, ist das schönste Beispiel für luftig-leichte Rokoko-Architektur.

Maulbeerallee;
Tel. 03 31/9 69 42 00;
www.spsg.de; Mo geschl.

240

Altmarkt
Cottbus

Die zweitgrößte Stadt Brandenburgs hat nicht nur ein attraktives Herz, sondern auch eine grüne Seele. Im vorwiegend barocken Bauensemble des Altmarkts ist die Löwenapotheke von 1586 – heute ein Museum – besonders sehenswert. Auch die Oberkirche, größte Kirche der Niederlausitz, und der Spremberger Turm, das Wahrzeichen der Stadt, sind fotogene Baudenkmäler.

Cottbus Service, Berliner Platz 6;
Tel. 03 55/7 54 20;
www.cottbus.de

241

Filmpark Babelsberg
Potsdam

Seit 1911 wird auf dem Gelände des ältesten Großfilmstudios der Welt Kino gemacht. Legendäre Filme entstanden hier: »Nosferatu«, »Metropolis« oder »Der Blaue Engel«. Babelsberg ist aber nicht (nur) Museum, sondern immer noch eines der großen europäischen Film- und Fernsehzentren. Roman Polanskis Oscarprämierter »Pianist« (2002) stand hier vor der Kamera, Tom Cruise in »Operation Walküre« (2007) und Brad Pitt in »Inglorious Basterds« (2008). Während der Führung durch den Filmpark sieht man dagegen die Sets der neuen deutschen Film- und Fernsehwelt (GZSZ). Es gibt die obligatorische Stuntshow und ein »4D-Actionkino«, und man sieht die »Berliner Straße«, bekannteste Außenkulisse der Filmstadt, in der etwa die DDR-Klamotte »Sonnenallee« spielte. Sehenswert ist auch das Filmmuseum Potsdam mit seiner Dauerausstellung über die 100-jährige Geschichte der Filmproduktion in Potsdam-Babelsberg (Breite Straße 1A, Tel. 03 31/2 71 81 12).

Großbeerenstr. 200;
Tel. 03 31/7 21 27 50;
www.filmpark-babelsberg.de

242

Biosphäre
Potsdam

Heute ist die Landeshauptstadt Brandenburgs ein Teil der europäischen Metropolregion Berlin/Brandenburg und als Gartenstadt immer noch Avantgarde: Die »Biosphäre« im Volkspark zwischen dem Park Sanssouci und dem Neuen Garten bringt mit über 20 000 exotischen Pflanzen die Tropen nach Brandenburg. Auch exotische Tiere wie Leguane, Schlangen, Spinnen, Frösche, Gottesanbeterinnen und Geckos sind zu sehen. Die Naturerlebniswelt sollte eigentlich Ende 2017 schließen. Wie es mit dem Gebäude weitergeht, ist noch nicht klar.

Georg-Hermann-Allee 99;
Tel. 03 31/55 07 40,
www.biosphaere-potsdam.de

243

Welterbe Parklandschaft
Potsdam

Sanssouci – im Bild rechts – ist nur ein kleines, wenngleich besonders schönes Element eines weitaus größeren Gesamtkunstwerks. Der Schlosspark umfasst 300 Hektar. Man kann ihn auf fast 70 km Wegen durchwandern und dabei weitere große (Neues Palais, Orangerie) und kleine Gebäude (Drachenhaus, Chinesisches Teehaus) besichtigen. Sanssouci wirkt im Ganzen. Das erkannte auch die UNESCO, die 1990 gleich die gesamte Potsdamer Parklandschaft zum Welterbe erklärte. Seitdem gehören auch der Neue Garten mit Schloss Cecilienhof, dem Ort der »Potsdamer Konferenz« von 1945, Babelsberg, Glienicke und die Pfaueninsel mit ihren Schlössern dazu, 1992 und 1999 wurde noch mal aufgestockt. Heute umfasst das Potsdamer Welterbe rund 500 Hektar Parkflächen mit nicht weniger als 150 Gebäuden.

Besucherzentrum, An der Orangerie 1;
Tel. 03 31/9 69 40; www.spsg.de

245

Kloster

Lehnin

Das ehemalige Zisterzienserkloster Lehnin wurde 1180 gegründet und prägte jahrhundertelang die Entwicklung der ganzen Region. Heute ist Kloster Lehnin eine eigene Gemeinde mit der Klosteranlage (um 1260 fertiggestellt) als herausragender Sehenswürdigkeit; mittlerweile ist sie im Besitz der evangelischen Kirche Berlin-Brandenburg. Schon in den 1870er-Jahren fing man, inspiriert durch die Romantiker, damit an, die mittlerweile verfallenen Gebäude zu rekonstruieren. Lohnend ist heute auch ein Rundgang durch den Kräutergarten, in dem Ute Werdin Klosterkräuter, Tee, Färbe-, Duft- und Räucherpflanzen, Heilkräuter und Blütenstauden anbaut (www.kräuter-werdin.de).

Tel. 0 33 82/2 36 38 99; www.klosterlehnin.de

244

Freilandmuseum Lehde

Lübbenau/Lehde

Als einer der schönsten Orte im Spreewald gilt Lehde, das erst seit 1929 auch über Land erreichbar ist. Hier erhält man im Freilichtmuseum einen authentischen Eindruck vom Leben im Spreewald. Nach wie vor kommen Post und Müllabfuhr mit dem Kahn; viele Höfe sind nur über Wasser zu erreichen.

An der Giglitza 1a; Tel. 0 35 73/8 70 24 40; www.museums-entdecker.de

246

Museum Barberini
Potsdam

Das Museum im rekonstruierten klassizistisch-barocken Palais Barberini befindet sich in der historischen Mitte Potsdams am Alten Markt. Architektonisches Vorbild und Namensgeber des im Zweiten Weltkrieg zerstörten Gebäudes war der Palazzo Barberini in Rom. Ausgestellt werden Alte Meister und zeitgenössische Kunst, mit einem Schwerpunkt auf der Kunst der DDR. Ein weiterer Schwerpunkt liegt auf dem Impressionismus. Maßgeblich beteiligt am Wiederaufbau und an den Austellungsinhalten war der SAP-Mitbegründer und Mäzen Hasso Plattner.

Alter Markt, Humboldtstraße 5–6; Tel. 03 31/2 36 01 44 99; www.museum-barberini.com; Di, Mi geschl.

247

Förderbrücke F60
Lichterfeld-Schacksdorf

Den 1991 stillgelegten Tagebau Klettwitz-Nord füllt heute der Bergheider See. Den Luftraum über seinem Ufer füllt die Abraumförderbrücke mit dem kurzen Namen F60. Sie ist 502 m lang (182 m länger als der Eiffelturm hoch ist) und 11 000 Tonnen schwer. Sie war nur von März 1991 bis Juni 1992 in Betrieb. Dass man sie nach dem Vorruhestand zunächst sprengen wollte – ein Abbau war bei der Größe nicht möglich –, erscheint aus heutiger Sicht beinahe verrückt. Aber wer damals in der Lausitz gelebt und gearbeitet hatte, konnte sich eben nicht vorstellen, dass Menschen, die nur noch Werkzeuge in der Größe von Laptops oder Handys und Bauelemente in Chip-Format kennen, genau das sehen wollen: einen Dinosaurier. Eindrucksvolle Licht- und Toninstallationen am Abend.

Bergheider Str. 4; Tel. 0 35 31/6 08 00; www.f60.de

Gartenstadt
Prenzlau

248

Prenzlau rief die »grüne Wonne« aus: Vom 13. April bis zum 6. Oktober 2013 war die »grüne Stadt am Uckersee« die Heimat der Landesgartenschau in Brandenburg. Das große Ereignis zog viele Gäste an, die aber nicht nur Augen für die Blumen hatten. Rundgänge durch die Stadt mit ihren zahlreichen Kirchen und dem großartigen Dominikanerkloster lohnen sich. Mit 1416 m ist knapp die halbe Prenzlauer Stadtmauer erhalten. Darüber bilden der Mitteltorturm und die Marienkirche gemeinsam die bekannteste Stadtansicht Prenzlaus.

Stadtinformation, Marktberg 2; Tel. 0 39 84/7 51 63; www.prenzlau-tourismus.de

Schloss Rheinsberg

Musenhof der preußischen Prinzen

249

Friedrich der Große verbrachte als Kronprinz die glücklichste Zeit seines Lebens im Schloss Rheinsberg. Mit Kunst, Theater und Musik feierten er und sein Bruder Heinrich das Leben. Als preußischer König schenkte er seinem jüngeren Bruder das Anwesen, und Prinz Heinrich entwickelte Schloss und Schlossgarten zu einem Zentrum des Kulturlebens und der Musikwelt des 18. Jh. Theodor Fontane und der junge Kurt Tucholsky kamen später nach Rheinsberg und machten den Mythos des inspirierenden Musenhofes unsterblich. Das Schloss am malerischen Grienericksee versprüht auch heute noch den Charme und das heitere Lebensgefühl, das die beiden Prinzen so liebten. Der Lustgarten und die prunkvollen Schlosssäle sind originalgetreu restauriert. Zahlreiche Kunstwerke schmücken die Räumlichkeiten des Schlosses. Der einstige Musenhof lebt mit dem Schloss, dem Schlosstheater und einer jungen Musikakademie fort. Das ganze Jahr finden Konzerte, Vorträge und Führungen statt, die dem Zauber dieses Ortes nachspüren.

Schloss Rheinsberg 2; Tel. 03 39 31/72 60; www.spsg.de; Mo. geschl.

IBA-Terrassen
Großräschen

250

Von 2000 bis 2010 lenkte die Internationale Bauausstellung (IBA) Fürst-Pückler-Land die Umwandlung des Bergbau- und Industriereviers der Niederlausitz in eine Erholungslandschaft. In Großräschen werden die Dimensionen der gigantischen Landschaftsbaustelle (ca. 100 x 80 km) begreifbar. Unter dem Besucherzentrum auf den IBA-Terrassen füllt sich die riesige Grube des ehemaligen Tagebaus Meuro mit Wasser. 2019 wurde der »Großräschener See« geflutet. Schon jetzt wachsen an seinen Steilhängen Weinreben.

Seestr. 100;
Tel. 03 57 53/2 61 11;
www.iba-terrassen.de

251

Wendisches Museum
Cottbus

Seit Jahrhunderten leben Wenden in der Region: Stämme, die im Zug der Völkerwanderung Land zwischen der Ostsee und den Mittelgebirgen besiedelten, wovon tausende slawische Ortsnamen zeugen – wie Potsdam, Dresden, Cottbus und Berlin. Zwischen dem 10. und 12. Jh. unterworfen und christianisiert, gingen die Wenden im deutschen Volk auf. Nur in der Lausitz leben noch Teile, die sich selbst Serby (Sorben) nennen. Um Cottbus waren sie bis 1945 noch Bevölkerungsmehrheit. Das Wendische Museum, 1994 in einem klassizistischen ehemaligen Wohn- und Handelshaus in der Cottbuser Altstadt unweit des Altmarkts eingerichtet, dokumentiert ihre Geschichte. Nach dem Umbau soll es 2020 wiedereröffnet werden.

Mühlenstr. 12; Tel. 03 55/
79 49 30, www.wendisches-museum.de; Mo, Di geschl.

252

Holländisches Viertel
Potsdam

Das Holländische Viertel ist ein hübscher Fremdkörper in der barocken und klassizistischen Innenstadt von Potsdam: 134 Häuser aus rotem, unverputztem Backstein, zwischen 1732 und 1742 in vier Karrees erbaut. Es ist das größte geschlossene holländische Bauensemble außerhalb der Niederlande. Bis in die 1970er-Jahre hinein war das Ensemble verfallen, dann wurde mit der Rekonstruktion begonnen – sie ist noch nicht abgeschlossen. Heute gibt es hier viele Cafés, Kneipen, Kunstgewerbe- und Antiquitätengeschäfte.

Tourist-Information im Hauptbahnhof, Friedrich-Engels-Str. 99;
Tel. 03 31/27 55 88 99;
www.potsdamtourismus.de

253

Biotürme
Lauchhammer

Seit 1952 war in Lauchhammer aus Braunkohle Koks hergestellt worden: der Treibstoff für die Schwerindustrie der DDR. 1991 wurde die Kokerei stillgelegt und abgerissen. In den großen Teichen ist der Biber heimisch geworden. Aber nicht er ist heute die Attraktion, sondern das Ensemble aus 24 hohen, schlanken Türmen, 22 m hoch und zu sechs Gruppen mit jeweils vier Türmen zusammengefasst. In ihnen waren die phenolhaltigen Abwässer der Kokerei gereinigt worden – biologisch, mithilfe von Bakterien, was nicht heißt, dass der Gestank nicht bestialisch gewesen ist. Bis Ende 2002 waren die Türme in Betrieb, dann sollten auch sie abgerissen werden. Dass sie heute noch stehen, ist ein Glücksfall. Am 17. Juli 2008 wurde das mit EU-Mitteln sanierte Baudenkmal, ergänzt durch zwei gläserne Aussichtskanzeln, eröffnet. Längst sind die Biotürme ein Besuchermagnet, darüber hinaus eine gefragte Location für Konzerte und Theateraufführungen, für Partys und Open-Air-Veranstaltungen, für Film- und Fotoaufnahmen.

Finsterwalder Str. 57;
Tel. 01 74/3 94 49 94;
www.biotuerme.de

Altstadt
Brandenburg

254

Die 73 000-Einwohner-Stadt Brandenburg liegt 30 km westlich von Potsdam und besitzt neben dem sehenswerten Dom eine hübsche Altstadt. Wobei »alt« tatsächlich mehr als 1000 Jahre alt meint: Schon 948 wurde die Stadt, die bald dem ganzen Land seinen Namen gab, urkundlich erwähnt.
Unter den vielen sakralen und profanen Baudenkmälern sind die St.-Katharinen-Kirche und das Altstädtische Rathaus zu nennen, beide feine Beispiele der Backsteingotik. Nicht vergessen: Auch die Neustadt Brandenburgs ist schon ziemlich alt.

Tel. 0 33 81/6 09 99 44;
www.brandenburgferien.de

255 Seehotel
Großräschen

Im Herzen des neuen Lausitzer Seenlands, direkt an den IBA-Terrassen über dem neuen Ilse-See bei Großräschen, wurde 2007 in einem schön restaurierten, ehemaligen Wohnheim der Ilse-Bergbau AG das komfortable 4-Sterne-Hotel eröffnet. In ruhiger, aussichtsreicher Lage ist es ein perfekter Ausgangspunkt für Rad- und Autotouren in die schöne Umgebung. Kurios ist das »Fälschermuseum« im Haus, das meisterhafte Kopien berühmter Gemälde zeigt. Auch eine echt falsche Mona Lisa ist natürlich unter den Werken.

Seestr. 88; Tel. 03 57 53/69 06 60; €€

256 NH Voltaire
Potsdam

Das schmucke Stadtpalais steht unmittelbar gegenüber dem Holländischen Viertel. Auch Sanssouci ist zu Fuß erreichbar. Die Zimmer (zum größten Teil im modernen Anbau) bieten viel Platz und ein stilvoll-preußisches Interieur. Im Restaurant regional-mediterrane Küche.

Friedrich-Ebert-Str. 88; Tel. 03 31/2 31 70; www.nh-hotels.de; €

257 Schloss
Neuhardenberg

Gebaut wurde das Anwesen noch zur Zeit des »Alten Fritz«. Schloss, Kirche und Park bilden ein einzigartiges Gesamtkunstwerk, an dem Karl Friedrich Schinkel, Peter Joseph Lenné und Hermann Fürst von Pückler-Muskau mitgewirkt haben. Die Zimmer sind modern und sehr elegant eingerichtet, es gibt eine Sauna und ein Dampfbad. Klassische, mediterrane Gourmetküche im Restaurant »Lenné« im Ostflügel, neu interpretierte brandenburgische Spezialitäten in der »Brennerei«. Sommerliches Kulturprogramm mit Ausstellungen, Konzerten, Theateraufführungen und Lesungen.

Schinkelplatz; Tel. 03 34 76/60 00, www.schlossneuhardenberg.de; €€€

Zur Bleiche

259

Burg/Spreewald

Wellness im Spreewald. Der Hotelkomplex erstreckt sich über einen grünen Landschaftspark. Herzstück ist die Landtherme mit Innen- und Außenbecken, mit stillem und sprudelndem Wasser, mit Sauna und Hamam und Ruheräumen, in denen man vor prasselndem Kaminfeuer die Welt vergisst. Es gibt auch einen »Jungbrunnen« – und ein Damen-Spa. Die architektonische Linie ist einheitlich-uneinheitlich, irgendwo zwischen alter Scheune und schickem Loft. Naturstein, offene Dachkonstruktionen, schöne Holzvertäfelungen, viele Kissen, viel Platz und viel Licht. Großartige gehobene Regionalküche!

Bleichestr. 16; Tel. 03 56 03/6 20; www.bleiche.de; €€€€

Sorat Hotel

Cottbus

Schick renoviert, ruhig gelegen und mitten in der Cottbuser Altstadt – mit diesen Vorzügen empfiehlt sich das angenehme Hotel in dem Gründerzeithaus unmittelbar an der Fußgängerzone Geschäftsreisenden ebenso wie Stadturlaubern, die abends vielleicht ins schöne Staatstheater gehen möchten.

258

Schlosskirchplatz 2; Tel. 03 55/7 84 40; www.sorat-hotels.com/de/hotel/cottbus; €

260 Goldener Hahn
Finsterwalde

Ein Gourmetrestaurant in der Niederlausitz – kann das funktionieren? Es funktioniert. Frank Schreiber entwirft essbare Skulpturen, die ihn zu einem der höchstdekorierten Köche im Land gemacht haben. Dabei verarbeitet auch er so oft wie möglich Produkte aus der Umgebung, nachzuschmecken etwa im »Menü Regional«, das unter anderem Lachsforelle, Niederlausitzer Heidelamm, Tafelspitz vom Rind, Pfifferlinge sowie Eis und Mousse von der Holunderblüte schlüssig kombiniert. Viele Weine aus Deutschland.

Bahnhofstr. 3; Tel. 0 35 31/ 22 14, www.goldenerhahn.com; Mo, Di, So geschl. €€€€

261 Gasthof Reuner
Glashütte

Erlebnisgastronomie im Museumsdorf der Baruther Glashütte im Landkreis Teltow-Fläming südlich von Berlin. Wo der Glastechniker Reinhold Burger (1866–1954) zu Beginn des 20. Jh. die Thermoskanne erfand – sie wurde 1903 patentiert und 1904 als Warenzeichen geschützt –, genießt man im Sommer die Speisen am besten im netten Biergarten. Es sind deftige Speisen wie der Golmberger Kartoffel-Pilz-Topf, das gebackene Filet vom Wels aus dem Teupitzer See oder das Rumpsteak vom Märkischen Jungbullen. Daneben hat man im angeschlossenen Shop Gelegenheit, die heimischen Vorräte zu ergänzen: mit Kräuterrauchwurst und Wildknacker aus der eigenen Räucherkammer und Schwarzbrot aus dem historischen Steinbackofen.

Hüttenweg 18; Tel. 03 37 04/ 6 70 65, www.gasthof-reuner.de; Mo geschl., im Winter eingeschränkter Betrieb; €

262 Linari
Schloss Lübbenau

Essen in einem der schönsten Schlossensembles Brandenburgs. Im Linari kultiviert Dirk Lehmann die moderne Regionalküche, Motto: »Unsere Speisekarte schreibt die Natur!« Ideales Beispiel dafür ist das Spreewaldmenü: Kuhmilchkäse vom Biohof und Ziegenkäse aus Jüterbog mit Roter Beerengrütze-Vinaigrette und grünem Salat, danach ein Filet vom Saalower Kräuterschwein. Apropos, die Kräuter kommen natürlich aus dem hauseigenen Garten. Besondere Highlights im Herbst sind die Gänse- bzw. Fischmenüs. Wer danach noch in Rocco's Linari Bar absacken will, sollte im Schlosshotel ein Zimmer buchen.

Schloßbezirk 6; Tel. 0 35 42/ 87 30; www.schloss-luebbenau.de; €€€

263

Hans-Otto Theater

Potsdam

1952 erhielt das Theater der Stadt Potsdam seinen Namen (nach dem kommunistischen Schauspieler und Gewerkschafter Hans Otto, den die Nazis 1933 ermordeten), und 2006 bezog das Ensemble seine neue Arbeitsstätte mit den drei auffälligen roten Dachschalen über dem Ufer des Tiefen Sees (Havel). Auch die historische Reithalle auf dem Gelände der Schiffbauergasse wird bespielt. Im Theater- und Konzertverbund des Landes Brandenburg besteht ein reger Austausch mit den Bühnen der Städte Frankfurt an der Oder (Kleist-Forum), Brandenburg an der Havel und Cottbus.

Schiffbauergasse 11;
Tel. 03 31/9 81 18,
www.hansottotheater.de

264

Brandenburger Theater

Brandenburg

Bloß keinem Streit aus dem Weg gehen. Dieser Devise folgt das Brandenburger Theater nur zu gern. Wiederholt arbeitete man etwa mit dem Dramatiker Rolf Hochhuth zusammen, dessen bekanntes Skandalstück »McKinsey kommt« 2004 am Brandenburger Theater uraufgeführt wurde. Und acht Jahre später war es dann Zeit für die nächste Hochhuth-Uraufführung: »Molières Tartuffe«. Natürlich bieten die Brandenburger Theaterleute ihrem Publikum noch viel mehr: zum Beispiel musikalische Lesungen mit René Kollo und Ben Becker oder ein Theater-Talk mit Andreas Dresen und Dieter Moor. Das Jugendtheater im Haus inszeniert derweil »Punk Rock« über Gewalt unter Jugendlichen oder »Die Geschichte vom Soldaten« von Igor Strawinsky.

Grabenstr. 14;
Tel. 0 33 81/51 11 11;
www.brandenburgertheater.de

265

Waschhaus

Potsdam

In der Königlichen Garnisons-Dampfwaschanstalt von 1880/82 wird heute Musik und Party gemacht. Immerhin war der Schornstein am Waschhaus schon vor 130 Jahren dazu gebaut worden, Dampf (aus den Kesseln der Wäscherei) abzulassen. Bis 1988 war tatsächlich noch eine Großwäscherei hinter den Backsteinmauern aktiv. 1992 besetzten Künstler das verwahrloste Gebäude, und seit 1993 wurde auf zwei Ebenen ein ungemein vielseitiger Veranstaltungsbetrieb aufgebaut – mit Clubnächten, Kino, Theater, Kabarett und diversen Kursprogrammen.

Schiffbauergasse 6; Tel. 03 31/ 27 15 60, www.waschhaus.de

Staatstheater
Cottbus

Es ist fraglos eines der schönsten Opernhäuser Deutschlands: reinster Jugendstil, außen wie innen, umgeben von Gartenanlagen und Brunnen. 1908 eröffnet und zuletzt 2007 umfassend renoviert, ist diese architektonische Skulptur heute das Große Haus des einzigen staatlichen Theaters in Brandenburg, das die vier Sparten Musiktheater, Schauspiel, Konzert und Ballett auf mehrere Spielstätten verteilt.

Schillerplatz 1;
Tel. 03 55/7 82 42 42;
www.staatstheater-cottbus.de

266

Potsdam – Eine Reise durch Europa

267

Palazzi und Orangerien, Pannekoeken und Pelmeni, Tulpenfest und Sinterklaas – die Architektur Potsdams, aber auch seine Traditionen spiegeln die Geschichte der Stadt wider. Und die Sehnsüchte ihrer Herrscher. Brandenburgs Landeshauptstadt hat sich diesen europäischen Esprit bewahrt. In nur wenigen Minuten radelt man von der Französischen Kirche zum im englischen Landhausstil erbauten Schloss Cecilienhof. Oder vom böhmischen Weberviertel in Babelsberg nach Klein Glienicke mit den romantischen Schweizer Häusern. Der Duft der Granatäpfel im Sizilianischen Garten lässt von Italien träumen, das Backsteinrot des Holländischen Viertels erinnert an Amsterdam, und im nächsten Moment ist man Teil der märchenhaften Kulisse der Russischen Kolonie Alexandrowka. In der Adventszeit trifft böhmisches Kunsthandwerk auf finnischen Glühwein, niederländischer Sinterklaas auf polnischen Sternenzauber. Ein Besuch in Potsdam ist wie eine Reise durch Europa.

Humboldtstraße 2; Tel. 03 31/27 55 88 99;
www.potsdamtourismus.de/europareise

Klosterbruder
Jüterbog/Zinna

268

Hochgeistliches aus der Stadt Jüterbog im Fläming. Die schöne Anlage des 1170 gegründeten ehemaligen Zisterzienserklosters ist allein schon einen Besuch wert. Erhalten geblieben sind die spätromanische Pfeilerbasilika, die Neue Abtei – heute das Heimatmuseum –, das alte Zollhaus und das ehemalige Siechenhaus. Dort kann man in einer Schaudestille zusehen, wie der »Klosterbruder« entsteht, ein süßer Kräuterlikör oder, genauer: ein Halbbitter mit 35 Volumenprozent Alkoholanteil. Hergestellt wurde er schon anno 1759 von dem Gastwirt Johann Christian Falckenthal in Luckenwalde. Das Originalrezept soll jedoch auf einen kräuterkundigen Mönchsbruder namens Lukas zurückgehen. Aktuell zu haben sind übrigens auch noch der »Zinnaer Kloster Kirsch« und der »Zinnaer Abtei«.

Kloster Zinna;
Tel. 0 33 72/43 95 05;
www.kloster-zinna.de

269

Wein vom Wachtelberg
Werder/Havel

Zugegeben, mit der Mosel können sie nicht konkurrieren. Doch wo im Westen der beste Riesling mindestens der Republik gedeiht, haben die Brandenburger Winzer auch einen Superlativ auf ihrer Seite: nämlich das nördlichste Anbaugebiet für Qualitätsweine in Europa – möglicherweise auch weltweit. 1985 haben sie auf dem 52. nördlichen Breitengrad bei der Havel-Stadt Werder, 8 km westlich von Potsdam, den Wachtelberg auf 6,2 Hektar Fläche aufgerebt. Neu kam im Jahr 2012 der Werderaner Galgenberg dazu, vorerst mit 1,4 Hektar. Gekeltert werden weiße (Müller-Thurgau, Kernling, Saphira, Sauvignon blanc) und rote Weine (Dornfelder und Regent).

Am Plessower Eck 2; Tel. 0 33 27 / 74 14 10,
www.wachtelberg.de

270

Wochenmarkt
Potsdam

Obst, Gemüse und Blumen, Kirschen aus Werder, frischer Fisch aus der Havel, Teltower Rübchen, Beelitzer Spargel: Auf dem Wochenmarkt vor der Kirche St. Peter und Paul liegt aus, was die Saison hergibt. Und natürlich steigert die Kulisse des holländischen Viertels die Kauflaune ungemein. Marktzeiten sind, unabhängig vom Wetter, immer montags bis freitags von 7–16 Uhr und samstags von 7–13 Uhr (April bis Oktober) bzw. 7–12 Uhr (November bis März). Der andere große Potsdamer Wochenmarkt findet immer mittwochs und samstags von 9–16 Uhr am Nauener Tor statt.

Tourist-Information,
Im Hauptbahnhof;
Tel. 03 31/27 55 88 99;
www.potsdamtourismus.de

Gut Kerkow
Angermünde

271

Nahe der polnischen Grenze, im Biosphärenreservat Schorfheide-Chorin, kauft man in einem alten Getreidespeicher das Beste vom Land und vom Tier. In seinem Bauernmarkt bietet das Gut Kerkow eigene Fleisch- und Wurstwaren und andere uckermärkische Spezialitäten – alles in Bio-Qualität. So packt man zum hausgeschlachteten Geräucherten noch Klimmek-Obstsäfte aus Angermünde, Zimmermann-Senf aus Niederfinow, Honig aus Templin und Uckerkaas aus Bandelow ein. Im angeschlossenen Steakhaus isst man gut und billiger als in Berlin.

Greiffenberger Str. 8;
Tel. 0 33 31/26 29 37;
www.gut-kerkow.de

272

Pyrogames
Lichterfeld

Wie bei einem Rammstein-Konzert, nur viel, viel größer. Wer schon als Kind gern gezündelt hat, muss sich das natürlich (mit seinen eigenen Kindern) auch anschauen. Über dem Stahlskelett der gigantischen Förderbrücke F 60 steigen Feuerbälle und Lichtfontänen auf; Sternenregen gehen über den Zuschauern nieder, Böllerschläge lassen den Himmel beben. Wer lässt es am schönsten krachen? Vier Teams treten mit ihren Feuerwerksinszenierungen gegeneinander an. Dazu gibt es in der Halbzeit eine spektakuläre Licht- und Lasershow.

www.pyrogames.de

273

Musikwochen
Uckermark

Jedes Jahr im Hochsommer, seit 1992: Ensembles und Solisten aus Deutschland, Italien, Estland, Polen, der Türkei, Tschechien und China musizieren in Stadt- und Dorfkirchen, Gutshäusern, Marställen und Schafställen, Schulen, Gutsscheunen, Kartoffellagerhallen, Ruinen und Klostergärten. Mit anderen Worten: Der ganze Landkreis zwischen Schwedt, Angermünde, Templin und Prenzlau wird gewissermaßen zur Bühne für die rund 20 Konzerte der Uckermärkischen Musikwochen mit ihrem spannenden Programm zwischen Mittelalter und Moderne.

www.uckermaerkische-musikwochen.de

274

Kammeroper
Rheinsberg

Dam »Alten Fritz« wär das sicher zu viel Spektakel gewesen: ein internationales Opernfestival in seinem geliebten Schloss Rheinsberg. Seit 1991 findet das Festival, eines der kulturellen Highlights in Brandenburg, jährlich zwischen Juni und August statt. Die Idee: Große Dirigenten (Daniel Barenboim, Kurt Masur, Christian Thielemann u.a.) und Regisseure erarbeiten mit jungen Nachwuchssängern Opernpartien unter professionellen Bedingungen. Auch große Klangkörper wie das RIAS-Symphonie-Orchester und der Rundfunkchor Berlin, die Brandenburgische Philharmonie Potsdam und das Staatsorchester Braunschweig machen mit. Musiziert wird im 2000 restaurierten Schlosstheater, in der Laurentiuskirche und im Spiegelsaal – oder »Open Air« im Heckentheater des Schlossparks sowie im Schlosshof.

www.kammeroper-schloss-rheinsberg.de

275

Baumblütenfest
Werder

Rings vom Wasser der Havel umgeben, ist die Stadt Werder an sich schon eine Reise wert – besonders aber an den zehn Tagen Ende April/Anfang Mai, wenn in der Stadt das Baumblütenfest gefeiert wird, eines der großen traditionellen Volksfeste in Deutschland. Der Blütenball am Vorabend der offiziellen Eröffnung bildet den Auftakt für die Festtage. In ganz Werder reihen sich die Weinstände und Imbissbuden und überall stehen Musikbühnen, die größten auf dem Markt der Werderaner Insel und der naheliegenden Regattastrecke. Die Obstbauern kommen aber nicht nur in die Stadt, sie laden auch zum Besuch ihrer Plantagen und Obsthöfe in den umliegenden Gemeinden ein. Denn wo könnte man die Pracht der blühenden Bäume tatsächlich schöner erleben – und wo ließe sich der elementare Treibstoff der zehn bunten Tage, der Obstwein, besser genießen?

www.werder-havel.de

276

Schlössernacht
Potsdam

Der Park ist ein Blumenmeer, und auf dem Maschinenteich singt ein Tenor im Ruderboot. Märchenerzähler wandeln, lebende Statuen stehen herum. Barock gewandete Studenten der Musikhochschule Berlin musizieren. Seit 1997 geht das so, einmal im Jahr zur Potsdamer Schlössernacht im August. Parks und Gärten von Sanssouci werden beleuchtet, ein paar hundert Künstler treten auf Bühnen und im Park auf. Und am Ende gibt es, aber na klar, ein richtig tolles Feuerwerk. Die Besucherzahl ist auf 32 000 begrenzt. Das soll die Parkanlagen schonen, ist aber eigentlich schon zu viel.

www.potsdamer-schloessernacht.de

277

Die Spargelstadt
Beelitz

Direkt vor den Toren der Hauptstädte Potsdam und Berlin liegt die malerische Spargelstadt Beelitz inmitten von Wiesen, Wäldern und Feldern. Der edle Spargel wird rund um die Stadt bereits in rund 160-jähriger Tradition angebaut. Berühmt ist das jährlich am 1. Wochenende im Juni stattfindende Spargelfest. 2022 war Beelitz erfolgreicher Austragungsort der Landesgartenschau. Die stadtnahen Grünanlagen wurden auf 15 Hektar über die Wiesen südlich der Altstadt bis hinunter zur Nieplitz neugestaltet und sind nunmehr eine blühende Erholungsoase für große und kleine Garten- und Naturfreunde. Bei einem Bummel durch die Altstadt oder einer Erkundung der berühmten Beelitzer Heilstätten wird Geschichte lebendig. Letztere wurde um 1900 als hochmoderner Klinikkomplex mitten im Wald errichtet. Heute können die Besucher die architektonischen Prachtbauten auch auf dem spektakulären Baumkronenpfad aus der Vogelperspektive betrachten. Ausflüge in den Naturpark Nuthe-Nieplitz bieten die Gelegenheit, bei einer Wanderung, einer Radtour oder einem Ausritt tief durchzuatmen.

Poststraße 15;
Tel. 03 32 04/3 91 55;
www.beelitz.de

Japanischer Bonsaigarten
Ferch

Nach einer Studienreise zu den Bonsaimeistern in Japan begann Tilo Gragert 1996 den Garten auf einem Grundstück am Schwielowsee anzulegen. Heute ist dieser Flecken Erde ein Zentrum japanischer Kunst und Kultur in Brandenburg. Die Besucher können bei einem Tee, der in traditionellen japanischen Tonkännchen serviert wird, ein kleines Idyll bewundern. Entstanden sind im Lauf der Jahre authentische japanische Gärten mit bis zu 180 Jahre alten Bonsai, ein Koi-Teich und ein Pavillon. Ein japanisches Teehaus bietet einen Ausblick auf den Zen-Garten und den Teegarten, japanische Gartenpflanzen blühen durchgängig von April bis Oktober.

Weil immer mehr jüngere Leute Bonsais als Dekoration für die Wohnung entdecken, gibt es für die Freunde der Bonsai-Kunst regelmäßige Lehrgänge. Und wer ein Souvenir oder ein Geschenk sucht, findet mehr als 1000 Bonsais, Bonsaischalen, Teekeramik und anderes mehr.

Fercher Str. 61 (Mittelbusch); Schwielowsee/OT Ferch; Tel. 03 32 09/7 21 61; www.bonsai-haus.de; April–Okt.

278

Burg Rabenstein
Rabenstein/Fläming

279

Die Höhe von 153 m ist für Brandenburg als schwindelrerregend zu bezeichnen. Dort oben auf dem Steilen Hang liegt Burg Rabenstein. Die mittelalterliche Anlage bietet eine tolle Aussicht, eine rustikale Herberge samt Gaststätte sowie eine Falknerei mit regelmäßigen Flugvorführungen im Sommer. Auch regelmäßige Mittelalterspektakel und zur Adventszeit ein Weihnachtsmarkt stehen auf dem Burgkalender. Rabenstein ist außerdem ein guter Ausgangspunkt für Touren im Naturpark Hoher Fläming (Infozentrum in der Alten Brennerei; Tel. 03 38 48/6 00 04; www.flaeming.net).

Zur Burg 49; Tel. 01 62 /7 76 73 41; www.burgrabenstein.de

280

Flusswandern auf der Havel
Havelland

Ihre reizvolle Lage an der Havel, besser gesagt: inmitten eines weit verzweigten Systems von Havelseen, Wasserarmen und Kanälen, macht die Stadt Brandenburg zum Ausgangspunkt für ausgedehnte Wasserwanderungen. Insgesamt warten rund 80 km Wasserwege auf Freizeitkapitäne und Badegäste. Weder Schleusen noch Brücken hindern Segler und Surfer daran, auf Breitling-, Plauer- und Quenzsee sowie auf dem Möserschen See zu kreuzen. Auf den stillen Emster Gewässern Richtung Lehnin kann man mit etwas Glück Eisvögel beobachten.

Havelland Tourismus, Nauen/Schloss Ribbeck, Theodor-Fontane-Str. 10; Tel. 03 32 37/85 90 30; www.havelland-tourismus.de

Schwielowsee-Rundfahrt
Schwielowsee/Caputh

281

Vom Hafen Potsdam aus startet man ins Havelland, die Obstkammer der Mark Brandenburg. Es ist eine Reise zu schönen Badeplätzen und zu einer ganzen Reihe idyllischer Orte. Man sieht das Sommerhaus Albert Einsteins und das wunderbar eingerichtete kurfürstliche Schloss in Caputh – heute ein Museum –, das klassizistische Dorfensemble in Petzow mit dem Schloss und der Kirche von Karl Friedrich Schinkel und den von Peter Joseph Lenné gestalteten Park sowie den historischen Stadtkern der Inselstadt Werder. Und man bestellt sich natürlich auch ein Bier in der Forsthausbrauerei Templin. Alternativ zur Rundfahrt kann man auch nur einzelne Stationen ansteuern.

Schwielowsee-Tourismus, Straße der Einheit 3; Tel. 03 32 09/7 08 99; www.schwielowsee-tourismus.de

282

Lausitzer Seenland

Senftenberg

Diese Landschaft ist noch nicht fertig. 21 Seen, alle in aufgelassenen Braunkohlegruben eingerichtet, sollen einmal die größte künstliche Seenlandschaft Europas bilden. 13 Kanäle erschließen Wassersportlern und Fahrgastschiffen große Rundfahrten. Schon 1973 wurde der große Senftenberger See der Öffentlichkeit übergeben. Die Lausitzer und Mitteldeutsche Bergbau-Verwaltungsgesellschaft (LMBV) leitet die Rekultivierung der Tagebaue, sichert die Uferbereiche und überwacht die Flutung. Sie hat auch die asphaltierten Wirtschaftswege rund um die Seen für Radfahrer und Skater freigegeben. Die neuen Wasserflächen neben den noch aktiven Tagebauen kann man bei Rundflügen (www.flugplatz-welzow.de) überqueren.

Tourismusverband Lausitzer Seenland e.V., Am Stadthafen 2;
Tel. 0 35 73/7 25 30 00; www.lausitzerseenland.de

283

Nationalpark Unteres Odertal
Schwedt

Brandenburgs einziger Nationalpark erstreckt sich auf einer Breite von nur 2 bis maximal 8 km entlang der Oder. Auf diesem schmalen Streifen bietet er Lebensraum für viele seltene oder geschützte Pflanzen und Tiere. Zu den Vögeln, die sich hier beobachten lassen, zählen der Singschwan und seltene Wiesenbrüter wie Wachtelkönig, Pirol und Eisvogel. Weißstörche brüten auf den Dächern der umliegenden Dörfer, Schwarzstörche sind weniger leicht zu sehen – es gibt sie aber! Daneben sind hier auch wieder Fischotter, Biber, Wiesenweihe und Seeadler zu Hause. Der Nationalparkförderverein bemüht sich außerdem um die Rückzucht der ausgestorbenen Auerochsen. Zusammen mit Pferden, die dem ebenfalls ausgerotteten europäischen Wildpferd (Tarpan) verwandt sind, kann man sie auf einer großen Weidefläche im Süden des Nationalparks beobachten. Wisente bevölkern ein großes Gehege in Criewen, und auf verschiedenen Weiden stehen Wasserbüffel. Regelmäßig werden geführte Exkursionen in das Naturparadies angeboten.

Tourismusverein, Vierradener Str. 31; Tel. 0 33 32/2 55 90; www.unteres-odertal.de

Durch das Biosphärenreservat

Spreewald

Die Heimat der Spreewaldgurke ist eine beinahe unverschämt idyllische Natur- und Kulturlandschaft nordwestlich von Cottbus. Sie ist Naherholungsgebiet der Berliner und eine der beliebtesten Ferienregionen in Brandenburg. Natürliche Flussmäander der Spree haben die hier seit Jahrhunderten lebenden Sorben durch künstliche Kanäle erweitert und so eine Auenlandschaft von einzigartiger Schönheit geschaffen. Mehrere 100 km umfasst das Netz der Wasserwege auf engstem Raum. Kultureller und touristischer Mittelpunkt im Biosphärenreservat ist Lübbenau, wo man sich im Haus für Mensch und Natur (Schulstr. 9; Mo geschl.) über die Region informieren kann. Jede Menge Kahnfahrten für Gruppen und Bootsverleihe für Individualisten.

Tourismusverband Spreewald, Vetschau/Raddusch, Lindenstr. 1; Tel. 03 54 33/7 22 99; www.spreewald.de

284

Tagebau 4WD

Brieske/Lausitz

285

Wer sich nicht in polierten SUVs, sondern in echten Geländewagen durch den 1991 stillgelegten Tagebau Welzow-Süd fahren lässt oder dort selbst ein Fahrertraining absolviert, macht nichts kaputt. Stattdessen bekommt er Bilder einer Landschaft zu Gesicht, die mit »bizarr« nur unzureichend beschrieben ist. Besonders eindrucksvolle Bilder vermitteln Jeep-Touren durch die stillgelegten Gruben, in denen Sanddünnen, Erosionsflanken, Canyons, Steppenwildnis und grüne Biotope in einer Weise abwechseln, wie man sie in der deutschen Landschaft kein zweites Mal erlebt.

Briesker Str. 30a; Tel. 01 72/ 6 60 26 07; www.allradtouren.de

Bremen

Das kleinste Bundesland spielt in der ersten Liga – beim Fußball knapp, im Tourismus locker. Das liegt am Rathaus, am Roland und am Kulturleben in der alten Hansestadt. Das liegt auch am neuen Bremerhaven mit seinem Überseehafen und den »Havenwelten«, einer der aufregendsten Museumsmeilen Deutschlands.

Von der Weser in die ganze Welt. Auswandererhaus in Bremerhaven.

286

Klimahaus

Bremerhaven

»Nach Sardinien, das geht hier lang. Da durch, und dahinter kommen Sie in den Niger.« Der freundliche junge Mann kennt sich aus. Für den kürzesten Weg rund um den Globus muss er die Besucher nicht mal ins Freie schicken, geschweige denn aus der Stadt. Die Welt ist 125 m lang, fast 30 m hoch, und sie sieht aus wie eine sehr große, glasig schimmernde Amöbe. Sie entstand im Jahr 2009, mitten in Bremerhaven. Schon vor seiner Eröffnung war das »Klimahaus 8° Ost« das am meisten beachtete deutsche Wissenschafts-museum der letzten Jahre. Alle Ausstellungsbereiche

widmen sich den Phänomenen des Klimas. Im Mittelpunkt steht die virtuelle Reise auf dem 8. Längengrad rund um die Welt. Dabei wird, das ist der Trick, ganz analog an neun Stationen Halt gemacht. In der Schweiz riecht man Almwiesen (und Kuhfladen) und darf gegen Alm-Öhi anjodeln; in Sardinien wird man auf Insektengröße geschrumpft und tastet sich durch eine duftende Wiese; im Niger brütet man meditativ vor einem leeren, von einem dürren Bäumchen überragten Sandquadrat; in Kamerun schleicht man schwitzend durch einen finsteren Regenwald; in der Antarktis bibbert man mit aufgestellten Zehen in den Sandalen über blankes Eis; in der Nordsee hockt man auf einer grünen Hallig und sieht die Flut um sich herum steigen; und in Bremerhaven begegnet man den Bürgern der Stadt und ihrem Bild vom Klima – als Tonspur, auf alten Fotos und neuen Kinderzeichnungen. Überall erfährt man, wie das eine mit dem anderen zusammenhängt, und überall erzählen Menschen auf Bildschirmen, wie sie dort leben. Das ist Infotainment auf der Höhe der Zeit, mehr sinnlich als vordergründig technisch, mit jeder Menge Interaktion und Überraschungen und einer politisch korrekten Botschaft, die nicht den Zeigefinger ausfährt, sondern ein smartes Lächeln aufsetzt.

Am Längengrad 8;
Tel. 04 71/9 02 03 00;
www.klimahaus-bremerhaven.de

Auswandererhaus Bremerhaven

287

Gegenüber der organischen Glasblase des Klimahauses steht das kantige Auswandererhaus. Zwischen 1830 und 1974 haben rund 7 Mio. Menschen von Bremerhaven aus die Alte Welt verlassen. Vom stimmungsvollen Abschied an der Gangway in einem Gewirr von Stimmen und Geräuschen über die Passage unter Deck bis zu den gnadenlosen Einreiseformalitäten auf Ellis Island in New York und bis zum Leben ihrer Nachkommen in der Neuen Welt folgt man den Auswanderern mit einem elektronischen »Boarding Pass«. Dazu gibt es zwei wunderbare Kurzfilme und die Möglichkeit zur eigenen Familienforschung. In einem 2012 eröffneten Erweiterungsbau werden 300 Jahre Einwanderungsgeschichte nach Deutschland beleuchtet – anhand von gut 30 authentischen Familiengeschichten.

Columbusstr. 65;
Tel. 04 71/90 22 00;
www.dah-bremerhaven.de

288

Kunsthalle
Bremen

Im August 2011 wurde sie wiedereröffnet. Links und rechts erweitern nun zwei kubische Anbauten die Ausstellungsfläche eines der großen Museen für Kunst vom 14. bis zum 21. Jh. – getragen vom gemeinnützigen Kunstverein Bremen.

Am Wall 207; Tel. 04 21/32 90 80; www.kunsthalle-bremen.de; Mo geschl.

Weserburg
Bremen

Wie ein Schiffsbug schieben sich die alten Speicherhäuser der Weserburg in den Fluss – eine Arche für die Kunst ab 1960. Bei seiner Eröffnung 1991 war es das erste Museum Europas, das nur Bilder und Objekte aus privaten Sammlungen zeigte. Heute betreut es u.a. den größten internationalen Bestand an Künstlerpublikationen in Europa.

289

Teerhof 20; Tel. 04 21/59 83 90; www.weserburg.de; Mo geschl.

290

Universum
Bremen

Wie ein silberner Wal taucht das Science Center zwischen Uni und Bürgerpark auf. Es vermittelt Besuchern eine Expedition durch die »Kontinente« Mensch, Erde und Kosmos. Man darf anfassen und experimentieren, fühlen und entdecken. Architektonischer Gegenpol und Ausgangspunkt für den Besuch ist die sehr eckige SchauBox mit ihrer Sonderausstellungsfläche. Als »wissenschaftliche Erlebnislandschaft« zum Thema Bewegung ist der umliegende Park mit seinem hohen Blickfang konzipiert: Im Turm der Lüfte dreht sich alles um atmosphärische Phänomene.

Wiener Str. 1a; Tel. 04 21/3 34 60; www.universum-bremen.de

291 Rathaus und Roland
Bremen

Es verdient besondere Erwähnung: Die beiden Wahrzeichen der alten Hansestadt haben den Krieg fast unbeschadet überstanden. Das innen wie außen eindrucksvolle Rathaus ist das einzige nie zerstörte spätmittelalterliche Rathaus Europas. Von 1405 bis 1410 erbaut, erhielt es 1608 seine prachtvolle Fassade und gilt heute als das Hauptwerk der Weser-Renaissance. Gut 200 Jahre älter, nämlich aus dem Jahr 1404, ist die hohe Steinfigur des Roland, Markgraf der Bretagne und Paladin Karls des Großen. Noch mal: Rathaus und Roland sind keine Rekonstruktionen, sondern Originale – und seit 2004 UNESCO-Welterbe. Führungen durch das Rathaus nach Anmeldung:

Tourist-Informationen am Marktplatz und am Hauptbahnhof; Tel. 04 21/3 08 00 10; www.bremen-tourismus.de

292 Schiffahrtsmuseum
Bremerhaven

Im Gegensatz zu Klimahaus und Auswandererhaus erscheint die Keimzelle der modernen »Havenwelten« vergleichsweise konventionell: Das von Hans Scharoun geplante und 1975 eröffnete Deutsche Schiffahrtsmuseum ist nicht nur Ausstellung, sondern zugleich ein Forschungsinstitut, und es zeigt viel mehr als die historische Bremer Hansekogge von 1380. Die Räume sind hell und geräumig, die Präsentation ist spürbar modernisiert worden, und das Gedränge ist nicht so groß wie in den beiden Nachbarhäusern. Außerdem kann »Oldschool« sehr erholsam sein nach den interaktiven Sinnesreizen der »Newschool« nebenan.

Hans-Scharoun-Platz 1; Tel. 04 71/48 20 70; www.dsm.museum; im Winter Mo geschl.

293 Übersee-museum
Bremen

Der Ansatz ist größenwahnsinnig, dabei inhaltlich vollkommen stimmig und für die Besucher sehr spannend. Bringen sie die nötige Zeit mit, können sie nämlich »erleben, was die Welt bewegt«. So heißt die Dauerausstellung, die nicht weniger als die globalisierte Gesellschaft und ihren natürlichen Lebensraum thematisiert. Dazu gehören der Klimawandel und die Weltwirtschaft ebenso wie Menschenrechte, Migration, Kommunikation, Sex & Gender. Das alles ist selbstredend modern inszeniert, mit zahlreichen interaktiven Stationen.

Bahnhofsplatz 13; Tel. 04 21/16 03 80; www.uebersee-museum.de; Mo geschl.

294

Parkhotel
Bremen

Man wandelt durch filmkulissenartige Säle und Salons, schaut in der Lobby staunend zur hohen Decke hinauf und genießt im großen »Spa'rks« das ganze zeitgenössische Wellness-Repertoire. Anschließend geht es ins Gourmetrestaurant »La Terrasse«: Die beste Küche der Stadt spannt den Bogen von mediterran zu asiatisch. Lieber von französisch zu deutsch? Dann geht man eben ins alte Park-Restaurant. Spezialisten aufgepasst: Es gibt hier einen eigenen Keller mit Sauternes-Weinen!

Im Bürgerpark; Tel. 04 21/ 3 40 80; www.hommage-hotels.com/parkhotel-bremen/unser-hotel; €€€€

295

Überfluss
Bremen

Holz, Schwarz, Weiß; dazwischen dezentes Bunt und diverse Objekte; Bäder im Raum bzw. mit Blick ins Zimmer. So sieht ein modernes Designhotel aus. Wer ein Zimmer mit Blick auf die Weser bucht, darf sich auf ein besonderes Duscherlebnis freuen.

Langenstr. 72; Tel. 04 21/ 32 28 60; www.designhotel-ueberfluss.de; €€€

296

Sail City
Bremerhaven

Mit den »Havenwelten« hat Bremerhaven eine der spannendsten Museumslandschaften in Deutschland, mit dem Atlantic Hotel Sail City darüber hinaus seit 2008 ein neues Wahrzeichen: »Burj al Weser« – die Ähnlichkeit mit dem, zugegeben, noch deutlich spektakuläreren Hotel in Dubai ist unübersehbar. Zwischen Neuem Hafen, Museumshafen und der Weser schwingt sich der Bogen aus Stahl und Glas bis zur Aussichtsplattform in 90 m Höhe auf und noch mal 50 m höher bis zur obersten Spitze. Zimmer werden aber nur bis zur 8. Etage angeboten. Auf den noch aussichtsreicheren Stockwerken 9 bis 18 wird weniger aus dem Fenster, sondern mehr auf den Computerbildschirm geguckt. Die Welt ist ein seltsamer Ort.

Am Strom 1; Tel. 04 71/30 99 00; www.atlantic-hotels.de; €€€

297

Ratskeller

Bremen

Vor 600 Jahren gab es nur den »Gemeinen« und den »Besseren«. Heute ruhen im legendären Weinkeller 650 verschiedene Gewächse und manche Preziose wie der Rüdesheimer Rosé aus dem Jahr 1653. Die Küche in den alten Gewölben gibt sich herzhaft-rustikal: Sehr gut sind Seemannslabskaus oder Bremer Knipp, kross gebratene Hafergrützwurst vom Schwein mit Bratkartoffeln und Apfelmus.

Am Markt; Tel. 04 21/32 16 76; www.ratskeller-bremen.de; €

Natusch Fischereihafen-Restaurant

Bremerhaven

298

Zu den Auktionshallen im Fischereihafen von Bremerhaven sind es nur 200 m. Hier ersteigert Lutz Natusch frühmorgens Seezungen und Schollen, Steinbutt, Seeteufel, Dorsch, Lachs, Rochen, Seewolf und Hai. Und weil der Weg in die Küche nicht weit ist, und weil man bei Natusch mit frischen Fängen auch umzugehen versteht, schmecken sie ausgezeichnet. Das Ambiente? Wie auf hoher See unter Deck – Gott sei Dank schaukelt es nicht.

Am Fischbahnhof 1; Tel. 04 71/7 10 21, www.natusch.de; Mo geschl. €€€

Das Kleine Lokal

Bremen

299

Klein ist es tatsächlich: Gerade mal 34 Gäste passen in das intime und sehr gemütliche Ecklokal, und damit man auf einem der roten Stühle Platz nehmen kann, sollte man vorher reservieren. Dann darf man sich auf Rochenflügel, Meeräsche und Seezunge freuen, auf Kalbsrücken und »Dreierlei vom Lamm«. Die Küche »lässt sich keinen Stempel aufdrücken«, stellte die »Feinschmecker«-Redaktion fest, und sie meinte das positiv. Verarbeitet werden überwiegend Lebensmittel aus regionaler (Bio-)Produktion.

Besselstr. 40;
Tel. 04 21/7 94 90 84;
www.das-kleine-lokal.de;
So, Mo. geschl. €€€

300 Die Glocke
Bremen

Für Herbert von Karajan war sie einer der drei besten Konzertsäle Europas. Ihre Akustik genießt eine beinahe legendären Ruf. Im denkmalgeschützten Art-Déco-Ambiente der Glocke, erbaut zwischen 1926 und 1928 gleich neben dem Dom, lauschen 1400 Zuhörer (im Großen Saal) den Konzerten der Bremer Philharmoniker. Zweites Stammensemble ist die Deutsche Kammerphilharmonie. Sie hat seit 1992 ihren Sitz in Bremen und gilt als eines der bedeutendsten Kammerorchester weltweit. Größte Beachtung hat der Beethoven-Zyklus gefunden, den das Orchester unter seinem Leiter Paavo Järvi in den letzten Jahren erarbeitet hat. Darüber hinaus spielen die Musiker mit den größten Solisten des internationalen Klassik-Betriebs zusammen. Aber es ist nicht alles Klassik in der Glocke. Im Rahmen der Reihe Jazz Nights trat schon die NDR-Bigband zusammen mit Al Jarreau auf.

Domsheide 6-8; Tel. 04 21/ 33 66 99; www.glocke.de

301 Kulturzentrum Schlachthof
Bremen

Vier Gebäude des ehemaligen Schlachthofs auf der Bürgerweide beim Hauptbahnhof haben 1981 die Abrissbirne überlebt. Seitdem sind sie eine feste Größe im Nachtleben der Stadt. Im Publikum tummeln sich Headbanger, Hopper, Kunststudenten und viele ganz normale Menschen. Von Hardcore bis Chormusik kann hier alles gehört werden. Es gibt auch eine Skaterbahn, eine Open-Air-Bühne und den Sommergarten.

Findorffstr. 51; Tel. 04 21/37 77 50; www.schlachthof-bremen.de

302

Schnoorviertel

Bremen

Es ist Bremens ältester Stadtteil und so etwas wie die gute Stube der Stadt. Darum hat der Tourismus, zugegeben, auch schon seine Spuren hinterlassen zwischen den kleinen, pittoresken Häusern, die sich wie Perlen auf einer Schnur aneinanderreihen: »Snoor« ist das niederdeutsche Wort für Schnur. In früheren Zeiten wohnten hier vor allem Fischer und Seeleute – gleich nebenan verlief die Balge, ein Nebenarm der Weser. Heute bestimmt ein Mix aus Wohnungen, Ateliers, Galerien und Gastronomie das Bild. Es gibt Läden für Schmuck und Juwelen, Bücher und Bilder, Tee und Design. Immer gut für einen Bummel, wenn man nach nichts Bestimmtem sucht.

Schnoor; www.bremen-schnoor.de

Holtorfs Heimathaven

Bremen

Gleich hinter der Weser beginnt die ausgedehnte Shoppingtour. Es sind nicht die großen, sondern die besonderen Läden, die dem Viertel seinen Charme verleihen – zum Beispiel der Colonialwarenladen Holtorf mit seiner schönen, denkmalgeschützten Jugendstil-Einrichtung. Hier werden die stadtbekannten Müslis individuell gemischt und viele Gewürze verkauft, daneben, wie schon zur Gründungszeit 1874, Lebensmittel aus aller Welt und natürlich auch aus der Umgebung.

Ostertorsteinweg 6; Tel. 04 21/70 05 22; heimathaven.com/holtorfs-heimathaven

303

304

Sail

Bremerhaven

Das spektakuläre Hafenfest, das nur alle fünf Jahre stattfindet, kontert die Kultur des schnellen Klicks mit seiner besonderen Exklusivität aus. Also abwarten und die Vorfreude steigern, bis die alten und die neuen, die großen und die ganz großen Segelschiffe wieder den Weg die Weser hinauf nehmen und das große Volksfest beginnt. Maritime Kultur und maritimes Erbe sind kaum eindrucksvoller zu erleben. Schiffsfans brauchen trotzdem nicht traurig sein: In den Jahren ohne Sail richtet die Stadt Bremerhaven seit 2016 das SeeStadtFest aus. Dann geben sich Segel-, Dampf- und Motorschiffe die Ehre, und an Land gibt's Kleinkunst, Streetfood und vieles mehr.

www.sail-bremerhaven.de, www.bremerhaven.de

305

Freimarkt

Bremen

Schon anno 1035 feierten die Bremer die »Marktgerechtigkeit«, und sie haben bis heute nicht damit aufgehört. Keine andere Stadt hat eine längere Volksfesttradition. 17 Tage lang kann man sich im Oktober schwindlig fahren lassen in den modernsten Fahrgeschäften. Es gibt auch das obligatorische mittelalterliche Marktdörfl.

www.freimarkt.de

ABENTEUER ODER FÜSSE HOCHLEGEN? DIE GANZE VIELFALT DES REISENS FÜR JEDEN GESCHMACK
Mit Traumzielfinder
Die herausnehmbare Drehscheibe
Zur richtigen Zeit am perfekten Ort
Deutschland
Reise-Inspirationen für das ganze Jahr
HOLIDAY
978-3-8342-3260-1
REISEN DAHEIM? WAS GIBT ES SCHÖNERES!
• Über 250 Reise-Ideen in und um Deutschland
• Monat für Monat neue Reiseinspirationen
• Kreative Vorschläge für jeden Reisewunsch
HOLIDAY

Hamburg

Vorne die »Queen Mary 2«, dahinter der Michel mit seinem hohen Turm und der grünen Kupfermütze: Die schönste Ansicht Hamburgs ändert sich ständig, denn täglich dampfen neue Pötte in den riesigen Hafen. Landratten entdecken zwischen alten Backsteinkulissen und neuen Spiegelfassaden einen coolen Mix von Kiez, Kunst und Kult.

Nicht das Rathaus, sondern die Jacke macht den Unterschied. Im Café unter den Alsterarkaden ist man der Nordsee merklich näher als der Adria.

Hafen

St. Pauli – HafenCity

306

Kunst und Kirchen hin oder her: Am Ende dreht sich in Hamburg alles um den größten Seehafen in Deutschland (und den drittgrößten in Europa). Mehr als 8 Millionen Container werden hier jährlich umgeschlagen. Auf 75 Quadratkilometern Fläche wird gearbeitet, 24 Stunden am Tag; rund 10 000 Schiffe aus aller Welt machen pro Jahr fest. Immer sind andere Pötte zu sehen. Zur obligatorischen Hafenrundfahrt startet man an den Landungsbrücken in einer der kleinen Barkassen. Dann kann man auch in die schmalen Kanäle zwischen den bis zu sieben Stockwerken hohen Ziegelgebäuden der berühmten Speicherstadt einfahren. Nebenan entsteht seit 2003 die HafenCity. Das größte innerstädtische Bauprojekt Europas lässt sich vom orangeroten »View Point« überblicken. Weitere Attraktionen im Hafen sind natürlich die fotogenen Museumsschiffe wie der Riesenfrachter »Cap San Diego«, der Windjammer »Rickmer Rickmers«, das knallrote Feuerschiff oder zahlreiche alte Dampf- und Segelschiffe. Die Website bietet unter anderem eine Schiffsdatenbank und eine ständig aktualisierte Schiffsankunftsliste.

Hafen Hamburg Marketing, Pickhuben 6;
Tel. 0 40/37 70 90;
www.hafen-hamburg.de

BRUCKE 4

Elbphilharmonie
HafenCity

Gute Planung und Effizienz am Bau sehen anders aus – aber nicht unbedingt besser. Darum war das Konzerthaus am Westende der HafenCity schon als Rohbau »fertig«. Technische Probleme, steigende Kosten, Verzögerungen, Baustopps und das Schwarze-Peter-Spiel der Verantwortlichen nervten, verärgerten und unterhielten die Bürgerschaft seit Baubeginn im Jahr 2007. Ursprünglich für 2010 geplant, fand die Eröffnung am 11. Januar 2017 statt. Die Elbphilharmonie ist mit 26 Geschossen, einer Gesamthöhe von 110 m und dem Konzertsaal mit 2150 Plätzen das neue Hamburger Wahrzeichen.

Platz der Deutschen Einheit 4;
Tel. 0 40/35 76 66 66;
www.elbphilharmonie.de

307

308

Kunstsammlung Falckenberg
Harburg

Harald Falckenberg, Jurist, Unternehmer und Mäzen, mag radikal moderne Kunst so gern, dass er sie anderen Menschen zeigt. Ungefähr 2000 Arbeiten von zeitgenössischen Künstlern hat er seit 1994 gesammelt. Seit 2008 zeigt er sie in den umgebauten Fabrikhallen der Phoenixwerke in Hamburg-Harburg: Ausstellungen mit Künstlern wie Paul Thek, Jon Kessler oder Robert Wilson. Auch Themenausstellungen und multimediale Projekte sind zu sehen. Besichtigung nur im Rahmen von geführten Rundgängen Donnerstag bis Sonntag.

Wilstorfer Str. 71;
Tel. 0 40/32 50 67 62;
www.sammlung-falckenberg.de

309

Miniatur-Wunderland

Speicherstadt

Noch so eine Hamburger Großbaustelle. 2300 Quadratmeter soll die ganze Modelllandschaft im Jahr 2020 einmal umfassen, heute kann man den Verkehr immerhin schon auf mehr als der Hälfte des Plangebiets rollen sehen, genauer: durch Mitteldeutschland, Knuffingen und Österreich, Hamburg, Amerika, Skandinavien und die Schweiz. Zwischenbilanz (Frühjahr 2020): 15,7 km Schienen, 1040 Züge, 1380 Signale, 3050 Weichen, 263 000 Figuren, 9250 Autos und 130 000 Bäume. Die größte Modelleisenbahn der Welt, die seit dem Jahr 2000 in Hamburg entsteht, ist ein riesiger Große-Jungen-Traum und schon deshalb unwiderstehlich.

Kehrwieder 2, Block D;
Tel. 0 40/3 00 68 00,
www.miniatur-wunderland.de

Kunsthalle

St. Georg

310

Caspar David Friedrichs »Wanderer über dem Nebelmeer« ist nur eines der Vorzeigestücke in den Sammlungen von Gemälden aus der Zeit zwischen 1800 und 1914, die in der Kunsthalle ausgestellt werden. Auch die klassische Moderne ist mit Beckmann und Kokoschka, aber auch mit verschiedenen »Brücke«-Malern und »Blauen Reitern« gut vertreten. In der Galerie der Gegenwart entdeckt man neben den obligatorischen Bacons und Warhols viel hochkarätige Kunst aus deutschen Landen.

Glockengießerwall 5;
Tel. 0 40/4 28 13 12 00;
www.hamburger-kunsthalle.de;
Mo geschl.

311

Tierpark
Hagenbeck

Im Tierpark Hagenbeck kann man Sumatra Orang-Utans beobachten, wie sie von Ast zu Ast springen, wie Tiger anmutig über die Felsen schleichen und Walrosse kopfüber ins Wasser abtauchen. Insgesamt warten hier 1400 Individuen aus mehr als 140 Arten auf die Besucher. Bei den täglichen Schaufütterungen geben die Tierpfleger viele spannende Informationen zu ihren Schützlingen preis. Zum Beispiel der beliebte Keeper-Talk bei den Asiatischen Elefanten, von denen Hagenbeck eine der größten Herden Europas beherbergt. Wärmeliebende Besucher fühlen sich im Tropen-Aquarium Hagenbeck besonders wohl. Hier leben mehr als 350 exotische Tierarten, denen man über und unter Wasser nahe kommen kann. Gleich zu Beginn des Rundgangs werden die Besucher von frei laufenden Kattas und frei fliegenden Gebirgsloris begrüßt. Vorbei an Riesenschlangen, imposanten Nilkrokodilen und frei laufenden Echsen führt der Weg hinab in die Höhlen- und Unterwasserwelt. Den krönenden Abschluss bildet das Große Hai-Atoll mit einem Fassungsvermögen von 1,8 Millionen Liter Wasser. Hier ziehen mächtige Rochen, Haie und unzählige Schwarmfische ihre Bahnen durch das tiefe Blau.

Lokstedter Grenzstraße 2; Tel. 0 40/5 30 03 33 24; www.hagenbeck.de

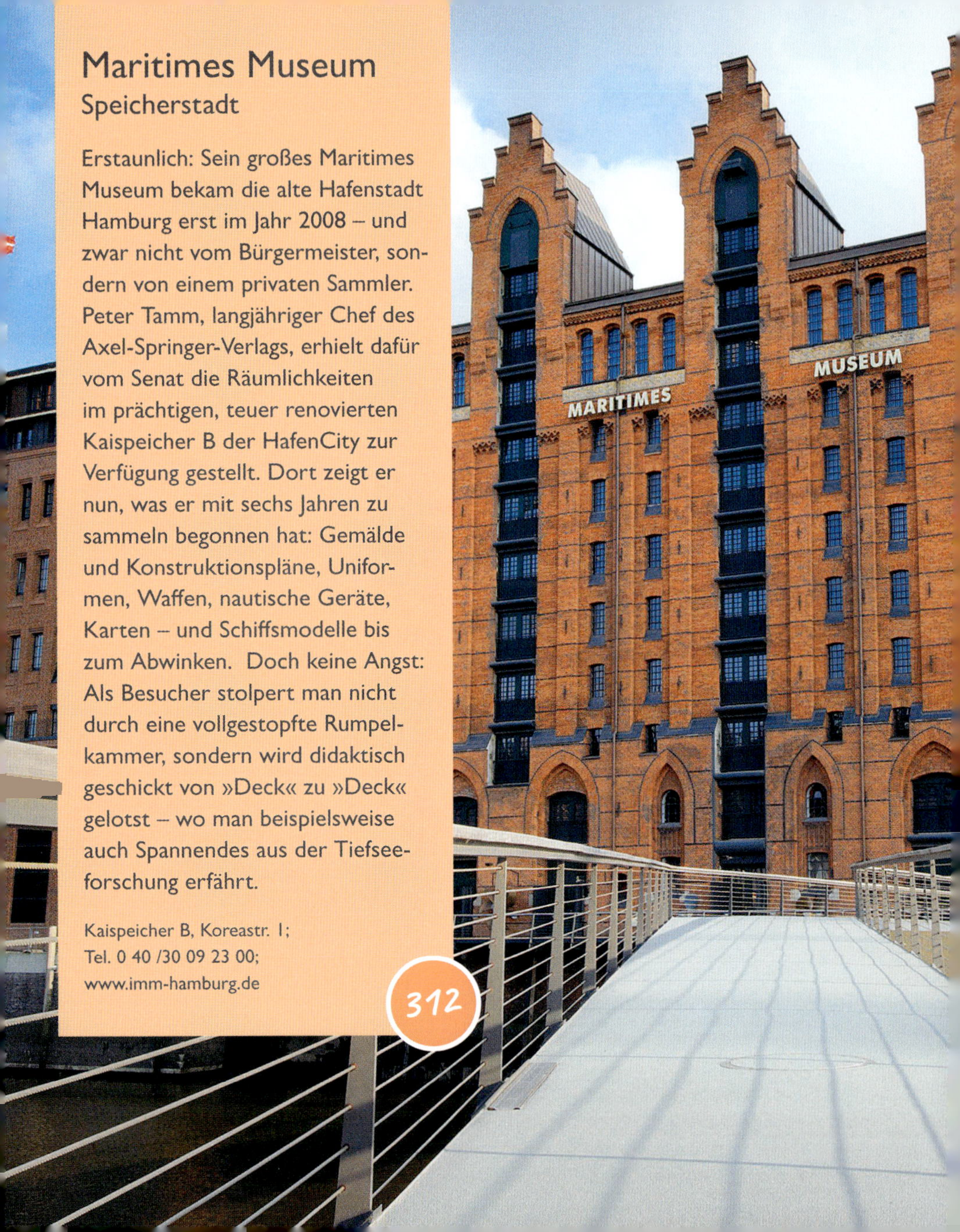

Maritimes Museum

Speicherstadt

Erstaunlich: Sein großes Maritimes Museum bekam die alte Hafenstadt Hamburg erst im Jahr 2008 – und zwar nicht vom Bürgermeister, sondern von einem privaten Sammler. Peter Tamm, langjähriger Chef des Axel-Springer-Verlags, erhielt dafür vom Senat die Räumlichkeiten im prächtigen, teuer renovierten Kaispeicher B der HafenCity zur Verfügung gestellt. Dort zeigt er nun, was er mit sechs Jahren zu sammeln begonnen hat: Gemälde und Konstruktionspläne, Uniformen, Waffen, nautische Geräte, Karten – und Schiffsmodelle bis zum Abwinken. Doch keine Angst: Als Besucher stolpert man nicht durch eine vollgestopfte Rumpelkammer, sondern wird didaktisch geschickt von »Deck« zu »Deck« gelotst – wo man beispielsweise auch Spannendes aus der Tiefseeforschung erfährt.

Kaispeicher B, Koreastr. 1;
Tel. 0 40 /30 09 23 00;
www.imm-hamburg.de

313

Atlantic

St. Georg

Die große alte Dame an der Außenalster ist wieder flott. Nach ziemlich langen Renovierungsarbeiten leuchtet die legendäre Weltkugel auf dem Dach so schön wie seit vielen Jahren nicht mehr. Alles atmet Luxus, nichts wirkt dabei aufdringlich. Mit Sicherheit die traditionsreichste und stilvollste und selbstverständlich nicht die billigste Herberge in Hamburg.

An der Alster 72–79; Tel. 0 40/2 88 80; www.brhhh.com/atlantic-hamburg; €€€€

314

Louis C. Jacobs

Nienstedten

Charaktervolle Holzdielen, begehbare Kleiderschränke, Marmor und geschliffener Granit in den Bädern. Eine Schau sind die Elbzimmer und -suiten direkt über der Elbe, auf der die Pötte vorbeiziehen. An den Fenstern stehen Ferngläser! Jacobs Restaurant ist eine stadtbekannte Gourmet-Adresse, im »Kleinen Jacob« wird mediterrane Landküche serviert.

Elbchaussee 401–403; Tel. 0 40/82 25 50; www.hotel-jacob.de; €€€€

315

Wedina

St. Georg

Eine sehr originelle und empfehlenswerte Alternative zu den berühmten Nobelherbergen Kempinski Atlantic und Le Royal Meridien im angesagten Viertel St. Georg an der Alster. In den Zimmern der fünf Häuser (rot, gelb, grün, blau, pink) steht mal modernes, mal klassisches, mal mediterran inspiriertes Mobiliar auf Holzfußböden. Viele bekannte Musiker und Schriftsteller checken im »Wedina« ein – regelmäßig werden Lesungen veranstaltet. Das (Bio-) Frühstücksbüffet ist klasse und wird bei schönem Wetter im Garten hinter dem Haupthaus genossen.

Gurlittstr. 23; Tel. 0 40/2 80 89 00; www.hotelwedina.de; €€

316

Gastwerk
Ottensen

Schicke Design-Hotellerie in atmosphärischer Industriearchitektur: Im ehemaligen Gaswerk in Ottensen beeindruckt allein schon die hohe, offene Lobby. In den Zimmern, pardon, Lofts stehen schöne Möbel vor zum Teil unverputzten Backsteinwänden, das Farbspektrum bewegt sich im erdig-warmen Bereich. Dazu entdeckt man Detail über Detail – und ein Spa mit orientalisch grundierten Wellness-Anwendungen. Und dazu erwartet die Gäste feine, frische »World Cuisine« im Restaurant Mangold.

Beim alten Gaswerk 3;
Tel. 0 40/89 06 20;
www.gastwerk.com;
€€€

317

Empire Riverside
St. Pauli

Wer sein Zimmer im Empire Riverside Hotel am Hamburger Hafen nimmt, vorzugsweise in den oberen Etagen, hat das volle Programm. Kühl und steil ragt der Bau von Star-Architekt David Chipperfield zwischen den Landungsbrücken und der Reeperbahn in St. Pauli auf, gleich neben dem Kiez: In zwei Minuten ist man am Eingang der Herbertstraße. Noch viel lohnender als diese, aber auch nicht jugendfrei (Alkohol) ist die Bar »20up« mit ihrem Traumpanorama: der Hamburger Hafen aus 90 m Höhe!

Bernhard-Nocht-Str. 97;
Tel. 0 40/31 11 90;
www.empire-riverside.de;
€€€

318 Oberhafen-kantine

HafenCity

Dass sie überhaupt noch steht, verdankt sie dem Denkmalschutz, der diese wortwörtlich schräge Hamburger Institution im Jahr 2000 vor dem Abriss bewahrte. Das Haus kippt, doch die Tradition (seit 1925) lebt weiter: mit den berühmten Frikadellen, mit Labskaus, mit Matjes, mit Bratkartoffeln.

Stockmeyerstr. 39; Tel. 0 40/ 32 80 99 84; www.oberhafenkantine-hamburg.de; €

319 Vlet

Speicherstadt

Die historische Speicherstadt bildet einen faszinierenden Kontrast zur modernen HafenCity gleich nebenan. Im Vlet sitzt man in einem der restaurierten Speicher zwischen beiden Welten und genießt norddeutsche Küche der neuen Art, etwa »Beer, Bohn un Speck« (Bohnenragout, Wildschweinbauch, Birnenkompott, Kartoffelperlen, Bohnenkrautschaum) oder »Old Eeten« (Apfelschweinerippe, Sauerfleisch, Brühwurstsoße, Salzkartoffeln, gepickeltes Kürbispüree, Gurkenkompott). Hinterher eine friesische Holundersuppe. Das Fleisch kommt von Höfen im Umland, die Krabben sind fangfrisch vom Kutter.

Am Sandtorkai 23; Tel. 0 40/3 34 75 37 50; www.vlet.de; So geschl. €€€

320

east

St. Pauli

Im Kellergewölbe unter dem East Hotel nahe der Reeperbahn trifft sich die Szene zum Sushiessen und Cocktailtrinken. Die ehemalige Eisengießerei bietet mit ihren hohen weißen Säulen den schick gestylten Rahmen zum Sehen und Gesehenwerden – und für allerlei kulinarische Genüsse irgendwo zwischen Mittelmeer und Pazifik. Ein bisschen Nordsee ist auch dabei ...

Simon-von-Utrecht-Str. 31;
Tel. 0 40/30 99 30,
www.east-hamburg.de; €€€

Haerlin

Neustadt

321

Mit 19 Gault-Millau-Punkten die erste Gourmetadresse in der Hansestadt. Im Fairmont Hotel Vier Jahreszeiten lässt Christoph Rüffer die Aromen tanzen. Mit traumhafter Sicherheit umspielt der Meister seine stets dominanten Grundprodukte mit mal mehr, mal weniger exotischen Akzenten. Beispiel: Kaisergranat mit Verveine und jungen Möhren aus Syke und Yuzu oder Bar de ligne mit Rüben, Muscheln und Garam masala. In den raumhohen Weinklimaschränken harren viele erstklassige Tropfen (1200 Posten!) ihrer Verkonsumierung.

Neuer Jungfernstieg 9–14; Tel. 0 40/34 94 33 10;
www.restaurant-haerlin.de; So, Mo geschl.
€€€€

322

Musical
Altona, St. Pauli

Hamburg ist die deutsche Musical-Hauptstadt. Gleich drei Bühnen spielen Großproduktionen von Stage Entertainment. Die Neue Flora in Altona zeigt »Cirque du Soleil Paramour« sowie »Mamma Mia!« und das Stage Theater am Hafen gegenüber den Landungsbrücken in St. Pauli den Dauerbrenner »König der Löwen«. Und im Operettenhaus am Spielbudenplatz über der Reeperbahn läuft »Tina«, das Musical über Tina Turner.

Tel. 0 40/5 55 55 88 87;
www.stage-entertainment.de

323

Thalia Theater
Altstadt

Bis zu 1000 Zuschauer können im großen Haus verfolgen, was auf der Bühne abläuft: ganz großes Theater. 2003 und 2007 war das Thalia »Theater des Jahres« im deutschsprachigen Raum, daneben sammelt das Ensemble eifrig Auszeichnungen zum »besten Schauspieler« und zur »besten Inszenierung des Jahres«. Besonderes Renommee erwarb sich die gefeierte Truppe mit modern inszenierten Klassikern.

Alstertor; Tel. 0 40/32 81 44 44;
www.thalia-theater.de

324 Staatsoper
Altstadt

Die Glasfassade aus den 1950er-Jahren ist eines der Aushängeschilder im Hamburger Kulturbetrieb. Seit seiner Gründung anno 1678 versteht sich das erste öffentliche Musiktheater Deutschlands ausdrücklich als eine Volks-Oper. Dabei gilt es als eine der führenden Musikbühnen weltweit. Die Intendanz der Australierin Simone Young hat dem Haus seit 2005 viel Zuspruch von Kritik und Publikum eingetragen. Seit der Spielzeit 2015/2016 steht mit Kent Nagano ein neuer Generalmusikdirektor am Pult der Hamburger Staatsoper.

Große Theaterstr. 25; Tel. 0 40/35 68 68; www.staatsoper-hamburg.de

325 Le Lion – Bar de Paris
Altstadt

Eine »nostalgische Bar, die Trend setzt«, so lautet das Konzept. Hier haben Prominente keinen Bonus, und alle Gäste wissen sich zu benehmen. Das ist nicht altmodisch, sondern zeitlos und darum angesagt. Das Wort Lounge ist tabu, statt auf Coolness setzt Barchef Jörg Meyer auf Behaglichkeit. Die Cocktails? Sind klassisch … und ausgezeichnet!

Rathausstr. 3; Tel. 0 40/3 34 75 37 80; www.thegeorge-hotel.de/hamburg/umgebung/standorte/Le-Lion.php

326 Schmidt's Tivoli
St. Pauli

Die legendäre Adresse auf der Reeperbahn. Mitten im Rotlichtviertel wird auch jugendfrei unterhalten – mit köstlichen Revuen, schmerzfreier Comedy und natürlich mit dem Dauerbrenner »Heiße Ecke – das St. Pauli Musical«. Die Kiez-Show ist eine echte Alternative zu den Hochglanzmusicals der großen Bühnen. Im Glanz & Gloria wird donnerstags zu Musik von Benny Goodman geswingt, und Angie's Nightclub im ersten Stock erstrahlt nach der Rundumerneuerung 2011 im neuen Glanz: in Dunkelblau und Gold.

Spielbudenplatz 27-28; Tel. 0 40/31 77 88 99; www.tivoli.de

Kaufrausch
Eppendorf

327

Shoppen im schicken Stadtteil Eppendorf. Kleine Räume in einem großen alten Haus enthalten eine ganze Menge von dem, was Frauen wirklich wollen: von Lederwaren über Dessous, Oberbekleidung und Schmuck bis zu Wohnaccessoirs. Insgesamt sieben Händler und Designer erzeugen den Kaufrausch. Ein Café gibt es auch.

Isestr. 74; www.kaufrausch-hamburg.de

328

Land & Karte
Altstadt

Hamburg ist Deutschlands Tor zur Welt und damit auch der beste aller möglichen Standorte für die beste aller möglichen Landkarten- und Reisebuchhandlungen der Republik. Es gibt bei Dr. Götze ganz neue und sehr alte Karten, man hat die Wahl zwischen Globen und Atlanten, und weil sich die Zeiten ändern, bekommt man am Alstertor natürlich auch alles Nötige, um sich vom Satelliten sagen zu lassen, wo man seinen Platz auf der Welt findet.
Der Werkstattservice bietet individuelle Kartenausschnitte, Rahmungen, Reprints und mehr.

Alstertor 14–18;
Tel. 0 40/3 57 46 30;
www.landundkarte.de

329

Heinrich Steier Fischräucherei
Altona

Nachtschwärmer haben mehr vom Leben. Zum Beispiel, wenn sie am sehr frühen Morgen nach ein Uhr am Hafen Makrelenfilets und Stremellachs genießen, frisch aus dem Rauch. Den sagenhaften Geschmack bekommt der Fisch durch das Holzfeuer, das in den sechs Altonaer Eisenöfen brennt.

Große Elbstr. 133;
Tel. 0 40/38 73 35

330

Harrys Hafenbasar
St. Pauli

Ist das ein Geschäft oder ein Völkerkundemuseum? Als Harry Rosenberg, geb. 1925, im Jahr 2000 starb, hinterließ er seiner Tochter Karin ein ebenso eindrucksvolles wie unübersehbares Erbe: Kunstgegenstände und Souvenirs aus aller Welt, die er von seinen Reisen über die Weltmeere selbst mitgebracht oder anderen Seefahrern abgekauft und in seinem Hafenbasar angeboten hatte. Karin Rosenberg starb 2011, und Gereon Boos übernahm den durchaus unheimlichen Laden bis zu seinem Tod 2014. Im Jahr 2013 ist Harrys Hafenbasar ins neue Quartier umgezogen, nämlich in den Schwimmkran Greif am Ponton 2 in der HafenCity. Und was keiner, der den Laden davor gesehen hatte, glauben konnte: Der vom Verein „Hafenbasar e.V. geführte Basar machte dabei tatsächlich Inventur! Die berühmt-berüchtigte Ethno-fundgrube hatte danach gezählte 332 428 Objekte in 33 themenbezogenen Kammern: Masken und Stabfiguren aus Afrika, Masken und Buddhas aus Asien, Masken und Kultobjekte aus Südamerika, auch Schrumpfköpfe und ausgestopfte Affen. Geöffnet am Wochenende (Sa, So) von 11–15 Uhr.

Am Sandtorkai 66–68, Sandtorhafen, Ponton Nr. 2; Tel. 01 71/4 96 91 69; www.hafenbasar.de

Reeperbahn-Festival St. Pauli

331

Viertägiges Rockmusikfestival mit Hunderten von Auftritten an über 90 Spielorten im Stadtteil St. Pauli. Auf Europas größtem Clubfestival wird jedes Jahr Ende September ein breitgefächertes Musikpotpourri von Indie bis Hiphop geboten. Viele spätere Stars spielten hier vor ihrem großen Durchbruch.

www.reeperbahnfestival.com

332

Hafengeburtstag

St. Pauli, Altstadt, HafenCity

1189 wurde er gegründet, und nun feiern die Hamburger und jede Menge anderer Jahr für Jahr an Christi Himmelfahrt vier Tage lang seinen Geburtstag. Über dem bunten Volksfesttreiben ragen die Masten der größten und schönsten Windjammer auf. Mindestens ebenso wichtig wie die verschiedenen Bühnenprogramme sind natürlich die Schiffe, die zum Gratulieren kommen. Sieben Hafen-Webcams gewähren den großen Überblick, der Schiffsradar zeigt die aktuellen Positionen aller Schiffe im Hafen. Mehr als eine Million Besucher pro Jahr!

www.hamburg.de/hafengeburtstag

In die Heide
Lüneburg

Reich geworden durch die Salzvorkommern unter der Stadt, begeistert die Hansestadt Lüneburg mit bestens erhalte*nen gotischen Backsteinfassaden und einer enormen Kneipendichte.
Gute 50 km südöstlich von Hamburg bietet der Naturpark Lüneburger Heide außerdem wunderbare Landschaftsbilder und schier endlose Kilometer an Wander- und Radwegen. Und wem das alles noch nicht genügt oder wem es zu still ist, der findet in der Region außerdem jede Menge Freizeitparks, Tierparks, Reitställe, Badelandschaften und Golfplätze.

333

Tourist-Info, Rathaus; Tel. 0 41 31/ 2 07 66 20; www.lueneburg.info, www.lueneburger-heide-attraktionen.de

334

Tagesfahrt nach Helgoland
St. Pauli

Mit dem Katamaran »Halunder Jet« von Hamburg nach Helgoland: Das ist die ungewöhnlichste Fahrt zur einzigen Hochseeinsel Deutschlands. Um 9 Uhr geht's an der Landungsbrücke 3/4 in St. Pauli los. Die Elbe hinab (mit Zwischenstopps in Wedel und Cuxhaven), hinaus in die Nordsee und nach ca. 3.45 Stunden hinein in den Helgoländer Südhafen. Zollfrei (und ohne Mehrwertsteuer!) shoppen und abends wieder zurück in Hamburg.

St. Pauli Landungsbrücke 3/4; Info-Tel. 04 61/8 64 44; www.frs-helgoline.de

Elbuferweg
Blankenese – St. Pauli

335

Die Route ist einfach: Man fährt mit dem Bus hinaus und geht an der Elbe zurück. Der Startpunkt ist beliebig, das Ziel an den Landungsbrücken in St. Pauli steht fest. Wer gut zu Fuß ist, bricht in Blankenese auf. Alternative ist der Start in Teufelsbrück. In jedem Fall sollte man mit Pausen und Schauen einen ganzen Tag einplanen. In der Dämmerung ist die Stimmung fantastisch: Der Blick vom postkartenschönen Övelgönne mit seinem Museumshafen zum hell beleuchteten Containerterminal ist toll! Drei Verpflegungsmöglichkeiten seien besonders empfohlen: das rundum verglaste Restaurant Engel auf dem Schiffsanleger Teufelsbrück, die Elbkate mit ihrem schönen Biergarten nahe Schröders Elbpark und die bekannte Strandperle in Övelgönne.

Tourist-Info Hamburg, St. Pauli Landungsbrücke 4/5;
Tel. 040/30 05 17 01;
www.hamburg-tourism.de

336

In den Nationalpark Wattenmeer
Insel Neuwerk

Die Inseln Neuwerk (berühmter, imposanter Leuchtturm) und Scharhörn liegen rund 100 km westlich von Hamburg mitten im Watt vor Cuxhaven und sind bei Niedrigwasser von dort zu Fuß oder mit Pferdewagen zu erreichen. Um nicht von der Flut überrascht zu werden, sollte man vor der Tour unbedingt den Gezeitenkalender studieren oder am besten gleich an einer geführten Wanderung teilnehmen. Dabei erfährt man auch viel Wissenswertes über den 117 Quadratkilometer kleinen Nationalpark Hamburgisches Wattenmeer.

Nationalpark-Haus, Insel Neuwerk 6;
Tel. 0 47 21/6 92 71; www.nationalpark-wattenmeer.de/hh

Hessen

In der Mitte ist Deutschland recht bucklig, ziemlich grün und ganz schön schlau – es gibt hier tatsächlich ein Museum für Mathematik. Wer ausgerechnet hat, warum die Häuser in Frankfurt schneller und höher wachsen als die Bäume zwischen Westerwald und Rhön, darf sich Worscht und Ebbelwoi bestellen. Rheingau-Riesling ist auch gut.

Sieht aus wie Kyoto, ist aber Kassel. Kirschblüte im Schlosspark Karlsaue.

Rokoko und Jugendstil
Darmstadt

Um 1710 entstand das Prinz-Georg-Palais, ein Rokoko-Schmuckstück, das eine wunderbare Porzellansammlung enthält und von einem herrlichen Garten umgeben ist. Damals erlebte Darmstadt als großherzogliche Residenz seine große Blütezeit. »Blühen« tat es später noch mal: Auf den Ornamenten der Gebäude, die 1899 nach Gründung einer Künstlerkolonie auf der Mathildenhöhe entstanden. Wahrzeichen dieser Jugendstil-Ikone ist der 48 m hohe »Hochzeitsturm«. Interessantes Rahmenprogramm.

Prinz-Georg-Palais,
Schlossgartenstr. 10; Tel. 0 61 51/71 32 33;
www.porzellanmuseum-darmstadt.de; nur Fr–So
Mathildenhöhe, Olbrichweg 15;
Tel. 0 61 51/13 33 85;
www.mathildenhoehe.eu; Mo geschl.

337

338

Naturmuseum Senckenberg
Frankfurt

Wer nur die Dinosaurier sieht, verpasst die eigentliche Sensation. Die Stiftung des Frankfurter Arztes Johann Christian Senckenberg ist nämlich nicht nur Museum, sondern auch Forschungsinstitut, und sie umfasst die gesamte Naturgeschichte. Unter den unzähligen Exponaten gibt es riesengroße und mikroskopisch kleine. Manche sind so selten, dass die Sammlung Weltruhm genießt. Zum Beispiel ist das Skelett der Pflasterzahnechse das einzige bisher gefundene. Es gibt auch Kindermumien und Mineralien zu bestaunen. Und die Dinos sind wirklich toll …

Senckenberganlage 25; Tel. 0 69/7 54 20; www.senckenberg.de

339 Museum für moderne Kunst
Frankfurt

Es ist das »Tortenstück« der Frankfurter Museumslandschaft – auf einem dreieckigen Grundstück neben dem Dom. Zusätzlich zum MMK 1 (amerikanische Pop Art, Francis Bacon, Joseph Beuys, Gerhard Richter …) gibt es seit 2014 auch das MMK 2 im Taunusturm und das MMK 3 gegenüber dem Haupthaus.

MMK 1, Domstr. 10; Tel. 0 69/21 23 04 47; www.mmk.art; Mo geschl.

340 Fridericianum
Kassel

Als es 1779 eröffnet wurde, war es der erste öffentliche Museumsbau auf dem europäischen Festland. Seit ihrer Premiere 1955 hat die documenta hier ihren zentralen Ausstellungsort, und seit 1993 finden auch Ausstellungen mit Gegenwartskunst statt. 2022 steht das Fridericianum dann wieder ganz im Zeichen der documenta 15.

Friedrichsplatz 18; Tel. 05 61/7 07 27 20; www.fridericianum.org

341 Neroberg
Wiesbaden

Auf dem Neroberg, den man mit einer wasserbetriebenen Zahnstangenbahn, Baujahr 1888, »besteigt«, genießen die Wiesbadener ihre Freizeit im neuen Hochseilgarten (www.kletterwald-neroberg.de) oder im wunderschönen, denkmalgeschützten Opelbad – bei prächtiger Aussicht über die Dächer der Stadt.

Wilhelminenstraße 51; Tel. 06 11/45 02 25 50; www.nerobergbahn.de

342 Altes Schloss
Gießen

1944 wurde das nach 1330 errichtete Alte Schloss zusammen mit dem größten Teil der Stadt von Bomben zerstört. 36 Jahre später stand es wieder. Heute beherbergt das neu-alte Gemäuer die Abteilung Gemäldegalerie und Kunsthandwerk des Oberhessischen Museums. 400 Jahre alt und knapp 4 Hektar groß ist der Botanische Garten der Justus-Liebig-Universität, der direkt ans Alte Schloss angrenzt. Er ist die grüne Oase in der Mitte Gießens, dient aber immer noch in erster Linie der Lehre und Forschung.

Brandplatz 2; Tel. 06 41/9 60 97 30; www.giessen-entdecken.de; Mo geschl.

Dialogmuseum
Frankfurt

343

Wie nehmen Blinde die Welt war? Alle, die sich ihrer Augen selbstverständlich bedienen, können hier eine ungewöhnlich spannende Erfahrung machen. Beim »Dialog im Dunkeln« führen Blinde die sehenden Besucher durch lichtlose Räume voller Gerüche und Geräusche. Beim alljährlichen Sommer-Special »Blinder Passagier« reisen Daheimgebliebene durch ein unsichtbares Land. Für das Restaurant »Taste Of Darkness«, in dem die Augen eben nicht mitgegessen haben, hat man bisher leider keinen Ersatz gefunden.

An der Hauptwache, B-Ebene: Roßmarkt; Tel. 0 69/9 99 99 95 30; www.dialogmuseum.de; Mo geschl.

344

Kloster und Königshalle
Lorsch

»Während der Regierungszeit von König Pippin gründeten der fränkische Gaugraf Cancor und seine Mutter Williswinda die Abtei Lorsch.« Das verrät die Website, und nicht nur wegen dieser Namen muss man kommen. Die Königshalle in der 764 gegründeten Benediktinerabtei, ein Musterbeispiel karolingischer Baukunst, ist seit 1991 als Welterbe gelistet.

Nibelungenstr. 35;
Tel. 0 62 51/51 86 92 00;
www.kloster-lorsch.de;
Mo geschl.

345

Deutsches Architekturmuseum Frankfurt

»Von der Urhütte zum Wolkenkratzer« heißt die Daueraustellung im zweiten Stock, in der Modellpanoramen die deutsche Baugeschichte illustrieren. Dazu sind regelmäßig Sonderausstellungen zu sehen: etwa über Fernsehtürme oder über zeitgenössische Architektur in China. Das Museum ist mit seinem faszinierenden Haus-im-Haus-Konzept in einer entkernten Gründerzeitvilla am Mainufer selbst ein Architekturdenkmal.

Henschelstraße 18;
Tel. 0 69/21 23 88 44;
www.dam-online.de; Mo geschl.

Bergpark Wilhelmshöhe

UNESCO-Welterbe in Kassel

238 m Höhenunterschied liegen zwischen dem Schloss und dem höchsten Punkt der Anlage, der Herkulesstatue. Damit gilt die Wilhelmshöhe als größter Bergpark Europas. Schloss Wilhelmshöhe beherbergt hinter seiner klassizistischen Fassade die Antikensammlung sowie die Galerie Alte Meister (Rembrandt, Rubens, Breughel), die Graphische Sammlung und den Weißensteinflügel mit prächtig eingerichteten Wohn- und Repräsentationsräumen. Daneben ist das neugotische Lustschloss der Löwenburg zu sehen. Ursprünglich von barocker Geometrie, wurde der Bergpark (den man von hinten mit dem Bus »besteigen« kann) am Ende des 18. Jh. in einen Landschaftsgarten nach englischer Prägung umgestaltet. Großartig sind die Wasserspiele mit ihren Seen, Aquädukten, Wasserfällen, Fontänen und mit den berühmten, 250 m langen Kaskaden unter dem Riesenschloss (von Mai bis Anf. Okt. an Mi, So und Fei ab 14.30 Uhr ab Riesenkopfbecken).

Schlosspark 1; Tel. 05 61/31 68 01 23; www.weltkultur-kassel.de; Mo geschl. (Museum)

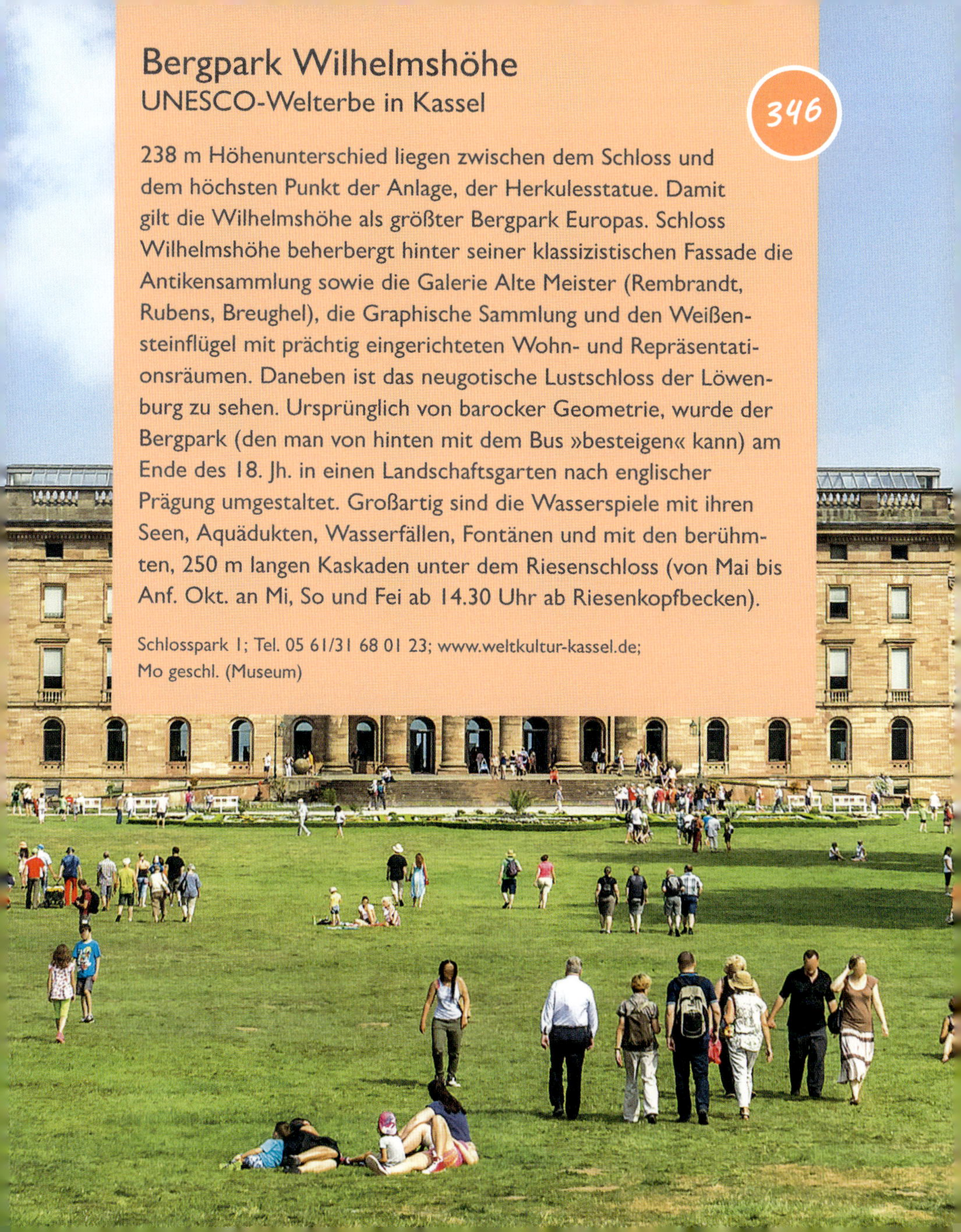

347 Altstadt
Wetzlar

Gießens Nachbarstadt Wetzlar punktet mit ihrer hübschen Altstadt und dem Dom Unserer Lieben Frau (12. bis 16. Jh.) sowie mit einer romantischen Literaturvorlage: Im bildschönen Fachwerkhaus am Schillerplatz Nr. 5, dem »Jerusalemhaus« – heute eine Gedenkstätte (Mo. geschl.) –, lebte der Legationssekretär Karl Wilhelm Jerusalem, der sich 1772 das Leben nahm. Er war das Vorbild für den »jungen Werther« von Johann Wolfgang Goethe, der im selben Jahr am Reichskammergericht Wetzlar als Rechtspraktikant arbeitete.

Tourist-Information, Domplatz 8; Tel. 0 64 41/99 77 55; www.wetzlar.de

348 Städel
Frankfurt

Eines der großen deutschen Kunstmuseen! Seit 1878 steht es auf dem südlichen Mainufer, dem »Museumsufer«. Die Sammlung geht auf die Stiftung des Bankiers Johann Friedrich Städel im Jahr 1816 zurück, sie umfasst heute 2700 Gemälde vom Mittelalter bis zur Moderne, von denen nur etwa ein Drittel ständig zu sehen ist. Die 100 000 (!) Zeichnungen und Drucke der Graphischen Sammlung sind im Präsenzsaal zugänglich. Als nach 2006 der Sammlungsbereich Moderne Kunst erweitert wurde, war man im Museum für Moderne Kunst auf der anderen Mainseite »not amused«. Seit 2011 bietet ein unterirdischer Erweiterungsbau weitere 3000 Quadratmeter Ausstellungsfläche.

Schaumainkai 63;
Tel. 0 69/6 05 09 82 00;
www.staedelmuseum.de;
Mo geschl.

349 Stadt, Schloss, Museum
Marburg

Im idyllischen Städtchen am Fuß des steilen Schlossberges studierten schon die Gebrüder Grimm. Die Marburger Uni war im Jahr 1527 als erste protestantische Hochschule Deutschlands gegründet worden, die Elisabethkirche (1235–1283) gilt zusammen mit der Liebfrauenkirche in Trier als der früheste gotische Kirchenbau in Deutschland; ihre Ausstattung ist nahezu komplett erhalten. Sehenswert sind das Museum für Kulturgeschichte im Ostflügel des Marburger Schlosses sowie das (nach einer Sanierung 2018 wieder geöffnete) Museum für Bildende Kunst (deutsche Maler des 19. und 20. Jh.; beide Museen: www.uni-marburg.de/uni-museum; Mo geschl.).

Tourist Info, Biegenstr. 15;
Tel. 0 64 21/9 91 20;
www.marburg.de

Dommuseum
Fulda

350

Links vom Portal des barocken Doms (1704–1712) steht verborgen hinter einer Mauer und einem kleinen Garten das Gebäude der Domdechanei, das heute als Museum dient (Mo geschl.). Reliquiare, sakrale Gewänder und liturgische Geräte illustrieren die beinahe 1000-jährige Geschichte des Bistums Fulda. Zur Landesgartenschau wurde der Domdechaneigarten 1994 neu gestaltet. Besonders schön ist die Sammlung alter Rosensorten.

Domplatz;
Tel. 06 61/8 72 07;
www.bistum-fulda.de

Stadtschloss
Fulda

351

Hier ist zu sehen, welchen Reichtum die Klostervorsteher besaßen, nachdem sie auch Landesherren geworden waren. Von 1607 bis 1612 entstand die vierflügelige Anlage, rund 100 Jahre später wurde sie barock erweitert. Die prächtigen historischen Räume der geistlich-weltlichen Herren und eine schöne Porzellansammlung können besichtigt werden.

Schlossstr. 1; Tel. 06 61/1 02 18 14; www.tourismus-fulda.de; Mo geschl.

352

Dom und Diözesanmuseum

Limburg

Hoch über den Fachwerkhäusern der Altstadt ragt der großartige Dom auf – für Autofahrer auf der nahen A3 zumeist nur ein Sekunden-Hingucker. Schade, denn die markante Silhouette mit den sieben unterschiedlich hohen Turmspitzen kennzeichnet eines der schönsten spätromanischen Baudenkmäler Deutschlands (mit Fresken aus dem 13. Jh.). Domschatz und Diözesanmuseum, gleich nebenan, enthalten wertvolle sakrale Kunst und als größte Kostbarkeit die Staurothek, ein Reliquienbehältnis aus dem 10. Jh. mit Holz vom Kreuz Christi und Goldverzierungen.

Domstr. 12; Tel. 0 64 31/29 54 82; staurothek.de; Mo geschl.

Mathematikum

Gießen

Mathe macht Spaß. Dieser fantastischen Behauptung brauchen große und kleine Menschen nicht sofort Glauben schenken, sie sollten sich aber mal furchtlos darauf einlassen – etwa mit (Zahlen-)Spielen und Experimenten. Hier knackt man außerdem Geheimcodes und erkennt das Prinzip des Goldenen Schnitts am eigenen Körper.

353

Liebigstr. 8; Tel. 06 41/13 09 10; www.mathematikum.de

354

Karlsaue und Orangerie

Kassel

Direkt an der Fulda liegt der Staatspark Karlsaue, eine der größten barocken Parkanlagen in Deutschland. In der hübschen Orangerie (Mo geschl.) kann man das luxuriöse Marmorbad bestaunen, vor allem aber das astronomisch-physikalische Kabinett. Weil anno 1560 in Kassel die erste stationäre Sternwarte Europas eingerichtet wurde, enthält die Sammlung eine Fülle interessanter Objekte zur Himmelskunde – zum Beipiel einen kostbaren metallenen Himmelsglobus aus dem 16. Jh.

Auedamm 18;
Tel. 05 61/31 68 01 23;
www.museum-kassel.de

355

Kurviertel

Wiesbaden

Das historische Herz Wiesbadens schlägt sehr lebhaft in den engen Gassen der Altstadt mit ihren Fachwerkhäusern und Weinlokalen neben dem Schlossplatz, wo Stadtschloss, Altes und Neues Rathaus sowie die Marktkirche ein beeindruckendes Ensemble bilden. Weltberühmt ist das Wiesbadener Kurviertel. Von der ersten Hälfte des 19. Jh. bis zur Belle Epoque gaben sich im »Nizza des Nordens« gekrönte und ungekrönte Häupter aus Kunst, Politik und Wirtschaft die Klinken in die Hand. An diese Zeit erinnern das Kurhaus mit dem Casino, die Kurhaus Kolonnade von 1827, längste (129 m) Säulenhalle Europas, und der Kurpark, der 1852 im Stil eines englischen Landschaftsgartens angelegt wurde. Die 2000 Jahre alte »Wellness«-Tradition lebt am schönsten in der Kaiser-Friedrich-Therme fort, einem sorgfältig restaurierten Jugendstilbau aus dem Jahr 1913 in der Langgasse 38.

Tourist-Information, Marktplatz 1;
Tel. 06 11/1 72 99 30;
www.wiesbaden.de/tourismus

Grube Messel

Messel

356

»Ida« wurde das älteste, vollständig erhaltene Fossil eines Primaten und das vermeintliche »Missing Link« in der Entwicklung vom Affen zum Menschen getauft. Gefunden hatte man es in der Grube Messel nordöstlich von Darmstadt. Seit 1995 zählt das Gelände offiziell zum UNESCO-Welterbe. Mehr als 10 000 Fossilien sind hier bereits im Ölschiefer geborgen worden, darunter auch das bekannte »Messeler Urpferdchen« und – »Ida«. Schon jetzt ist klar, dass der sensationelle Fund vom Mai 2009 nicht der letzte gewesen sein wird.

Rossdörfer Str. 108;
Tel. 0 61 59/71 75 90;
www.grube-messel.de

Opelvillen
Rüsselsheim

357

Das Ensemble der Opelvillen aus den 1930er-Jahren ist heute ein Kunst- und Kulturzentrum. Historische und moderne Architektur verbinden sich mit dem Ziel der Stiftung Opelvillen, moderner Kunst (Malerei und Fotografie) einen angemessenen Raum zu bieten.

Ludwig-Dörfler-Allee 9;
Tel. 0 61 42/ 83 59 07;
www.opelvillen.de; Mo geschl.

Festung
Rüsselsheim

358

Bis ins Jahr 1399 datieren die Ursprünge der gewaltigen Festungsanlage zurück. Hinter den Wallanlagen ist das tolle, von 2010 bis 2017 sanierte und neu konzipierte Stadt- und Industriemuseum untergebracht.

Hauptm.-Scheuermann-Weg 4;
Tel. 0 61 42/50 44 33;
www.museum-ruesselsheim.de;
Mo geschl.

359

Point Alpha
Geisa/Rhön

»Fulda Gap« nannte die NATO den Landstrich in der Rhön, wo das Gebiet des Warschauer Pakts während des Kalten Krieges am weitesten in den Westen hineinragte. Dort, so glaubte man, sei ein Angriff am wahrscheinlichsten. Heute ist der ehemalige US-Stützpunkt »Point Alpha« eine Gedenkstätte. Die spannende Dokumentation stellt dem »großen« Weltgeschehen den »kleinen« Alltag der Wachsoldaten gegenüber. Der ehemalige Kolonnenweg mit rekonstruierten Sperranlagen führt zum »Haus auf der Grenze«, in dem das Grenzregime der DDR dargestellt wird.

Platz der Deutschen Einheit 1; Tel. 0 66 51/91 90 30;
www.pointalpha.com

360 Radisson Blu Schwarzer Bock
Wiesbaden

Dass in den Zimmern heute Hosenbügler stehen, sagt schon etwas aus über die Gäste eines der traditionsreichsten deutschen Hotels: Schon 1486, sechs Jahre vor der Entdeckung Amerikas, checkten (damals noch ungebügelte) Reisende hier ein. Auch wenn die Zimmer nicht mehr das alte Mobiliar enthalten und größere Korrekturen am ursprünglichen Hygienestandard vorgenommen wurden, kommen Nostalgiker auf ihre Kosten.

Kranplatz 12; Tel. 06 11/15 50; www.radissonblu.de/hotel-wiesbaden; €€€

361 Steigenberger Frankfurter Hof Frankfurt

Schon seit 1876 bietet das Traditionshotel am Kaiserplatz inmitten des Bankenviertels und der historischen Altstadt seinen Gästen luxuriöses Ambiente der Extraklasse. Maintower, Römer und die Paulskirche sind nur wenige Schritte entfernt. Im Restaurant Français verführt Chefkoch Patrick Bittner seine Gäste mit französischer Haute Cuisine

Am Kaiserplatz, Bethmannstr. 33; Tel. 0 69/2 15 02; www.steigenberger.com/frankfurt; €€€€

362 Hotel Gude
Kassel

All die Prominenz, die hier schon genächtigt hat, ist Ralf Gude nicht in den Kopf gestiegen. Er führt den Familienbetrieb schon in der dritten Generation. Von der Lobby bis in die Zimmer verrät die moderne Ausstattung ebenso viel Geschmack wie Kreativität. Die Küche im Restaurant »Pfeffermühle« ist prima. Hotelgäste können das hauseigene Schwimmbad und die Sauna benutzen, und dass sie auch noch kostenlos Fahrräder ausleihen können, ist eine gute Sache: Das »Gude« liegt nämlich ein gutes Stück außerhalb des Zentrums.

Frankfurter Str. 299; Tel. 05 61/4 80 50; www.hotel-gude.de; €€

Romantik Hotel Goldener Karpfen

Fulda

In der Mitte der Barockstadt Fulda bietet das schöne Haus seinen Gästen seit über hundert Jahren die Qual der Wahl: Biedermeier-Interieur oder Japan-Design? Auch der klassische US-Look ist zu haben. Die Küche im Hotelrestaurant ist sehr gut und am besten mit bürgerlich-asiatisch-mediterran zu beschreiben. Das heißt, die Rhönforelle wird auf Zucchinigemüse mit Tandoori-Sauce serviert. Es gibt aber auch Rehrücken. Romantiker wählen das Candle-Light-Dinner

363

Simpliziusbrunnen 1; Tel. 06 61/ 8 68 00; www.hotel-goldener-karpfen.de; €€

364

The Pure

Frankfurt

Weiß leuchtet die Fassade des ehemaligen Fabrikgebäudes, weiß strahlen die Wände im Inneren. Rezeption, Lobby, Frühstücksraum und Bar erscheinen wie eine einzige Lounge. Parkett und dunkles Holz schaffen in den kleinen, aber hohen Zimmern schöne Kontraste und bewahren das Ambiente vor Unterkühlung.

Niddastr. 86; Tel. 0 69/7 10 45 70; www.the-pure.de; €€€€

365

Nassauer Hof

Wiesbaden

Der pure Luxus. Alle Schnörkel und Antiquitäten dieser deutschen Hotelinstitution zeugen von erlesenem Geschmack. Das Thermalwasser im Panoramapool auf der 5. Etage kommt aus der eigenen Quelle. Gegessen wird natürlich im Gourmetrestaurant des Hotels – und zwar das, was man dort schon seit bald 35 Jahren isst: Ente.

Kaiser-Friedrich-Platz 3–4; Tel. 06 11/13 30; www.nassauer-hof.de; €€€€

Lafleur
Frankfurt

Es ist und bleibt eine der besten Frankfurter Gourmetadressen. Im herrlich gelegenen Gesellschaftshaus am Palmengarten waltet 2-Sterne-Koch Andreas Krolik seines Hochamts. Wobei seine Expertise in Sachen Fisch (Glattbutt, Räucheraal, Donau-Waller …) in ganz Deutschland kaum ihresgleichen haben dürfte. Bemerkenswert sind auch Kroliks meisterhafte Interpretationen veganer Küche, bei denen einem das Wort »Verzicht« nun wirklich nicht in den Sinn kommt. Sein veganes 6-Gänge-Menü ist eine Offenbarung.

Palmengartenstr. 11;
Tel. 069/90 02 91 00,
www.restaurant-lafleur.de;
So, Mo geschl. €€€€

366

367

Kaltwassers Wohnzimmer
Zwingenberg

Das schmucke Fachwerkstädtchen liegt an der Bergstraße und ist allein schon einen Ausflug wert. Richtig besonders wird es aber durch das Wohnzimmer der Kaltwassers. Ausgezeichnete saisonale und regionale Küche, mit Gemüse aus Omas Garten, jung interpretiert in angenehmer Atmosphäre.

Obergasse 15;
Tel. 0 62 51 / 1 05 86 40;
www.kaltwasserswohnzimmer.de; Mo, Di geschl. €€

368

Erno's Bistro
Frankfurt

Sieht aus wie eine gemütliche Kneipe, nur öfter gewienert und mit fein gedeckten Tischen. Valéry Mathis behauptet sich mit französisch-mediterraner Küche in der Spitzengruppe der Frankfurter Gourmetgastronomie. Seine Vorliebe für alles Meeresgetier schmeckt man den handwerklich perfekten Kompositionen immer an.

Liebigstr. 15; Tel. 0 69/72 19 97;
www.ernosbistro.de;
Sa, So geschl. €€€€

369

Gutshof
Kassel

Dass VIPs vom Studio des Hessischen Rundfunks nebenan rüberkommen, ist nicht das Beste an dem gemütlichen Landhaus mit Biergarten. Am Fuß der Wilhelmshöhe kocht Jens Richter hessisch, bayerisch, elsässisch und italienisch – täglich frisch und gern bio.

Wilhelmshöher Allee 347 A; Tel. 05 61/3 25 25; www.restaurant-gutshof.de; €€

Kronenschlösschen Eltville

370

Das Künstlerhaus aus der Mitte des 19. Jh., ein architektonisches Juwel, beherbergt ein traumhaftes Landhotel mit ebensolchem Restaurant. Statt hessischer »Worscht« gibt es Juvenilferkel mit Spitzkohl, Ras el-Hanout, Blutwurst und Liebstöckel. Berühmte Weinkarte.

Rheinallee; Tel. 0 67 23/6 40; www.kronenschloesschen.de; Mo, Di geschl. €€€€

Weisser Schwan Darmstadt

371

Im nördlichen Stadtteil Arheiligen kommt allerlei Frisches aus dem Umland auf die Teller: vom kalten Roastbeef mit Bratkartoffeln bis zu den in (italienischem ...) Barolo geschmorten Rinderbäckchen. Klasse auch die argentinischen Steaks!

Frankfurter Landstr. 190; Tel. 0 61 51/37 17 02; www.weisser-schwan.com; Mo geschl. €€

372

Heimat Frankfurt

Willkommen in den 1950er-Jahren. Der ovale Glaspavillon mitten in der Innenstadt überzeugt aber nicht nur mit seinem umwerfenden Retrocharme. Die ambitionierten Bistrogerichte werden unter den Augen der Gäste an der Theke zubereitet und schmecken ausgezeichnet. Es gibt daneben Tapas, Käse, Wurst und hervorragendes Brot. Auch die Weinkarte und der Service überzeugen.

Berliner Str. 70; Tel. 0 69/29 72 59 94; www.heimat-frankfurt.com; €€€

22nd Lounge
Frankfurt

373

Frankfurt by night – aus dem 22. Stock des Innside-Hotels. Der Holzfußboden ist edel, die Sessel sind schick und schwarz, die Wände kupferfarben. Zum Blick durch die raumhohen Fenster muss man nichts weiter sagen. Dazu feine Cocktails und Live-Musik.

Neue Mainzer Str. 66; Tel. 0 69/21 08 80; www.22nd-frankfurt.de/22nd-bar

Staatstheater
Wiesbaden

374

Oper, Schauspiel und Ballett im neobarocken Prachtbau am Kurpark. Höhepunkte sind im Frühsommer die Internationalen Maifestspiele und gleich danach die Theaterbiennale, das weltweit größte Festival der Gegenwartsdramatik.

Christian-Zais-Str. 3; Tel. 06 11/13 23 25; www.staatstheater-wiesbaden.de

375

Dresden Frankfurt Dance Company
Frankfurt

Mit klassischem Tanztheater hatte es nichts mehr zu tun, was der New Yorker William Forsythe als Leiter des städtischen Balletts 20 Jahre lang in Frankfurt praktizierte. 2004 gründete er ein unabhängiges Ensemble, die Forsythe Company. Heute kann man im Bockenheimer Depot in Frankfurt (und in Dresden, der zweiten Spielstätte der Company) sehen, was modernes Tanztheater ist: eine multimediale Verbindung von Performance, bildender Kunst und Architektur.

Schmidtstr. 12; Tel. 0 69/9 07 39 91 00; www.dresdenfrankfurtdancecompany.de

376

Literaturhaus
Frankfurt

Es ist die Nähe zur Buchmesse, es ist das Erbe der Frankfurter Schule um Adorno und Horkheimer, es ist die Tradition der Stadt als intellektuelles Zentrum: Hier zählt das geschriebene (und gesprochene) Wort. In der Alten Stadtbibliothek, 2000 bis 2005 wiederaufgebaut, veranstaltet das Literaturhaus Ausstellungen, Foren und Lesungen – natürlich auch mit Nobelpreisträgern.

Schöne Aussicht 2;
Tel. 0 69/7 56 18 40;
www.literaturhaus-frankfurt.de

377

Staatstheater
Kassel

Wer weiß schon, dass in Kassel das älteste Theatergebäude nördlich der Alpen stand? Anno 1605 war das, und das Staatsorchester Kassel, Nachfolgerin der Landgräflichen Hofkapelle, feierte in der Saison 2002/03 sogar 500. Geburtstag. 2007 wurde der nach dem Krieg errichtete Neubau des Staatstheaters nach langer Sanierung wiedereröffnet – mit »Tristan und Isolde«. Fast 500 feste Mitarbeiter liefern das volle Programm: Oper, Schauspiel, Ballett, Kinder- und Jugendtheater, Konzerte …

Friedrichsplatz 15;
Tel. 05 61/1 09 42 22;
www.staatstheater-kassel.de

Oper
Frankfurt

378

Ausgezeichnete Kritiken und die mehrfache Wahl zum »Opernhaus des Jahres« unterstreichen die Bedeutung dieser Institution des deutschen Kulturlebens. Unter der Intendanz von Bern Loebe hat sich die moderne Frankfurter Oper – Achtung: nicht zu verwechseln mit der Alten Oper am Opernplatz! – mit ihren Inszenierungen auch im internationalen Vergleich auf einen Spitzenplatz gespielt. Dem Publikum gefällt, dass im Programm die großen Klassiker von Mozart über Verdi und Wagner bis Richard Strauss dominieren.

Willy-Brandt-Platz;
Tel. 0 69/21 24 94 94;
www.oper-frankfurt.de

379

Das Rhön-Dorf

Thann/Wendershausen

Es ist kein Dorf, sondern ein »Erlebniskaufhaus«, das nordöstlich der Wasserkuppe, mitten im Naturpark Hessische Rhön steht. Neben dem Verkauf regionaler Spezialitäten – von Schafsmilch über Beerenwein, Lamm- und Wildwurst, Bienenseife und -kosmetik bis hin zu Keramik und Drechselwaren, Bierspezialitäten (Apfelbier!), Wildschweinspezialitäten, Wolldecken, Honig und Honigbonbons – möchte man auf die gewachsene Qualität der Kulturlandschaft aufmerksam machen. Die angeschlossene Galerie bietet heimischen Künstlern und Kunsthandwerkern ein Forum.

Hauptstr. 6;
Tel. 0 66 82/9 70 89 11;
www.rhoen-dorf.de

380

ECHT Wiesbaden

Wiesbaden

»Lieber lokal statt global«: Mit diesem für viele Großstädter attraktiven (und, nebenbei, verkaufsfördernden) Motto ist die Initiative »ECHT Wiesbaden« angetreten, um Jungunternehmern, Manufakturen, Facheinzelhändlern und Gastronomen mit einem Faible für die heimische Scholle eine Plattform zu bieten. Darauf findet man Produzenten, die Wiesbaden mit »Ideen und Individualität« bereichern – und die ihre guten Stücke im Idealfall vor Ort gestalten, herstellen und verkaufen. Das Spektrum der »ECHTEN« Wiesbadener reicht vom Traditionscafé (Café Maldaner) über die Apfelweinkelterei (Emmel), Wohnaccessoires (paula & ferdinand), Goldschmiede (Patricia Esser) und individuell gefertigte Luxus-lingerie (Ruth und Sofia) bis hin zu witzigen Schleifen zum Selbstbinden (Schleifenmanufaktur).

www.wiesbaden.de

381

Zeil
Frankfurt

In der nördlichen Innenstadt von Frankfurt liegt eine der bekanntesten und umsatzstärksten Einkaufsstraßen in Europa: die Zeil. Die bis zum Zweiten Weltkrieg für ihre barocken und klassizistischen Prachtbauten bekannte Straße ist seit den 1970er-Jahren eine Fußgängerzone. Zahlreiche Kaufhäuser, Boutiquen, Elektronikgeschäfte und Gastronomiebetriebe sorgen heute für ein quirrliges Treiben. Zu den größten Einkaufszentren gehört das Shopping Center MyZeil im Gebäude-Ensemble Palaisquartier mit fast 100 Geschäften.

Frankfurter Innenstadt

382

Brückenstraße
Frankfurt

Sachsenhausen hat mehr zu bieten als Ebbelwoi-Kneipen – die Boutiquen-Szene in der Brückenstraße zum Beispiel: Die Läden und Label heißen »Ookoko Concept Store«, »Frauenkluft« oder »Ich war ein Dirndl« und machen richtig Spaß. Auch wenn eingeborene Frankfurter über zu viele Touristen stöhnen.

Sachsenhausen, Brückenstr.

Wäldchestag
Frankfurt

Der »Weldschesdaach« ist der Dienstag nach Pfingsten und wurde, weil an diesem Tag die meisten Frankfurter Arbeitnehmer ab 12 Uhr mittags frei und die Geschäfte nachmittags geschlossen hatten, als »Frankfurter Nationalfeiertag« bezeichnet. Der Mythos bröckelt, aber für ein anständiges Freiluftevent mit Erlebnisgastronomie, Sommergärten, Live-Musik, bunten Unterhaltungsprogrammen sowie einer Kirmes mit High-Tech-Fahrgeschäften, Schießständen, Spielbuden und Verkaufsständen rund um das Oberforsthaus im Stadtwald reicht es locker noch.

383

www.frankfurt.de

384

Museumsuferfest
Frankfurt

Drei Millionen Besucher flanieren am letzten Augustwochenende über die 8 km lange Partymeile auf beiden Seiten des Mains. Die Hochhaus-Skyline ist vom Südufer besser zu sehen. Es gibt Kleinkunst, Open-Air-Ausstellungen, Musik und gut zu essen. Höhepunkte sind das Drachenbootrennen und das abschließende Feuerwerk.

www.museumsuferfest.de

385

Zissel
Kassel

»Fullewasser, Fullewasser, hoi hoi hoi!« Mit diesem Ruf beginnt das fröhliche Planschen am ersten Wochenende im August. Kassel »zisselt«, und die ganze Region freut sich auf vier Tage Volksfest rund um die Fulda mit einem bunten Programm für die ganze Familie. 1926 feierten Ruder- und Schwimmvereine sowie die Stadtverwaltung zum ersten Mal den Zissel. Heute begeistern die beiden Festzüge zu Wasser mit ihren phantasievollen Illuminationen die mehr als 100 000 Gäste am Fuldaufer. Dazu Sport, Musik und viel zu essen.

www.kassel.de

documenta
Kassel

Sie ist ein Mythos des zeitgenössischen Kunstbetriebs. Und seitdem sie 1955 anlässlich der Bundesgartenschau zum ersten Mal stattfand, ist sie zuverlässig für Aufreger gut: damals demonstrativ mit »entarteter« Kunst im mühsam sich entnazifizierenden Nachkriegsdeutschland, 2007 mit dem 9500 Quadratmeter großen Aue-Pavillon vor der Orangerie und der Frage, warum 3,5 Millionen Euro in eine gewächshausähnliche Ausstellungshalle gesteckt werden müssen, die nach 100 Tagen wieder abmontiert wird. Provokationen in der Kunst werden zunehmend schwerer, gelingen Ausstellungsmachern und Künstlern aber zuverlässig. Mehrere Außenarbeiten von documenta-Künstlern sind heute im Kasseler Stadtbild fest verankert, zum Beispiel der »Himmelsstürmer« vor dem Hauptbahnhof, der »Rahmenbau« am Staatstheater und die berühmte »Spitzhacke« in der Fulda-Aue. Die documenta findet alle fünf Jahre statt – zuletzt vom 18. Juni bis 25. September 2022.

386

www.documenta.de

387

Mittelalterlicher Charme und fabelhafte Feste

Büdingen

Die mittelalterliche Altstadt, die imposante Befestigungsmauer mit dem Jerusalemer Tor und das Schloss beeindrucken Besucher von nah und fern. Spaß in die Geschichte bringen Stadt- und Erlebnisführungen, wie z. B. Schatzsuchen für kleine Entdecker oder eine humorvolle Erlebnisführung in historischer Gewandung. Auch Büdingens Museen machen die Region und ihre Vergangenheit erlebbar. Gleich vier Häuser machen mit Leben und Kultur vergangener Tage vertraut. Im Schloss wird an die höfische, im Heuson-Museum an die bürgerliche Welt erinnert, ergänzt um das Metzgermuseum mit Schlachthaus, Wurstküche und historischem Metzgerladen. Das mit viel Liebe zum Detail geführte 50er-Jahre-Museum versetzt die Besucher in die Zeit von Wirtschaftswunder, Rock'n'Roll und Jugendrebellion. Im Jerusalemer Tor zeigt das Sandrosenmuseum geologische Kostbarkeiten, das Modellbaumuseum im Oberhof ergänzt das Museumserlebnis um preisgekrönte Repliken verschiedenster Fahrzeuge. Jeweils am zweiten Juliwochenende lädt die Stadt im jährlichen Wechsel zum Mittelalterfest und zur Kulturnacht ein. Und Ende des Jahres wartet noch der stimmungsvolle Büdinger Weihnachtszauber.

Tourist-Information Büdingen; Marktplatz 9; Tel. 0 60 42/9 63 70; www.buedingen.info

Grüne Oasen & Weltkultur

388

Kassel

Kassel ist die zweitgrünste Stadt Deutschlands! Zu verdanken hat sie dies vor allem Landgraf Carl von Hessen-Kassel (1654-1730), der hier mit dem UNESCO-Welterbe Bergpark Wilhelmshöhe und der Karlsaue gleich zwei monumentale Landschaftsparks schuf. Auch der weltberühmte Künstler Joseph Beuys trug dazu bei: Er rief anlässlich der documenta 7 im Jahr 1982 das Projekt »7000 Eichen – Stadtverwaldung statt Stadtverwaltung« ins Leben und pflanzte höchstpersönlich die ersten Setzlinge. Doch nicht nur Bäume, auch das Wasser prägt das Leben der Stadt. Im Bergpark Wilhelmshöhe sind die Wasserspiele zu Hause, die seit über 300 Jahren Menschen aus aller Welt begeistern. Der Staatspark Karlsaue ist die zweite große historische Parkanlage der Stadt und mit 150 Hektar so weitläufig wie das Fürstentum Monaco. Sehenswert sind auch das barocke Orangerieschloss sowie die am südlichen Parkende liegende Blumeninsel Siebenbergen. Komplettiert wird eines der größten innerstädtischen Naherholungsgebiete Deutschlands durch die Fuldaaue, gleich gegenüber der Karlsaue.

Kassel Marketing GmbH; Obere Königsstraße 15; Tel. 05 61/70 77 07; www.wowkassel.de

389

Rheingau-Riesling-Route
Flörsheim – Lorch

70 km misst die Rheingau-Riesling-Route von Flörsheim am Main bis Lorch am Rhein. Um Wiesbaden herum geht es von Weinort zu Weinort an den Hängen des Taunus entlang. Neben Weinbergen gibt es auch viel Kultur zu sehen: etwa die Brömserburg in Rüdesheim, eine der ältesten Burgen am Rhein (um 1000), das 1883 eingeweihte und hoch patriotische »Niederwald-Denkmal« mit der Germania, die das Schwert immerhin gesenkt hält, außerdem das großartige Kloster Eberbach und die Kurfürstliche Burg Eltville.

Rheingau-Taunus Tourismus,
Rheinweg 30, Oestrich-Winkel;
Tel. 0 67 23/60 27 20;
www.rheingau.de

Die zwei Türme
Greifenstein/Westerwald

An Heidelberg ist kein Vorbeikommen. Aber ins Rennen um die zweitschönste und -romantischste Burgruine Deutschlands schickt Greifenstein im hessischen Westerwald ein ganz heißes Gemäuer. Hoch über der Gemeinde ragt die sagenhafte Kulisse zweier Türme auf, einer spitz, der andere rund. Seit 1693 verfällt die 1160 erstmals erwähnte Burg, seit 1995 ist sie offiziell ein Denkmal von nationaler Bedeutung. In der faszinierenden Burganlage ist auch noch das Dorfmuseum, die eindrucksvolle Glockensammlung und eine der wenigen (barocken) Doppelkapellen in Deutschland zu sehen. Badespaß und aktive Erholung bieten danach der Badestrand an der Ulmbachtalsperre und das Outdoor-Zentrum-Lahntal mit Kanutouren, Bogenschießen und Eselwandern (www.outdoor-zentrum-lahntal.de). Unter den großartigen Wanderwegen ragt die Greifenstein-Schleife heraus, eine spannende Variante zu den ersten beiden Etappen des Westerwald-Steigs: landschaftliche und kulturelle Highlights auf 36 km Länge.

Gäste-Information,
Herborner Str. 38;
Tel. 0 27 79/9 12 40;
www.greifenstein.de

390

392

Wasserkuppe
Gersfeld/Rhön

Der höchste Berg der Rhön (950 m) östlich von Fulda ist das Revier der Segelflieger – und damit der richtige Ort für das größte Segelflugmuseum der Welt. Zu sehen ist der originalgetreu nachgebaute, hölzerne »Vampyr« von 1921 ebenso wie der moderne High-Tech-Gleiter aus Glasfaserkunststoff. Wer auf dem Boden bleibt, sieht auch sehr viel. Die Wasserkuppe bietet eine fantastische Fernsicht (etwa vom Radom, der großen Radarkuppel), neuzeitliche Vergnügungen wie die Sommerrodelbahn und den »Rhönbob« sowie das Infozentrum Rhön.

Wasserkuppe 2; Tel. 0 66 54 /77 37; www.segelflugmuseum.de; www.wasserkuppe-rhoen.de

391

Zum Edersee
Naumburg

Nordhessen ist mit fast 50 Verleih- und Akkuwechselstationen ein Dorado für E-Biker, die mühelos durch die idyllische Landschaft schnurren. Sehr schön ist die Tour von Naumburg durch schöne Buchenwälder und über aussichtsreiche Höhen zum Edersee.

Tourist-Info, Hattenhäuser Weg 10–12; Tel. 0 56 25/79 09 73; www.naumburg.eu, www.nordhessen.de

Mecklenburg-Vorpommern

Das blaugrüne Wunder im Nordosten. Wasser gibt es süß und salzig und von beidem reichlich – an der Ostseeküste zwischen Usedom, Rügen und Warnemünde ebenso wie auf dem blauen Band der Seenplatte. Hat man genug vom Planschen und Paddeln, bummelt man durch alte Hansestädte, Schlösser, Parks und Gutshöfe.

Miles & More für Mensch und Möwe. Wer kein wirklicher Vielflieger ist, schwenkt zu Fuß auf den Landekorridor zum Darßer Ostseestrand ein.

393

»Circus«

Putbus/Rügen

Die »weiße Stadt« im Biosphärenreservat Südostrügen ist ein Gesamtkunstwerk. Alle Straßen laufen auf den grünen »Circus« zu, einen riesigen, kreisrunden Platz, der von klassizistischen Gebäuden (erbaut zwischen 1808 und 1823) eingefasst ist. Putbus war 1816 das erste Seebad auf Rügen. Sehenswert sind auch der englische Landschaftspark mit seinen Mammutbäumen, Zedern, Rosskastanien und Tulpenbäumen, die Orangerie – seit 1996 das künstlerische Ausstellungszentrum von Rügen –, der Marstall sowie das wunderschöne Residenztheater, in dem auch außerhalb der bekannten Festspiele im Mai Veranstaltungen stattfinden (www.theater-vorpommern.de).

Tourismus-Service; Tel. 03 83 01/4 31; www.putbus.de

394

Marienkirche

Stralsund

Dass Stralsund fast vollständig von Wasser umgeben ist, erkennt man am besten vom Turm der Marienkirche: Der Rundblick ist phänomenal. Innen schönste Gotik – und der farbenprächtige Marienkrönungsaltar aus der Mitte des 15. Jh.

Marienstr. 16;
Tel. 0 38 31/29 89 65;
www.st-mariengemeinde-stralsund.de

395

Dom und Marienkirche
Greifswald

Caspar David Friedrich (1774–1840) ist der berühmteste Sohn der alten Hanse- und Universitätsstadt gute 30 km östlich von Stralsund. Sehenswert sind vor allem der Dom St. Nikolai und die großartige Marienkirche. Das romantische Kloster Greifswald in Eldena, war schon eine Ruine, als der Meister es 1824 malte.

Stadtinformation, Rathaus; Tel. 0 38 34/85 36 13 80; www.greifswald.info

396

Ozeaneum und Meeresmuseum Stralsund

Ein Highlight an der Ostseeküste! Sehr aufwendig und ästhetisch ansprechend wird hier ein Streifzug durch die nordischen Meere inszeniert und mit einer ökologisch korrekten Botschaft verknüpft. Unter den teilweise riesigen Aquarien sind das 2,6 Millionen Liter Wasser fassende Schwarmfischbecken und das Tunnelaquarium, das die Unterwasserwelt vor Helgoland darstellt, die spektakulärsten. Im Rahmen des Jahresthemas »Kraken und Konsorten« war 2016 ein Pazifischer Riesenkrake zu Gast; immer zu sehen sind Humboldt-Pinguine und im Deutschen Meeresmuseum am Katharinenberg 14–20 bunte Tropenfische (Kombitickets erhältlich).

Katharinenberg 14–20; Tel. 0 38 31/ 2 65 06 10; www.ozeaneum.de

Münster
Bad Doberan

397

Auf dem Weg nach Wismar sollte man unbedingt in Bad Doberan einen Zwischenstopp einlegen. Die ehemalige Sommerresidenz der Mecklenburger Herzöge bietet am Alexandrinenplatz und am Kamp schöne Gebäudeensembles und mit dem Münster (1294–1368) des ehemaligen Zisterzienserklosters eine der schönsten Backsteinkirchen im ganzen Ostseeraum: Hier ist noch die ganze mittelalterliche Ausstattung erhalten. Der Hochaltar gilt als der älteste erhaltene Flügelaltar der Kunstgeschichte (um 1300).

Klosterstr. 2; Tel. 03 82 03/6 27 16; www.muenster-doberan.de

398

Staatliche Schlösser Gärten und Kunstsammlungen M-V
Schwerin

Die mecklenburgischen Herzöge zeigten ihre Macht mit den beeindruckenden Kunstsammlungen und den prachtvollen Schlossensembles. Im Staatlichen Museum Schwerin sind die Kunstsammlungen der Herzöge öffentlich zugänglich. Hier befinden sich mehr als 100000 Kunstwerke. Als Kleinod des Barock und Rokoko gilt Schloss Mirow. Im Inneren verbergen sich eine moderne Ausstellung und ein bezaubernder Festsaal. Unweit der Ostsee liegt Schloss Bothmer inmitten einer idyllischen Parkanlage, in Neustrelitz verzaubert die barocke Gartenanlage mit ihren Tempeln, Alleen und der Orangerie die Besucher. Ein einzigartiges Ensemble aus Schloss, Park und Stadtanlage befindet sich in Ludwigslust. Schloss Hohenzieritz besitzt den schönsten Landschaftsgarten Mecklenburg-Vorpommerns, im Jagdschloss Granitz ist der 38 m hohe Turm der Höhepunkt. Das bekannteste Schloss Mecklenburg-Vorpommerns steht in Schwerin. Das Paradebeispiel des Romantischen Historismus beherbergt den Landtag und ein historisches Schlossmuseum.

Werderstr. 141; Tel. 03 85/58 84 10 02; www.ssgk-mv.de

Müritzeum
Waren

Das touristische Zentrum der Müritz-Region hat zu seinen schönen alten Gebäuden – zum Beispiel den beiden Pfarrkirchen, der Löwenapotheke und dem Rathaus – im Jahr 2007 ein ganz neues hinzubekommen.

399

Im futuristischen Müritzeum werden Umweltbildung und Naturwissenschaft auf spektakuläre Weise inszeniert. Größter Hingucker ist das Süßwasseraquarium, das über zwei Stockwerke reicht. Hinter der 6 mal 6 m großen Scheibe kann man sehen, was unter den Wasserspiegeln der Mecklenburger Seen so alles geschieht.

Zur Steinmole 1; Tel. 0 39 91/ 63 36 80; www.mueritzeum.de

400 Jagdschloss Granitz
Binz/Rügen

154 Stufen hat die freitragende, eiserne Wendeltreppe, auf der man hinaufsteigt zur Aussichtsterrasse des großen Turms. Oben angekommen, genießt man den ganz großen Rundblick über Rügen. Mitte des 19. Jh. erbaut, ist Granitz heute das meistbesuchte Schloss in Mecklenburg-Vorpommern. Anstatt vom Parkplatz im Shuttle hinaufzufahren, wie es die meisten Besucher machen, sollte man zu Fuß durch den großen Buchenwald zum Schloss auf dem Tempelberg steigen. In den wunderschön ausgestatteten Räumen ist eine Dauerausstellung zu besichtigen, das Wirtshaus »Alte Brennerei« bietet Erlebnisgastronomie.

Jagdschloss Granitz;
Tel. 03 83 93/6 67 10;
www.granitz-jagdschloss.de;
Nov.–März Mo geschl.

401 Historisch-Technisches Museum Peenemünde/Usedom

Der Ort am Nordwestende der Insel verdankt seine Berühmtheit einem dunklen Erbe. Hier errichtete Wernher von Braun mit seinem Team nicht nur die Wiege der Raumfahrt, sondern er entwickelte auch Vernichtungswaffen wie die V2-Rakete. Produziert wurde mithilfe von Zwangsarbeitern und KZ-Häftlingen. Das Historisch-Technische Museum ist unbedingt einen Besuch wert – nicht nur wegen der Attrappe der V2. Anschließend kann man sich im Haupthafen durch die engen Schotte und Gänge der 86 m langen sowjetischen U-461 zwängen. Das Boot wurde 1961 gebaut und gehört zur Juliett-Klasse, den größten konventionellen U-Booten der Welt (Tel. 03 83 71/8 90 54; www.u-461.de).

Im Kraftwerk; Tel. 03 83 71/ 50 50; www.museum-peenemuende.de; Nov.–März Mo geschl.

402

Wiecker Holzklappbrücke

Greifswald

Den schönsten Caspar-David-Friedrich-Blick auf Greifswald erschließt der alte Treidelweg, auf dem die Schiffe früher vom Vorort Wieck mit Pferden bis in die Stadt gezogen wurden. Fotogenes Schmuckstück am Weg ist die 1887 erbaute hölzerne Klappbrücke. Sie ist noch voll funktionsfähig – und seit 2001 für den allgemeinen Autoverkehr gesperrt.

Am Ryck, Stadteil Wieck; www.greifswald.info

403

Der »Koloss von Prora«

Prora/Rügen

Ein Haus, das sechs Stockwerke und 10 000 Zimmer hat, muss ziemlich lang sein. Tatsächlich misst der Häuserriegel an der Küste nördlich von Binz 4,5 km. Er entstand zwischen 1936 bis 1940 als »Bad der Zwanzigtausend« – und sollte ebenso vielen Volksgenossen der Nazi-Organisation »Kraft durch Freude« (KdF) ein Feriendomizil bieten. Heute kann man sich im Dokumentationszentrum über die NS-Freizeitmaschine informieren, die neue Nutzer gefunden hat. Einzelne Blöcke wurden verkauft, in Block 5 ist eine Jugendherberge mit 400 Betten eingezogen.

Dritte Straße 4, Block 3; Tel. 03 83 93/1 39 91; www.proradok.de

404

Schiffbau-museum

Rostock

Richtung Warnemünde liegt im IGA-Park am Warnowufer der 10 000-Tonnen-Frachter »Dresden« vor Anker. Heute heißt er politisch korrekt, aber umständlich »Traditionsschiff Typ Frieden«. In seinem Bauch befindet sich das Schiffbau- und Schifffahrtsmuseum. Dort sieht man, wie sie gebaut wurden und werden, die Einbäume und Stahlschiffe. Sehr schön sind das Diorama einer Stralsunder Segelschiffswerft und die Schiffszimmermannswerkstatt aus dem 18. Jahrhundert.

Schmarl-Dorf 40; Tel. 03 81/12 83 13 64; www.schifffahrtsmuseum-rostock.de; Mo geschl.

405

Schloss und Schlossgarten

Schwerin

Von seriöser Stilistik keine Rede. Die letzte Residenz der mecklenburgischen Herzöge, 1845–1857 erbaut, folgt mit ihren vielen Türmchen und Spitzchen einer zuckrigen Spritzgebäckästhetik, und die traumhafte Lage auf einer Insel zwischen Burgsee und Schweriner See verleiht ihr Märchenschloss-Status. Heute tagt der Landtag darin, Besucher bekommen aber auch zahlreiche Prunkräume zu sehen, von denen der Thronsaal und die Ahnengalerie mit ihren vergoldeten Stuckverzierungen und kunstvollen Intarsienböden am spektakulärsten sind. Eine Brücke führt in den Schlossgarten, der den vollkommenen Postkartenblick zurück aufs Schloss gewährt. Jeden Sommer wird der Alte Garten vor dem Schloss zu einer der schönsten Freilichtbühnen Deutschlands: Das Mecklenburgische Staatstheater gibt große Opernklassiker wie »Carmen«, »Rigoletto« oder den »Freischütz«. 2016 standen bei Verdis »Aida« ein Elefant und Lamas im Alten Garten, und 2022 darf sich das Publikum im Hof des Schlosses auf das Shakespeares »Wie es euch gefällt« freuen.

Lennéstr. 1;
Tel. 03 85/58 84 15 72;
www.mv-schloesser.de;
Mo geschl.

406

Strandpromenade
Binz/Rügen

Zusammen mit der Wilhelmstraße in Sellin ist die Strandpromenade in Binz der beste Ort, um die sogenannte wilhelminische Bäderarchitektur zu studieren: Eins an das andere reihen sich die hellen Zuckerbäckerhäuschen, ehemals Villen betuchter Großbürger und Adeliger, die ab den 1880er-Jahren hier hochgezogen wurden. Das alles ist sehr niedlich anzusehen, und wenn man den Eindruck durch einen Himbeer-Mojito verstärkt, den die Binzerin und der Binzer gerne zu sich nehmen, wird es doppelt süß.

Haus des Gastes,
Heinrich-Heine-Str. 7;
Tel. 03 83 93/14 81 48;
www.binzer-bucht.de

407

Haustierpark
Lelkendorf

Was ist exotischer als eine Giraffe? Eine sizilianische Girgentanaziege. Besonders schön ist der Girgentanabock mit seinen senkrecht stehenden Schraubenhörnern. Er ist das Wappentier des Haustierparks Lelkendorf, der außerordentlich schön am Rand des Naturparks Mecklenburgische Schweiz – Kummerower See liegt. Hier leben alte und in ihrem Bestand akut gefährdete Haus- und Nutztierrassen, die teilweise zu den ältesten Haustierrassen der Welt gehören. Seit 2011 gibt es auch eine Jungtier-Aufzuchtstation. Was dort alles geschieht, können Besucher durch ein Fenster beobachten. Bemerkenswert auf dem Gelände, das durch einen Waldlehrpfad erschlossen wurde, sind auch die etwa 600 Jahre alten Eichen – und die prächtige Aussicht über die herrliche Hügellandschaft und zum Kummerower See.

Peeneweg 26;
Tel. 03 99 56/29 59 30;
www.haustierpark.com

Altstadt
Stralsund

408

Trotz Weltkriegsbomben und DDR-Stadtplanung ist in Stralsund so viel Altstadt übrig geblieben, dass sie 2002 zum Welterbe erklärt wurde. Großartige Zeugnisse der norddeutschen Backsteingotik sind das um 1400 errichtete Rathaus mit seiner Zierfassade und die ein halbes Jahrhundert ältere Nikolaikirche am alten Markt. Besonders in den westlich angrenzenden Straßen kann man auch die typische Architektur der alten Giebelhäuser bewundern. Ebenso sind Teile der Stadtmauer und zwei Stadttore zu sehen.

Tourismuszentrale,
Alter Markt 9;
Tel. 0 38 31/25 23 40;
www.stralsundtourismus.de

Hafen
Rostock

Über rund 20 km erstreckt sich die alte Hansestadt an den Ufern der Warnow entlang bis zur Ostsee. 1218 erhielt sie das Stadtrecht und schon 200 Jahre später eine Universität. Heute besitzt Rostock den einzigen deutschen Tiefwasserhafen an der Ostsee. Darum kann man hier bei Hafenrundfahrten auf der Unterwarnow auch die dicken Pötte (Frachter, Tanker, Autofähren) mit bis zu 13 m Tiefgang sehen. Die großen Kreuzfahrtschiffe legen am Passagierkai des Neuen Stroms in Warnemünde an.

409

Blaue Flotte;
Tel. 03 81/6 86 31 72;
www.blaue-flotte.de,
www.rostock-port.de

Nationalpark Jasmund und Königsstuhl
Sassnitz/Rügen

Caspar David Friedrichs berühmtes Gemälde »Kreidefelsen auf Rügen« ist längst Geschichte: 2005 stürzten die weißen Klippen der Wissower Klinken in sich zusammen. Aber auch ohne sie ist die Steilküste der Halbinsel Jasmund mit ihren Kreidefelsen eine der spektakulärsten Naturlandschaften Deutschlands. Man erlebt sie am schönsten zu Fuß auf der 11,5 km langen Wanderung von Sassnitz/Wedding auf dem Hochuferweg zum Königsstuhl (kurz vorher Abstieg über 486 Stufen und 110 Höhenmeter zum Strand möglich) und weiter nach Lohme. Die Rückfahrt nach Sassnitz per Bus ist schon vom Königsstuhl möglich.

Stubbenkammer 2; Tel. 03 83 92/66 17 66; www.koenigsstuhl.com

410

411

Schloss
Ludwigslust

Das »mecklenburgische Versailles« steht 40 km südlich von Schwerin. 1772–1776 erbaut, ist es der Fluchtpunkt einer Stadtanlage aus dem 18. und 19. Jh. Sandstein verkleidet das Schlossgebäude, dessen Mittelpunkt der Goldene Saal ist. Die scheinbar massiven Dekorationen bestehen zum größten Teil aus »Ludwigsluster Carton« – Pappmaché, in dessen Verarbeitung die örtlichen Manufakturen eine große Meisterschaft entwickelten. Viele Prunkräume können besichtigt werden. Mehrere Stunden lang könnte man dann noch den fantastischen Schlosspark durchstreifen. Die ursprünglich barocke Anlage wandelte Peter Joseph Lenné Mitte des 19. Jh. in einen englischen Landschaftspark um: mit zwischen Bäumen versteckten Gebäuden, kleinen Teichen, Kanälen und Brücken und einer künstlichen Ruine.

Schlossfreiheit; Tel. 0 38 74/5 71 90; www.schloss-ludwigslust.de; Mo geschl.

412

Nikolaikirche
Wismar

Von der Marienkirche, der einst größten Wismarer Kirche, ist nur der Turm erhalten geblieben; er beherbergt heute eine sehenswerte kleine Ausstellung über mittelalterlichen Kirchenbau. Eine Art Sammelbecken für die Kunstschätze aus den von Fliegerbomben zerstörten Gotteshäusern Wismars ist dagegen die Nikolaikirche mit ihrem gewaltigen, 37 m hohen Mittelschiff, dem vierthöchsten in Deutschland (hinter dem Kölner Dom, dem Ulmer Münster und der Lübecker Marienkirche). Bemerkenswert ist der spätbarocke Hauptaltar.

Spiegelberg 14; Tel. 0 38 41/21 36 24; www.kirchen-in-wismar.de

413

Marktplatz
Wismar

Das Schmuckstück der alten Hanse- und neuen Industriestadt Wismar ist ihr großer Marktplatz. Um das annähernd quadratische Geviert – Seitenlänge 100 m – reihen sich historische Gebäude, unter ihnen der »Alte Schwede« von 1380, der daran erinnert, dass Wismar von 1648 bis 1803 schwedisch war (und der seit 1878 ein Restaurant beherbergt). Viele Häuser wurden nach dem Krieg rekonstruiert. Mitten auf dem Platz steht der Brunnen-Pavillon der »Wasserkunst« den Fotografen geduldig Modell.

Tourismuszentrale, Lübsche Str. 23a; Tel. 0 38 41/1 94 33; www.wismar.de

414

Altstadt
Rostock

Die im Krieg zerstörte historische Altstadt Rostocks wurde in Teilen wiederaufgebaut. Architektonisch kurios erscheinen Versuche aus DDR-Zeiten, die alte Giebelarchitektur mit den Mitteln des Plattenbaus zu imitieren. Dankenswerterweise plattenfrei sind der Neue Markt, die Petrikirche – schöner Blick von der Aussichtsebene des Turms! – und vor allem die großartige Marienkirche mit dem Taufbecken der »Bronzefünte«, (1290) und der weitaus berühmteren Astronomischen Uhr von 1472.

Tourist-Information,
Universitätsplatz 6;
Tel. 03 81/3 81 22 22;
www.rostock.de

415

Welterbe Buchenurwald
Serrahn/Nationalpark Müritz

Der 322 Quadratkilometer große Nationalpark Müritz zerfällt in zwei Teile. Der größere grenzt ans Ostufer der Müritz, des zweitgrößten Sees in Deutschland. Im Teilgebiet Serrahn, östlich von Neustrelitz, kann man auf ausgewiesenen Wander- und Radwegen (am besten mit Nationalparkrangern) durch die Buchenurwälder streifen, die seit 2011 UNESCO-Weltnaturerbe sind.

Forsthaus Serrahn;
Tel. 03 98 21/4 15 00;
www.mueritz-nationalpark.de

416

Alter Hafen
Wismar

Langsam treibt der Schoner in den Hafen von Wismar, ihm entsteigt der Fürst der Finsternis mit seinem Sarg… so gesehen im Kino-Klassiker »Nosferatu« (1921 und, als Remake, 1979). Tatsächlich hat man vom Schiff aus den schönsten Blick auf die Backsteinkulisse der Stadt. Nur noch Fischkutter und Ausflugsschiffe legen hier an, und die Szenerie ist so malerisch wie im Film. Ohne jeden Schrecken.

Tourist-Information,
Lübsche Str. 107;
Tel. 0 38 41/1 94 33;
www.wismar.de

417

Stadtgeschichtliches Museum SCHABBELL

Wismar

Inmitten der historischen Altstadt, gegenüber der mächtigen Backsteinkirche St. Nikolai, steht ein besonderer Gebäudekomplex: Das Schabbell, zwei faszinierende Häuser, in denen Geschichte bewahrt, lebendig und erlebbar wird. Mit über 2000 Exponaten werden erstaunliche Geschichten erzählt, von der Stadtgründung Anfang des 13. Jahrhunderts bis zur Friedlichen Revolution 1989/90. Hinter Schranktüren lässt sich manche Entdeckung machen. Schubladen laden zum Stöbern ein. Mitmachstationen bieten Kindern und Erwachsenen viele Möglichkeiten zum Ausprobieren und aktiven Erleben. Das Museum befindet sich in zwei Häusern, die dem erfolgreichen Wismarer Kaufmann, Brauer und Bürgermeister Heinrich Schabbell gehörten. Das ältere Haus ist ein typisches mittelalterliches Kaufmannshaus mit niedrigen Lagerböden, großer Wirtschaftsdiele und einem separaten Wohntrakt. Direkt nebenan ließ sich Schabbell ein neues, überaus prachtvolles Wohn- und Brauhaus 1569–1571 von Philipp Brandin aus Utrecht errichten. Es ist bis heute prägend im Stadtbild der UNESCO-Welterbestadt. Im sogenannten »Gläsernen Museum« erhält man immer wieder Einblick in die Museumsarbeit hinter den Kulissen und erfährt mehr über die Arbeit in der Sammlung.

Schweinsbrücke 6/8;
Tel. 0 38 41/2 52 28 70;
www.wismar.de/schabbell

419

Kurhaus
Binz

Das Flaggschiff der Bäderarchitektur nahm 1908 den Betrieb auf. Heute erstrahlt es mit moderner Infrastruktur im alten Glanz. Lichtgelbe Wände und blaue Böden holen Sonne, Sand und Meer in die klassisch-schönen Zimmer, aus den Turmsuiten blickt man in alle vier Himmelsrichtungen hinaus. Erstklassiges Wellnessangebot mit Innen- und Außenpool, Saunalandschaft, Beauty-Anwendungen und Massagen. Nachmittags auf die Kurhaus-Terrasse zur Tortenschlacht, abends ins Steakhaus zu Rib-Eye, Burger und Salaten. Und am nächsten Morgen auf eine der drei eigens eingerichteten Laufstrecken (4, 6 und 8 km) …

Strandpromenade 27; Tel. 03 83 93/66 50; www.travelcharme.com; €€€€

418

Wilhelmshöhe
Diedrichshagen

Hotel und Ausflugsgasthof am Küstenweg von Warnemünde durch das Naturschutzgebiet Stolteraa – direkt am Ostseestrand. Die Zimmer gehen zur See- oder zur Waldseite hinaus, man schläft bei Wellen- oder bei Waldrauschen ein. Gute Fischgerichte; der kaltgeräucherte Lachs kommt aus dem eigenen Räucherofen.

Wilhelmshöhe 1; Tel. 03 81/ 54 82 80; www.ostseehotel-wilhelmshoehe.de; €€

420 Villa Auguste Viktoria

Ahlbeck/Usedom

Unweit des Ahlbecker Strands ist das um 1900 erbaute Sommerdomizil der deutschen Kaiserin ein absoluter Blickfang. Hinter der Zuckerbäckerfassade genießt man modernen 4-Sterne-Komfort (mit kostenlosem WLAN) und einen schönen Innenhof. Unbedingt probieren: Kuchen und Torten aus der eigenen Konditorei.

Bismarckstr. 1–2;
Tel. 03 83 78/24 10;
www.auguste-viktoria.de; €€

421 Niederländischer Hof

Schwerin

Am Pfaffenteich erwartet den Gast hinter der Gründerzeitfassade englisch möblierte Wohnlichkeit, Marmorbäder inbegriffen. Im Restaurant könnte man das Rauwollige Pommersche Landschaf probieren, das ohne Wolle, aber dafür mit Bärlauchkruste und Bohnengemüse serviert wird.

Alexandrinenstr. 12–13;
Tel. 03 85/59 11 00; www.niederlaendischer-hof.de; €€

422 Landhaus Müritzgarten

Röbel/Müritz

Urlaub im Grünen – in Röbel an der Müritz. Gewohnt wird inmitten eines großen Landschaftsgartens. Die Zimmer und Suiten verteilen sich auf das Haupthaus, eine Gästevilla und vier Blockhäuser. Ein guter Ausgangspunkt für Wanderungen und Radtouren (Leihräder im Haus) im Nationalpark oder für Rundfahrten auf der Müritz.

Seebadstr. 45;
Tel 03 99 31/88 10;
www.hotel-mueritzgarten.de; €

423 Panoramahotel

Lohme/Rügen

Die Lage ist phänomenal: Hoch über der Steilküste mit weitem Blick übers Meer und zum Kap Arkona, ganz nahe den berühmten Kreidefelsen im Jasmund-Nationalpark.
Den Sonnenuntergang auf der Seeterrasse zu erleben, ist eine Schau und überhaupt nicht kitschig, sondern echt. Die Zimmer im Haupthaus und in den vier Nebengebäuden sind klassisch-modern, besonders schön im alten »Grey's Hotel«. Gleich hinter dem Hotel beginnt der traumhafte Weg durch den Buchenwald zu den Kreidefelsen der Stubbenkammer.

An der Steilküste 8;
Tel. 03 83 02/ 91 10; www.panorama-hotel-lohme.de; €

Hotel Haferland
Wieck am Darß

424

Auf der stillen Boddenseite logiert man unterm Reetdach in komfortablen Zimmern. Man badet im schönen Hallenbad, entspannt im Tepidarium und genießt die Fingerfertigkeit des Sporttherapeuten. Wunderschön ist der große Landschaftsgarten. Wer ihn auf den angelegten Wegen durchstreift, sieht und riecht (!), was er abends vielleicht auf seinem Teller wiederfindet: bei feiner Regionalküche in der »Guten Stube«. Hier wie beim (Langschläfer-)Frühstück bekommt man beste Bio-Qualität nach den Richtlinien der Institution »ländlich fein«.

Bauernreihe 5a; Tel. 03 82 33/6 80; www.hotelhaferland.de; €€

425

Hohe Düne
Warnemünde

120 Millionen Euro Investitionen stecken in der luxuriösen Hotelstadt mit mehreren dreistöckigen Gebäuden auf 30 Hektar Land, und den besten Blick aufs Meer haben die, die ihn eigentlich gar nicht richtig genießen können: Die Tagungsgäste im Kongresszentrum, ganz vorne an der Ausfahrt. Herzstück der »Hohen Düne« ist der Yachthafen, wenngleich die Segler nur einen Teil der gut situierten Klientel stellen. Mit einem riesigen Wellnessbereich umwirbt man Gesundheitstouristen. Und dann gibt es noch die Familien. Der Spagat zwischen den Geschäftsleuten an der Mole, den lärmempfindlichen Gästen im Spa und den munter tobenden Kindern auf dem 30 m langen Käpt'n-Blaubär-Schiff gelingt – auch weil die Wege zwischen den verschiedenen Habitats im Resort weit sind. Der kilometerlange Strand gleich hinter der Anlage zählt zu den schönsten an der Ostseeküste.

Am Yachthafen 1; Tel. 03 81/5 04 00; www.hohe-duene.de; €€€€

426

Neptun
Warnemünde

Im Hochhaus an der Strandpromenade hat jedes Zimmer einen Balkon mit Blick aufs Meer (wahlweise Sonnenauf- oder Sonnenuntergang). Das Neptun ist Partnerhotel der Golfanlage Warnemünde (27-Loch-Platz) und bietet TÜV-zertifizierte Wellness auf 2400 Quadratmetern.

Seestr. 19; Tel. 03 81/77 70;
www.hotel-neptun.de; €€€€

427

Schloss Spyker
Spyker/Rügen

Rot leuchtet das Schloss zwischen den Bäumen auf der grünen Parklandschaft am Jasmunder Bodden. Das hübsche Gemäuer aus dem 14 Jh. wurde sehr ansprechend renoviert: Das Farbspektrum in Zimmern und Salons bewegt sich im warmen Bereich, die Einrichtung ist wohnlich-modern. Prachtvolle barocke Stuckdecke!

Schlossallee 1; Tel. 03 83 02/7 70;
www.schloss-spyker.de; €€

428

Schloss Ulrichshusen
Ulrichshusen

Direkt am kleinen Ulrichshuser See, 15 km nördlich von Waren, liegt diese fantastische Anlage aus den Jahren 1624–26. Nachdem es 1987 bis auf die Grundmauern abbrannte, wurde das Schloss von seinen neuen Eigentümern wiederaufgebaut und zusammen mit den umliegenden Gebäuden 2001 als Hotel neu eröffnet. Man nächtigt entweder im Herrenhaus aus der Renaissance oder in zwei anderen historischen Dependancen. Tolles Ambiente und schöne Regionalküche im Restaurant »Am Burggraben« (traditionelle Krebsessen).

Seestr. 14; Tel. 03 99 53/79 00;
www.ulrichshusen.de; €€

429

Seeblick
Prerow/Darß

Bestlage in Prerow auf der Ferieninsel Darß: Direkt an der Seebrücke steht das denkmalgeschützte Holzhaus. Der Blick von der Veranda oder – bei schönem Wetter nicht zu toppen – von den kleinen Dachterrassen auf die Dünen und auf das Meer ist fantastisch. Um ihn zu genießen, sollte man vorher reservieren. Dann steigen die Chancen auf ein wunderbares Sonnenuntergangs-Diner, bei dem allerlei frischer Ostseefisch auf den Tellern die kulinarische Hauptrolle spielt. Auch Wildbret vom Darß ist zu haben: Hier jagt der Chef selbst.

Hauptübergang zum Strand; Tel. 03 82 33/3 48; www.wolff-prerow.de; So, Mo geschl. €€

430

The O'Room
Heringsdorf/Usedom

Im Gourmetrestaurant des weltweit ersten Marc O' Polo Concept Stores im Strandcasino werden Gerichte auf höchstem Niveau serviert. Chefkoch André Kähler lädt seine Gäste auf eine Reise durch die deutsche Küche mit nordischen Einflüssen ein. Von »Hummerschwanz und Schweineschinken« bis zum »Dry Aged Backensholzer Milchrind und nordfriesischem Wagyu« – auf der sich stetig ändernden Speisekarte finden sich saisonale und handverlesene Usedomer und Mecklenburger Zutaten wieder.

Kulmstr. 33; Tel. 03 83 78/18 39 12; www.strandcasino-marc-o-polo.com/de/oroom; Mi–Sa ab 18 Uhr; €€€

431 Wulflamstuben
Stralsund

Hinter der Backsteinfassade eines der ältesten noch erhaltenen Bürgerhäuser im Norden Deutschlands (um 1370) wurde sehr ansprechend modernisiert. Hier serviert man Mecklenburger Spezialitäten, darunter natürlich viel frischer Fisch – Scholle, Dorsch und Zander.

Alter Markt 5;
Tel. 0 38 31/29 15 33;
www.wulflamstuben.de; €€

432 Butt
Warnemünde

Die feinste Adresse in Warnemünde liegt auf der Ostseite des Seekanals ganz vorn. Von den sechs Restaurants in der Hohen Düne ist der Butt das beste: Mathias Stolze hat mit seiner französisch-mediterranen Ostseeküche einen Michelin-Stern erkocht.

Warnemüne, Am Yachthafen 1;
Tel. 03 81/5 04 00;
www.hohe-duene.de;
So, Mo geschl. €€€

433 Alter Schwede
Wismar

Im ältesten Bürgerhaus von Wismar isst das Auge natürlich in besonderem Maß mit. Das Ambiente macht mit historischen Fenstern, gotischem Mauerwerk, Schiffsmodellen, stilvollem Mobilar und einem offenen Kamin schwer auf Mittelalter. Natürlich kann man »Original Schwedenhappen« haben (mit Rollmops, Dillmatjes und Shrimps), aber auch eine Mecklenburger Ente (mit Backpflaumen, Äpfeln und Rosinen gefüllt) und, nanu, ein argentinisches Rumpsteak. Der Alte Schwede hat auch schöne Gästezimmer.

Am Markt 20/22; Tel. 0 38 41/28 35 52,
www.alter-schwede-wismar.de; €€

Kunstmuseum
Ahrenshoop

434

Hunderte namhafter Maler nahezu aller wichtigen Strömungen moderner deutscher Kunst haben Ahrenshoop besucht. Wo sie einst die maritime Landschaft auf wunderbare Weise in Farbe fassten, lädt dieser Tage das Kunstmuseum Ahrenshoop zum spannenden Spaziergang durch die Kunstgeschichte der Region ein. Das architektonische Meisterwerk aus Baubronze beheimatet bedeutende Schätze aus der 130-jährigen Geschichte der Ahrenshooper Künstlerkolonie und zeigt in einer Dauerausstellung ständig rund 100 Werke von ihnen. Auf beeindruckende Weise demonstrieren sie die Vielfalt künstlerischen Schaffens zwischen Meer und Bodden und zeigen ein Panorama kunsthistorischer Positionen der jüngeren Vergangenheit. Sonderschauen zu prägenden und profilierten Künstlern wie Paul Müller-Kaempff, Elisabeth von Eicken oder Clemens Grözser sowie vielfältige Veranstaltungen ergänzen das Ausstellungsprogramm. Ein Muss für alle, die sich für Kunst und moderne Architektur interessieren!

Weg zum Hohen Ufer 36; Tel. 03 82 20/6 67 90; www.kunstmuseum-ahrenshoop.de

Volkstheater
Rostock

435

Am 26. März 2011 sahen mehr als 300 000 Zuschauer weltweit die Internet-Aufführung von »Effi Briest« am Volkstheater Rostock. Mit der Online-Inszenierung wollte das Ensemble auf die drohende Schließung des Großen Hauses aufmerksam machen. Was ist uns Kultur wert? Was darf sie kosten? Am Rostocker Volkstheater, einem klassischen Vierspartentheater mit Ballett-, Opern- und Schauspielensemble sowie mit der Norddeutschen Philharmonie Rostock, dem größten Klangkörper in Mecklenburg-Vorpommern, waren vor der politischen Wende 1989 noch 700 Mitarbeiter beschäftigt, heute sind es nicht mehr halb so viele. Bis zum Sommer 2012 wurde das Große Haus dann doch renoviert; auch das Ateliertheater und die Kleine Komödie Warnemünde werden weiterhin bespielt.

Patriotischer Weg 33;
Tel. 03 81/3 81 46 00;
www.volkstheater-rostock.de

436

Mecklenburgisches Staatstheater
Schwerin

Bei seiner Eröffnung am 3. Oktober 1886 war das Große Haus einer der modernsten Theaterbauten der Welt – mit elektrischer Beleuchtung und Strom aus dem eigenem E-Werk. Heute ist es das staatliche Fünfspartentheater in der Landeshauptstadt, und die Schweriner lieben es. Die Besucherzahlen liegen bei ca. 250 000 Personen im Jahr. Neben zahlreichen Neuinszenierungen sind die Schlossfestspiele Schwerin einer der alljährlichen Höhepunkte des Spielbetriebs.

Alter Garten 2; Tel. 03 85/5 30 00;
www.mecklenburgisches-staatstheater.de

Compagnie de Comédie
Rostock

437

Die alternative Kulturinstitution in Rostock schlechthin und überhaupt eine gute Adresse für einen unterhaltsamen Abend. Die Compagnie de Comédie inszeniert Shakespeare, veranstaltet Kabarettabende, Musiktheater, Klezmer-, Jazz- und Metal-Konzerte und weitere (vermeintlich) ernste und unernste Programme mehr. Unter den verschiedenen Spielorten ist die Bühne am Stadthafen die wichtigste. Im Sommer wird auch unter freiem Himmel im Kloster Zum Heiligen Kreuz gespielt.

Warnowufer 55;
Tel. 03 81/2 03 60 84;
www.compagnie-de-comedie.de

Hochschule für Musik und Theater
Rostock

438

Ausbildungs- und Veranstaltungsstätte in einem: Die 1994 gegründete Hochschule für Musik und Theater Rostock im ehemaligen Katharinenkloster organisiert zusammen mit 17 Hochschulen aus dem Ostseeraum Ausbildungs- und Austauschprogramme sowie Künstlerprojekte. Die etwa 550 Studenten kommen aus 42 Nationen. Auch Nichtstudierende haben etwas davon: Die Hochschule veranstaltet nämlich zahlreiche Aufführungen und Konzerte – über 250 Vorstellungen im Jahr. Dem Hochschulrat gehört unter anderen der Schauspieler und Schriftsteller Armin Mueller-Stahl an.

Beim St.-Katharinenstift 8;
Tel. 03 81/5 10 80;
www.hmt-rostock.de

439

Deutsche Tanzkompanie
Neustrelitz

»Keine Spitzenschuhe, keine klassischen Pirouetten. Weder heimattümelnder Volkstanz noch Modern Dance oder Showtanz.« Mit dieser klaren Ansage hat sich die Deutsche Tanzkompanie seit 1992 ein unverwechselbares Profil erarbeitet. Und das Publikum ist begeistert. Traditionelle Tänze, Musiken und Stoffe transportieren die Neustrelitzer auf expressive Weise in die Gegenwart: vom Dschungelbuch über das Märchen von Schneewittchen bis zur Nibelungen-Sage und von den Carmina Burana bis zum Sacre du Printemps. Die tollen Auftritte der Tanzkompanie finden zu Hause statt – das heißt im Landestheater Neustrelitz –, und darüber hinaus in den Konzertmuscheln von Ahlbeck und Heringsdorf, im Schauspielhaus Neubrandenburg und in der ganzen Welt.

Wilhelm-Riefstahl-Platz 7;
Tel. 0 39 81/20 33 34;
www.deutsche-tanzkompanie.de

Die Scheune

Bollewick

Bei der Anfahrt von Röbel an der Müritz kann man das riesige Gebäude fast übersehen. Kommt man dagegen aus der Gegenrichtung, ist die Stirnseite der Scheune links neben der Straße ein Blickfang.

125 mal 35 m auf zwei Etagen: Für eine Shopping Mall am Beginn des 21. Jh. ist das bescheiden. Doch was 1881 der Baron von Langermann zu Dambeck und Spitzkuhn am Ortsrand von Bollewick – Betonung auf dem »e«! – auf die grüne Wiese setzen ließ, ist etwas Besonderes: die größte Feldsteinscheune Deutschlands. Noch bis 1991 waren hier 650 Kühe zu Hause. Dann drohte das imposante Bauwerk zu verfallen. Dass es schließlich zum Veranstaltungsort wurde, zum regionalen Messestandort und schließlich zum Einkaufszentrum, ist ein Glück für die Menschen, Einheimische wie Urlaubsgäste.

»Die Scheune«, wie sie heute in zeitgemäßem Understatement heißt, hat sich längst zum Zentrum der Direktvermarktung entwickelt. Einheimische Erzeuger bieten Lebensmittel, Textilien, Kosmetik und Kunsthandwerk an. Es gibt Mecklenburger Traditionswerkstätten, eine Leinenweberei und einen Kürschnerbetrieb, dazu eine Tischlerei, ein Antiquariat, einen Friseur und Gastronomiebetriebe. Der sehenswerten Regionalausstellung im Obergeschoss ist ein touristisches »Welcome Center« der Müritz-Region angegliedert. In der Tenne werden Konzerte und Ausstellungen veranstaltet, und auch ein Bio-Hotel mit 28 Zimmern (www.landhotel-zur-scheune.de) ist eingezogen unter dem Dach, das natürlich eine Photovoltaik-Anlage trägt.

Dudel 1;
Tel. 03 99 31/5 20 09;
www.diescheune.de

440

441

Korbwerk
Heringsdorf

Ein nettes Souvenir, nur leider etwas zu groß zum Mitnehmen. Wer sich einen Strandkorb in den Garten stellen möchte, kann aber trotzdem bei der ältesten Strandkorbfabrik Deutschlands bestellen. Dort werden jedes Jahr mehr als 4000 »echte Heringsdorfer« im Manufakturbetrieb produziert. Das Design, kann man sagen, ist zeitlos, und das Korbwerk weist darauf hin, dass es seine Produkte bereits seit 1925 »im Windkanal« der Ostseeküste teste.

Waldbühnenweg 3; Tel. 03 83 78/46 50 50; www.korbwerk.de

Fischerteppiche
Freest

442

Im alten Zollhaus des Fischerdorfs Freest, nahe Peenemünde, ist heute das Heimatmuseum untergebracht. Hier kann man neben der umfangreichen Sammlung zur Geschichte des kleinen Fischerdorfes mit allerlei historischen Geräten aus Fischerei und Landwirtschaft auch die bekannten Fischerteppiche bewundern. Von Hand aus reiner Schurwolle geknüpft, mit hübschen maritimen Motiven, ist jeder der mit Naturfarben eingefärbten Teppiche ein echtes Unikat. Für einen Quadratmeter Teppich werden 57 600 Knoten verknüpft. Man sieht also, die Teile halten etwas aus. In Freest, Lubmin und anderen Dörfern an der Ostseeküste, wo sie seit 1928 geknüpft werden, heißt es, Fischerteppiche würden erst dann richtig schön, wenn ein ganzes Regiment Soldaten rübermarschiert sei. In diesem Sinn: Marsch, Marsch nach Freest.

Heimatstube, Dorfstr. 67;
Tel. 03 83 70/2 03 39

443

Kells Müritzer Bauernmarkt

Klink an der Müritz

Der Kells Müritzer Bauernmarkt in Klink, dem beliebten Ausflugsziel an der Mecklenburgischen Seenplatte, wenige Autominuten von Waren an der Müritz entfernt, bietet ein großes Sortiment aus regionalen Lebensmitteln, Wohnaccessoirs und Souvenirs. Regionale Wurstspezialitäten, erlesene Teemischungen, besondere Gewürzmischungen, verschiedene Weine und Honigsorten, leckere Schokoladenerzeugnisse und Bonbons stehen in kulinarischer Konkurrenz zu frischem Müritzfisch im Restaurant des Marktes. Dort wird großer Wert auf Nachhaltigkeit gelegt. Fisch und Fleisch aus artgerechter Tierhaltung sowie Gemüse von regionalen Lieferanten sind die Grundlagen für die ausgezeichneten Gerichte. In der Konditorei mit Café wird Wert auf Tradition und guten Geschmack gelegt. Alle Torten und Kuchen werden mit viel Liebe zum Detail in Handfertigung vor Ort hergestellt.

Hafenstr. 3; Tel. 0 39 91 / 6 34 63 90; www.kells.de

Gaffelrigg
Wieck

444

Knapp 2 km misst die Festmeile beim dreitägigen Fischerfest Mitte Juli, das sich zu einem der größten Feste an der deutschen Ostseeküste entwickelt hat. Auf drei Bühnen und in der Alten Räucherei des Fischerdörfchens Wieck bei Greifswald tanzt der Seebär, und die wassersportlichen Wettbewerbe versprechen großen Spaß: Auf dem Programm stehen die Weltmeisterschaft im Ryckhangeln, das Boddenschwimmen (auch für Kinder), der Gaffel-Cup im Kuttersegeln und ein Drachenbootrennen. Und natürlich kann man auf Traditionsschiffen mitsegeln.

www.greifswald.de

Festspiele Mecklenburg-Vorpommern
… im ganzen Land

Es ist oft der kleine Rahmen, der den Auftritten von internationalen Klassik-Stars wie Hilary Hahn, Martha Argerich, Anne-Sophie Mutter oder Hélène Grimaud eine besondere Intimität verleiht. Wer das erleben möchte, sollte im Sommer für ein paar Tage in den Nordosten der Republik fahren. Der Terminplan der Festspiele listet von Juni bis September rund 125 Konzerte in mehreren Dutzend Spielstätten zwischen Warnemünde, Rügen, Usedom und Müritz auf. Die Bühnen stehen in malerischen alten Schlössern und Gutshäusern, aber auch in Scheunen, Kirchen, Industriehallen und unter freiem Himmel. Zu den verschiedenen Reihen und Themen im Festspielprogramm zählen unter anderem Kammermusikprojekte und Preisträgerkonzerte.

www.festspiele-mv.de

445

Hafentage
Wismar

Bei der dreitägigen Hafensause im Juni mit Bühnenprogrammen und Sportwettkämpfen (Fassregatta und Drachenbootrennen) gibt es auch die Gelegenheit zu Törns auf alten Segelschiffen wie der Kogge »Wissemara«, dem größten Nachbau einer Kogge aus dem 13. Jh., oder dem 112 Jahre alten Lotsenschoner »Atalanta«. Sehr schöne Kulisse im UNESCO-Welterbe-Hafen.

www.hafen-fest-wismar.de

446

Hanse Sail
Rostock/Warnemünde

Das Rahmenprogramm der vier turbulenten Augusttage im Rostocker Stadthafen, am Warnowufer und am Warnemünder Passagierkai bietet die obligatorischen Shanty-Chöre und Fischverkäufer, buntes Markttreiben und jede Menge Live-Unterhaltung auf mehreren Bühnen. Aber im Mittelpunkt der Hanse Sail stehen die bis zu 300 Schiffe, vornehmlich älterer Bauart. Es ist das größte jährliche Treffen von Traditionsseglern weltweit: Windjammer, Hansekoggen, Vintage-Yachten und betagte Museumsdampfer schaukeln um die Wette. Den besten Blick auf das bunte Treiben unter hohen Segeln hat man von den beiden Hafenmolen in Warnemünde.

www.hansesail.com

447

448

Zu den schönsten Ostseestränden

Darßer Ort und Pramort

Die schönsten Stellen der Inselkette Fischland-Darß-Zingst erreicht man nicht mit dem Auto, sondern nur zu Fuß oder mit dem Fahrrad. Besonders beliebt und sehr lohnend ist die Wanderung bzw. Radtour von Prerow zum 160 Jahre alten Leuchtturm am Darßer Ort – hin und zurück etwa 10 km. Im Leuchtturm befindet sich das »Natureum«, eine Außenstelle des Meeresmuseums in Stralsund (von Nov. bis April Mo, Di geschl.). Turmbesteigungen sind ebenfalls möglich. Ein schöner Rundweg durch die Dünenlandschaft ist ausgeschildert. Der unberührte Darßer Weststrand erstreckt sich vom Leuchtturm noch viele Kilometer nach Süden, zum Land hin geschützt durch den Darßer Urwald. Sehr lohnend ist auch die Radtour von Zingst über die Sundische Wiese (Einkehr im Restaurant des Hotels) bis zum Ende der Insel bei Pramort. Hier ist eine eindrucksvolle Dünenlandschaft zu bestaunen. Hin und zurück ist man 43 km unterwegs.

Tourismus Fischland-Darß-Zingst, Barther Straße 16, Löbnitz; Tel. 03 83 24/64 00; www.tv-fdz.de

449 Der »Rasende Roland«
Rügen

Mit seiner bizarren Küstenlinie ist die größte deutsche Insel eines der beliebtesten Urlaubsziele der Nation. Trotz kilometerlanger Sandstrände – klassisch zwischen Prora/Binz und Thiessow im Osten, am schönsten auf der schmalen Landzunge der Schaabe im Norden zwischen Glowe und Kap Arkona – ist Rügen aber nicht nur eine Badeinsel. Fast 300 km Alleen, meist im 19. Jh. angelegt, führen durch die liebliche Landschaft. Man erlebt sie sehr schön bei Eisenbahnfahrten mit dem »Rasenden Roland« zwischen Lauterbach, Putbus, Binz, Sellin und Göhren. Und wie der Roland rast: Die Höchstgeschwindigkeit beträgt 30 km/h.

Tel. 03 83 01/88 40 12;
www.ruegensche-baederbahn.de

450 Insel im Bodden
Hiddensee

Die lange, dünne Insel vor der Westküste Rügens sieht ein bisschen aus wie Sylt – aber nur auf der Karte. Hiddensee liegt mitten im Nationalpark Vorpommersche Boddenlandschaft, zeigt nach Nordwesten eine beeindruckende Steilküste und ist längst kein Geheimtipp mehr. Oft tritt die vielgerühmte Ruhe erst am Abend ein – dann nämlich, wenn die Ausflügler von Rügen (Schaprode) und Stralsund, die am Tag über die wellige, von Büschen bestandene Heide zum Leuchtturm Dornbusch (eines *der* Postkartenmotive an der Ostseeküste) spaziert sind, wieder die Schiffe besteigen. Hauptort der Insel ist Kloster, das nördlichste der drei Inseldörfer. Hier befinden sich auch das Sommerhaus und das Grab des Schriftstellers Gerhart Hauptmann.

Vitte/Achtern Diek 18a;
Tel. 03 83 00/60 86 85;
www.seebad-hiddensee.de

451 Weiße Flotte
Schwerin

Unmittelbar gegenüber dem Schloss, an der Werderstraße, legen die netten Schiffe der Weißen Flotte ab. Schöner Standard sind die Rundfahrten auf dem Schweriner (Innen-)See bei Kaffee und Kuchen auf dem Oberdeck. Man kann die Fahrt auch unterbrechen – etwa zum Baden am Zippendorfer Strand oder zu einem kleinen Spaziergang über die idyllische, unter Naturschutz stehende Wald- und Wieseninsel Kaninchenwerder. Regelmäßige Sonderfahrten über Heiden- und Ziegelsee zum Seehotel nach Frankenhorst.

Anleger Schloss, Werderstr. 140;
Tel. 03 85/55 77 70;
www.weisseflotteschwerin.de

Hausbootferien
Röbel/Müritz

452

Mehrere Abschnitte des gigantischen Wasserstraßennetzes von Seen, Flüssen und Kanälen stehen auch Gelegenheits-Skippern ohne Führerschein auf Hausbooten offen, solange diese maximal 15 m lang und 12 km/h schnell sind. Nach einer Einweisung durch den Vermieter kann es losgehen: über die Mecklenburgischen Großseen einschließlich der Müritz (Westufer) und über die Kleinseenplatte in Brandenburg und Mecklenburg bis zur Schleuse Liebenwalde. Alle wichtigen Infos in der Broschüre »Das blaue Paradies« beim Tourismusverband.

Tourismusverband, Turnplatz 2; Tel. 03 99 31/53 80; www.mecklenburgische-seenplatte.de

453

Unterwegs mit der »Molli«
Bad Doberan – Kühlungsborn

Kühlungsborn ist der größte Badeort Mecklenburg-Vorpommerns, er besitzt auch die längste Strandpromenade (3150 m). Man kann, nein, man sollte ihn erreichen wie schon seit 1886: mit der »Molli«. Die dampfgetriebene Schmalspurbahn braucht ungefähr 40 Minuten für die 15 km lange Strecke. Dabei hält sie auch in Heiligendamm. Im ersten deutschen Seebad überhaupt (gegründet 1793) schotteten sich im Juni 2007 beim Weltwirtschaftsgipfel die Regierungschefs der G8-Staaten im luxussanierten alten Kurhaus vor protestierenden Globalisierungsgegnern ab. Heute darf man auch mal wieder »nur mal gucken« herkommen. Das Grand Hotel ist schlicht und einfach eine Augenweide, und seine Lage an der Ostsee ist toll.

Am Bahnhof; Tel. 03 82 93/43 13 31; www.molli-bahn.de

454

Kaiserbäder

Ahlbeck • Heringsdorf • Bansin

An den breiten Sandstränden im Südosten der Insel Usedom liegen die »Kaiserbäder«. Verbunden durch eine 9 km lange Strandpromenade und über 500 historische Bädervillen, sind Ahlbeck, Heringsdorf und Bansin Urlaubsorte von ungewöhnlicher Eleganz. Eine besondere Sehenswürdigkeit und Wahrzeichen der ganzen Insel ist die historische Seebrücke von Ahlbeck. Genauso interessant, aber sehr viel moderner, ist die Seebrücke von Heringsdorf – mit 508 m die längste Seebrücke ihrer Art in Deutschland. Dass die Seebäder ursprünglich aus Fischerdörfern gewachsen sind, ist bei aller Mondäne und Noblesse bis heute spürbar. Fischerboote am Strand und frisch geräucherter Fisch aus der Fischerhütte gehören zum unverwechselbaren Charme der Kaiserbäder. Gleich hinter den drei Seebädern wiederum öffnet sich das Tor in ein herrliches Naturreich. Weitläufige Buchenwälder reichen bis in die Seebäder hinein und laden nicht nur an heißen Sommertagen zu herrlichen Wanderungen und Ausflügen ein.

KaiserbäderTourismusService GmbH; Waldstraße 1; Tel. 03 83 78/2 44 44; www.kaiserbaeder-auf-usedom.de

Niedersachsen

Vom Nordseestrand in Ostfriesland bis zum Bergwald im Harz ist es ungefähr so weit wie vom Westfälischen Frieden in Osnabrück bis zur gesamtdeutschen Automobilisierung in Wolfsburg. Auf diesem großen und meistens flachen Land hat eine Menge Geschichte Platz. Die Menschen sprechen verständlich. Nur nicht in Ostfriesland.

Schiffbau im 21. Jh. Die Meyer-Werft in Papenburg schraubt mal wieder an der Firmenbilanz.

Autostadt
Wolfsburg

455

Der touristische Ableger des VW-Werks ist Museum, Erlebniszentrum und, welch schöne Dialektik, Fußgängerzone. 2000 wurde die Autostadt eröffnet, als dezentrales Projekt der EXPO in Hannover, und schon in den ersten zwei Jahren besuchten etwa 5 Millionen Menschen das 25 Hektar große Gelände. Verstreut in einer großen Garten- und Teichlandschaft, wie gemacht für Teletubbies, liegen hinter dem großen »KonzernForum« am Mittellandkanal das »ZeitHaus«, die Marken-Pavillons und schließlich die beiden 48 m hohen, nachts beleuchteten Autotürme, Wahrzeichen der Anlage. Plätze zur Werksführung an Produktionstagen (Mo–Fr) ab 9 Uhr werden nach Verfügbarkeit vergeben. Dazu gibt es neun Restaurants, die Besuchern »die besten Naturprodukte« bieten: »regionale Erzeugnisse, vorwiegend nach ökologischen Grundsätzen produziert«. Ob die Autostadt demnächst auch durch ein Mausoleum für den Dieselmotor erweitert wird, stand bei Redaktionsschluss nicht fest.

Stadtbrücke; Tel. 08 00/2 88 67 82 38; www.autostadt.de

456

Herzog-August-Bibliothek
Wolfenbüttel

Mit seinem heilen Fachwerk-Stadtbild begeistert Wolfenbüttel, 12 km südlich von Braunschweig gelegen, die Besucher. Weltberühmt ist die Herzog-August-Bibliothek, in der die Geisteswelt des Mittelalters und der beginnenden Neuzeit beispielhaft konserviert ist. Größte Kostbarkeit ist das Evangeliar Heinrichs des Löwen aus dem Jahr 1188. Auch wertvolle Globen und alte Karten sind zu sehen.

Lessingplatz 1; Tel. 0 53 31/ 80 80; www.hab.de; Mo geschl.

457

Die Fachwerkstadt
Hann. Münden

Folgt man der Fulda von Kassel 25 km abwärts, erreicht man den Ort, wo sie mit der Werra zusammenfließt und zur Weser wird: die Drei-Flüsse-Stadt Hann(oversch) Münden. Auch wenn man es instinktiv bezweifeln möchte, ist das Ensemble aus rund 700 Fachwerkhäusern, das sich um die dicke St.-Blasius-Kirche ausbreitet, garantiert echt. Das älteste Haus datiert ins Jahr 1457 zurück.

Tourist-Information, Rathaus, Lotzestr. 2; Tel. 0 55 41/7 53 13; www.hann.muenden-tourismus.de

458

Altstadt
Göttingen

In der gut 1000-jährigen Geschichte Göttingens spielt die 1737 eröffnete, hochberühmte Universität eine vergleichsweise kurze, dafür aber umso eindrucksvollere Rolle: Mehr als 40 Nobelpreisträger haben hier schon gelernt und/oder gelehrt. Nach wie vor bestimmt die Uni das öffentliche Leben in der Stadt, mit vielen Bauwerken prägt sie auch die Architektur Göttingens, das mit dem Alten Rathaus und der Johanniskirche zwei schöne Bauwerke aus dem 14. Jh. vorzuweisen hat. Im östlichen Altstadtbereich stehen viele schöne Fachwerkhäuser.

Tourist-Information, Markt 8; Tel. 05 51/49 98 00; www.goettingen-tourismus.de

459 Schloss
Jever

Die fernsehbekannte Bierstadt (»friesisch-herb«) besitzt mit ihrer Brauerei und dem prächtigen Schloss zwei Sehenswürdigkeiten. Letzteres erhielt seine heutige Gestalt im 16. Jh. Das Schlossmuseum vermittelt einen sehr originellen Zugang zur Geschichte des reichen friesischen Bauernlandes: Hier sind nicht nur alte Kleider und Wohnstuben zu sehen – und im Audienzsaal eine fantastische Renaissance-Kassettendecke! –, sondern auch Zeugnisse der neueren Geschichte und Sonderausstellungen.

Schlossplatz 1;
Tel. 0 44 61/96 93 50;
www.schlossmuseum.de;
im Winter Mo geschl.

460 Nordwolle
Delmenhorst

2 4 Hektar umfasst diese Stadt in der Stadt, eines der herausragenden Industriedenkmäler in Europa. Die 1884 gegründete »Norddeutsche Wollkämmerei & Kammgarnspinnerei« ist nach der Stilllegung 1981 zum Glück nicht abgerissen worden. Wohnungen, Bildungsstätten, Gastronomie- und Kulturbetriebe bilden heute einen eigenen Stadtteil von Delmenhorst. Im Turbinenhaus, der »Kathedrale der Arbeit«, wurde das Museum für Industriekultur eingerichtet.

Am Turbinenhaus 10–12;
Tel. 0 42 21/2 98 58 20;
www.delmenhorst.de/nordwolle; Mo, Sa geschl.

461 Schloss
Celle

Das Celler Schloss ist eine Architektur gewordene Zeitreise vom frühen 14. bis in die Mitte des 19. Jh.: So lange wurde an der großartigen Residenz gebaut, und man erkennt heute noch, wie aus der mittelalterlichen Ritterburg der Renaissancepalast wurde und schließlich das vierflügelige Barockschloss mit seinen prächtigen Staatsgemächern, das heute den Gesamteindruck bestimmt. Besondere Sehenswürdigkeiten der Anlage sind auch das Residenzmuseum (Mo geschl.) und das älteste, heute noch bespielte Barocktheater Deutschlands.

Schlossplatz 1; Tel. 0 51 41/
9 09 08 50; www.schloss-celle.de

462

Kunsthalle
Emden

Kulturelles Highlight der westlichsten deutschen Hafenstadt ist die Kunsthalle, gestiftet vom ehemaligen Stern-Verleger Henri Nannen (1913–1996), der viele deutsche Expressionisten der »Brücke« und des »Blauen Reiter« neben Vertretern der Neuen Sachlichkeit sammelte. Malerei aus der zweiten Hälfte des 20. Jh. steuerte der Galerist Otto van de Loo mit seiner Sammlung bei.

Hinter dem Rahmen 13; Tel. 0 49 21/97 50 50; www.kunsthalle-emden.de; Mo geschl.

463

Jade Weser Port
Wilhelmshaven

Am 21. September 2012 ging es richtig los im Terminal für die größten Containerschiffe der Welt mit gut 400 m Länge, mehr als 16 m Tiefgang und einer Transportkapazität von über 11 000 Containern. Terminal für Besucher ist ein Betoncontainer mit einer kleinen, aber gut gemachten Ausstellung über das Projekt und über das Containerwesen im großen Runden und eckigen Ganzen. Man scannt einen Container auf Schmuggelware, man übt am Simulator das Anlegen mit so einem dicken Pott – oder man schaut anderen dabei auf der Riesenleinwand zu.

Am tiefen Fahrwasser 11; Tel. 0 44 21/7 71 90 91; www.jadeweserport-infocenter.de

Stadtbummel
Bad Essen

464

Bad Essen ist nicht nur ein bekanntes Thermalsole-Heilbad. Das bald 1000 Jahre alte Städtchen östlich von Osnabrück besitzt auch einen ungemein fotogenen Kirchplatz und die vielleicht schönste Apotheke Deutschlands (an der Nikolaistraße) sowie zahlreiche schmucke Fachwerkbauten. Lohnend ist auch der 2-km-Abstecher in die Ortschaft Harpfenfeld: Dort sind das Wasserschloss Hünnefeld mit seinem Privatmuseum (Anmeldung: Tel. 0 54 72/44 28; www.schloss-huennefeld.de) und – nur an Wochenenden im Sommer – der Schlosspark zu besichtigen.

Tourist-Info, Lindenstr. 25; Tel. 0 54 72/9 49 20; www.badessen.info

Kaiserdom

Königslutter

465

Er ist der kleinste der deutschen Kaiserdome und eines der großartigsten romanischen Baudenkmäler im Land. Bemerkenswert sind die Steinmetzarbeiten und der wunderschöne Kreuzgang. Unweit des Doms steht die eindrucksvolle Kaiser-Lothar-Linde, die 1135, im Jahr des Baubeginns, gepflanzt worden sein soll.

Vor dem Kaiserdom;
Tel. 0 53 53/91 21 29;
www.koenigslutter-kaiserdom.de

466

Herrenhäuser Gärten

Hannover

1943 ging die Sommerresidenz des hannoverschen Herrscherhauses nach Luftangriffen in Flammen auf. Bis 1966 war immerhin der berühmte Park mit der höchsten Gartenfontäne Europas wiederhergestellt. Die Anlage entstand ursprünglich zwischen 1696 und 1714. Wie am Computer entworfen, bilden die akkurat beschnittenen Hecken geometrische Muster. Ihre Länge summiert sich auf mehr als 35 km. Runde und bunte Kontraste schuf die französisch-schweizerische Künstlerin Niki de Saint Phalle in einer dreiräumigen Grotte mit Glas- und Spiegelmosaiken (2001–2003).

Herrenhäuser Str. 4; Tel. 05 11/16 83 40 00;
www.hannover.de/herrenhausen

467

Hüttenwerk
Salzgitter-Watenstedt

Es gibt sie noch, die deutsche Schwerindustrie. In Salzgitter wird nicht Kunst oder Kultur produziert wie in der Völklinger Hütte, sondern harter Flachstahl für den Fahrzeug- und Röhrenbau. Wer sich (sehr) frühzeitig anmeldet, erlebt bei der dreistündigen Führung über das riesige Werksgelände sehr sinnlich, wie das so ist, wenn 1600 Grad heißes Eisen aus dem Hochofen zischt.

Eisenhüttenstr. 99; Tel. 0 53 41/21 01; www.salzgitter-flachstahl.de

468

Dom und Dommuseum
Hildesheim

Eigentlich ist es der dritte Hildesheimer Dom, den die UNESCO zum Welterbe erklärt hat. Der erste, 872 erbaut, stand knappe 200 Jahre. Der zweite, auf den Grundmauern des ersten zwischen 1054 und 1079 errichtet, hielt bis zum Bombenangriff am 22. März 1945. Was Besucher heute bewundern, ist ein »Neubau« aus den Jahren 1950 bis 1960 – mit allen unangenehmen Eigenschaften eines Neubaus: von 2010 bis 2014 musste er bereits gründlich saniert werden. Heute sind Besichtigungen wieder möglich. Grandios ist auch der Domschatz im erst 2015 eröffneten Neubau des Dommuseums. Hier wird bedeutende sakrale Kunst aus dem 11. bis 13. Jh. gezeigt. Was man am Dom außerdem zu sehen bekommt, ist ein besonderer Schatz an der Außenseite der Apsis, im Innenhof des Kreuzgangs: den »Tausendjährigen Rosenstock«, der das Kriegsende als verkohlter Stumpf überlebte und neu austrieb. Sein genaues Alter ist unklar, die Legende führt ihn sogar bis ins Jahr 815 zurück.

Domhof 18–21; Tel. 0 51 21/30 77 60; www.dommuseum-hildesheim.de; Mo geschl.

469

Oker-Rundfahrt
Braunschweig

Die schönste Stadtrundfahrt macht man mit dem Boot. Auf der Oker kann man zuerst rundherum schippern – gern mit einem Zwischenstopp am Beachclub der »Okercabana«. Hinterher zu Fuß in die Altstadt: Nach dem Krieg wurden die wichtigsten Straßen und Plätze der ehemals größten, von Bomben fast völlig zerstörten Fachwerkstadt Deutschlands wiederaufgebaut. Burgplatz und Dom (ursprünglich 12. Jh.) sowie der Altstadtmarkt mit dem gotischen Rathaus präsentieren sich heute so prächtig, als wäre nichts geschehen.

Kurt-Schumacher-Str. 26 a; Tel. 05 31/2 70 27 24; www.okertour.de

470

Meyer-Werft
Papenburg

Meyers haben einen Hang zum Größeren: 335,35 m lang und 39,7 m breit ist der Luxusliner »Genting Dream«, der ihre Montagehalle am 18. September 2016 verließ. Die Halle ist 504 m lang, 125 m breit und 75 m hoch – das größte überdachte Baudock der Welt. Es gibt noch ein zweites Baudock, dazu weitere große und sehr große Hallen. Und es gibt seit 2007 ein Besucherzentrum. Hier erfährt man die unglaubliche Geschichte von der Werft im Moor, die Wilm Rolf Meyer 1795 gründete. Bis in die 1970er-Jahre wurden die Schiffe mitten in der Stadt gebaut, das neue Werftgelände liegt etwas außerhalb. Besuch nur nach Anmeldung.

Ölmühlenweg 21;
Tel. 0 49 61/8 39 60;
www.papenburg-tourismus.de
www.meyerwerft.de

471

Mühlenmuseum
Gifhorn

13 Wind- und Wassermühlen stehen im Landschaftspark beim Welfenschloss: von der Tiroler Wassermühle über das windbetriebene Modell Mykonos bis zur Wassermühle aus Korea. Dazu sind 45 Modelle zu sehen, eine russisch-orthodoxe Holzkirche und der einem altrussischen Klosterbau nachempfundene Glockenpalast – ein europäisches Kunsthandwerker-Institut.

Bromer Str. 2;
Tel. 0 53 71/5 54 66;
www.muehlenmuseum.de

472

Sprengel-Museum
Hannover

Wer war Kurt Schwitters? Ein 1887 in Hannover geborener, romantischer, impressionistischer und expressionistischer Dada-Konstruktivist und -Collagist, der seine Kunst »Merz« nannte (nach der zweiten Silbe von Commerzbank). Sein Werk steht im Mittelpunkt der Sammlung. Doch auch (fast) alle anderen großen Namen der bildenden Kunst des 20. Jh. sind vertreten. Ohne Frage eines der wichtigsten modernen Kunstmuseen Deutschlands – ganz besonders nach der Eröffnung des anthrazitfarbenen Erweiterungsbaus im Herbst 2015.

Kurt-Schwitters-Platz; Tel. 05 11/16 84 38 75; www.sprengel-museum.de; Mo geschl.

473

Zoo
Hannover

Schon bei seiner Eröffnung am 4. Mai 1865 hatte der Hannoveraner Zoo eher den Charakter eines Landschaftsgartens mit Tieren. Nach seiner Modernisierung – einem Projekt der Expo 2000 – heißt das Motto nun »Mittendrin statt nur davor«: Käfighaltung ist out, die Tiere leben in sieben offenen »Themenwelten« (von Sambesi über die Yukon Bay und den Dschungelpalast bis zu Meyers Hof mit seinen Haustierrassen), es gibt verschiedene Shows und Schaufütterungen und überhaupt alle Inszenierungen, die ein Tierpark im 21. Jh. seinen anspruchsvollen Besuchern bieten muss.

Adenauerallee 1;
Tel. 05 11/28 07 40;
www.zoo-hannover.de

Altstadt
Goslar

474

Wenn eine Stadt mehr als 1000 Jahre alt, in dieser Zeit nie wirklich kaputt gegangen und früher auch mal sehr bedeutend gewesen ist, dann kann die UNESCO gar nicht anders. Das Welterbe der Goslarer Altstadt ist tatsächlich eine Augenweide – und eben keine Rekonstruktion, sondern sorgfältig renovierte Kontinuität. Blickfang ist die Marktkirche mit ihren beiden unterschiedlichen Turmspitzen, weitere schöne Gebäude um den Marktplatz sind das gotische Rathaus, die ehemalige Kämmerei und die Kaiserworth.

Tourist-Information, Markt 7; Tel. 0 53 21/7 80 60; www.goslar.de

475

Bergwerk Rammelsberg
Goslar

Das Bergwerk hat genau genommen schon mehr als 1000 Jahre in den Gesteinen, aber »erst« seit 968 klopfen Menschen darin herum. Sie klopften bis ins Jahr 1988, ohne Unterbrechung. Welterbe! Den riesigen Erzlagerstätten im Rammelsberg verdankte Goslar seinen frühen Reichtum – und nach der endgültigen Stillegung ein phantastisches Schau- und Museumsbergwerk, wie es kein zweites gibt, weltweit.

Bergtal 19; Tel. 0 53 21/75 00; www.rammelsberg.de

476

Riddagshausen
Braunschweig

Wohnort, Kulturdenkmal, Naturschutz- und Naherholungsgebiet. 1934 wurde das hübsche Dorf im Osten von Braunschweig eingemeindet. Heute leben die rund 700 Riddagshausener wie in einem Landschaftspark. Von den 28 Teichen, die Mönche des ehemaligen Zisterzienserklosters angelegt hatten, sind elf Teiche übrig geblieben. Eisvögel leben dort. Eindrucksvoll ist die Klosterkirche mit ihrer schlichten Architektur. 1275 geweiht, gehört sie nach dem Magdeburger Dom zu den ältesten gotischen Bauwerken in Deutschland.

Tourist-Info Braunschweig, Kleine Burg 14; Tel. 05 31/4 70 20 40; www.riddagshausen.de

477

Felix-Nussbaum-Haus
Osnabrück

1904 kam Felix Nussbaum in Osnabrück zur Welt, 1944 starb der jüdische Maler in den Gaskammern von Auschwitz. Besonders beeindruckend sind seine späten Werke wie das »Selbstbildnis mit Judenpass« oder »Soir«, das ihn neben seiner Frau zeigt. Beeindruckend ist auch das Museum selbst: mehr Raumskulptur als Haus, mit schiefen Böden, Fensterzacken und Wandkeilen – entworfen von Daniel Libeskind.

Lotter Str. 2; Tel. 05 41/ 3 23 22 07; www.osnabrueck.de/fnh; Mo geschl.

478

Kunstmuseum
Wolfsburg

1994 entstand diese durchsichtige »Stadtloggia« mit ihrem weit überspannenden Glasdach. Um die 40 x 40 m große und 16 m hohe zentrale Halle liegen auf drei Seiten die Ausstellungsräume – und in denen wird kompromisslos zeitgenössische Kunst ausgestellt – etwa von Anselm Kiefer und Thomas Schütte.

Hollerplatz 1; Tel. 0 53 61/2 66 90; www.kunstmuseum.de; Mo geschl.

479

Maritime Meile

Wilhelmshaven

Mit der Kaiser-Wilhelm-Brücke (1907) besitzt Wilhelmshaven die größte Drehbrücke Europas – und auf seiner Maritimen Meile neben dem schönen Aquarium und dem Wattenmeerhaus, dem offiziellen Zentrum des Nationalparks, zwei sehr sehenswerte Museen. Das moderne, interaktive Küstenmuseum zeigt das Leben der Menschen mit Sturmfluten und Deichbauten, mit rebellierenden Matrosen, zwei Kaisern und einem vor Baltrum gestrandeten Pottwal. »Oldschoolig«, im besten Sinn, ist das Marinemuseum: Hier geht man über die Decks des Lenkwaffenzerstörers »Mölders«, des größten Museumsschiffs der Deutschen Marine, und windet sich durch die klaustrophobische Enge der U 10. Hafenrundfahrten mit den museumseigenen Barkassen führen zum Marinearsenal, wo die grauen Riesen im vormusealen Zustand liegen.

Wilhelmshaven Touristik,
Ebertstr. 110;
Tel. 0 44 21/91 30 00;
www.wilhelmshaven.de

480

Altstadt
Hameln

Der Rattenfänger, na klar. Bunt kostümiert geht er mit seiner Flöte voran, dahinter die nicht ganz so bunte Schar der Besucher … Das übliche Touristenprogramm kann man mitmachen. Muss man nicht mitmachen. Hameln hat viel mehr zu bieten als die Sage aus dem Jahr 1284, als der Papageno die Stadt zuerst von den Ratten befreite und dann, da man es ihm nicht dankte, auch von den Kindern. Schönste Weserrenaissance ist neben den Straßen zu sehen, ein Haus prächtiger als das andere.

Tourist-Info, Deisterallee 1; Tel. 0 51 51/95 78 23; www.hameln.de

481

Phaeno Wissenschaftsmuseum Wolfsburg

Anfassen und mitmachen ist ausdrücklich erwünscht. »Deutschlands größtes Science Center« bietet Erlebnisdidaktik pur: Da stehen beim Griff an die Silberkugel die Haare zu Berge, da wandern Feuertornados und Nebelringe. Und der Spaß kommt nicht zu kurz: Man veranstaltet schon mal ein Seifenblasenfestival. Eine Schau ist natürlich auch die futuristische Architektur von Zaha Hadid.

Willy-Brandt-Platz 1; Tel. 0 53 61/89 01 00; www.phaeno.de; Mo geschl.

Knochenhauer Amtshaus
Hildesheim

482

Am *schönsten* Marktplatz zumindest Deutschlands steht das Knochenhauer Amtshaus, das *schönste* Fachwerkhaus der Welt. Die Superlative mögen ja einen gewissen Wahrheitsgehalt besitzen, doch sollte man auch bedenken, dass die *schönste* Kulisse in Hildesheim ebendas ist: eine Kulisse. Nach seiner Zerstörung im Bombenhagel des Zweiten Weltkriegs 1945 wurde das ehemalige Gildehaus der Fleischer, Baujahr 1529, von 1986 bis 1990 in alter Technik rekonstruiert. Heute ist es ein Restaurant.

Rathausstr. 20; Tel. 0 51 21/1 79 80; www.hildesheim.de

483

Michaeliskirche
Hildesheim

Ihr größter Schatz ist mit Sicherheit die in Europa nahezu einzigartige bemalte Holzdecke aus der Zeit um 1200. Sie zeigt den Stammbaum Christi. Nicht ganz sicher ist, ob die berühmten bronzenen Bernwardstüren von 1015, die bereits 20 Jahre später am Dom angebracht waren, nicht ursprünglich für die Michaeliskirche bestimmt waren. So oder so gilt der Kirchenbau, von 1010 bis 1033 auf einem kleinen Hügel am Westrand der Innenstadt errichtet, als eines der wichtigsten deutschen Baudenkmäler aus vorromanischer Zeit.

Michaelisplatz 2;
Tel. 0 51 21/1 79 80;
www.hildesheim.de/unesco

484

Landesmuseum
Braunschweig

Eines der größten historischen Museen in Deutschland. Es zeigt einen Querschnitt durch alle Bereiche des alten Lebens: Wohnen und Arbeiten, Kunsthandwerk und Technik, Volkskunde und Kulturgeschichte.

Burgplatz 1; Tel. 05 31/1 21 50;
www.landesmuseum-bs.de;
Mo geschl.

485

Hafen
Greetsiel

Nahezu alle Insel-, Küsten- und Wattflächen gehören zum Nationalpark Niedersächsisches Wattenmeer, der seit 2009 UNESCO-Welterbe ist und gleichzeitig Mittelpunkt einer der klassischen deutschen Ferienregionen. Hinter der Kette der Ostfriesischen Inseln liegen am Festland die »Sielhäfen« wie Greetsiel, das einen der schönsten Fischerhäfen an der ganzen Nordsee besitzt.

Tourist-Info, Zur Hauener Hooge 11; Tel. 0 49 26/9 18 80;
www.greetsiel.de

486

Dom und Domschatz
Osnabrück

Seine Ursprünge liegen im 8 Jh. – bei Karl dem Großen. Zur Ausstattung gehören das riesige Triumphkreuz (1230), das etwa zur selben Zeit entstandene Bronzetaufbecken und der Flügelaltar. Kostbare Reliquiare und liturgische Geräte sind im Diözesanmuseum zu sehen, darunter ein mit Edelsteinen reich verziertes Kapitelkreuz aus der Mitte des 11. Jh. (Mo geschl.).

Domhof 12; Tel. 05 41/31 84 81;
www.bistum-osnabrueck.de

488

Kaiserpfalz
Goslar

Kaiser müssen reisen, und früher konnten solche Reisen dauern. Quartier nahmen die Herrscher in »Pfalzen«, die prächtig ausgebaut waren. In Goslar stand eine der wichtigsten. Und sie steht immer noch – etwa seit 950 Jahren. Am Fuß des Rammelsberges erbaut, war sie ungefähr 200 Jahre lang der Brennpunkt der deutschen Geschichte. Heute gilt das 54 m lange und 18 m tiefe Kaiserhaus mit seinen beiden übereinander liegenden Sälen als der größte Profanbau der deutschen Romanik. Im unteren Saal steht der Kaiserthron aus der zweiten Hälfte des 11. Jh. Weitere erhalten gebliebene Gebäude auf dem Areal sind die Vorhalle der ehemaligen Stiftskirche (um 1150) und die Ulrichskapelle.

Kaiserbleek 6; Tel. 0 53 21/3 11 96 93; www.goslar.de

487

Iberger Höhlen
Bad Grund

Die Tropfsteinhöhle ist weniger spektakulär als die hochmoderne Inszenierung außen rum: Das »Museum im Berg« erzählt die Geschichte der ältesten genetisch nachgewiesenen Familie der Welt. DNA-Analysen von Knochenfunden in der Lichtensteinhöhle belegen die ununterbrochenen Familienbande der Lichtensteiner über die letzten 3000 Jahre.

An der Tropfsteinhöhle 1; Tel. 0 53 27/82 93 91; www.hoehlen-erlebnis-zentrum.de; Nov.–Juni und Sep. Mo geschl.

489

Freilichtmuseum
Papenburg

Papenburg ist ein Phänomen: die längste und älteste Moorkolonie Deutschlands. Heute leben hier 35 000 Einwohner entlang der 15 km langen Hauptstraße. Kanäle prägen das Stadtbild Papenburgs. Ursprünglich angelegt, um Landwirtschaft zu ermöglichen, wurden sie später als Transportwege genutzt. Heute flaniert man am Hauptkanal entlang, fotografiert Zugbrücken, historische Zweimaster und alte Frachtschiffe. Und kann es kaum glauben: 1850 gab es hier, 40 km von der Nordsee entfernt, 23 Werften – mehr als in Bremen!

Von-Velen-Anlage, Splitting rechts 56; Tel. 0 49 61/7 37 42; www.von-velen-anlage.de

490

Museum und Park
Bramsche-Kalkriese

War er »Deutscher« oder Römer? Schwer zu sagen. Hermann oder eben Arminius, Fürst vom Stamm der Cherusker, war wohl beides: ein moderner Mensch, der zwischen den Kulturen pendelte. Er besaß das römische Bürgerrecht und leistete dem Imperium als Führer einer Auxiliareinheit wahrscheinlich sogar Militärdienste. Im Jahre 9 n. Chr. stand er jedenfalls auf der Seite der Germanen, die unter seiner Führung nahe dem heutigen Osnabrück, nördlich des Teutoburger Waldes, drei Legionen unter Führung des römischen Statthalters Varus niedermetzelten. Es war ein großer Sieg, der später zum deutschen Nationalmythos umgedeutet wurde. Der ganz große Rummel – 2000 Jahre »Varusschlacht« – war 2009. Jetzt ist man im Museumspark in Kalkriese längst wieder zum Alltag zurückgekehrt: zum Blick auf das ehemalige Schlachtfeld und auf rund 3000 Fundstücke in der neu konzipierten Ausstellung. Sehr eindrucksvoll und lohnend.

Venner Str. 69;
Tel. 0 54 68/9 20 40;
www.kalkriese-varusschlacht.de;
Nov.–März Mo geschl.

491

Horst Janssen Museum
Oldenburg

Er war einer der eigenwilligsten und genialsten deutschen Zeichner und Graphiker im 20. Jh. – und er trank zuviel. Horst Janssen (1929–1995), in Oldenburg aufgewachsen, lebte und arbeitete exzessiv. Traditioneller Techniken bediente er sich mit größter Könnerschaft und Virtuosität. Seine eindrucksvollen Werke sind (neben bedeutenden Sonderausstellungen) seit 2000 in einem avantgardistischen Neubau zu sehen.

Am Stadtmuseum 4–8; Tel. 04 41/2 35 28 91; www.horst-janssen-museum.de; Mo geschl.

492

Landesmuseum Natur und Mensch
Oldenburg

Hier wird gezeigt, wie Mensch und Natur zusammen (Kultur-)Landschaft gestalten. Geologie, Biologie und Geschichte werden wie Kunst vermittelt – so, dass sie überraschen, Spaß machen und auch noch sehr gut anzusehen sind.

Damm 38–44; Tel. 04 41/40 57 03 00; www.naturundmensch.de; Mo geschl.

493

Kloster
Walkenried

Das Zisterzienser-Kloster am Harzer Südrand wurde 1127 gegründet und war bis ins 14. Jh. eine wirtschaftliche Großmacht in Norddeutschland. Von der großen Klosterkirche sind nur noch stimmungsvolle Mauerreste erhalten geblieben, im wunderbar restaurierten Kreuzgang finden Konzerte statt. Interessantes, modern konzipiertes Museum.

Steinweg 4a; Tel. 0 55 25/ 9 59 90 64; www.kloster-walkenried.de; Mo geschl.

494

Windstärke 10
Cuxhaven

Cuxhaven ist nicht nur eine wichtige Hafenstadt, wie der Blick von der Aussichtsplattform der »Alten Liebe« auf Fischtrawler und Containerschiffe verrät, sondern seit 1816 Seebad mit mehreren Sand- und Grünstränden. Die Sehenswürdigkeiten sind natürlich maritim: das Feuerschiff »Elbe 1«, der Fischereihafen und die »Windstärke 10« in der Ohlroggestr. 1, in dem das frühere Wrack- und Fischereimuseum eine neue Heimat gefunden hat. In zwei historischen Fischpackhallen wird multimedial vom Leben mit Wind und Wellen, von Seenot und Fischerei erzählt (www.windstaerke10.net, Mo geschl.).

CUX-Tourismus, Cuxhavener Str. 92; Tel. 0 47 21/40 42 00; tourismus.cuxhaven.de

495

Der Achtermann
Goslar

Die klassischen Hotelzimmer im großen Tagungshotel an der Fußgängerzone sind komfortabel und eher nüchtern eingerichtet, die Suiten bieten dagegen eine außergewöhnliche Optik zwischen Fachwerk und Design. Ansprechender Wellnessbereich und leckere Regionalküche in den schönen »Altdeutschen Stuben«.

Rosentorstr. 20; Tel. 0 53 21/7 00 00; www.der-achtermann.de; €€

496

Atlantic Hotel
Wilhelmshaven

Von der riesigen Terrasse der Kaiser-Wilhelm-Suite genießt man ein 270-Grad-Panorama über Häfen, Watt und Wasser. Wem die (zugegeben) tolle Suite zu teuer ist, bekommt für deutlich weniger Geld immer noch eine Menge Aussicht. Die Lage des hellen Hotelriegels ist fabelhaft, der Südstrand ist schnell erreicht, zu den Museen der Maritimen Meile geht man etwas länger.

Jadeallee 50; Tel. 0 44 21/77 33 80; www.atlantic-hotels.de/hotel-wilhelmshaven; €€€

Sheraton Pelikan
Hannover

497

Industrieanlagen zu Designhotels: Hier, im nördlichen Ortsteil List, ist die Umwandlung ausgezeichnet gelungen. Von außen ein gründerzeitliches Schmuckstück, ist die ehemalige Pelikan-Schreibgerätefabrik von der Lobby über die Zimmer und Suiten bis hin zum Restaurant »5th Avenue« (euro-asiatische Küche) und zur eleganten »Harry's New York Bar« überzeugend-modern umgestaltet worden. Zum schicken Hotelambiente gibt es einen 24-Stunden-Service und Fitness satt im angeschlossenen »Physical Park«.

Pelikanplatz 31; Tel. 05 11/9 09 30; www.marriott.de/hotels/travel/hajsi-sheraton-hannover-pelikan-hotel/; €€€

498

Kastens Luisenhof
Hannover

Seine 150 Jahre stehen dem Grandhotel neben Hauptbahnhof und Oper sehr gut zu Gesicht. Schon die einfachen Komfortzimmer bieten ein unaufdringlich-elegantes Interieur, die Suiten dagegen puren Luxus. Im Wellness- und Fitness-Bereich auf dem Dach kann man in Saunen und bei Massagen entspannen.

Luisenstr. 1–3; Tel. 05 11/3 04 40; www.kastens-luisenhof.de; €€€

499

The Ritz-Carlton
Wolfsburg

Moderner Luxus und Service satt in einem der besten deutschen Hotels. Das Design verrät allerbesten Geschmack. Von der Lobby Lounge bis in die Zimmer und Suiten: Nichts ist cool, alles klar. Im Wintergarten wird ein ausgezeichnetes Frühstück serviert. Absoluter Hit im tollen Wellnessbereich ist der schwimmende 40-m-Outdoor-Pool im Hafenbecken vor der VW-Skyline. Gutes Restaurant »Terra« (saisonal-regionale Küche, auch vegetarisch und vegan), sehr stimmungsvolle »Newman's Bar« – und im »Aqua« mit Sven Elverfeld einer der besten Köche Europas.

Parkstr. 1; Tel. 0 53 61/60 70 00; www.ritzcarlton.com/de/hotels/germany/wolfsburg; €€€€

500

Van der Valk Hotel

Hildesheim

Außen Fachwerk und innen etwas Rokoko – jedenfalls keine Inszenierung des Mittelalters, sondern angenehm zeitloser Komfort mit einem Wellnessbereich, der diesen Namen tatsächlich verdient (Massagen und Kosmetikbehandlungen). Im Restaurant »Gildehaus« werden internationale Klassiker serviert.

Markt 4; Tel. 0 51 21/30 00; www.hildesheim.vandervalk.de; €€€

501

Romantik Hotel Walhalla

Osnabrück

320 Jahre hat es auf dem Fachwerk, das schöne Haus gegenüber dem Rathaus. Altes Gebälk und modernes Design halten sich im Inneren die Waage. Ansprechend ist die Wellness-Mansarde mit Bio-Sauna, Dampfbad, hautschonendem Solarium sowie fachkundigen Massagen und Anwendungen. Feine internationale Küche mit regionalen Noten im Restaurant.

Kleine Gildewart 11; Tel. 05 41/3 49 10; www.hotel-walhalla.de; €€

502

Ritter St. Georg

Braunschweig

Die helle Fassade eines der ältesten Braunschweiger Fachwerkhäuser verbirgt ein schön renoviertes Inneres. Barock ist der Eingang, barock ist auch die Holztreppe, die zu den Zimmern führt – in denen man trotz knorriger Deckenbalken natürlich kostenloses WLAN hat.

Alte Knochenhauerstr. 12; Tel. 05 31/39 04 50; www.prio-hotels.de/hotel-ritter-st-georg; €

503

Altera

Oldenburg

Mitten in der Fußgängerzone steht das moderne Hotel. Hier wird beispielhaft gezeigt, dass ein Design der »klaren Linie« keineswegs unterkühlt, sondern sehr behaglich wirken kann. Sehr schön ist der neue Wellnessbereich (mit Gym), wo man mit Hot-Stone-, Aromaöl- und Fußreflexzonenmassagen, Lymphdrainagen und anderen Anwendungen bestens bedient wird. Die Tagungsräume sind »Denkräume« und »magische Orte«. Na gut. Flammkuchen, Pasta und Dry Aged Beef in der Brasserie & Vinothek Michael Schmitz.

Herbartgang 23; Tel. 04 41/21 90 80; www.altera-hotels.de; €€

504

Vitalis
Greetsiel

2004 wurde die Wohlfühloase im schönen Hafenort Greetsiel eröffnet. Hier dreht sich alles um Thalasso – angefangen bei den (optionalen) Wasserbetten. Man kann unter verschiedenen Wellness-Anwendungen wählen – zum Beispiel mit individuell abgestimmten Algenmischungen –, ehe man zum abendlichen Gaumen-Thalasso im Hotelrestaurant »Mangold« einläuft. Wirklich wahr: Der frische Seefisch vom Greetsieler Fischmarkt tut Körper und Seele sehr gut. Vegan beommt man auch.

Hafenstr. 2;
Tel. 0 49 26/9 26 72 61;
www.hotel-vitalis-greetsiel.hotel-mix.de; €€€

505

Strandhotel Kurhaus
Juist

Groß, weiß und prächtig, so steht es seit 1898 auf den Dünen. Unter der hohen Glaskuppel befinden sich großzügige und sehr komfortabel eingerichtete Zimmer, überwiegend Suiten und Apartments. Bestens ausgestattet ist auch der Wellnessbereich. Wunderschönes Ambiente beim Dinner im »Weißen Saal« des Kurhauses.

Strandpromenade 1;
Tel. 0 49 35/91 60;
www.kurhaus-juist.de; €€€

506

Badhotel Sternhagen
Cuxhaven

Am Watt gelegen und in den besten Zimmern auch mit Blick auf dieses. Nach Erwerb des Nachbargrundstückes ist das Hotelareal noch weitläufiger, mit Sonnen- und Kaffeegarten am Meer. Schöne Zimmer, Suiten und Apartments, großes Wellnessangebot. Marc Rennhacks Restaurant »Sterneck« hat zwei Michelin-Sterne.

Cuxhavener Str. 86; Tel. 0 47 21/43 40, www.badhotel-sternhagen.de; €€€€

508

Wilde Triebe

Osnabrück

Das alte Sutthauser Bahnhofsgebäude beherbergt ein wahrhaft besonderes Restaurant. Ob auf der lauschigen Terrasse mit Koi-Karpfenteich und gusseiserner Badewanne, oder in den Backstein-Gasträumen – überall richtet sich der Blick auf das Detail. Das gilt nicht nur für die Einrichtung, sondern auch für die Speisekarte. Die Küche ist sehr produktbezogen und saisonal. Sogar das Service ist von Hand für das Restaurant getöpfert.

Am Sutthauser Bahnhof 5; Tel. 05 41/60 07 90 33; www.wilde-triebe.de; Di, Mi, Do geschl. €€€

507

Banter Ruine

Wilhelmshaven

Kultige Location am Hafen, gleich neben dem Atlantic Hotel. Hier isst man am besten Fisch, zum Beispiel Scholle Müllerin oder nach Finkenwerder Art. Oder tagesfrische Nordseekrabben, ganz klassisch mit Schwarzbrot und Spiegelei.

Jadeallee 61; Tel. 0 44 21/ 4 14 84; www.banter-ruine.de; Di geschl. €€

Fährhaus
Neßmersiel

Auf halber Strecke der ostfriesischen Nordseeküste, gegenüber der Insel Baltrum, liegt dieses Hotel mit seinem Fischrestaurant, in dem Chef Gerold Janssen und sein fünfköpfiges Team grandios aufkochen. Man genießt Küstenfisch-Bouillabaisse, allerlei Variationen von Nordseekrabben oder »nur« die Greetsieler Kutterscholle, man ist begeistert über die feinen Abstecher aufs Land (Deichlammrücken mit Gewürzkruste auf Speckbohnen-Tomaten-Gemüse), angetan von der ungezwungenen Atmosphäre und erfreut über die fairen Preise.

509

Dorfstr. 42;
Tel. 0 49 33/3 03;
www.faehrhaus-nessmersiel.de; €€

Das kleine Museum
Hannover

510

Der Name trifft es schon ganz gut – nur ist nicht ganz klar, um was für eine Art Museum es sich hier handelt. Unter der Decke baumeln zwei ausgestopfte Krokodile, weitere Ausstellungsstücke sind ein Schifferklavier und ein Flugzeugpropeller. In diesem kuriosen Ambiente werden Besucher mit richtig guter französischer Bistroküche verwöhnt, die fein schmeckt und nicht zu viel kostet.

Grotestr. 10;
Tel. 05 11/21 34 29 30;
www.facebook.com/KleineMuseum; €€

511

Ahrenshof
Bad Zwischenahn

Das Reetdach-Bauernhaus aus dem Jahr 1688 ist eine Schau, aber fast noch besser ist der riesige Garten davor. Egal ob drinnen oder draußen – hier isst man Ammerländer Klassiker wie den Sniertjebraten oder Aal – in Salbeibutter gebraten, gedünstet oder geräuchert.

Oldenburger Str.;
Tel. 0 44 03/47 11;
www.der-ahrenshof.de; €€

512

Aqua
Wolfsburg

Sven Elverfeld ist einer der Stars der deutschen 3-Sterne-Riege und in Europa einer der besten Köche überhaupt. »Einen feinsinnigen Künstler« nannte ihn der »Feinschmecker«. Wer seine Kunst essen möchte, sollte darin geübt und in der Lage sein, den sicher angemessenen Preis zu ignorieren. Das Besondere liegt bei Elverfeld in der raffinierten Interpretation des Alltäglichen – zum Beispiel bei seiner legendären Seezunge Finkenwerder Art.

Parkstr. 1; Tel. 0 53 61/60 60 56; www.restaurant-aqua.com; So, Mo, Di geschl. €€€€

513

Brauhaus Ernst August
Hannover

Sehr rustikal und nicht überaus leise geht es hier zu, ganz nah beim historischen Marktplatz. Zur leckeren Hausmannskost lässt man sich das naturtrübe Hanöversch aus Bio-Rohstoffen schmecken. Und wer will, kann dann noch in der Disco oder zu Live-Musik abtanzen. Freitag und Samstag hat man bis 3.30 bzw. 4.30 Uhr geöffnet, sonst nur bis 0 Uhr.

Schmiedestr. 13; Tel. 05 11/36 59 50; www.brauhaus.net; €

Oltmanns

Friedeburg

514

Es ist so ein Wort, das in Gourmetdeutschland nur mit spitzen Lippen ausgesprochen wird: Gutbürgerlich. Das klingt nach Fett, nach Knödeln und nach Sauerkraut. Das klingt nach totem Schwein, dem anzusehen und anzuschmecken ist, dass es mal ein lebendes Schwein gewesen ist. Doch statt dies als ein Zeichen höchster Qualität anzusehen, wendet sich der mit »Schäumen«, »Lüften« und »Texturen« sozialisierte Feinschmecker mit Grausen. Satt werden ist Unterschicht. In der urgemütlichen Gaststube seines Landhotels zwischen Wilhelmshaven und Wiesmoor sagt der Koch Udo Schumacher sehr ruhig: »Ich koche gutbürgerlich.« Und hat kein Problem damit, wenn seine Gäste »was Vernünftiges auf dem Teller« haben wollen. Als Schumacher den Traditionsgasthof 1999 übernahm, hatte er schon viele Stationen durchlaufen. Hatte auf Kreuzfahrtschiffen in der Karibik gearbeitet und in der berühmten »Traube Tonbach« im Gourmet-Mekka Baiersbronn. Und am Ende entschied er sich für den Landgasthof in Ostfriesland. Für Rinderrouladen und Rumpsteak, für Matjes und Scholle (»Fisch ist eher was für die Touristen.«) Seine Spezialität ist der sagenhafte Ammerländer Sniertjebraten: mit Senf geschmorte Stücke vom Schweinenacken. Fleisch von Schwein und Lamm bezieht er von lokalen Metzgern, Kartoffeln und Spargel aus den Nachbarorten, die traditionellen Uppdrögt-Bohnen liefert ihm eine Bäuerin aus der Umgebung. Was Schumacher daraus macht, verrät nicht nur großes handwerkliches Können, sondern auch viel Respekt – vor den Zutaten ebenso wie vor dem legitimen Hunger der Gäste. Wer tatsächlich nicht satt geworden ist, bekommt kostenlos Nachschlag. Schwein gehabt! Schumacher weiß, worauf es ihm ankommt: »Wenn alte Gäste sich verabschieden und sagen: Danke, es war so gut wie beim alten Oltmanns, dann weiß ich, dass ich es richtig mache. Das ist mehr wert als ein Stern.«

Friedeburger Hauptstr. 79;
Tel. 0 44 65/97 81 50;
www.landhotel-oltmanns.de;
Mo geschl. €€

515

Grüne Gans
Osnabrück

Unter den vielen Kneipen in Osnabrück eine der beliebtesten. Das liegt zum einen an der urigen Atmosphäre, zum anderen am deftigen und unkomplizierten Essen. Wer das »Pfefferstück« bestellt, macht nichts falsch. Vor allem nicht, wenn er es an einem schönen Abend im Biergarten genießt.

Große Gildewart 15;
Tel. 05 41/2 39 14; €

516

Restaurant Hiller
Hannover

Das Hiller ist eine vegetarische Institution. Seit 1955 geht es hier fleischlos zu und seit 2012 komplett vegan. Von Trend kann also keine Rede sein, vielmehr geht es hier um Haltung. Und wer solange fleischlos unterwegs ist, hat sich natürlich ein beeindruckendes Repertoire an Gerichten erarbeitet. Auch eine vegane Kochschule gibt es.

Blumenstraße 3;
Tel. 05 11/32 12 88; www.restaurant-hiller.de; €

517

Das Alte Haus
Braunschweig

Gourmets haben es in Braunschweig leicht. Sie müssen nicht suchen, sondern dürfen gleich zu Enrico Dunkel ins Alte Haus, in dem alles recht neu aussieht. Unter den schönen, internationalen Gerichten finden sich bisweilen alpine Schmankerl wie die Räucherforelle vom Königssee oder der Tiroler Kaspressknödel. Faire Preise.

Alte Knochenhauerstr. 11; Tel. 05 31/6 18 01 00; www.altehaus.de; So, Mo geschl. €€€€

Beefclub
Wolfsburg

518

Direkt am Mittellandkanal stilvoll zu Abend essen – für weniger Geld als im Gourmet-Heiligtum »Aqua«, aber auch sehr gut und ohne Schwellenangst. Der Beefclub ist eines von insgesamt neun Restaurants in der Autostadt. Hier sieht sieht man rot – bei der Betrachtung der Sitzpolster und beim Blick auf den Teller. Das auf einem Lavasteingrill gegarte Bio-Rindfleisch kommt zu 80 Prozent aus Deutschland und wird in fünf verschiedenen Garstufen zubereitet. Hinterher Bio-Eis mit Zutaten aus der Region.

Stadtbrücke; Tel. 08 00/6 11 66 00; www.autostadt.de/restaurants/beefclub; €€

Theater
Osnabrück

Nur 642 Zuschauer haben Platz im Jugendstiltheater am Domhof, der Hauptspielstätte der Städtischen Bühne Osnabrück. Sie sehen in diesem intimen Rahmen ausgezeichnetes Musiktheater: 2009 wählten Kritiker im Rahmen einer Umfrage der Opernwelt Mario Wiegands »Operette«, eine Auftragskomposition des Theaters, zur Uraufführung des Jahres. Und 2015 erhielten die Städtischen Bühnen den Theaterpreis des Bundes – für ein »qualitativ bemerkenswertes und stringentes Programm« mit allen Sparten.

519

Domhof 10/11;
Tel. 05 41/76 00 00;
www.theater-osnabrueck.de

520

Staatstheater
Oldenburg

Seit der Spielzeit 2014/15 gibt es hier sogar eine siebte Sparte: Sie dient der »Demokratisierung« des Theaters, dem Kontakt zwischen Akteuren und Zuschauern, und ist den anderen sechs Sparten gewissermaßen übergeordnet. Die Oldenburger lieben ihr Theater nicht zuletzt deshalb – und weil sie schätzen, was auf den Bühnen geschieht.

Theaterwall 28;
Tel. 04 41/2 22 50;
www.staatstheater.de

521

Alexander
Hannover

Eine Institution im Hannoveraner Nachtleben – genauer: bis 3 Uhr morgens – ist diese Kneipe gegenüber dem Schauspielhaus. Weder schick noch teuer, dafür mit viel Charme und einer ausgesprochen freundlichen Atmosphäre. Die Küche ist deftig, das Mobiliar urig. Auch nach der Geisterstunde bekommt man im »Alex« noch eine warme Mahlzeit. So muss Kneipe.

Prinzenstr. 10;
Tel. 05 11/32 58 26;
www.alexander-hannover.de

522

Staatstheater
Braunschweig

Goethe schrieb den »Faust«. Und wer hat ihn zuerst gespielt? Die Braunschweiger – am 19. Januar 1829 (wenn auch leicht gekürzt). Auch Lessings »Emilia Galotti« erlebte hier ihre Uraufführung. Das Staatstheater setzt die Tradition heute fort, mit vier Sparten an vier Spielstätten.

Am Theater; Tel. 05 31/ 1 23 45 67; www.staatstheater-braunschweig.de

523

Oper
Hannover

Mit ihrem prächtigen Opernhaus besitzt die Landeshauptstadt einen kulturellen Mittelpunkt. Das Königliche Hoftheater, das 1852 mit Mozarts »Hochzeit des Figaro« eröffnet worden war, zerfiel 1943 bei einem der Luftangriffe auf Hannover in Schutt und Asche. Nach dem Krieg wurde es im historischen Stil wiedererrichtet und 1970 zum Niedersächsischen Staatstheater. Es hat Uraufführungen moderner Werke von Hans Werner Henze und Wolfgang Rihm erlebt.

Opernplatz 1; Tel. 05 11/99 99 00, www.staatstheater-hannover.de

Seefischmarkt
Cuxhaven

524

Touristen spielen hier nicht die Hauptrolle, und das ist gut so. Cuxhaven ist einer der großen europäischen Umschlagplätze für Fisch – was man beim Bummel durch den Fischereihafen sehr lebhaft vor Augen hat. Das Fischbrötchen in der Hand, kann man zusehen, wie die kleinen Krabbenkutter und die großen Hochseefischdampfer ihre Ladung löschen. Der Hafenbummel wird zum Erlebnis-Shopping, denn außer Aal, Rollmops und Krabben für den kleinen Hunger zwischendurch bieten viele Betriebe auch fangfrische Seezungen, Schollen und Kabeljau für die Pfanne am Abend in der (Ferien-)Wohnung. Ein- bis zweimal pro Monat – jeweils am Sonntag – findet im Alten Fischereihafen das große Fischmarkt-Spektakel statt – mit den aus Hamburg bekannten Marktschreiern.

Alter (Nordseekai) und Neuer Fischereihafen (Niedersachsenkai); Tel. 0 47 21/40 42 00; tourismus.cuxhaven.de

525

Schinkenmuseum
Apen

Die besten Stücke reifen nach der Räucherung mehr als zwei Jahre. In Apen, westlich von Westerstede, wird der Ammerländer Schinken seit neun Generationen nach der altbewährten Methode hergestellt. Das kann man sich im Museum erklären lassen. Und man kann die feinen Souvenirs natürlich auch käuflich erwerben.

Hauptstr. 212; Tel. 0 44 89/65 01; www.schinkenmuseum.de; Führungen derzeit nur auf besondere Anmeldung möglich

526

Fruchtleder
Braunschweig

Dieses Leder kann man essen. Es besteht aus püriertem Obst und ist kein Material für bunte Designerschuhe, sondern zarter und wohlschmeckender. Geschmacksverstärker und Konservierungsmittel sind tabu. Verkauft wird auf dem Braunschweiger Markt sowie in den Edeka-Märkten Dinter (Hopfengarten 13) und Brawo-Park (Willy-Brandt-Platz 12).

Tel. 0 53 53/5 88 01 77;
www.fruchtleder.de

527

Kunsthandwerk
Goslar

In acht Stübchen des anno 1254 erbauten Hospizes Großes Heiliges Kreuz werden Heimtextilien, Goldschmiedekunst, Woll- und Filzkreationen, Glas, Porzellan, Keramik und Steinzeug produziert und verkauft. Jedes Jahr am ersten Augustwochenende ist das Hospiz Mittelpunkt des Kunsthandwerkermarkts von Goslar.

Hoher Weg 7;
Tel. 0 53 21/2 18 00;
www.kunsthandwerk-goslar.de

528

Bergbauernmarkt
Zellerfeld

Im Oberharzer Luftkurort duftet es ganz verführerisch, und zwar jeden Donnerstagabend zwischen 18 und 22 Uhr. Dann liegen in der Bornhardtstraße in Zellerfeld nicht nur Blumen, sondern auch Würste und Käse, Obst und Gemüse, Fisch und Fleisch aus der Umgebung zum Verkauf aus.

Bornhardtstr.;
www.clausthal-zellerfeld.de

Kräuterpark
Altenau

Nüchtern betrachtet ist das eine Verkaufsausstellung östlich von Clausthal-Zellerfeld im Harz. Aber was hier verkauft und wie es ausgestellt wird! Auf schönen Pfaden spaziert man durch ein duftendes Blätter- und Blütenparadies. Kräuter aus aller Welt wachsen hier, bestens dokumentiert und mit Informationen über die Anwendung in Küche und Hausapotheke versehen. Das saisonal wechselnde Angebot von Küchenkräutern, Heilkräutern und exotischen Stauden ist überwältigend – und defintiv nicht beim Discounter am Stadtrand zu haben.

Schultal 11;
Tel. 0 53 28/91 16 84;
www.kraeuterpark-altenau.de

529

530 Sehusafest
Seesen

Die Stadt Seesen am Harz ist mehr als 1000 Jahre alt, das Sehusafest gibt es seit 1975. Seitdem spielen die Seesener jedes Jahr am ersten Septemberwochenende Mittelalter – in den entsprechenden Gewändern, in Spielen und Tänzen. Beim größten Historienfest in Norddeutschland nehmen Ackerbürge und Herolde teil, Kaiser Otto samt Gefolge, jede Menge Gaukler, Quacksalber und Ritter, Brauer und Brater. Und immer gibt es zünftige Schlacht- und Belagerungsszenen sowie die Aufführung der Sage vom Silberhohl vor den Kulissen der Burg Sehusa zu sehen.

www.sehusafest.de

531 Gartenfestival
Ippenburg

Die »Mutter der deutschen Gartenfestivals« steigt in der Kulturlandschaft des Artlands zwischen Bersenbrück und Quakenbrück, genauer: im märchenhaften Schloss Ippenburg, das nur einmal im Jahr, zu den Gartentagen im Frühsommer, seine Tore öffnet. Auf dem sechs Hektar großen Gelände sind viele Schau- und Künstlergärten zu sehen und als Highlight der größte (3000 Quadratmeter) und vielfältigste Küchengarten Deutschlands. Daneben wird hier im April das Narzissenfest und im September das ländliche Herbstfest gefeiert.

www.ippenburg.de

532 Media Art Festival
Osnabrück

Medienkunst ist mehr als Video und Computeranimationen. Ende April 2021 werden beim EMAF 34 wieder sehr viele spannende Arbeiten zu sehen sein, von Experimentalfilmen über Raum- und Lichtinstallationen bis zu Performances. Es ist eines der wichtigsten Foren für Medienkünstler, Kuratoren und Galeristen in Europa – und ein Publikumsmagnet.

www.emaf.de

Hurricane Festival
Scheeßel

Seit 1997 gibt es dieses Festival, und es ist gewachsen, gewachsen, gewachsen. Über 70 000 Besucher kommen mittlerweile auf das Gelände der Motorrad-Sandrennbahn, schon im Frühjahr sind in der Regel die Tickets ausverkauft. Hier spielen die ganz Großen. David Bowie etwa hatte hier seinen letzten Live-Auftritt.

533

www.hurricane.de

534

Schoduvel
Braunschweig

Die größte Party Braunschweigs steigt im Februar: Der Schoduvel am Sonntag vor Rosenmontag ist hinter den Großevents am Rhein der viertgrößte Karnevalsumzug in Deutschland – und seine Tradition geht bis ins Jahr 1293 zurück. Mit Lärm, bunten Verkleidungen und entsprechendem Auftreten legte bzw. legt man sich mit den bösen Geistern der Winterkälte an: »scho« meint verscheuchen, »duvel« steht für den Teufel. Im Mittelpunkt stehen die närrischen Dreigestirne von Till, Bauer und Prinz sowie von Schoduvel, Erbsenbär und Frühling.

www.braunschweiger-karneval.de

Duhner Wattrennen

Cuxhaven

535

Das ist etwas ganz Besonderes und weltweit einzigartig: Schon seit 1902 treffen sich jedes Jahr im Juli ungefähr 150 Traber und Galopper, um auf dem feuchten Geläuf des Watts vor Cuxhaven die Sieger auszumachen. Der Seedeich wird während der sechs Stunden zur Tribüne für die rund 30 000 Zuschauer, denen zwischen den einzelnen Rennen ein umfangreiches Rahmenprogramm geboten wird.

www.duhner-wattrennen.de

Internationaler Feuerwerkswettbewerb

Hannover

Wenn die besten Pyrotechniker der Welt loslegen, staunt man mit offenem Mund. An fünf Abenden steigt das Spektakel im prachtvollen Ambiente der Herrenhäuser Gärten. Bis es richtig dunkel geworden ist, gibt es ein Rahmenprogramm mit Kleinkunst und Musik.

hannover.de

336

537

Ausfahrten mit der »Wega II«

Fedderwardersiel

Zwischen Jadebusen und Wesermündung liegt Fedderwardersiel, Heimathafen der 20 m langen »Wega II«. In ihrem knuffigen Flachbodenschiff bringt Reinhild Nießen ihre Passagiere auf Tagesfahrten zu den interessantesten Zielen im weiten See- und Wattgebiet zwischen Wilhelmshaven und Bremerhaven: zur Seehundbank Tegeler Plate, zum alten Leuchtturm Untereversand – heute eine Kormorankolonie –, zum riesigen Containerterminal von Bremerhaven oder zum Leuchtturm auf der Sandbank Hoher Weg, wo man eine Wattwanderung unter kundiger Führung macht.

Am Hafen 9;
Tel. 0 47 21/66 76 00;
www.cassen-eils.de

538

Weserradweg per E-Bike

Hameln

Es muss nicht immer nur der (zu Recht) bekannte und beliebte Weserradweg sein. Wer elektrisch ein bisschen nachhilft, darf sich auch mit normalem Lungenvolumen und Oberschenkelumfang ins Weserbergland wagen. Mit einem flächendeckenden Netz aus Verleih- und Akkuwechselstationen empfiehlt sich die Region allen E-Bikern. Eine spezielle E-Bike-Tourenkarte mit 14 ausgewählten Tourentipps verrät die schönsten Routen.

Weserbergland Tourismus,
Deisterallee 1;
Tel. 0 51 51/9 30 00; www.
weserbergland-tourismus.de

539

Piesberg

Osnabrück

Jahrhundertelang wurden am Piesberg im Norden der Stadt Kohle und Sandsteine abgebaut – bis 2004. Heute ist der Steinbruch mit seinen über 100 m hohen Karbonquarzit-Wänden als Kultur- und Landschaftspark zugleich ein tolles Freizeitrevier – mit Wegen zum Wandern, Radeln und Paddeln, mit geführten Fossilien-Expeditionen, dem Museum Industriekultur, einer kleinen Feldbahn und der attraktiven Möglichkeit, vom Hafen an der Römereschstraße in Osnabrück mit dem Schiff zum Piesberger Hafen zu fahren.

Museum Industriekultur (Fürstenauer Weg 171; Tel. 05 41/12 24 47; www.museumindustriekultur.de; Mo, Di geschl.
www.osnabrueck.de/piesberg

Ostfriesische Inseln

Es sind Ferieninseln für Leute, die im Urlaub nicht Auto fahren wollen – Norderney ausgenommen, ist das auch auf keiner der Inseln erlaubt –, die aber viel Platz brauchen und niemand, der ihn mit »Attraktionen« füllt. Sehenswertes gibt es genug: endlose Strände, sanfte Dünen, Wellen, Wind und Wolken und einen weiten Horizont. Alle Inseln liegen im Nationalpark Niedersächsisches Wattenmeer, und jede hat ihre treuen Fans.

Ostfriesische Inseln GmbH,
Borkum, Goethestraße 1;
Tel. 0 49 22/93 31 20;
www.ostfriesische-inseln.de

540

Borkum

Die größte und am weitesten vom Festland entfernte Insel. Hat einen richtigen Wald, ausgeprägte touristische Infrastrukturen und ein echtes Hochseeklima.

www.borkum.de

541

Juist

Seebad seit 1840. Elegant, mit unverbauten Stränden und dem größten Süßwassersee der Ostfriesischen Inseln. Die Insel ist beachtliche 17 km lang und an einigen Stellen nur 500 m breit. Ihr vorgelagert ist die Vogelschutzinsel Memmert, die nur von einem Mitarbeiter des Nationalparks Wattenmeer bewohnt wird.

www.juist.de

542

Norderney

Das älteste deutsche Nordseebad (seit 1797) – klassisch, mit elegantem Kurhaus, Spielbank und Theater. 14 km lang und bis zu 2 km breit.

www.norderney.de

543

Baltrum

Die kleinste der Inseln. Im 17. Jh. lag ihr Westende dort, wo jetzt das Ostende von Norderney

ist. Zwischen 1650 und 1873 wurde die Insel im Westen um knapp 4 km kürzer, im Osten dafür länger. Dorf und Kirche wurden mehrere Male verlegt.

www.baltrum.de

544 Langeoog

Sportlich, gar etwas für Bergsteiger: Die Melkhorndüne, über 20 m, ist der höchste Punkt Ostfrieslands. Der 14 km lange Strand hat keine Buhnen (Steindämme, die ins Meer gezogen werden, um den Sandabtrag zu verhindern).

www.langeoog.de

545 Spiekeroog

Sehr urig. Es gibt weder Nobelhotels noch Einkaufszentren, nicht mal eine Strandpromenade. Dafür eine 1-PS-Inselbahn für 16 Personen.

www.spiekeroog.de

546 Wangerooge

Sehr vielseitig und gut erschlossen, autofrei, dafür aber mit einer motorisierten Inselbahn, die 3 km weit vom Hafen bis in den Ort fährt. In der Friedrich-August-Str. 18 steht das Nationalparkhaus (www.nationalparkhaus-wangerooge.de), im Ortsteil Westen der 80 Jahre alte und 56 m hohen Westturm – das Wahrzeichen der Insel.

www.wangerooge.de

Obst und Orgeln
Altes Land/Stade

547

Gleich westlich von Hamburg, links der Elbe, beginnt das Alte Land, berühmt für den Obstbau und bilderbuchschöne Siedlungen – und seit 2012 auf der deutschen Liste für zukünftige UNESCO-Welterbeanträge. Bekannteste Stadt ist das malerische Stade, nach Gründung der Hanse Mitte des 12. Jh. bedeutender als Hamburg. Größter Kunstschatz der Stadt ist die Barock-Orgel von Arp Schnitger (1648–1719). Insgesamt acht Instrumente des Orgelbaumeisters sind in Kirchen zwischen Elbe und Weser erhalten.

Tourismusverein, Osterjork 10, Jork; Tel. 0 41 62/91 47 55; www.tourismus-altesland.de

548

Künstlerkolonie
Worpswede

In der 120 Jahre alten Künstlerkolonie im Teufelsmoor, etwa 25 km nördlich von Bremen, leben und arbeiten heute etwa 130 Künstler. Dass in den Ateliers weit mehr entsteht als ein Moorbild nach dem anderen, sehen Besucher in den Werkstätten und Galerien. Viele Gäste kommen aber auch nur, um die mystische Leere der Landschaft mit den phantastischen Wolkenformationen – Vorlage für ungezählte Gemälde – sinnlich zu erleben: zu Fuß, mit dem Rad oder im Torfkahn.

Gästeinformation, Bergstr. 13; Tel. 0 47 92/93 58 20; www.worpswede.de

549

Naturpark TERRA.vita
Osnabrück

Weite Bereiche der Landschaft um Osnabrück – vom Teutoburger Wald bis zur Ankumer Höhe – gehören zum Geopark TERRA.vita. Wie spannend so ein 1120 Quadratkilometer großes, begehbares Lehrbuch zum Thema Boden und Geologie sein kann, wird an vielen Orten deutlich, und nicht zuletzt in Barkhausen östlich von Osnabrück, wo in einem anderen Steinbruch 150 Millionen Jahre alte Saurierspuren zu sehen sind.

Information, Am Schölerberg 1; Tel. 05 41/5 01 42 17; www.geopark-terravita.de

Steinhuder Meer
Wunstorf/Steinhude

550

Wassersport und Erholung vor den Toren Hannovers: Das Steinhuder Meer ist der größte See Nordwestdeutschlands – und ein wahres Paradies für Segler und Kiter. Ruder-, Elektro- und Segelboote können in Steinhude und Mardorf gemietet werden. Die schönsten und beliebtesten Strände sind die »Weiße Düne« am Nordufer in Mardorf und die 35 000 Quadratmeter große, aufgeschüttete Badeinsel in Steinhude (Parken im Hermann-Löns-Weg oder Bus 710/711 ab Wunstorf). Hinter dem Ufer gibt es aber auch weite Flächen mit Wäldern und Wiesen, Dünen und Mooren und viele, viele Wanderwege. Schließlich ist der See nur das Kernstück des gleichnamigen, 310 Quadratkilometer großen Naturparks. Der Besuch des Infozentrums im denkmalgeschützten Steinhuder Scheunenviertel (Am Graben 4) lohnt sich.

Tourist-Info; Meerstr. 15–19;
Tel. 0 50 33/9 50 10;
www.steinhuder-meer.de

551

Wildeshauser Geest
Wildeshausen

Mit dem Kanu auf der Hunte oder auf dem Rad an ihrem Ufer entlang durch den Naturpark der Wildeshauser Geest: Die weite Landschaft südlich von Oldenburg verströmt mit ihren Altmoränen, Feuchtwiesen, Moor- und Heideflächen eine starke und eigentümliche Atmosphäre. Mehrere prähistorische Gräberfelder wurden hier gefunden, am bekanntesten ist das Pestruper Gräberfeld südlich von Wildeshausen.

Zweckverband Naturpark, Delmenhorster Str. 6;
Tel. 0 44 31/8 53 51; www.wildegeest.de

Elmwald
Helmstedt

552

Weit im Osten von Niedersachsen liegt im Bereich der ehemaligen innerdeutschen Grenze der 470 Quadratkilometer große Naturpark Elm-Lappwald. Dort sind neben dem größten Buchenwald Norddeutschlands auch Kulturschätze wie das Scriptorium im Kloster Mariental und die grandiose Klosteranlage St. Ludgeri zu sehen. Wer sich bewegen will, kann das auf dem aussichtsreichen Heeseberg am Großen Bruch und an anderen Orten im Verbund des Freilicht- und Erlebnismuseums Ostfalen (FEMO) tun.

Tourismusgemeinschaft, Südertor 6;
Tel. 0 53 51/1 21 14 44;
www.elm-lappwald.de

553

Garten-Kult in Ammerland
Westerstede

Westlich von Oldenburg beginnt das Ammerland. Hier liegt die Baum- und Blumenschule der Nation, und unter den vielen Grünanlagen ist der »Park der Gärten« auf dem Gelände der Landesgartenausstellung 2002 in Bad Zwischenahn sicherlich der vielseitigste: Heidegärten, Schulgärten, Bauerngärten, japanische Gärten und viele mehr auf 14 Hektar Fläche (www.park-der-gaerten.de). Im Rhododendronpark der Familie Hobbie in Westerstede-Petersfeld (www.hobbie-rhodo.de) begeistern im Mai rd. 2000 verschiedene Rhododendren- und Azaleenarten mit einer atemberaubenden Blütenpracht. Und es gibt noch viel mehr Gärten zu entdecken. Näheres bei:

Tourist-Info, Ammerlandallee 12;
Tel. 0 44 88/56 30 00;
www.ammerland-touristik.de

554

Oberharzer Wasserregal
Clausthal-Zellerfeld

Um 1200 hatten Zisterziensermönche begonnen, das einzigartige System von 107 Teichen, 310 km Gräben und 31 km Wasserläufen anzulegen. Die Wasserenergie diente dazu, Pumpen und Wasserräder in den verschiedenen Bergwerken anzutreiben. Im Gebiet von Clausthal-Zellerfeld kann man sich die Bauwerke zeigen und erklären lassen.

Erlebnisführungen von C. Barsch, Nonnenstieg 28, Göttingen; Tel. 05 51/20 19 24 81;
www.ohwr.de

SATT UND
GLÜCKLICH!
Yes we camp!
DER
KULINARISCHE
CAMPINGFÜHRER
BEI DEN SCHÖNSTEN GASTHÖFEN
KOSTENLOS ÜBERNACHTEN
2022
2023
PIN CAMP
ADAC

Nordrhein-Westfalen

Das Land für Menschenfreunde: Nirgends trifft man mehr Deutsche als hier. Und man wundert sich, wie ihnen das Kunststück gelang, alte Industrie zu neuer Kultur zu machen. Längst hat die Zeche Zollverein in Essen ihren Platz gefunden neben dem Dom in Köln, der Kunst in Düsseldorf oder dem Fußball in Dortmund (und auf Schalke).

Da staunt
ler Bergmann
uf Zollverein:
eine Zeche
st Welterbe!
ie fördert
etzt Kunst
nd Kultur
utage.

556

Dom
Aachen

1978 wurde dieses einzigartige Zeugnis karolingischer Baukunst als erstes deutsches Baudenkmal in die Liste des Weltkulturerbes aufgenommen. Seine Errichtung geht auf Karl den Großen zurück, der am Ende des 8. Jh. in Aachen seine Pfalz errichten ließ und ein »Neues Rom« manifestieren wollte. 799/800 war der achteckige Zentralbau, die Pfalzkapelle, vollendet. Als der Kaiser 814 starb, setzte man ihn hier in einem antiken Sarkophag bei. Zwischen 935 (Otto I.) und 1531 wurden mehr als 30 deutsche Könige auf dem beeindruckend schlichten Marmorthron Karls des Großen gekrönt. Die Domschatzkammer enthält einen der bedeutendsten Kirchenschätze Europas.

Münsterplatz; Tel. 02 41/47 70 90; www.aachenerdom.de

555

Villa Hügel
Essen

Es ist kein größerer Kontrast denkbar: Dort die rostenden Hochöfen, Kokereien und Fördertürme, hier das weiße Schloss der Chefs. Längst ist der Familiensitz der Krupp-Dynastie zu einem Museum der dramatischen Unternehmergeschichte und der deutschen Industrie schlechthin geworden – mit einem traumhaften Park.

Hügel 1; Tel. 02 01/61 62 90; www.villahuegel.de; Mo geschl. (Park tgl. geöffnet)

557

Weg der Demokratie
Bonn

Seit Berlin die Hauptstadt des wiedervereinigten Deutschlands ist, erlebt der Mittelpunkt der »Bonner Republik« von 1949 bis 1990 einen tiefgreifenden Strukturwandel. Der Weg der Demokratie, auf dem man durch das ehemalige Regierungsviertel spaziert, weckt Erinnerungen an den guten Neustart nach 1945 – und vielleicht auch nostalgische Gefühle. Dass Bonn mit seiner über 2000-jährigen Geschichte aber schon ganz andere Zeiten überstanden hat, bezeugen unter anderem das Rokoko-Rathaus und das großartige romanische Münster.

Bonn-Information, Windeckstr. 1; Tel. 02 28/77 50 00; www.wegderdemokratie.de

Ludwig Forum für Internationale Kunst Aachen

558

In schönster Bauhaus-Architektur wird grenz- und spartenübergreifend moderne Kunst von den 1960er-Jahren bis heute gezeigt. Ein Glanzstück der Sammlung ist die berühmte, vor ein paar Jahren aufwendig restaurierte »Supermarket Lady« von Duane Hanson. Daneben sind weitere Ikonen der Moderne zu bewundern: Andy Warhols Campbell's-Suppendosen, A. R. Pencks Strichmännchen beim »Übergang« oder Allen Jones' Fetisch-Möbel. Bedeutend ist auch die Sammlung von Film- und Videokunst aus den 1960er- und 1970er-Jahren. Tolles Veranstaltungsprogramm mit Tanztheater, Multimedia-Performances und neuer Musik. Großartig ist auch der LUFO-Park hinter dem Gebäude: eine grüne Insel mit wuchernder Natur, hölzernen Plattformen, schattigem Wald und freien Wiesen.

Jülicher Str. 97-109; Tel. 02 41/1 80 71 04; www.ludwigforum.de

Unperfekthaus
Essen

559

Schwer einzuordnen, dieses Haus. Es ist Galerie, Atelier, Einkaufszentrum, Wohnhaus, Café, Kneipe, Hotel, Theater-, Tanz- und Konzertbühne und bietet allen, die das brauchen, kostenlos die Infrastruktur zum Malen, Schreiben, Gestalten, Firmengründen, Besprechen, Feiern, Essen, Kaffeetrinken, Entspannen. Im Eintrittspreis von 6,90 Euro sind beliebig viel nichtalkoholische Getränke eingeschlossen. Konsumierte Speisen und Alkohol werden in eine Verzehrkarte eingetragen und beim Verlassen des Hauses bezahlt.

Friedrich-Ebert-Str. 18; Tel. 02 01/4 70 91 60; www.unperfekthaus.de

Zeche Zollverein

Essen

560

Führung auf Zollverein: Die Zeche leuchtet rot, die junge Führerin tritt strahlend zu ihrer Gruppe. Gleich zu Beginn fragt sie, ob »echte« Kumpel anwesend seien. Eine Hand hebt sich. Die junge Frau lächelt und nickt. Sie darf sich keinen Fehler erlauben. Ihr gegenüber steht die Vergangenheit mit grauen Haaren, aber immer noch sehr rüstig, mitten in der Gegenwart, wo die Leute Schlange stehen, um zu sehen, wo der Mann früher schwer gearbeitet und sich dreckig gemacht hat.

Seit 1847 war auf Zollverein in Essen Steinkohle gefördert worden, um damit die Hochöfen zwischen Ruhr und Emscher zu befeuern. 1986 wurde die Zeche stillgelegt. Diese Geschichte kann die junge Führerin mit keiner persönlichen Erinnerung verbinden. Was sie mit der überwältigenden Mehrheit ihrer Gäste teilt, ist das Bewusstsein, an einem Ort zu stehen. Noch vor einer Generation als dreckig und hässlich angesehen, gilt er jetzt als phantastisches Baudenkmal, als eine der großen deutschen Sehenswürdigkeiten, ja sogar als Weltkulturerbe der UNESCO – und als schön. Die einzigartige, fast sakrale Bauhaus-Architektur hat Kreative angezogen, die sich hinter den roten Mauern eingerichtet haben. Zollverein ist nur eine von insgesamt 55 Stationen auf der Route der Industriekultur durch das Ruhrgebiet. Die Industrie hat sie ausgemustert, die Kultur hat sie übernommen: Schlote, Hochöfen und Maschinenhallen sind heute Konzertsäle, Ausstellungs- und Museumsobjekte. Nutzlos geworden, regen die langsam verwildernden Land-Art-Monumente die Phantasie aufs Schönste an. Da sie wegen ihrer Größe nicht vollständig zu sanieren sind, belässt man sie in einem Stadium des kontrollierten Verfalls. Das heißt, man sichert die Treppen und Besuchergänge und überlässt das Terrain ansonsten der Natur.

Fritz-Schupp-Allee 14;
Tel. 02 01/24 68 10;
www.zollverein.de

Gasometer
Oberhausen

561

Das Ding ist wirklich groß: 117 m hoch, Durchmesser 68 m. Der Gasometer in Oberhausen ist an sich schon ein Objekt zum Staunen – weil man von oben nicht nur hinabschauen kann auf den Pott, sondern weil man auch nach innen hineinschauen kann in die sakrale Leere, die regelmäßig zu einem der spektakulärsten Ausstellungsräume der Republik wird. Nach einer Komplettsanierung aufgrund von Korrosionsschäden wurde der Gasometer Oberhausen mit der Ausstellung »Das zerbrechliche Paradies« zur Klimageschichte unseres Planeten im Oktober 2021 wieder eröffnet.

Arenastr. 11; Tel. 02 08/ 8 50 37 30; www.gasometer.de

562

Max-Ernst-Museum
Brühl

Nur drei Gehminuten von Schloss Augustusburg entfernt bilden die Werke des Groß-Dadaisten und Surrealisten einen netten Kontrast zum rheinischen Rokoko. Gezeigt werden Werke aus sieben Jahrzehnten, darunter die 36 »D-Paintings«, die Ernst seiner Frau Dorothea Tanning zu jedem ihrer Geburtstage schenkte. Darüber hinaus besitzt das Museum nahezu das gesamte grafische Werk des Künstlers. In seinem Geburtshaus in der Schlossstr. 21 wurden 2012 die Kreativräume des »Fantasie Labors« eingerichtet.

Comesstr. 42; Tel. 0 22 32/5 79 30; www.maxernstmuseum.lvr.de; Mo geschl.

563

Osthaus Museum
Hagen

Die Stadt am südöstlichen Rand des Ruhrgebiets hat eine lange Geschichte mit einer vergleichsweise kurzen, dafür umso nachhaltigeren Blütezeit vor dem Ersten Weltkrieg – einerseits als wichtiger Eisenbahnknotenpunkt und Industriestandort, andererseits als Zentrum für neue Architektur. Henry van de Velde, Walter Gropius und andere begründeten damals den »Hagener Impuls«, der vom Jugendstil in die Moderne führte. Van de Velde zeichnet für den Hohenhof und das Karl-Ernst-Osthaus-Museum verantwortlich, zwei der schönsten deutschen Jugendstilbauten überhaupt. Im Hohenhof ist das Museum des Hagener Impulses untergebracht, das Werke von van de Velde und Matisse zeigt (Stirnband 10; nur Sa und So). Im kürzlich sanierten Karl-Ernst-Osthaus-Museum ist Kunst des 20. Jh. zu sehen.

Museumsplatz 1; Tel. 0 23 31/ 2 07 31 38; www.osthausmuseum.de; Mo geschl.

564 Landschaftspark Duisburg Nord Duisburg

Wer seine Kinder nicht für Bergwanderungen in den Alpen begeistern kann, sollte mit ihnen mal den »Gipfel« des 70 m hohen Hochofens Nummer 5 erklimmen. Auf dem riesigen Areal der 1985 stillgelegten Meidericher Eisenhütte gibt es auch noch einen Kletterpark in den alten Erzbunkern und einen wassergefüllten Gasometer für postindustrielle Tauchgänge. Abends wird das Hüttenwerk zur faszinierend-bunten Lichtinstallation.

Emscherstr. 71;
Tel. 02 03/4 29 19 19;
www.landschaftspark.de

565 Schiffshebewerk Henrichenburg Waltrop

Am 11. August 1899 von Kaiser Wilhelm II. eingeweiht, hob die riesige Anlage bis 1970 die Schiffe am Dortmund-Ems-Kanal über eine 14 m hohe Kanalstufe hinweg. Wie war man damals bemüht, nicht nur zweckmäßig, sondern auch schön und geradezu filigran zu bauen! Das angeschlossene Museum informiert über die Geschichte der Binnenschifffahrt und des Kanalwesens.

Am Hebewerk 26; Tel. 0 23 63/ 9 70 70; www.schiffshebewerk-henrichenburg.de; Mo geschl.

566 Museum Ludwig Köln

Am 5. Februar 1976 schenkten Peter und Irene Ludwig der Stadt Köln 350 Werke moderner Kunst – und die Stadt verpflichtete sich, dafür ein Museum zu bauen. Seit 1986 steht es gleich neben dem Kölner Dom. Was man dem fein gegliederten Baukörper nicht ansieht: Er besitzt dasselbe Raumvolumen wie die größte Kirche Deutschlands! Mit seiner Sammlung und den Sonderausstellungen hat sich das Museum als eine der ersten Adressen in Sachen Kunst des 20. und 21. Jh. etabliert.
900 Werke von Picasso!

Heinrich-Böll-Platz;
Tel. 02 21/22 12 61 65;
www.museum-ludwig.de;
Mo geschl.

Deutsches Bergbau-Museum Bochum

567

Vier Rundgänge – Steinkohle, Bergbau, Bodenschätze und Kunst – führen über Tage durch das Deutsche Bergbau-Museum Bochum (gegründet 1930). Über 3000 Exponate vermitteln damit die Bandbreite des technikhistorischen Museums. Mit dem Anschauungsbergwerk werden die Einblicke in die Facetten des Bergbaus auch unter Tage vermittelt. Auf dem gut 1,2 km langen untertägigen Streckennetz erhalten Besuchende Eindrücke vom Alltag unter Tage und von den technikhistorischen Entwicklungen im Bergbau. Und wer dann noch hoch hinaus will: Vom Fördergerüst der ehemaligen Zeche Germania aus, dem größten Exponat des Hauses, reicht der Blick weit über das Ruhrgebiet und die vom Bergbau geprägte Region. Führungen, Mitmachaktionen und Workshops für Kinder und Jugendliche, Veranstaltungen und Vorträge, Formate mit ehemaligen Bergleuten, Audioguides für die Rundgänge und eine eigene App bieten vielfältige und spannende Ansätze, das Museum analog und digital zu erkunden.

Am Bergbaumuseum 28 (Besuchereingang: Europaplatz 1); Tel. 02 34/5 87 71 26 (im Rahmen der Öffnungszeiten);
www.bergbaumuseum.de; Mo geschl.

568

Jazzstadt
Köln

In den vergangenen 60 Jahren gingen stets (jazz-)musikalische Impulse von der umtriebigen Jazzszene in der Domstadt aus. Heute sprechen über 600 Konzerte im Jahr mit mehr als 30 000 Zuschauern für sich: Köln ist eine Jazzstadt von internationaler Bedeutung.
Der Stadtgarten, der schon 1986 seine Pforten öffnete, ist in ein Europäisches Zentrum für Jazz und aktuelle Musik verwandelt worden und gilt als eine der wichtigsten Spielstätten des Kontinents.
Das LOFT im Stadtteil Ehrenfeld, von Anfang an eng mit dem Stadtgarten verbunden, ist auch heute noch »Szene-Backing« für die Jazzmusiker in der Stadt. Viele der kreativen Projekte der Kölner Szene sind dort entstanden, viele Jazzstudierende spielen dort auch heute noch ihre Abschlusskonzerte. 2021 wurde das LOFT als »Club des Jahres« ausgezeichnet.
Die Cologne Jazzweek, das internationale Festival der Kölner Szene für Jazz und improvisierte Musik, feierte 2021 seine Premiere mit über 40 Konzerten auf mehr als zehn Bühnen.

www.jazzstadt.de

569

Dom
Köln

Die Wunden, die Fliegerbomben 1945 geschlagen haben, sind noch nicht alle geschlossen, doch die größte Kirche Deutschlands – und eine der berühmtesten weltweit – steht da wie für die Ewigkeit gebaut. Eine gotische Kathedrale in Vollendung, die aber (nach Baubeginn im Jahr 1248) erst 1880 fertig war. Geht man von Westen darauf zu, hat man die größte Kirchenfassade der Welt vor sich: 7000 Quadratmeter Türme, Türmchen und Spitzbögen, in den beiden Haupttürmen 157 m hoch. Im Innenraum tragen über 100 Säulen und Pfeiler die bis zu 43 m hohen Gewölbe von Langhaus, Querhäusern und Chor. Etwa 10 000 Quadratmeter Fläche nehmen die Glasfenster ein. Die fast vollständig erhaltenen Fenster im Hochchor gelten als der größte Glasmalereizyklus des 14. Jh. Im südlichen Querhaus wurde 2007 das aus 11.250 farbigen Quadraten geschaffene Glasfenster des Malers Gerhard Richter eingesetzt. Zu den weiteren Kunstschätzen zählen der goldene Dreikönigenschrein (1181–1225), das Dombild »Anbetung der Heiligen Drei Könige« (1445), das hölzerne Gerokreuz (um 980), das Chorgestühl, die Mailänder Madonna (1270–1290) – und die Kostbarkeiten in der Domschatzkammer.

Domkloster 4;
Tel. 02 21 / Tel. 02 21 / 17 94 01 00;
www.koelner-dom.de

570 Dom und Domschatzkammer
Essen

Man vergisst es so leicht: Kohle und Stahl haben nur einen kurzen Abschnitt der Essener Geschichte geprägt. Schon im 9. Jh. stand hier ein Damenstift und 1051 eine Basilika; ihre Gestalt ist auch nach den Neu- und Umbauten im Lauf der Jahrhunderte noch heute im Westbau zu erkennen. Größte Sehenswürdigkeit ist die Goldene Madonna (um 990), älteste plastische Mariendarstellung der Welt. In der Domschatzkammer (Mo geschl.) ist kostbare sakrale Kunst des 10. und 11. Jh. zu sehen.

Burgplatz 2; Tel. 0201/2 20 42 06; www.dom-essen.de, www.domschatz-essen.de

571 KölnTriangle
Köln

Das Bürohochhaus (103 m) neben der Messe in Köln-Deutz sieht eher rund als (drei)eckig aus, sein Grundriss hat aber die Gestalt eines Dreiecks mit bogenförmigen Kanten – daher der Name … Von der verglasten Aussichtsplattform hat man den besten Blick auf den Dom und die Stadt. Die Gastronomie des Hauses überrascht mit mongolischen Grill-Spezialitäten (Mongo's).

Ottoplatz 1; Tel. 02 21/3 55 00 41 00; www.koelntriangle.de

572 Museum Hombroich
Neuss

Auf dem Gelände der Erftaue ist ein wunderbar geglücktes Experiment zu bewundern: begehbare Skulpturen, moderne Architektur und eine beeindruckende Sammlung von Kunstwerken in einem verwildernden Landschaftspark. Am Rand der ehemaligen Raketenstation, die seit dem Jahr 1994 zum Gesamtkunstwerk Hombroich gehört, wird in einem tollen Gebäude des Architekten Tadao Ando die Sammlung der Langen Foundation gezeigt (Werke der japanischen Kunst und klassischen Moderne; www.langen foundation.de).

Minkel 2; Tel. 0 21 82/8 87 40 00; www.inselhombroich.de

Museumsmeile
Bonn

Sie erstreckt sich zwischen Bundesbank und Bundeskartellamt, hat eine eigene U-Bahn-Haltestelle und verbindet fünf Museen. Das architektonisch wegweisende Kunstmuseum hat sich der Moderne verschrieben (Expressionismus und deutsche Künstler nach 1945). Die drei spitzen Glaszipfel nebenan gehören zur Kunst- und Ausstellungshalle der Bundesrepublik, in der parallel bis zu fünf Wechselausstellungen zu bildender Kunst, Architektur, Wissenschaft und Technik zu sehen sind. Das Haus der Geschichte dokumentiert Teilung und Wiedervereinigung Deutschlands; sein Besuch ist Bürgerpflicht und darum kostenlos. Im Deutschen Museum widmet man sich moderner Forschung und Technik, im Museum Koenig der Naturkunde: Die »schönste Leichenhalle der Republik« zeigt viele Tierpräparate.

573

Kunstmuseum: Friedrich-Ebert-Allee 2, Tel. 02 28/77 62 60, www.kunstmuseum-bonn.de, Mo geschl.; Kunsthalle: Friedrich-Ebert-Allee 4, Tel. 02 28/9 17 10, www.bundeskunsthalle.de, Mo geschl.; Haus der Geschichte: Willy-Brandt-Allee 14, Tel. 02 28/9 16 50, www.hdg.de/bonn, Mo geschl.; Deutsches Museum: Ahrstr. 45, Tel. 02 28/30 22 55, www.deutsches-museum.de/bonn, Mo geschl.; Museum Koenig: Adenauerallee 160, Tel. 02 28/9 12 21 02, www.zfmk.de, Mo geschl.

574

Julia Stoschek Collection

Düsseldorf

Julia Stoschek, Jahrgang 1975, sammelt seit vielen Jahren in einem ehemaligen Fabrikgebäude die Kunst ihrer Generation. Und die setzt vor allem auf Foto und Video. In der großen Ausstellung »Flaming Creatures« wurde zum Beispiel der gleichnamige Film des Underground-Künstlers Jack Smith aus dem Jahr 1962/63 gezeigt, der großen Einfluss auf das Werk von Andy Warhol, Robert Wilson oder Cindy Sherman hatte.

Schanzenstr. 54; Tel. 02 11/ 5 85 88 40; www.jsc.art; Sa/ So 11–18 Uhr Führung nach

575

Schloss und Park Benrath

Düsseldorf

Das barocke Jagdschloss gilt zusammen mit dem quadratischen Schlosspark als eines der schönsten Gartenschlösser Europas – und als das am besten erhaltene. Auf den acht sternförmig zusammenlaufenden Alleen kann man nachempfinden, woher das Wort »lustwandeln« kommt. Wer schon da ist, sollte auch noch das Museum für Europäische Gartenkunst im Ostflügel besuchen.

Benrather Schlossallee 100–106; Tel. 02 11/8 92 19 03; www.schloss-benrath.de; Mo geschl.

576

Museum Folkwang

Essen

Kunst ist kostbarer als Industrie: So in etwa das ursprüngliche, erzieherische Motto dieser weltbekannten Sammlung für moderne Kunst des 19., 20. und 21 Jh. Helden der deutschen Romantik (Caspar David Friedrich) sind ebenso zu sehen wie französische Avantgardisten (zum Beispiel Cézanne) und amerikanische »Farbfeldmaler« (Rothko, Stella). 1978 richtete man die fotografische Sammlung ein, die bis heute größtes Ansehen genießt. Im Januar 2010 wurde nach zweijähriger Bauzeit der von David Chipperfield entworfene Neubau eingeweiht.

Museumsplatz 1; Tel. 02 01/ 88 45 00 04; www.museum-folkwang.de; Mo geschl.

577

Red Dot Design Museum
Essen

Wie eine Kathedrale der Industriekultur sieht das ehemalige Kesselhaus auf dem Gelände der Zeche Zollverein aus. Architektur-Superstar Norman Foster machte aus der Bauhaus-Ikone ein aufregendes Museum. Darin werden etwa 1000 Objekte ausgestellt, deren Design den begehrten »Red Dot« des Design-Zentrums NRW gewonnen haben: Möbel, Badeinrichtungen, Sportgeräte, Autos, Werkzeuge, Kommunikationsmittel … Die Teile werden auf eingezogenen Ebenen und Galerien vor weißen Wänden präsentiert, sie hängen von der Decke oder stehen schick zwischen den alten Anlagen.

Gelsenkirchener Str. 181, Kesselhaus; Tel. 02 01/3 01 04 60; www.red-dot-design-museum.de; Mo geschl.

578

Zoo
Köln

Schmuckstücke sind der große Elefantenpark, das Tropenhaus mit frei fliegenden Vögeln, das Urwaldhaus mit den Menschenaffen und die 70 Aquarien zwischen Rhein und (Korallen-)Riff. Die Kombination aus alten Bauten, die teils noch aus den Gründungsjahren nach 1860 stammen, und neuen Häusern macht den besonderen Charme des Zoos aus.

Riehler Str. 173;
Tel. 02 21/56 79 91 00;
www.koelnerzoo.de

579

Dechenhöhle
Iserlohn

Nur mit Führer darf man die Dechenhöhle bei Iserlohn betreten, auf die Eisenbahnarbeiter im Jahr 1868 stießen. Auch hier stehen Besucher vor einer Wunderwelt aus Sintervorhängen und Tropfsteinen. Prunkstück ist die 2,80 m hohe »Palmensäule«, ein ebenmäßiger, schlanker Stalagmit. Neben der Höhle befindet sich das Deutsche Höhlenmuseum Iserlohn

Dechenhöhle 5; Tel. 0 23 74/ 7 14 21; www.dechenhoehle.de

580

Graphikmuseum Pablo Picasso Münster

Das einzige deutsche Picasso-Museum besitzt über 800 Grafiken des Jahrhundertkünstlers, darunter fast alle Lithografien. Dazu viel Druckgrafik von Georges Braque. Das Sammlerkunststück gelang dem Ehepaar Huizinga und seiner Stiftung. 1997 wurde das Museum im klassizistischen Druffelschen Hof eröffnet.

Picassoplatz 1; Tel. 02 51/ 4 14 47 10; www.kunstmuseum-picasso-muenster.de; Mo geschl.

581

Attahöhle
Attendorn

Bei Sprengungen in einem Kalksteinbruch bei Attendorn im Sauerland wurde 1907 ein mit bizarren Tropfsteinen geschmücktes Labyrinth von Gängen und Hallen entdeckt. Heute ist die Attahöhle eine der meistbesuchten Tropfsteinhöhlen in Deutschland. Etwa 1,8 km Gänge sind zugänglich.

Finnentroper Str. 39; Tel. 0 27 22/ 9 37 50; www.atta-hoehle.de

Diözesanmuseum
Köln

582

Baukünstler Peter Zumthor errichtete von 2003 bis 2007 an der Stelle der im Krieg zerstörten Kirche St. Kolumba einen eindrucksvoll-kantigen Bau. In ihm führen alte und neue Kunst einen unaufhörlichen Dialog: Spätantike und Gegenwart, romanische Skulptur und moderne Rauminstallation, mittelalterliche Tafelmalerei und Radical Painting, gotisches Ziborium und Gebrauchsgegenstände des 20. Jh. Nur wenige Hauptwerke haben ihren festen Ort, ansonsten wechseln Auswahl und Präsentation der Exponate ständig.

Kolumbastr. 4;
Tel. 02 21/9 33 19 30;
www.kolumba.de; Di geschl.

Bergische Panorama-Radwege

583

Solingen

Mit dem Ausbau der ehemaligen bergischen Bahntrassen ist ein über 220 km langes Radwegenetz entstanden, das Radfahrer bequem und erlebnisreich durchs Bergische Land bringt. Als »Bergische Panorama-Radwege« werden sie unter der Marke »einfach bergisch radeln« präsentiert. Die durchgängig beschilderten Panorama-Radwege ermöglichen das entspannte Genussradeln ohne große Steigungen mit Blicken auf Landschaft und Sehenswürdigkeiten in den Städten. Die drei Bergischen Panorama-Radwege – der Bergische Panorama-Radweg (132 km), der PanoramaRadweg niederbergbahn (35 km) und der Panorama-Radweg Balkantrasse (51 km) – liegen zwischen Ruhr, Rhein und Sieg. Sie haben Anschluss an den RuhrtalRadweg, den Rhein-Radweg sowie den Ruhr-Sieg-Radweg. Für die Anreise gibt es gute Anbindungen mit dem ÖPNV. So lassen sich verschiedene Tagestouren und auch Mehrtagesreisen realisieren. Was die Ingenieurkunst damals leistete, um Schienenwege über Berg und Tal zu bauen, schafft heute besondere Raderlebnisse: Die Strecken führen durch alte Eisenbahn-Tunnel hindurch, über 15 historische Viadukte und viele Brücken, vorbei an vielen Sehenswürdigkeiten: Deutschlands höchste Eisenbahnbrücke, die Müngstener Brücke, Schloss Burg, historische Ortskerne mit typischer Fachwerk-Architektur sowie interessante Spuren der industriellen Vergangenheit: Hütten und Kotten, Textil- und Tuchfabriken – umgebaut zu Museen lassen sich hier Produktionsprozesse authentisch nacherleben. Die Radwege führen teils mitten durch Städte, oft durch ländliches Idyll der bergischen Mittelgebirgslandschaft. Auch die wassereiche, bergische Landschaft mit vielen Flüssen und dunkelblauen Talsperren lässt sich vom Fahrradsattel aus erleben.

Bergisches Land Tourismus Marketing e.V.; Kölner Str. 8
Tel. 02 12/88 16 06 79;
www.die-bergischen-drei.de;
www.einfach-bergisch-radeln.de

Augustusburg und Falkenlust
Brühl

584

Auch sie zählen zum Weltkulturerbe wie der Kölner Dom: die Rokoko-Preziose Augustusburg und das nur 1,5 km entfernte Jagdschlösschen Falkenlust. Die unfassbare Schnörkeligkeit und Farbigkeit des Treppenhauses von Augustusburg, geschaffen von Balthasar Neumann, muss man mit eigenen Augen gesehen haben. Ebenso wie die weitläufigen, französischen Gartenanlagen. Augustusburg ist gut zu erreichen mit der Bahn von Köln (300 m Fußweg vom Bahnhof Brühl).

Max-Ernst-Allee;
Tel. 0 22 32/4 40 00;
www.schlossbruehl.de;
Mo geschl.

585

K20/21
Düsseldorf

Diese zwei Häuser für die moderne Kunst sind längst eine Institution der deutschen Museumslandschaft. Für »Aspekte der Kunst nach der postmodernen Wende«, also etwa seit 1980, ist das K21 zuständig. Hier zeigt man vor allem Skulpturen (zum Beispiel von Thomas Schütte), Objektkunst und Video-Installationen. Ein zweiter Schwerpunkt liegt auf der Fotografie, wo mit Andreas Gursky, Thomas Ruff, Jeff Wall und vielen anderen die großen Namen der Szene vertreten sind. International noch bedeutender ist die Sammlung des K20. Sie präsentiert die großen Maler der amerikanischen und westeuropäischen Moderne: von den Expressionisten und Dadaisten über Paul Klee, Pablo Picasso, Joseph Beuys und Markus Lüpertz bis, natürlich, zu Gerhard Richter. Große Einzelausstellungen waren unter anderen Max Ernst und Francis Bacon gewidmet. Zwischen beiden Häusern gibt es einen kostenlosen Bus-Shuttle.

Grabbeplatz 5 (K20) bzw. Ständehausstr. 1 (K21);
Tel. 02 11/8 38 12 04;
www.kunstsammlung.de;
Mo geschl.

Wallraf-Richartz-Museum und Fondation Corboud
Köln

586

Malerei und Grafik von Mittelalter und Renaissance (Dürer und Cranach) bis zur frühen Moderne. Besonders stolz ist man auf die größte Sammlung von Impressionisten und Postimpressionisten in Deutschland. Sehr schön die Hängung auf farbigen Wänden, wegweisend das Beleuchtungskonzept.

Obenmarspforten 40;
Tel. 02 21/22 12 11 19; www.wallraf.museum; Mo geschl.

587

Rund um den Rheinturm
Düsseldorf

Die früheren Einwohner hießen nicht Düsseldorfer, sondern Neandertaler, aber das ist 40 000 Jahre her. Heute ist Düsseldorf demonstrativ modern, was man beim Gang aus der netten Altstadt über die wunderbare, großzügige Rheinuferpromenade zum MedienHafen mit seiner aufregenden Architekturmeile (Neuer Zollhof von Frank Gehry; Stromstr. 26) sehen kann. Wahrzeichen der Landeshauptstadt ist der 240 m hohe Rheinturm (Stromstr. 20), der an seiner Außenseite die größte Digitaluhr der Welt trägt: 39 übereinander angeordnete Bullaugen-Lampen zeigen an, wie spät es ist. Über der Aussichtsplattform (166 m) gibt es eine Cafeteria und ein Drehrestaurant.

Tourist-Information, Marktstr.; Tel. 02 11/17 20 28 67; www.duesseldorf-tourismus.de

Römisch-Germanisches Museum
Köln

588

Direkt neben dem Dom, errichtet auf den Fundamenten einer römischen Stadtvilla aus dem 3. Jh., birgt das Museum ein großartiges Mosaik aus dem 2. Jh., ein rekonstruiertes Legionärsgrab (um 40 n. Chr.), Schmuck, Möbel, Skulpturen und die weltweit größte Sammlung von römischen Glasgegenständen.

Roncalliplatz 4;
Tel. 02 21/22 12 44 38;
www.museenkoeln.de; Mo geschl.

Innenhafen und Binnenhafen

589

Duisburg

Das alte, noch vor 20 Jahren verwaiste Gelände am Duisburger Innenhafen wurde im Zuge der Internationalen Bauausstellung Emscher Park zu einem wahren Schmuckstück umgewandelt: alte und neue Architektur im aufregenden Wechsel, Museen, Gastronomie, eine spektakuläre Hängebrücke, Wohn- und Bürogebäude (www.innenhafen-portal.de). Der Binnenhafen an der Mündung der Ruhr in den Rhein ist dagegen der größte in Europa: Auf einer Fläche von etwa 1000 Hektar befinden sich 22 Hafenbecken und 40 km Ufer, teilweise mit Gleisanschluss – ein Logistikstandort von weltweiter Bedeutung. Auf einer Hafenrundfahrt mit der Weißen Flotte lässt sich das beeindruckende Areal besonders gut erleben – Start am Anleger Schifferbörse am Gustav-Sander-Platz 1. Sehr empfehlenswert ist auch der Abstecher ins schöne Museum der Deutschen Binnenschifffahrt.

Weiße Flotte Duisburg: Calaisplatz 3;
Tel. 02 03/7 13 96 67; www.hafenrundfahrt.nrw
Museum der Deutschen Binnenschifffahrt:
Apostelstr. 84; Tel. 02 03/8 08 89 40;
www.binnenschifffahrtsmuseum.de; Mo geschl.

590

Die Klingenstadt
Solingen

Klingenstadt Solingen – wer die Stadt im Bergischen Land besucht, dem fällt vor allem das viele Grün auf. Das kann man auf dem Klingenpfad erwandern, der sich auch an der Wupper entlangschlängelt. An ihrem Ufer ließen sich bereits im 16. Jh. die ersten Schleifer nieder, um die Kraft des Wassers zu nutzen. Sehr anschaulich kann man die Manufaktur-Kultur bei einem Besuch im Wipperkotten, Balkhauser Kotten oder im Industriemuseum Gesenkschmiede Hendrichs erleben.

Am anderen Ende der Stadt steht Schloss Burg, eine mächtige Anlage hoch über der Wupper. Das beeindruckende Gemäuer mit Wehrgängen, Burgfried, Rittersaal und Waffensammlung lädt zu einem Besuch mit der ganzen Familie ein. Hinauf zur Burg geht es mit einem Sessellift. Nur ein paar Kilometer flussaufwärts befindet sich das wohl bekannteste Bauwerk der Region: die Müngstener Brücke, Deutschlands höchste Bahnbrücke mit ihrer imposanten Stahlkonstruktion, die man bei einer geführten Wanderung selbst erklimmen kann. Die Aussichtsplattform bietet einen atemberaubenden Blick ins Bergische.

Walter-Scheel-Platz 1; Tel. 02 12/29 00; entdecke-solingen.de

Landhaus Eggert
Münster

591

Rote Klinkerfassaden, teilweise mit Fachwerk, rings umgeben von sehr viel Grün: Der Gutshof im wunderschönen Landschaftspark vor der Stadt geht bis ins 13. Jh. zurück. Wem die hübsch eingerichteten Zimmer nicht romantisch genug sind, der bezieht mit seiner/seinem Liebsten das 150 m entfernte Wersehäuschen. Im Landhaus Restaurant genießt man eine feine Frischeküche mit westfälischen Wurzeln – am schönsten auf der traumhaften Gartenterrasse. Ein Ableger des Hauses ist das Fischrestaurant »Sylt am Bült« im Zentrum.

Zur Haskenau 81;
Tel. 02 51/32 80 40;
www.landhaus-eggert.de; €€

592

Schlosshotel Hugenpoet
Essen-Kettwig

Hugenpoet heißt »Krötenpfütze« – pures Understatement für eines der »Leading Small Hotels of the World«. Das barocke Wasserschlösschen in Essen-Kettwig bietet Ruhe und Entspannung zwischen Plüsch, Stuck und Antiquitäten, dazu Wellness und zwei sehr gute Restaurants: das »Laurushaus« für Gourmets und das »Hugenpöttchen« für Freunde feiner Landhausküche.

August-Thyssen-Str. 51;
Tel. 0 20 54/1 20 40;
www.hugenpoet.de; €€€€

Steigenberger Grandhotel Petersberg
Königswinter

593

Im ehemaligen Gästehaus der Bundesregierung auf dem Petersberg – ursprünglich im Jahr 1824 erbaut – gaben sich Könige und Staatspräsidenten die Klinke in die Hand. Heute ist das Relikt der Bonner Republik ein Nobelhotel für das nicht ganz arme Volk. Von der Café-Terrasse hat man den schönsten Blick über das Rheintal.

Petersberg; Tel. 0 22 23/7 40;
www.steigenberger.com; €€€

594 Mintrops Margarethenhöhe
Essen

Außen 90 Jahre alt und denkmalgeschützt, innen modern, mit hellem Holz, Naturstein und kräftigen Farben. Das Hotel in der großartigen Kruppschen Wohnsiedlung am Markt bietet individuell eingerichtete Zimmer, kostenlose Internet-Nutzung im Atrium und das Hotel-Kombiticket für die freie Benutzung aller Öffis im Pott.

Steile Str. 46; Tel. 02 01 / 4 38 60; www.mintrops-stadthotel.de; €€€

595 Alte Lohnhalle
Essen

In der ehemaligen Lohnhalle auf Bonifacius übernachtet man nicht nur in stilsicher renoviertem Zechen-Ambiente, sondern dazu auch mit viel Platz und ausgesprochen günstig. Der hohe Frühstücksraum ist wunderschön, das Restaurant »Über Tage« bietet eine mediterran verfeinerte Hausmannsküche zu fairen Preisen.

Rotthauser Str. 40; Tel. 02 01 / 85 76 57 70; www.alte-lohnhalle.de; €

596 Breidenbacher Hof
Düsseldorf

Schon die Standardzimmer sind sehr groß, dazu gibt's natürlich WLAN und sogar Laptops, Flachbild-TV und Touchscreen-Steuerungen für Licht, Klima und Vorhänge. Aber das 2008 neu eröffnete Traditionshaus profiliert sich nicht nur mit seiner Technik und dem klassisch-edlen Interieur, sondern vor allem auch mit dem Service: Der »Personal Assistant« ist nie weit. Flexible Check-in- und Check-out-Zeiten.

Königsallee 11; Tel. 02 11/16 09 00; www.capellahotels.com/dusseldorf; €€€€

Excelsior Hotel Ernst
Köln

Immer noch das erste Haus am (Dom-) Platz. Es präsentiert sich heute als eine sehr ansprechende Symbiose aus Alt und Neu. Über der Lobby hängt ein Lüster, hinter der eleganten Empore geht es in den Wintergarten, es gibt eine Piano-Bar, einen ruhigen Innenhof und einen kleinen Wellness- und Fitness-Bereich. Feine asiatische Küche serviert man im Restaurant »taku« – es hat schon einen Michelin-Stern.

597

Domplatz/Trankgasse 1–5; Tel. 02 21/27 01; www.excelsior-hotel-ernst.de; €€€€

Hotel im Wasserturm
Köln

Brücken überspannen den Raum zwischen den hohen Ziegelwänden der Halle. Stararchitektin Andrée Putman hat den 1872 errichteten, denkmalgeschützten Wasserturm Ende der 1980er-Jahre zu einem außergewöhnlichen Luxushotel umgebaut. In den Zimmern und Suiten herrscht klassische Modernität, das Wellnessangebot ist gut, engagiert und einigermaßen überschaubar – mehr Platz gibt das alte Gemäuer einfach nicht her. Ganz oben, in 35 m Höhe befindet sich das Rooftop Restaurant & Lounge mit 360°-Panorama-Dachterrasse.

Kaygasse 2; Tel. 02 21/2 00 80; www.hotel-im-wasserturm.de; €€€

598

599

Pullman Quellenhof
Aachen

Der beeindruckende Belle-Epoque-Bau passt prima zum nahen Casino. Auch drinnen sieht alles sehr edel und englisch aus, mit Holzvertäfelungen, Blümchensofas, Streifenvorhängen und Marmorplatten. Nur die Fit und Spa Lounge gibt sich modisch-asiatisch. Sehr schön ist der koloniale Look der Elephant Bar.

Monheimsallee 52;
Tel. 02 41/9 13 20;
www.hrs.de; €€€

600

Nikko
Düsseldorf

Schlafen und aufwachen wie im Land der aufgehenden Sonne. Die große, moderne und sehr zentral gelegene Luxusherberge bietet aber nicht nur Japan-Fans und Geschäftsleuten Platz, sondern generell allen, die ihren Besuch in Düsseldorf in luxuriösem Ambiente genießen wollen. Zimmer in warmen, hellen Erdtönen und ausgestattet mit allem, was multimediale Menschen zum Dasein brauchen, dazu ein schicker Spa-Bereich in den obersten zwei Etagen mit toller Aussicht (und offen bis 22 Uhr). Traditionelle japanische Küche wird im Restaurant »Benkay« serviert.

Immermannstr. 41; Tel. 02 11/83 40; www.nikko-hotel.de; €€

Fischerhaus
Düsseldorf

601

Eine wunderbare und preisgünstige Alternative zu den Düsseldorfer Innenstadt-Hotels. Der hübsche Klinkerbau steht auf der ruhigen Rheinseite, gegenüber der Altstadt und mitten im Grünen: Über den nahen Deich sind Jogger frühmorgens schnell in den Rheinauen – und nach dem Frühstück, urban gekleidet, in nur 10 Minuten auf der Kö. Leider müssen die Gäste auf die sagenhafte Bistroküche im »Nöthel's« verzichten. Das Lokal hat mittlerweile geschlossen. Sternekoch Peter Nöthel hat sich in den Ruhestand verabschiedet.

Bonifatiusstr. 35;
Tel. 02 11/59 79 79;
www.fischerhaus-hotel.de; €

602

Dampfe – Borbecker Brauhaus
Essen

Bei schönem Wetter im Biergarten, bei schlechtem in einer der urigen Stuben: Die »Dampfe« im Stadtteil Borbeck ist eine absolute Essener Institution. Gegessen wird alles, was satt macht (Currywurst, Ofenkartoffeln, Steaks) und/oder saisonal gerade zu haben ist (zum Beispiel Pfifferlinge), getrunken wird das ausgezeichnete Bier – hell oder dunkel, klar oder trüb. Sehr zu empfehlen sind etwa das bernsteinfarbene Salonbier oder das naturtrübe Zwickelbier. Auch diverse Saisonbiere werden gebraut.

Heinrich-Brauns-Str. 9–15; Tel. 02 01/63 00 70; www.dampfe.de; €

603

Halbedel's Gasthaus
Bonn

Das Ambiente der Jugendstilvilla in Bad Godesberg verspricht nicht zuviel: Rainer-Maria Halbedel, Bonns Sterne-Koch, verwöhnt die anspruchsvollsten Gaumen. Die klassisch-französische Küche hat zuletzt trendgerecht ein paar (dezente) fernöstliche Noten bekommen.

Rheinallee 47; Tel. 02 28/35 42 53; www.halbedels-gasthaus.de; Mo geschl. €€€€

604

Päffgen
Köln

Hinter der schmalen Fassade öffnen sich ungeahnte Tiefen. Das traditionsreiche Brauhaus ist die letzte der einst zahlreichen Hausbrauereien in der Domstadt und natürlich eine der besten Adressen, um Kölsch zu trinken, das hier noch unpasteurisiert von Holzfässern gezapft wird, die im Keller lagern. Wunderbarer Biergarten mit 120 Plätzen unter zwei Kastanien, die Brauereigründer Hermann Päffgen 1884 selbst gepflanzt hat.

Friesenstr. 64–66; Tel. 02 21/13 54 61; www.paeffgen-koelsch.de; €

605

Sassella
Bonn

Von der Adda an den Rhein: Die Brüder Giorgio und Francesco Tartero haben den Sprung über die Alpen gemacht: aus ihrer Heimat im norditalienischen Valtellina-Tal an den Fuß des Bonner Venusberges. Dort haben sie ein Restaurant eröffnet, das ziemlich alpin aussieht. Zwischen den unverputzten Steinwänden wird serviert, was man in der Lombardei kaum besser bekommt: zum Beispiel Involtini, Kalbsröllchen mit Bresaolaschinken und Alpenkäse gefüllt in Steinpilzsauce. Italien hat aber mehr zu bieten als die Alpen, und so bereiten die Tarteros auch Pasta zu – etwa die weißen und schwarzen Tagliarini mit Garnelen-Safransauce – ebenso wie ein wunderbares Vitello tonnato oder einen feinen Petersfisch auf Gemüse. Und die Auswahl von Weinen erstreckt sich gleichfalls vom Valtellina aus über ganz Italien.

Karthäuserplatz 21;
Tel. 02 28/53 08 15;
www.ristorante-sassella.de;
Mo geschl. €€

606

Berens am Kai
Düsseldorf

Die beste Gourmet-Adresse in Düsseldorf: Chefkoch Holger Berens begeistert vor allem mit seinen exzellenten Fischgerichten. Was nicht bedeutet, dass nicht auch Maisschwein, Lamm und Baskisches Rind unter seinen Händen zu kleinen Offenbarungen gerieten. Schön, dass man hier auch mal eine »ungestopfte«, traditionelle Gänseleber bekommt. Das Ambiente hinter der großen Glasfront ist eher kühl.

Kaistr. 16; Tel. 02 11/3 00 67 50; www.berensamkai.de;
So geschl. €€€€

Vendôme
Bergisch-Gladbach

Dies ist einer der drei besten Küchen Deutschlands. Chefkoch Joachim Wissler hat sich mit seinen Handwerkskünsten drei Michelin-Sterne und 19,5 Gault-Millau-Punkte (von 20) verdient. Im barocken Schloss Bensberg in Bergisch-Gladbach präsentiert er mit seinen »Entdeckungsreisen« eine ganz und gar nicht barocke Kulinarik. Das liest sich auf der Karte zum Beispiel so: »Chartreuse (Infusion : Gänseleber : Algenkrokant)«. Womit tatsächlich alles gesagt ist: Wissler kocht nicht für Anfänger im Gourmet-Fach – selbst wenn sie es sich leisten könnten.

607

Kadettenstr.; Tel. 0 22 04/ 4 29 06; www.schlossbensberg.com; Mo, Di geschl. €€€€

608 Früh – am Dom und em Veedel Köln

Kein Geheimtipp, aber eben einer der besten Plätze, um ein Kölsch zu genießen. Seit 1904 versorgt Familie Früh die durstigen Kölner mit der obergärigen Bierspezialität, die im hohen 0,2-l-Glas ausgeschenkt wird, weil sie frisch am besten schmeckt. Heute finden im Früh am Dom mehr als 1000 Gäste Platz: in Brauhaus, Brauhauskeller, Biergarten und im modernen HOF 18. Wer den Weg in die Südstadt nimmt, findet dort am Chlodwigplatz eine der ältesten Gaststätten Kölns: das besonders urige Früh em Veedel.

Früh am Dom, Am Hof 12–18; Tel. 02 21/2 61 32 15; www.frueh-gastronomie.de; €
Früh em Veedel, Chlodwigplatz 28; Tel. 02 21/31 44 70; So geschl. €

609 Hannappel Essen

Schon in der vierten Generation in Familienbesitz: Seit 1993 hat Knut Hannappel das Restaurant seiner Vorfahren von einer Eckkneipe zur äußerst stilvollen Gourmetadresse entwickelt. Stil des Hauses ist eine gleichermaßen feine wie unprätentiöse Verbindung von Regionalität und Internationalität. Da darf es manchmal auch beinahe deftig sein.

Dahlhauser Str. 173; Tel. 02 01/53 45 06; www.restaurant-hannappel.de; Mo, Di geschl. €€€€

610

Walsumer Hof
Duisburg

Diese urige Wirtschaft nördlich des Landschaftsparks fasziniert schon mal durch ihre außergewöhnliche Lage direkt am Rhein: gleich hinter dem Deich und unmittelbar neben imposanten Industrieanlagen. Das Ambiente ist höchst gemütlich, die Atmosphäre besonders herzlich, und die Fischgerichte schmecken toll. Hering, Karpfen, Heilbutt, Felchen, Flussaal – alle aus der eigenen Räucherei! Natürlich gibt es auch Scholle und von Mitte August bis Ostern Muscheln mit Schwarzbrot, Toastbrot oder Reis.

Rheinstr. 16;
Tel. 02 03/49 14 54,
www.walsumerhof.de;
Mo geschl. €€

611

Brauerei zum Schiffchen
Düsseldorf

Unter den vielen Brauhäusern Düsseldorfs ist es eines der »feinen« und mit 380 Jahren ist es das älteste Restaurant der Stadt. Stimmungsvolles Ambiente, im Haus ebenso wie im Biergarten. Auf den Tisch kommt rheinische Hausmannskost wie »Himmel und Erde«, das Düsseldorfer Leibgericht mit gebratener Blutwurst und Apfel-Kartoffelpüree. Dazu Frankenheim Alt vom Fass.

Hafenstr. 5; Tel. 02 11/
13 24 21; www.brauerei-zum-schiffchen.de; €€

Gruber's
Köln

612

Farbe bekennen verlangte in diesem Fall keinen besonderen Mut. Rot und Weiß sind die Farben des FC Köln, rot-weiß-rot dekoriert Franz Gruber sein Restaurant im Kölner Norden, weil er unter dieser Fahne aufgewachsen ist. Der gebürtige Salzburger macht in seiner Wahlheimat am Rhein, was er zu Hause an der Salzach gelernt hat: Backhendl, Wiener Schnitzel (vom Kalb!), Tafelspitz und Kaiserschmarrn. Und er hat gut gelernt! Das Salzwiesenlamm und die norwegische Meeresforelle zeigen aber an, dass die Alpen doch schon etwas fern sind.

Clever Str. 32;
Tel. 02 21/7 20 26 70;
www.grubersrestaurant.de;
So geschl. €€€

613

Ampütte

Essen

Die Kneipe in Essen, scheinbar unverändert seit den Zeiten von Friedrich Alfred Krupp, genauer: seit 1901. Dunkel, verraucht – Nichtraucher bitte ins Jägerzimmer – und immer ein sicherer Hafen für Nachtschwärmer und Latte-Macchiato-Verweigerer. Schnitzel und Bier gibt es in einem Interieur, das nicht auf retro getrimmt, sondern einfach echt ist. Immer wieder Live-Musik mit legendärer Atmosphäre. Auch nicht mehr selbstverständlich: Die Ampütte ist bis heute ein Familienunternehmen.

Rüttenscheider Str. 42;
Tel. 02 01/77 55 72;
www.ampuette-essen.de;
So geschl. €

614

Casino Zollverein

Essen

Lüster hängen von der 12 m hohen Decke der ehemaligen Turbinenhalle. Direkt neben der Kokerei auf Zollverein tafelt man heute in stilisiert-authentischem Industrieambiente. »New World Cuisine« heißt das Konzept, das Elemente der Bergmannskost in eine internationale, ambitionierte Frischeküche einbindet. Hätte früher kein Bergmann gegessen.

Gelsenkirchener Str. 181;
Tel. 02 01/83 02 40;
www.casino-zollverein.de;
Mo geschl. €€

615

Lichtburg

Essen

Der größte (1250 Sitzplätze) und vielleicht schönste Kinosaal im Land ist eine Kultstätte für Cineasten: Seit 1928 sind hier viele Uraufführungen und Deutschland-Premieren über die riesige Leinwand gelaufen, und die Stars guckten mit: Buster Keaton, Gary Cooper, Romy Schneider, Wim Wenders, Tom Tykwer … Schöne, sorgfältig restaurierte 1950er-Jahre-Optik. Seit 2003 gibt es im Untergeschoss auch noch einen hochmodernen zweiten Kinosaal, das »Sabu«.

Kettwiger Str. 36; Tel. 02 01/ 23 10 23; www.lichtburg-essen.de

616

Philharmonie

Köln

Mit dem Gürzenich Orchester und dem WDR-Sinfonieorchester hat man gleich zwei Hausorchester. Darum wird fast täglich der Taktstock in dem prächtigen, 1986 eröffneten Bau geschwungen. Er bietet 2200 Plätze und ist einem Amphitheater nachempfunden.

Bischofsgartenstr. 1; Tel. 02 21/28 02 80; www.koelner-philharmonie.de

617

Rosebud

Köln

In dieser klassisch-amerikanischen Bar versackt man gern, aber hoffentlich nicht allein. Der *Playboy* kürte sie vor Jahren einmal zur besten Bar Deutschlands. Auch heute weiß die wunderbar stimmungsvoll-schummrige Atmosphäre zu begeistern. Im 20er-Jahre-Interieur mit dunklem Holz und vielen roten Akzenten schmecken die Cocktails klasse. Das Publikum (»weiche Mitte« um die 33 Jahre …) weiß, dass es auch klasse ist. Gut zu wissen: Wer nur einen schnellen Caipi will, kriegt ihn woanders billiger.

Heinsbergstr. 20; Tel. 02 21/27 20 74 12; www.rosebudbar.de; So geschl.

619

Aalto-Musiktheater
Essen

1959 stellte der finnische Architekt Alvar Aalto seinen Plan für ein neues Opernhaus an der Ruhr vor, aber es mussten fast drei Jahrzehnte vergehen, ehe es 1988 endlich fertig war. Das Warten hat sich am Ende aber gelohnt. 2008 kürten unabhängige Kritiker das Essener Musiktheater zum besten deutschen Opernhaus – eine Bestätigung dafür, dass auch die Essener Philharmoniker mittlerweile in der europäischen Spitzengruppe angekommen sind. Architektonisch ist Aaltos Bau sowieso Weltklasse …

Opernplatz 10; Tel. 02 01/8 12 22 00;
www.aalto-musiktheater.de

618

Schauspiel
Köln

»Theater des Jahres« (laut »Theater heute«) war es zwei Mal, daneben sammelt man fleißig Auszeichnungen für die »Inszenierung des Jahres«. Aus dem zwar denkmalgeschützten, aber einsturzgefährdeten Großen Haus zog man 2013 in die Depots 1 und 2 des ehemaligen Carlswerks in Köln-Mülheim um.

Schanzenstr. 6–20;
Tel. 02 21/22 12 84 00;
www.schauspielkoeln.de

620

Oper und Schauspiel
Bonn

Bonns Tradition als Theaterstadt reicht zurück bis in die Zeit der Kurfürsten. 1826 bauten sich die Bürger selbst das erste Schauspielhaus. 1965 wurde am Rheinufer ein Neubau eingeweiht, dessen Großes Haus mit 1037 Plätzen heute ausschließlich von der Oper bespielt wird. Die Werkstattbühne teilen sich Oper und Schauspiel.

Oper, Am Boeselagerhof 1;
Tel. 02 28/77 80 08;
Kammerspiele, Am Michaelshof 9,
Tel. 02 28/77 80 22;
www.theater-bonn.de

621

Kuhviertel
Münster

Eine Studentenstadt braucht anständige Kneipen. Münster hat sie – und in besonders großer Dichte im Kuhviertel um die Kreuzstraße. Hier befindet sich zum Beispiel auch die Altbierbrauerei Pinkus Müller mit ihren langen Holztischen, in denen sich schon Generationen von Gästen verewigt haben.

Münster Marketing,
Klemensstr. 10;
Tel. 02 51/4 92 27 10;
www.stadt-muenster.de

Philharmonie
Essen

622

Knapp 2000 Zuschauer haben Platz im größten Konzertsaal des Ruhrgebiets.
Und sie bekommen was zu hören: Nach der umfassenden Renovierung 2004 ist die 1904 von Richard Strauss eröffnete Philharmonie nicht nur schön wie eh und je, sie bietet auch eine fantastische Akustik. Das Programm spiegelt die Lust der Essener an neuer E-Musik ebenso wider wie ihre geringe Scheu vor dem U: Die Stars des klassischen Musikbetriebs und die größten Orchester werden hier ebenso beklatscht wie Größen aus Pop und Jazz.

Huyssenallee 53;
Tel. 02 01/8 12 22 00;
www.philharmonie-essen.de

623

Kabarett
Bonn

Große Politik provoziert zuverlässig kleine Störfeuer. Die Regierung des wiedervereinigten Deutschlands mag inzwischen nach Berlin umgezogen sein, die beiden Bonner Kleinkunst-Institutionen sind da geblieben. Die »Springmäuse«, 1985 gegründet, bieten in einem schön renovierten Tanzsaal aus der Jahrhundertwende zur politischen Satire auch Comedy und Improvisationstheater: Gespielt wird auf Zuruf. Breit gestreut ist auch das Spektrum im »Pantheon«: von Kabarett über Chanson bis Tanz. Highlight des Jahres ist die Vergabe des renommierten »Prix Pantheon«, unter anderem in den Kategorien »Frühreif & Verdorben«, »Reif & Bekloppt« sowie »Beklatscht und Ausgebuht«.

Springmäuse,
Frongasse 8–10;
Tel. 02 28/79 80 81;
www.springmaus-theater.de
Pantheon,
Siegburger Straße 42;
Tel. 02 28/21 25 21;
www.pantheon.de

624

Tonhalle
Düsseldorf

Sie ist nicht einfach ein Konzertsaal, sondern ein Universum der Musik: eingerichtet in der ehemaligen Rheinhalle, einem 1926 eröffneten, wunderschönen Planetariumsbau. Die spektakuläre Beleuchtung bewirkt, dass man sich tatsächlich dem Orbit sehr nah wähnt. Unter der riesigen, blau dämmernden Kuppel treten nicht nur die heimischen Düsseldorfer Symphoniker und internationale Stars der Klassik-Szene auf, sondern auch einschlägige Größen aus dem U-Bereich wie Liza Minnelli und Helge Schneider.

Am Ehrenhof 1; Tel. 02 11/91 38 75 38; www.tonhalle.de

STADT MÜNSTER
Münster Marketing
Dein Münster Moment!
exploremuenster
muenstermarketing
tourismus.muenster.de
Foto: Thomas Branse

Nachtresidenz
Düsseldorf

625

Wer in der schicken »Modestadt Düsseldorf« (Die Toten Hosen, 1983) an einem schicken Ort mit schicken Menschen den Abend verbringen möchte, ist hier richtig. Das Publikum ist sexy und gestylt, und wer am Türsteher vorbei möchte, kann sich das ja merken. Trotzdem gehört die Nachtresidenz seit Jahren zu den besten Clubs in NRW. Der hohe Kuppelsaal mit der großen Tanzfläche, eingerahmt von einer Empore mit Bar, ist eine tolle Location, die Musik treibt eher auf dem Mainstream: mal House, mal R'n'B, bisschen Disco, Latin, Soul …

Bahnstrasse 13;
Tel. 02 11/1 36 57 55;
www.nachtresidenz.de

626

Bar Ellingtons
Düsseldorf

Aus Versehen kommt wohl niemand hierher – die einschlägigen Läden in der Nachbarschaft lassen auch hinter der Tür von Scheurenstraße Nr. 5 »irgendwas mit roten Lichtern« vermuten. Was falsch ist. Tatsächlich genießt hier ein angenehmes Publikum die vielleicht besten Cocktails in Düsseldorf. Übrigens: Im Ellingtons darf geraucht werden.

Scheurenstr. 5; Tel. 01 72/
2 90 34 51; www.ellington-bar.de

627

Stadthafen
Münster

1962 wurden im Stadthafen noch 1,3 Millionen Tonnen Güter umgeschlagen. Heute hat sich der Hafen zum »Kreativkai« gewandelt und zusammen mit dem südlich angrenzenden Hawerkamp-Quartier zur Ausgehmeile. »Sputnik«, »Fusion« oder »Favela« heißen die Clubs. Sehr beliebt ist auch das »Heaven« (Restaurant, Bar, Lounge). Echte Institutionen sind der »Hot Jazz Club« und das Wolfgang-Borchert-Theater. Das Areal ist toll für einen nächtlichen Bummel.

Münster Marketing, Klemensstr. 10; Tel. 02 51/4 92 27 10;
www.muenster.de/stadt/tourismus

Dufthaus 4711

628

Köln

Das legendäre Haus in der Kölner Glockengasse wurde 1792 zum Stammsitz des Firmengründers Wilhelm Muelhens und zur Geburtsstätte von 4711 Echt Kölnisch Wasser. Der Legende nach erhielt Muelhens als Hochzeitsgeschenk die Rezeptur eines »Aqua Mirabilis« von einem befreundeten Kartäusermönch und baute daraufhin eine Duft-Manufaktur in der Glockengasse auf. Von dort aus begann er, das Duftwasser in die ganze Welt zu verkaufen. Das Traditionshaus in der Kölner Glockengasse zieht Besucher aus aller Welt an. Viele davon kommen auch wegen der Sehenswürdigkeiten, die dort besichtigt werden können. Es gibt Führungen, Duftseminare und »Duftmenüs«, die man über die Internetseite buchen kann.
Zu jeder vollen Stunde begeistert ein historisches Glockenspiel die Passanten in der Glockengasse. Auf die bekannte Melodie der »Marseillaise« folgt »Der Treue Husar«, anschließend ertönt ein drittes, saisonal wechselndes Lied.

Glockengasse 4; Tel. 02 21/27 09 99 11; www.4711.com; Mo–Sa

629 Franzen
Düsseldorf

Auch auf der berühmten Königsallee haben sich längst die üblichen Filialisten eingemietet. Franzen ist eine Ausnahme, das heißt: immer noch inhabergeführt. Mit Damen am Packtisch und Azubis in ordentlichen Anzügen. Hier gibt es hochwertige Wohnaccessoires für Nass- und Trockenräume, für Bad und Bett, Küche und Kochen, Wohn-, Ess- und Arbeitszimmer. Glas und Porzellan findet man ebenso wie feines Besteck. Außerdem bietet Franzen eine eigene Uhren- und Schmuckabteilung sowie eine Papeterie. Dazu wird man individuell beraten.

Königsallee 42;
Tel. 02 11/13 07 80;
www.franzen.de

630 Rüttenscheider Straße
Essen

Auf der »Rü« und ihren vielen Nebenstraßen wird Shoppen zur Zeitreise – zurück in die Ära, als Shops noch Läden oder Geschäfte hießen, vernünftige Größen hatten und dennoch alles boten, was man zum guten Leben braucht. Änderungsschneidereien, Teppiche, Bio-Lebensmittel, Sanitätshäuser, Blumen, Frisöre, Restaurants: Ist doch nicht schlecht, wenn die Geschäfte noch in der Stadt und nicht in flächenverschlingenden Hallen-und Parkplatz-Konglomeraten am Rand sind.

www.igruettenscheid.de

631 Ehrenstraße
Köln

Am Hohenzollernring/Höhe Rudolfplatz beginnt das Shoppingrevier für Kölner und, das muss gesagt werden, auch für Touristen. Sie kaufen in der Ehrenstraße Schuhe und Klamotten ein, Bücher oder Antiquitäten. Und setzen sich zwischendurch in eines der vielen Cafés. Es sind nicht die großen Marken-, sondern die kleinen Spezialitäten-Shops, die das Flair der Ehrenstraße bestimmen.

www.koeln.de/koeln/einkaufen/zentrum/ehrenstrasse

632

Gewürzhaus
Düsseldorf

Marie-Luise und Kerstin-Miriam Seegers haben sich in ihrem winzigen Laden einer großen Tradition verpflichtet: dem »Aechten Düsseldorfer Mostert« (Senf). Vom Fass wird er direkt in die Steinzeugtöpfchen mit dem Signet von Firmengründer Adam Bernhard Bergrath (1726) abgefüllt.

Kapuzinergasse 16;
Tel. 02 11/32 57 88;
www.gewuerzhaus-altstadt.de

633

Dauerlauf
Köln

Früher sagte man Laufen, später Jogging, dann Running. Aber egal, was man für den Sport braucht, bekommt man bei Dauerlauf, einem der besten Fachgeschäfte im Land. Toll: Jeden Donnerstag um 17.30 Uhr ist Orthopädieschuhmachermeister Jörg Roos vor Ort.

Severinstr. 181;
Tel. 02 21/32 76 06;
www.dauerlauf.de

634

Carlsplatz-Markt
Düsseldorf

Eigentlich könnte man sich hier den ganzen Tag aufhalten. Dem bunten Treiben zuschauen und sich beim Italiener, Türken oder Perser hin und wieder einen Snack holen. Nur am Sonntag sind die Stände zu. An allen anderen Tagen gibt es hier fast alles: Fisch und Fleisch, Obst, Gemüse, Schnittblumen, Brot und Wein. Und natürlich fehlen auch die Biertische und der Altbierausschank nicht.

www.carlsplatz-markt.de

635

Art Cologne
Köln

Sie ist die älteste, die größte und die wichtigste internationale Kunstmesse in Deutschland – und sie ist erfreulicherweise nicht nur fürs Fachpublikum geöffnet. Über 200 Galeristen und mehr als 60 000 Besucher kamen zur 53. Auflage der Art Cologne im April 2019 in die Koelnmesse. Eine gute Million Euro ließ sich ein Sammler ein Bild von Juan Miró kosten. Auch Werke von Polke, Baselitz, Hirst und anderen großen Namen fanden wieder Käufer. Was man hier kaufen kann, ist generell nicht billig, aber von Experten weltweit für gut und wichtig befunden. Wer es braucht, kann neben Kunst auch Promis gucken. Weil nur ein Großevent zu wenig ist, wird im Herbst auch noch die Cologne Fine Art & Antiques veranstaltet. Zu kaufen gibt es alte und neue Kunst, Kunsthandwerk, Möbel, Design und Accessoires.

Koelnmesse, Messeplatz 1;
Tel. 02 21/82 10;
www.artcologne.de
www.colognefineart.de

636

Prinzipalmarkt
Münster

Münsters gute Stube demonstriert beispielhaft, wie Sightseeing und Shoppen auf ideale Weise verschränkt werden – und zwar schon seit dem 15. Jh. Zwischen Stadthausturm, Rathaus und Lambertikirche haben sich die Münsteraner Kaufleute in schönen Patrizierhäusern mit langen Bogengängen eingerichtet: etwa der Juwelier J. C. Osthues, die Wohnkulturbotschafter von Kösters, die Damen- und Herrenausstatter der Modehäuser Schnitzler und Petzhold, die Feinbäcker von pain & gâteau und und und …

www.prinzipalmarkt.de

Ruhrtriennale
Ruhrgebiet

637

Körperlos, doch ungemein präsent schweben die Klänge zwischen den Wänden der alten Thyssen-Industrieanlage im Landschaftspark Duisburg-Nord. Hier wandelt man nicht über klassizistische Chausseen oder gepflegte Landschaftsparks und sitzt in stuckverzierten Sälen. Sondern man geht in die Zeche. Vorbei an rostenden Hochöfen, vorbei an einem Gasometer, in dem heute Taucher üben. Die Gebläsehalle, 1902 erbaut und 100 Jahre später zu einem Konzert- und Theatersaal umgebaut, ist eine von sieben Spielstätten der Ruhrtriennale, einem der spannendsten Kulturfestivals in Deutschland. Auch in der Gießhalle des Thyssen-Werks, in der früher das flüssige Eisen zischend aus dem Hochofen lief, wird Musik gemacht. Im Jahr 2009 stand hier die in New York lebende und deutsche Volkslieder singende Tine Kindermann zusammen mit Iggy Pop, dem Gottvater des Punk, auf der Bühne. Berührungsängste? Schwellenängste? Gibt es nicht. Triennale nennt sich das Festival an der Ruhr übrigens, weil die Intendanz im Drei-Jahres-Rhythmus wechselt. Von 2009 bis 2011 thematisierte Willy Becker die »Urmomente«: das Spannungsfeld zwischen Kunst und Religiosität (wobei dem jüdischen, dem islamischen und dem buddhistischen Kulturkreis jeweils ein Jahr gewidmet war). Von 2012 bis 2014 rief Heiner Goebbels das »International Festival of Arts« aus, und nach Johan Simons (2015–2017) hat Intendantin Stefanie Carp (seit 2018) für das Jahr 2020 für rund 150 Veranstaltungen das Motto »Zwischenzeit« ausgegeben – bevor Barbara Frey für die Spielzeit 2021 bis 2023 die Leitung übernimmt.

www.ruhrtriennale.de

638 Essen.Original.

Essen

Alles draußen, alles für lau. Drei Tage lang wird auf den Bühnen am Kennedyplatz und in der Innenstadt gesungen, gerappt, getanzt, geschmachtet und geblödelt. Hier präsentiert sich neben der etablierten (Klein-) Kunstszene auch der Nachwuchs einem gut gelaunten Publikum. Musik von Jazz bis Klassik. Macht Spaß und, wie gesagt, kostet nichts.

www.essen-original.de

639 Fang der Wildpferde

Dülmen

Das ganz große Spektakel für Pferdefreunde im westlichen Münsterland: Immer am letzten Samstag im Mai werden die Wildpferde auf die große Wildbahn nahe Dülmen, etwa 40 km südwestlich von Münster, getrieben. Dann werden die einjährigen Hengste aus der Herde herausgefangen und unmittelbar im Anschluss meistbietend versteigert. Das Gelände mit den knapp 400 Tieren im Merfelder Bruch, dem letzten natürlichen Vorkommen von Wildpferden in ganz Europa, kann vom 12. März bis 1. November an jedem Wochenende mit gutem Wetter besichtigt werden.

www.wildpferde.de

640 Rosenmontag
Köln

Der Höhepunkt des Karnevals ist gleichzeitig der höchste Feiertag in dieser ganz und gar katholischen Stadt – und das im Angesicht des Doms. Mehr als fünf Stunden lang wälzt sich ein bunter Strom von Jecken über die 6,5 km lange Partymeile quer durch die Stadt. Karnevalstouristen, aufgepasst: In Köln heißt es »Alaaf!« Die Düsseldorfer rufen »Helau!« Unbedingt merken!

www.koelnerkarneval.de

641 Hafenfest
Münster

Drei Tage, drei Bühnen und sicher mehr als drei Menschen, die sich an den Buden und in den Kneipen am Hafen vergnügen. Das Großevent steigt nach den pandemiebedingten Ausfällen voraussichtlich wieder 2023. Wieder wird das Programm bunt sein: mit viel Musik, leckerem Essen, verschiedenen Aktionen und vielen Besuchern zwischen ziemlich klein und ganz schön rüstig.

www.ms-hafenfest.de

642 Beethovenfest
Bonn

Der berühmteste Sohn der Stadt Bonn heißt Ludwig van Beethoven (1770–1827). Sein Geburtshaus ist natürlich ein Pilgerziel von Musikliebhabern aus aller Welt (www.beethoven-haus-bonn.de) – und das Beethovenfest im September ist das wichtigste Kulturereignis von Bonn. Bereits 1845 fand es zum ersten Mal statt (unter den Gästen: Franz Liszt, der auch dirigierte, und Alexander von Humboldt), einen festen jährlichen Turnus gibt es allerdings erst seit dem Jahr 1998. Hauptspielstätte ist, na klar, die große Beethovenhalle über dem Ufer des Rheins.

www.beethovenfest.de

Karneval
Düsseldorf

643

Wenn am 11. November um 11 Uhr 11 der Hoppeditz erwacht, die Düsseldorfer Narrenfigur, beginnt der geordnete und exakt durchchoreografierte Verfall der öffentlichen Ordnung. Nach seiner Vollendung am Rosenmontag und Faschingsdienstag fängt am Aschermittwoch mit Hoppeditz' Verbrennung und einem Fischessen die 40-tägige Fastenzeit an. Neben dem großen Rosenmontagszug gibt es noch eine Vielzahl größerer und kleinerer und mehr oder weniger organisierter Veranstaltungen – von der Weiberfastnacht über das Tonnenrennen bis zum Tuntenlauf.

www.karneval-in-duesseldorf.de

644

Extraschicht
Ruhrgebiet

Die lange »Nacht der Industriekultur« überzieht den ganzen Pott eine Nacht lang mit einem sehr bunten und nicht leisen Teppich aus Licht und Klängen. Zugesehen, zugehört, gespielt, gerockt und abgetanzt wird auf ehemaligen Zechen, Stahlhütten und Kokereien. Insgesamt listen die Veranstalter 48 Spielstätten in 20 Städten. Jedes Jahr am letzten Samstag im Juni ist es wieder so weit.

www.extraschicht.de

645

Japantag
Düsseldorf

Düsseldorf hat die drittgrößte japanische Gemeinde in Deutschland. Das findet in Hotellerie, Gastronomie und Einzelhandel seinen Niederschlag – und im Japantag (zwischen Mai und Juni). Zehn Stunden Sumo, Judo, Manga, Tanz, Kalligraphie und Bogenschießen! Und am Ende das größte japanische Feuerwerk außerhalb Japans.

www.japantag-duesseldorf-nrw.de

646

Emscherkunstweg

Ruhrgebiet

Der Emscherkunstweg ist eine öffentliche Sammlung von Kunstwerken entlang der Emscher. Auf 100 km Radwegen von Holzwickede bis Dinslaken erzählen mittlerweile 22 Skulpturen und Installationen von der wechselvollen Geschichte des Ruhrgebiets, aber auch von einem besonderen Fluss und einem der größten Renaturierungsprojekte Europas: dem Umbau des Abwassersystems Emscher durch die Emschergenossenschaft. Seit dem Kulturhauptstadtjahr RUHR.2010 begleitet Kunst diesen Prozess und reflektiert die Geschichte der Unterwerfung der Natur unter industrielle Anforderungen und den darauffolgenden Strukturwandel. Die hybride Kulturlandschaft gibt Anlass für verschiedenste künstlerische Auseinandersetzungen. So sind im Rahmen der Emscherkunst-Ausstellungen 18 skulpturale Arbeiten entstanden, darunter von atelier le balto, Rita McBride, Inges Idee oder Tadashi Kawamata. Seit 2019 ist der Emscherkunstweg ein permanenter Skulpturenweg und ein dauerhaftes, nachhaltiges Ausstellungsformat für die Region.

https://emscherkunstweg.de

647

Burg Hülshoff
Havixbeck

Die historische Wasserburg mit ihrer wunderschönen Parkanlage ist der Geburtsort von Annette von Droste-Hülshoff (1797–1848). Heute befindet sich in der Burg u. a. das Droste-Museum, das einen Einblick in das Leben der Dichterin und des Adels jener Zeit eröffnet. *Das Biedermeier-Phantasma / Deep Fake* setzt sich kritisch mit dem Museum auseinander: Über ein Tablet werden die Räume mit neuen Ansichten überlagert, Filme und Hörstücke befragen das Museumsinventar und wie wir uns an die Dichterin erinnern. Die Burg beheimatet außerdem das Center for Literature (CfL), das besondere Kulturveranstaltungen durchführt. Einmal im Jahr findet eine Denkfabrik statt, die sich aktuellen gesellschaftlichen Fragen widmet, außerdem das Droste-Festival, das im Juni Literatur als Fest zelebriert. Die Ausstellung *Droste Digital. Handschriften – Räume – Installationen* (16.9.2022–30.9.2023) macht erstmals die digitalisierten Handschriften von Droste zugänglich. Das nahe gelegene Haus Rüschhaus und das Outdoor Museum *Droste Landschaft : Lyrikweg* sind weitere Lebens- und Arbeitsorte der berühmten Dichterin, deren Besuch lohnt!

Schonebeck 6; Tel. 0 25 34/10 52; www.burg-huelshoff.de; Mo, Di geschl.

649

Drachenfels und Siebengebirge

Königswinter

10 km südlich der Bonner Innenstadt wogen auf der rechten Rheinseite die waldgrünen Höhen des Siebengebirges. Dort steht auch der Drachenfels, ein heiliger Berg der deutschen Romantik. Den Aufstieg treten die allermeisten von Königswinter (Stadtbahn Linie 66 ab Bonn-Hbf) mit der Zahnradbahn an. Im Naturpark Siebengebirge, dem ältesten Naturschutzgebiet Deutschlands, ist man aber am besten zu Fuß unterwegs. Wunderschön ist der Weg von Rhöndorf, am Fuß des Drachenfels in Bad Honnef, zur aussichtsreichen Ruine der Löwenburg, vorbei am verwilderten Stenzelberg-Steinbruch auf den Petersberg und hinab zur sagenhaften Klosterruine Heisterbach.

Drachenfelsbahn, Drachenfelsstr. 53; Tel. 0 22 23/9 20 90; www.drachenfelsbahn.de
Tourismus Siebengebirge, Drachenfelsstr. 51; Tel. 0 22 23/ 91 77 11; www.siebengebirge.com

648

Baldeneysee

Essen

Er ist der größte von fünf Ruhrstauseen. Baden ist verboten, man darf nur segeln, surfen, paddeln, am »karibischen« Strand unter der Villa Hügel Cocktails schlürfen (www.seaside-beach.de) oder mit der Weißen Flotte zwischen Kupferdreh und Werden hin- und herschippern. Gehen ist auch erlaubt: Einmal rund um den See, das sind 15 km – ohne den Abstecher ins Vogelschutzgebiet Heisinger Aue.

Hardenbergufer 379;
Tel. 02 01/1 85 79 90;
www.flotte-essen.de

Stadtbummel
Kaiserswerth

650

Schön flanieren kann man auf der Düsseldorfer Rheinuferpromenade, und wer sich ein Fahrrad ausleiht, kann immer am Wasser entlang ins postkartenschöne Kaiserswerth radeln. Mit dem Schiff kommt man natürlich auch hin. 1929 von Düsseldorf eingemeindet, zeigt sich das Städtchen als ein idyllisches Gewimmel niedlichster Gässchen. Besonders schön ist das Ensemble am Stiftsplatz mit der ehemaligen Stiftskirche St. Suitbertus. Am Wochenende wimmelt es hier doppelt – also besser, man kommt unter der Woche.

Tourist-Information Düsseldorf; Tel. 02 11/17 20 28 67; www.duesseldorf-tourismus.de

651

Hohes Venn
Mützenich

Der Eifel-Nationalpark ist nur ein Teil des wesentlich größeren Naturparks, der sich über rund 2700 Quadratkilometer in Nordrhein-Westfalen, Rheinland-Pfalz und Ostbelgien erstreckt. Und er ist ein Wanderland par excellence. Großartig ist die knapp 4-stündige Rundtour auf Bohlenpfaden über das fantastische Hochmoor Hohes Venn. Gestartet wird auf belgischer Seite beim Parkplatz Nahtsief unmittelbar hinter der Grenze bei Mützenich nahe Monschau.

Naturpark Nordeifel, Bahnhofstr. 16, Nettersheim; Tel. 0 24 86/91 11 17; www.naturpark-hohesvenn-eifel.de

652

Rothaargebirge
Winterberg

Winterberg heißt nicht nur so. Für mehr als 5,3 Millionen Menschen im Pott (und weiteren Sportfreunden in Holland) ist der Kahle Asten über der Kleinstadt das nächste Skigebiet. 5 Sessellifte und 13 Schlepplifte erschließen 23 Pisten mit zusammen 15 Abfahrtskilometern – das größte zusammenhängende Skigebiet nördlich des Mains. Einige Pisten werden künstlich beschneit und mittwochs, freitags und samstags zwischen 18.30 und 22 Uhr beleuchtet. Zwei Lifte transportieren Rodler. Hütten, Schneebars und Sonnenterrassen bieten (fast) denselben Service wie in den Alpen (www.skigebiete-winterberg.de). Ist der Schnee geschmolzen, geht der Spaß, etwas leiser, weiter: beim (Nordic) Walken, beim Radeln und Mountainbiken, beim Baden, Golfen und beim Wandern auf dem Rothaarsteig, einem der »Top Trails of Germany« (www.rothaarsteig.de).

Ferienwelt Winterberg, Am Kurpark 4; Tel. 0 29 81/9 25 00; www.winterberg.de
www.sauerland.com

653

Nationales Naturmonument Kluterthöhle

Ennepetal

Im Ruhrgebiet spazieren, kriechen oder krabbeln die Besucher in der Kluterthöhle durch ein versteinertes Korallenriff und bestaunen dabei eine unglaubliche Fülle der ehemaligen Riffbewohner: Ennepetal gilt als die höhlenreichste Stadt Deutschlands. Allein das aus mehreren Höhlen bestehende Kluterthöhlensystem hat eine Ganglänge von 7600 m.
Die Kluterthöhle als Teil dieses Systems ist für Besucher erschlossen. In 380 Gängen von fast 5800 m Länge zeigen sich unterirdische Seen, bizarre, geheimnisvolle Gänge und die versteinerten Lebewesen des ehemaligen Korallenriffs. Wegen der Empfindlichkeit und des besonderen Schutzzwecks kann die Höhle nicht auf eigene Faust, sondern nur im Rahmen von geführten Touren sowie bei Veranstaltungen besucht werden.
Aufgrund ihres Klimas und der besonderen Luftzusammensetzung wird die Kluterthöhle auch zur Linderung von Beschwerden bei Atemwegserkrankungen und Allergien genutzt.

Gasstr. 10, Ennepetal; Tel. 0 23 33/98 80 11; www.kluterthoehle.de; www.klutertwelt.de

Rheinland-Pfalz

Weiß oder rot? Ja gern, und dazu das Tagesmenü! Wein reimt sich auf Rhein, und wer sich zwischen Loreley und Pfälzerwald vom rheinischen Frohsinn anstecken lässt, nimmt dabei sicher nicht ab. Es sei denn, er erkundet die Sehnsuchtslandschaft der deutschen Romantik auch zu Fuß, auf einem der zahllosen (romantischen) Wanderwege.

Sind die süß!
Ist der Zucker endlich zu Alkohol vergoren, haben auch die Erwachsenen etwas davon.

Kaltwassergeysir
Andernach

655

Bis zu 60 m hoch schießt das Wasser auf der Halbinsel im Rhein in die Höhe – und es ist kalt. Damit ist der Andernacher Geysir der höchste seiner Art weltweit. Nachdem er viele Jahre quasi »unter Verschluss« stand, hat man das einzigartige Naturphänomen als neueste Attraktion des Vulkanparks Eifel (www.vulkanpark.de) im Sommer 2009 wieder entfesselt. Wie sich vulkanisches Kohlendioxid zusammen mit kaltem Grundwasser in großer Tiefe zum druckvollen Geo-Sprudel verbindet, wird im kantigen Erlebniszentrum unterhaltsam erklärt. Danach geht es mit dem Schiff von den Andernacher Rheinanlagen zum Geysir selbst.

Konrad-Adenauer-Allee 40; Tel. 0 26 32/9 58 00 80;
www.geysir-andernach.de

Kirche St. Stephan
Mainz

654

Von 1973 bis zu seinem Tod im Jahr 1985 arbeitete Marc Chagall an den Glasfenstern für das gotische Gotteshaus aus dem 14. Jh. Heute sind die lichtblauen Kunstwerke, von ihrem Schöpfer als ein Beitrag zur jüdisch-deutschen Aussöhnung angesehen, eine der größten Sehenswürdigkeiten der Stadt.

Kleine Weißgasse 12;
Tel. 0 61 31/23 16 40;
www.st-stephan-mainz.de

656 Wilhelm-Hack-Museum
Ludwigshafen

Ludwigshafen bietet zur Chemie (BASF) auch die farbige Kunst – im Wilhelm-Hack-Museum. Hinter der bunten Fassade von Joan Miró ist Abstraktes aus den Jahren 1910–1950 zu sehen, daneben aber auch Sakrales aus dem Spätmittelalter, der »Gondorfer Fund« von einem keltisch-römischen Gräberfeld an der Mosel und spannende Gegenwartskunst in Sonderausstellungen.

Berliner Str. 23; Tel. 06 21/5 04 30 45; www.wilhelmhack.museum; Mo geschl.

657 Dom
Worms

Der berühmte Kaiserdom mit seinen beiden schlanken, runden Türmen wurde zwischen 1130 und 1181 errichtet. Romanisch sieht er aber nur noch außen aus, innen ist er seit dem 18. Jh. barock. Schon als der erste Wormser Bischof Burchard anno 614 sein Amt antrat, gab es eine Kirche in der Nibelungenstadt. Wie sie aussah, weiß man aber nicht.

Domplatz; Tel. 0 62 41/59 61 60; www.wormser-dom.de

658 Festung Ehrenbreitstein
Koblenz

Keine rheinromantische Ritterburg, sondern eine riesige, sehr beeindruckende, aber eher nüchterne Anlage. Als Teil der Großfestung Koblenz (1832) beherbergt sie heute das Landesmuseum und eine archäologische Sammlung.

Festung Ehrenbreitstein; Tel. 02 61/66 75 40 00; tor-zum-welterbe.de

659 Kloster
Maria Laach

Westlich von Koblenz steht in der östlichen Eifel eines der großartigsten romanischen Baudenkmäler in Deutschland. Die 1156 geweihte Abteikirche des Benediktinerklosters Maria Laach fügt sich in ihrer architektonischen Vollkommenheit so sehr in die stille Landschaft ein, dass sie nicht nur kunstinteressierte Touristen, sondern auch alle Arten von sinnsuchenden Menschen anzieht. So hat sich mittlerweile um das Kloster ein sehr lebhaftes Treiben entwickelt – mit Kunsthandwerk und Landwirtschaft, mit wissenschaftlichen Instituten, Hotel, Gastronomie und Hofverkauf.

Maria Laach; Tel. 0 26 52/5 90; www.maria-laach.de

660

Burg Eltz
Wierschem

Mit hohen Mauern und vielen Türmchen steht auf einem steilen Felsen, von waldigen Höhen umgeben – die schönste und romantischste Burg Deutschlands? Anfang des 12. Jh. erbaut, wurde sie nie erobert oder verwüstet. Heute bietet sie Besuchern einen Rundgang durch 800 Jahre Kunst- und Kulturgeschichte. Man kann von Moselkern mit dem Auto durchs Elztal anfahren. Der schönste Weg zur Burg ist aber der zu Fuß: von Karden auf dem Mosel-Höhenweg zur Burg Eltz, durchs Elztal nach Moselkern, hinüber nach Müden und über den »Buchsbaumpfad« (nördlichstes natürlichen Vorkommen von Buchsbaum in Europa) zurück nach Karden.

Burg Eltz 1; Tel. 0 26 72/ 95 05 00; www.burg-eltz.de

661

Edelsteinmuseum
Idar-Oberstein

Die sanften Höhen über der Nahe sind nicht nur für Riesling und Co. berühmt. Ein buchstäbliches Schmuckstück der Region ist Idar-Oberstein mit seiner weltberühmten Edelsteinindustrie. Mehr als 500 Jahre reicht die Geschichte des Steineschleifens an der Nahe zurück. Die Edelsteinminen im Steinkaulenberg sind die einzigen für Besucher zugänglichen Edelsteinminen in Europa, das Edelsteinmuseum, bereits 1859 gegründet, ist eines der ältesten im Land Rheinland-Pfalz.

Edelsteinminen, Im Stäbel; Tel. 0 67 81/4 74 00; www.weiherschleife-steinkaulenbergwerk.de
Edelsteinmuseum, Hauptstr. 118; Tel. 0 67 81/90 09 80; www.edelsteinmuseum.de

662

BASF
Ludwigshafen

Die ehemalige Badische Anilin- & Soda-Fabrik heißt immer noch BASF und hat ihren Hauptsitz in Ludwigshafen. Im Besucherzentrum wird gezeigt, warum Haarspray auch bei Regen hält, wie klein »nano« ist und wie Chemie bei den Dingen des Alltags hilft. Spannend ist dann die Werksrundfahrt über das zehn Quadratkilometer große Werksgelände mit seinen 2000 km Rohrleitungen, das größte zusammenhängende Chemieareal der Welt mit seinen lustigen Straßennamen: Chlorstraße, Benzolstraße, Sodastraße, Ammoniakstraße …

Carl-Bosch-Str. 38, Tor 2; Tel. 06 21/6 07 16 40; besucherzentrum.basf.de; besonderes Programm am Erlebnis-Samstag (2. Sa/Monat)

663

Max-Slevogt-Galerie
Edenkoben

Franz Theodor Max Slevogt lebte von 1868 bis 1932, malte, zeichnete, illustrierte und schuf Bühnenbilder. Zusammen mit Lovis Corinth und Max Liebermann war er einer der großen Künstler seiner Zeit, die ihre Staffelei noch in der Natur aufbauten. Im Schloss »Villa Ludwigshöhe« bei Edenkoben, das sich von Ludwig I. von Bayern erbauen ließ, richtete das Landesmuseum Mainz eine Galerie ein, die Bilder aus dem Nachlass Slevogts zeigt, dazu verschiedene Wechselausstellungen. Die privaten Gemälderäume sind auf dem Slevogthof Neukastel in Leinsweiler zu sehen, wo der Künstler Wand- und Deckengemälde schuf. Auch der weite Blick über die Rheinebene ist schön – Slevogt hielt ihn in mehreren Gemälden und Aquarellen fest.

Villastr. 64; Tel. 0 63 23/9 30 16, schloss-villa-ludwigshoehe.de; Mo geschl.

364

Zentrum der Antike

Trier

Nirgendwo nördlich der Alpen ist die Römerzeit so authentisch erlebbar wie in Trier. Hier findet sich das »Zentrum der Antike«. Die älteste Stadt Deutschlands, gegründet um 17 v. Chr. als »Augusta Treverorum«, zählte einst zu den größten Metropolen des Römischen Reiches. Das Stadtbild ist bis heute geprägt von Monumentalbauten der Antike. Einige von ihnen zählen zu den am besten erhaltenen ihrer Art. Im Jahr 1986 wurde zusammen mit den Kirchen Dom und Liebfrauen ein Ensemble von sieben römischen Bauten in die Liste der UNESCO-Welterbestätten aufgenommen: die Porta Nigra, die Kaiserthermen, das Amphitheater, die Römerbrücke, die Barbarathermen, die Konstantin-Basilika und die nahe Trier gelegene »Igeler Säule«. Auch die Villa Otrang ist Zeugnis der Antike und repräsentiert römisches Leben auf dem Land. Die Thermen am Viehmarkt geben Einblicke in die rund 2000-jährige Stadtgeschichte Triers. Das Rheinische Landesmuseum präsentiert weltbekannte Fundstücke aus der Römerzeit und vereint archäologische Highlights höchsten Ranges mit spannenden Vermittlungskonzepten.

Weimarer Allee 1;Tel. 06 51/9 77 40; www.zentrum-der-antike.de

665

Die älteste Stadt Deutschlands
Trier

Um 17 v. Chr. von Kaiser Augustus gegründet, ist Trier eine ziemlich junge Stadt: Auf gut 100 000 Einwohner kommen knapp 15 000 Studenten. Mit seinem Inventar an römischen Bauwerken steht Trier auf der Liste des UNESCO-Welterbes. Einzigartig ist die Porta Nigra, das hervorragend erhaltene ehemalige Nordtor der Stadtbefestigung. Weitere Denkmäler sind die römische Brücke über die Mosel, das Amphitheater am Petrisberg und die Ruinen der einst riesigen Kaiserthermen. Der Trierer Dom (11./12. Jh.) gilt als die älteste Bischofskirche in Deutschland. Konstantin der Große hatte hier nämlich bereits im 4. Jh. eine erste Kirche errichten lassen.

Tourist-Information, An der Porta Nigra;
Tel. 06 51/97 80 80; www.trier-info.de

666

Dynamikum
Pirmasens

Bewegung! Das erste »Science Center« in Rheinland-Pfalz verblüfft Besucher nach allen Regeln der multimedialen Kunst. Hier kann man real mit einem virtuellen Elefanten um die Wette rennen, mit einem Luftkissenfahrrad durch die Räume schweben und sich im Hexenhaus schwindlig drehen lassen.

Fröhnstr. 8; Tel. 0 63 31/
23 94 30; www.dynamikum.de

667 Deutsches Schuhmuseum

Hauenstein

Die Schuhindustrie in der Pfalz hat ihre besten Jahre gehabt – weshalb man das Erbe im Museum ausstellt. 1996 wurde es eröffnet und schon ein Jahr später mit einem europäischen Museumspreis ausgezeichnet. In der Bauhausarchitektur einer ehemaligen Schuhfabrik aus dem Jahr 1929 wird nicht nur gezeigt, wie Schuhe hergestellt werden, Besucher erleben auch sehr anschaulich ein Stück deutscher Sozialgeschichte. Die Ernst-Tillmann-Sammlung, die größte private Schuhsammlung Europas, zeigt mehr als 3500 Paar Schuhe aus zwei Jahrtausenden und allen Kontinenten. Das berühmte Pfälzer »Schuhdorf« Hauenstein, das dennoch ein Luftkurort ist, bietet seinen Besuchern auf der ebenso berühmten »Schuhmeile« auch noch eine Auswahl von, über den Daumen gepeilt, einer Million (Paar) Schuhe, besser gesagt: Schuhschnäppchen (www.schuhmeile-hauenstein.de). Wer alle 26 Schuhgeschäfte anschaut, braucht danach wahrscheinlich auch ein neues Paar.

Turnstr. 5; Tel. 0 63 92/ 9 23 33 40, www.museum-hauenstein.de

668 Pfalzgalerie

Kaiserslautern

Im Gebäude der Pfälzischen Landesgewerbeanstalt ist die wichtigste Gemäldesammlung der Pfalz zu sehen: deutsche Impressionisten und Expressionisten, dazu amerikanische Kunst bis in die Gegenwart. Das eindrucksvolle Gebäude, 1875 bis 1880 erbaut, birgt zudem eine umfangreiche graphische Sammlung mit rund 20 000 Blatt und kostbare kunsthandwerkliche Exponate der unterschiedlichsten Epochen.

Museumsplatz 1; Tel. 06 31/ 3 64 72 01; www.mpk.de

Stadtbummel

Speyer

669

Speyer bietet mehr als den Dom – etwa die barocke Dreifaltigkeitskirche mit ihren Balkonen und der grandiosen Deckenbemalung. Sehenswert sind noch der 55 m hohe Altpörtel, eines der höchsten Stadttore Deutschlands, der Judenhof dicht neben dem Dom, die städtische Galerie, das Technikmuseum mit der Boeing 747 und das Sea Life, in dem man dem Rhein aquariumtechnisch von der Quelle bis zur Mündung folgt. Der Bummel über die »Hauptstrooß«, die Maximilianstraße, ist darüber hinaus eine Werbung für Pfälzer Lebensart.

Tourist-Information, Maximilianstr. 13; Tel. 0 62 32/14 23 92; www.speyer.de

670

Cusanus-Hospiz
Bernkastel

Das malerische Städtchen am Fuß des »Doctor«-Weinberges steht auf dem Programm fast aller Moseltouristen. Im Cusanus-Hospiz, das auf den Philosophen und Theologen Nikolaus von Kues (1401–1464) zurückgeht, sind dessen berühmte Privatbibliothek mit insgesamt 314 wissenschaftlichen Handschriften vom 9. bis ins 15. Jh. sowie die Kapelle mit dem Weltgerichts-Fresko und dem Passions-Triptychon zu sehen. Die Cusanus-Stiftung hat in der Sozialfürsorge eine über 500-jährige Tradition: Bis heute betreibt sie das Altenheim im Stift.

Cusanusstr. 2; Tel. 0 65 31/22 60; www.cusanus.de

671

Hambacher Schloss
Neustadt an der Weinstraße

»Hinauf, hinauf zum Schloss!« riefen etwa 30 000 Deutsche am 27. März 1832. Dabei schwenkten sie schwarz-rot-goldene Fahnen über der Burgruine auf dem 325 m hohen Schlossberg südlich von Neustadt. »Hinauf, hinauf zum Schloss!« heißt auch die Dauerausstellung zum »Hambacher Fest«. Die als Volksfest getarnte Demonstration markierte den Beginn der deutschen Demokratiebewegung und war ein Vorspiel zur Revolution von 1848. Sie anzuschauen ist also Bürgerpflicht. Mit der Buslinie 502 ist das Schloss von Neustadt aus gut zu erreichen. Das Bauwerk, eine ehemalige Raubritterburg, wurde jahrelang renoviert und 2008 wiedereröffnet. Heute bietet es neben der Ausstellung auch Platz für Kulturveranstaltungen und Events, für Tagungen und Trauungen. Auch ein Restaurant ist eingezogen. Die Aussicht ist großartig.

Hambacher Schloss;
Tel. 0 63 21/92 62 90;
www.hambacher-schloss.de

672

Gutenberg-Museum
Mainz

Gegenüber dem Dom liegt ein Schatz von unermesslichem Wert: die 42-zeilige Bibel Johannes Gutenbergs aus dem Jahr 1455. Auch andere Werke des Erfinders der Buchdruckkunst sowie die Rekonstruktion seiner Werkstatt werden gezeigt. Gutenberg erfand in Mainz den Buchdruck mit beweglichen Lettern. Vor der Rekonstruktion seiner Druckpresse darf man ruhig Ehrfurcht zeigen: Das äußerlich wenig spektakuläre Ding hat eine Weltrevolution in Gang gesetzt.

Liebfrauenplatz 5;
Tel. 0 61 31/12 25 03;
www.gutenberg-museum.de;
Mo geschl.

674

Dom
Speyer

Acht deutsche Kaiser und Könige haben hier ihre letzte Ruhestätte gefunden. Die größte romanische Kirche in Europa wurde mehrfach stark beschädigt, wieder auf- bzw. umgebaut und erst in der Mitte des 20. Jh. reromanisiert. Heute dürfte sie mit ihren sechs Türmen und drei Kirchenschiffen dem 1061 geweihten Bau immerhin so ähnlich sehen wie seit mehreren Jahrhunderten nicht mehr. Die historisch korrekte Rekonstruktion vermittelt einen überwältigenden Raumeindruck, von außen und (fast mehr noch) von innen. Natürlich gehört sie zum UNESCO-Welterbe.

Domplatz; Tel. 0 62 32/10 21 31; www.dom-zu-speyer.de

673

Dom
Mainz

900 Jahre lang wurde gebaut, seit 100 Jahren wird restauriert und saniert. Eindrucksvoll sind die Grabdenkmäler, der Kreuzgang und die aus einem Stück gegossenen, über 1000 Jahre alten Bronzetüren am Marktportal. Das Dom- und Diözesanmuseum (Mo geschl.) zeigt Kunstwerke aus zwei Jahrtausenden.

Markt; Tel. 0 61 31/25 32 36; www.mainzer-dom.de

Stadtmuseum Simeonstift

Trier

675

Direkt neben der Porta Nigra liegt das Stadtmuseum Simeonstift, in dem sich historische Architektur mit moderner Gestaltung verbindet. Kunst- und kulturgeschichtliche Originale vom 10. bis 21. Jh. erzählen hier die Geschichte Triers. Die Gründung der Sammlung geht auf das 19. Jh. zurück. Ende der 1940er-Jahre fand das Museum im mittelalterlichen Simeonstift ein Zuhause. Nach der Neukonzeption im Jahr 2007 bietet es auf fünf Etagen vertiefende Hintergründe zum reichen kulturellen Erbe der Stadt. In der Dauerausstellung, in der sich unter anderem die Originalskulpturen des mittelalterlichen Hauptmarkts, Napoleons goldener Weinpokal oder Zeitrelikte aus der Epoche von Karl Marx befinden, gibt das Museum auch einen Einblick in das rege künstlerische Schaffen der Region. Hier spiegeln sich die großen Strömungen von Barock, 19. Jh. und Moderne wider. Mode-Raritäten aus drei Jahrhunderten erwarten Besucherinnen und Besucher im Textilkabinett. Auf familiengerechte Vermittlung und Barriere-Reduktion wird dabei viel Wert gelegt.

Simeonstraße 60; Tel. 06 51/7 18 14 59; www.museum-trier.de; Mo. geschl.

676

Annaberg
Bad Dürkheim

Traumhaft ist die Lage mitten in den Weinbergen – mit Blick über das Rheintal bis nach Heidelberg. Die Zimmer sind im Landhausstil eingerichtet, für manche der Suiten haben Winzer von umliegenden Weingütern Patenschaften übernommen. Geboten werden auch Wellness in der Heubodensauna und sachkundige Tipps für Ausflüge ins Weinland. Platz zum Schlemmen und Schlürfen bieten das historische Kreuz- und Weingewölbe, die Weinstube und natürlich das Restaurant (mediterran gestaltete Frischeküche und feine Weine aus der Pfalz).

Annabergstr. 1; Tel. 0 63 22/ 9 40 00, www.halbersbacher-hotel-annaberg.de; €

677

Moselschlösschen
Traben-Trarbach

In dem denkmalgeschützten Gebäudeensemble an der Moselpromenade sind die Zimmer und Suiten sehr individuell und überwiegend als Maisonetten ausgelegt. Draußen liegen der Park und der Brunnenhof sowie die schöne Terrasse. In Restaurant, Vinothek und Gewölbekeller gibt's die besten Tropfen von der Mosel.

An der Mosel; Tel. 0 65 41/ 83 20; www.mosel schloesschen.de; €€

678

Hotel Kunz
Pirmasens

Das sehr sympathische, persönlich geführte Haus steht am Rand von Pirmasens und ist eine ideale Bleibe für Erholungssuchende, die den Pfälzerwald (gleich vor der Haustür), das Elsass oder das Pfälzer Weinland durchstreifen wollen. Zimmer und Suiten bieten klassischen 4-Sterne-Komfort, Geschäftsreisenden stehen drei Räume für Tagungen und Konferenzen zur Verfügung. Dazu gibt es einen hübschen, kleinen Wellnessbereich, ein Day-Spa mit Pool und Bio-Sauna sowie feine Speisen im sehr guten Restaurant.

Bottenbacher Str. 74; Tel. 0 63 31/87 50, www.hotel-kunz.de; €

Schlosshotel Petry
Treis-Karden

679

Direkt am Bahnhof in Karden steht der große Komplex mit insgesamt vier alten und neuen Gebäuden. Die sehr geräumigen Zimmer haben einen recht unterschiedlichen Charakter – von hochherrschaftlich bis urgemütlich –, und auch die Küche hat zwei Seiten: Liebhaber bodenständiger Kost können sich über Saumagen oder Moselaal in der Weinstube freuen, Gourmets kommen in der Schloss-Stube auf ihre Kosten. Ein guter Ausgangspunkt für die Wanderung zur Burg Eltz.

St. Castorstr. 80;
Tel. 0 26 72/93 40;
www.schloss-hotel-petry.de;
€€

680

Landschloss Fasanerie
Zweibrücken

Ein historischer Ort – und obendrein ein besonders hübscher. Der herzogliche Fasaneriepark aus der ersten Hälfte des 18. Jh. umfasst auf einer Fläche von insgesamt 40 Hektar drei Gartenanlagen, wie sie unterschiedlicher nicht sein könnten: das barocke Gartendenkmal Tschifflick mit seiner strengen Geometrie, das Rosenmuseum Wildrosengarten und den Landschaftsgarten mit ausgedehnten Waldwegen. Im Romantikhotel wohnt man in Landhaus- und Galeriezimmern, Ateliers und Maisonetten. Regionale Küche gibt es im Landhaus, dem ältesten Teil der Fasanerie aus dem 18. Jh., neue Konzeptgastronomie im »Esslibris«. Ansprechender Wellnessbereich, im Umkreis mehrere ausgeschilderte Wander-, Jogging- und Nordic-Walking-Strecken. Im Herbst steigt hier der Zweibrücker Herzogsball.

Fasaneriestr. 1; Tel. 0 63 32/97 30; www.landschloss-fasanerie.com; €€€

681

Deidesheimer Hof
Deidesheim

Vohnen im Renaissance-mbiente am historischen ıarktplatz. Fast mehr noch ls mit seinen gediegen-lu-uriösen Zimmern punktet as Haus mit seinen bei-en Restaurants, vor allem ıit dem Gourmet-Tempel Schwarzer Hahn«, der hohe französische Kochkunst zelebriert (So, Mo, Di geschl.). Legerer geht es im »St. Urban« zu, wo gehobene Landhausküche serviert wird.

Am Marktplatz 1; Tel. 0 63 26/9 68 70; www.deidesheimerhof.de; €€€

682

Favorite Parkhotel
Mainz

us den komfortablen Zimıern blickt man auf grüne äume oder auf den blauı Rhein, in den Zimmern haut man, wenn man das ill, kostenlos Premiere. chmuckstück des Hauses t die Lobby mit ihrem Palenhaus, dem 12 m hohen Wintergarten, einem künstlichen Bachlauf und zwei großen Aquarien. Sehr schöner Biergarten und aussichtsreiche Panoramaterrasse.

Karl-Weiser-Str. 1; Tel. 0 61 31/8 01 50; www.favorite-mainz.de; €€€

Märchenhotel
Bernkastel-Kues

683

Seit 375 Jahren befindet sich das Haus am Waldrand etwas oberhalb des malerischen Marktplatzes in Familienbesitz. Einrichtung und Komfort sind seither natürlich verschiedene Male angepasst worden und befinden sich aktuell auf 4-Sterne-Niveau. Im sehr hübschen Gourmetrestaurant »anno 1640« kocht Küchenchef Stefan Krebs mit klarem Lokalbezug auf höchstem Niveau – und unterstützt durch harmonierende Weine von der Mosel. Gute Mittagskarte.

Kallenfelsstr. 25-27; Tel. 0 65 31/9 65 50; www.maerchenhotel.com; €€

684

Müller
Koblenz

Trotz mancher Ausflüge in südlichere Gefilde ist Thomas Kubernaths Regionalküche in der gemütlichen Gründerzeitvilla eine »rheinische«. Der Küchenchef wagt sich dabei auch an Pferdefleisch, das er beispielsweise in eine Walnusskruste hüllt und auf Burgunderjus bettet.

Handwerkerstr. 39;
Tel. 02 61/8 19 26; www.restaurant-mueller-koblenz.de;
Di, Mi geschl. €€€

Weinhaus Weis
Worms

685

Bodenständig, mit Preisen im einstelligen Euro-Bereich: Hier gibt es »ään nackische Kääs« (Handkäse) und »verklepperte Eier mit Blutworscht« (Rühreier mit Blutwurst). Dazu genießt man Weine aus Hessen und der Pfalz. Kleiner Hotelbetrieb.

Färbergasse 19; Tel. 0 62 41/2 35 00; www.weinhausweis.de;
So geschl. €

686

Steinheuers Restaurant
Bad Neuenahr

Die Feinschmecker-Adresse an der Ahr, wo Hans Stefan Steinheuer seine klassische französische Gourmet-Gastronomie kultiviert. Zwei Michelin-Sterne und 19 Gault-Millau-Hauben! Die regionale Note schmeckt man zum Beispiel am Eifler Reh mit Bete, Kohl und Kampotpfefferjus. »Dinge zusammenbringen, die füreinander geschaffen sind, aber keine Gegensätze inszenieren« – nach diesem Motto verfährt Steinheuer auch in seinem zweiten Restaurant, den Poststuben. Hier ist die regionale Note stärker, das Ambiente ist rustikaler, und die Preise sind günstiger.

Landskroner Str. 110, Tel. 0 26 41/9 48 60;
www.steinheuers.de; Di, Mi geschl. €€€€

687

Spitzhäuschen
Bernkastel-Kues

Dass man sich in diesem 600 Jahre alten, wahrscheinlich am meisten fotografierten Fachwerkhaus mitten in Bernkastel-Kues überhaupt umdrehen kann, verblüfft. Es ist zwar 12 m lang, aber (unten) nur 2 m breit. Das schmalste Haus im Ort beherbergt tatsächlich die Weinstube der Familie Schmitz-Herges, die hier ihre guten Tropfen kredenzt. Diese stammen von den besten Lagen der Umgebung und hören natürlich auf den Nachnamen Riesling. Auf immerhin 25 Prozent der Anbaufläche wird allerdings auch Rotwein angebaut. Wer im Spitzhäuschen einen Platz bekommt, kann zu den Weinen auch noch eine Winzerplatte genießen. Wegen der aktuellen Öffnungszeiten (generell: je nach Saison ab 15 Uhr) sollte man besser vorher anrufen.

Karlsstr. 13; Tel. 0 65 31/74 76; www.spitzhaeuschen.de; €

688

Becker's
Trier

Im sehr schicken, vorwiegend grauen Schiefer-Interieur des Designhotel in Trier-Olewig hat Chefkoch Wolfgang Becker mit seinen Kochkünsten zwei Michelin-Sterne eingefahren. Die geografische Lage im äußersten Westen der Republik spiegelt sich auch auf der Karte wider: Beckers Menüs sind ganz klar französisch inspiriert. Ebenfalls sehr fein, wenn auch etwas rustikaler, wird im zweiten Restaurant, dem Weinhaus, gekocht. Die ausgezeichnete Weinauswahl kann man auch in der angeschlossenen Weinbar genießen – zum Teil mit Gewächsen vom eigenen Weingut.

Olewiger Str. 206;
Tel. 06 51/93 80 80;
www.beckers-trier.de;
So, Mo geschl. €€€€

689

Weinhaus Schreiner
Mainz

Bürgerlich-rustikal geht es in der Gaststube und im Innenhof zu – wobei es den Handwerkern am Herd ein besonderes Anliegen ist, die deutsche Küche nicht »verstaubt« auf den Tisch zu bringen. Und tatsächlich: Da staubt nichts! Zum Riesling aus dem Rheingau lässt man sich (unter anderem) Schreiners »Dreierlei« schmecken: Handkäse, Spundekäse und Fleischwurst. Unter den vielen Weinstuben in Mainz gehört das Schreiner sicher zu den beliebtesten – und besten.

Rheinstr. 38;
Tel. 0 61 31/22 57 20;
www.weinhausschreiner.de;
So, Mo geschl. €€

690

Theader
Freinsheim

Im »kleinsten Theater Deutschlands« haben 21 Zuschauer Platz. Neben der Regisseurin, Hauptdarstellerin und Autorin Anja Kleinhans. Gespielt wird im Casinoturm der Stadtmauer von Freinsheim. Mehr Platz ist draußen auf der Wiese, wo an schönen Sommerabenden »Theader« gemacht wird, solo oder in klein(st)er Besetzung, auf hohem Niveau. Wie bei »Marleni – Preußische Diven blond wie Stahl«, einem Zickenkrieg zwischen Marlene Dietrich und Leni Riefenstahl von Thea Dorn. Die Kleinen (ab 8) schauen am Nachmittag »Die Wanze – Eine Kriminalgeschichte im Gartenmilieu«.

Casinoturm; Tel. 0 63 53/ 93 28 45; www.theader.de

691

Jugendstil-Festhalle
Landau

Hier ist die Architektur der Star. Zwischen 1905 und 1907 erbaut, zählt die Festhalle im pfälzischen Landau zu den bedeutendsten und schönsten Jugendstil-Theaterbauten im Süden der Republik. Und nach ihrer Generalsanierung sieht sie seit 2001 wieder so aus wie damals. Natürlich hat moderne Technik Einzug gehalten. So können Tagungen und Kongresse, Präsentationen und Empfänge, Bälle und Galaveranstaltungen über die Bühne gehen, daneben aber auch Vorträge und Podiumsdiskussionen, Kabarett- und Theateraufführungen sowie Sinfoniekonzerte der Deutschen Staatsphilharmonie Rheinland-Pfalz.

Mahlastr. 3;
Tel. 0 63 41/13 90 10;
www.stadtholding.de

692

Deutsche Staatsphilharmonie Rheinland-Pfalz
Ludwigshafen

1919 wurde es als »Landes-Sinfonie-Orchester für Pfalz und Saarland« in Landau gegründet. Seit 2007 offiziell zu »Staatsphilharmonikern« erhoben, haben die 88 Musikerinnen und Musiker – eine Multikultitruppe mit 16 verschiedenen Nationalitäten – ihren Hauptsitz im Theater des Ludwigshafener Pfalzbaus. Unter den Chefdirigenten Christoph Eschenbach und Leif Segerstam sind sie längst zu einem der besten deutschen Konzertorchester aufgestiegen. 2015 wurde das Ensemble mit dem ECHO Klassik der Deutschen Phono-Akademie ausgezeichnet. Die Saison beginnt für die Staatsphilharmoniker immer mit dem spannenden Musikfestival »Modern Times« – der Name ist Programm!

Heinigstr. 40;
Tel. 06 21/59 90 90;
www.staatsphilharmonie.de

693

Staatstheater
Mainz

Seit der Runderneuerung (1998–2001) zählt es zu den modernsten Theaterbauten im Land. Der Glaszylinder auf dem Dach, als »Määnzer Handkäs« tituliert, wurde 2012 zur Spielstätte für Werkstattproduktionen und experimentelles Theater umgebaut und heißt »Glashaus«.

Gutenbergplatz 7;
Tel. 06131/2 85 12 22;
www.staatstheater-mainz.com

694

Rheinische Philharmonie
Koblenz

Auch mit 350 Jahren kann ein Orchester junge und innovative Programme entwickeln. Die im Jahr 1654 gegründete ehemalige Hofkapelle musiziert heute im Görreshaus zwischen Holzverkleidungen und Wandmalereien aus dem 19. Jh.

Eltzerhofstr. 6 a;
Tel. 02 61/3 01 22 72,
www.rheinische-philharmonie.de

695

Pfalztheater
Kaiserslautern

Das Jahr hat 365 Tage, das Pfalztheater in Kaiserslautern bringt es bei Schauspiel, Oper, Operette, Musical, Ballett, Konzert und Theater für Kinder in dieser Zeit auf rund 400 Aufführungen. Im Großen Haus des 1995 eingeweihten Neubaus dreht sich alles um die 800-Quadratmeter-Bühne mit ihren vielen beweglichen Teilen. Ein großes Anliegen ist den Pfälzer Theatermachern die Talentförderung: Immer wieder werden Kompositionsaufträge vergeben, dazu seit 1992 alle zwei Jahre der »Else Lasker-Schüler-Dramatikerpreis« und der »Else Lasker-Schüler-Stückepreis« – Uraufführung am Pfalztheater inbegriffen.

Willy-Brandt-Platz 4-5; Tel. 06 31/3 67 52 09 ;
www.pfalztheater.de

Villa Vinum
Mainz

696

Die Hauptstadt ist nicht der schlechteste Ort, um in Rheinland-Pfalz Wein einzukaufen – und die Villa Vinum ist mit Sicherheit eine der empfehlenswertesten Adressen. Mehr als 1000 Weine listet das Inventar: nicht nur das Beste aus den heimischen Lagen zwischen Pfalz, Nahe, Mosel und Ahr, sondern auch weitgereiste Tropfen aus aller Welt. Dazu gibt es Spirituosen und eine Feinkostabteilung, das vielseitige Veranstaltungsprogramm bietet Themenweinproben (z.B. mit Käse oder Schokolade), After-Work-Partys und Weinreisen.

Große Bleiche 44;
Tel. 0 61 31/21 12 07;
www.villavinum.de

697

Weinkulturelles Zentrum
Bernkastel

In den Gewölbekellern der Vinothek direkt neben dem berühmten Cusanusstift kann man mehr als 160 verschiedene Moselweine probieren und kaufen – darunter Preziosen wie eine Trockenbeerenauslese des legendären Jahrgangs 1976 von der Zeltinger Sonnenuhr. Neben der Vinothek befindet sich das Moselweinmuseum.

Cusanusstr. 2; Tel. 0 65 31/41 41;

698

Schuh Keller
Ludwigshafen

Das Angebot ist riesig und umfasst edelstes Schuhwerk von Dinkelacker und Alden ebenso wie Massentaugliches (Ecco), Gesundes (Finn Comfort) und Kultiges (Red Wing). Fast legendär ist das Angebot an Berg- und Wanderschuhen: für alle Touren zwischen Mount Everest und Pfälzer Wald.

Wredestr. 10; Tel. 0 61 31/
40 54 01 10; www.schuh-keller.de

Outlet-Center
Zweibrücken

699

Outlet-Shopping ist mit Sicherheit nicht stilvoll, aber effektiv und darum also manchmal genau das Richtige. Keine 50 km hinter der Hauensteiner Schuhmeile pilgern Schnäppchenjäger aus nah und fern ins Mekka des unbegrenzten und vor allem preisreduzierten Konsums. Es liegt in Zweibrücken und nennt sich »Fashion Outlet«. Nüchtern gesprochen, handelt es sich um das größte Outlet-Center Deutschlands. Es wurde nach 2001 auf dem 21 000 Quadratmeter großen Gelände des ehemaligen amerikanischen Militärflugplatzes eingerichtet. Wer in den mehr als 100 Markenshops nichts findet, hat vermutlich ein Problem. Oder er bzw. sie ist schlicht überfordert. Darum gibt es auch die Möglichkeit zum Personal Shopping mit der Style-Expertin, die beim Finden, Aussuchen und Anpassen hilft.

Londoner Bogen 10–90;
Tel. 0 63 32/9 93 90;
zweibrueckenfashionoutlet.com

700

Mohrbacher Kaffeerösterei
Ludwigshafen

Bereits in der dritten Generation setzt Familie Mohrbacher-Bischof in der BASF-Stadt auf die natürlichen Aromen der roten, handgepflückten Arabica-Kaffeekirsche aus Anbaugebieten in Lateinamerika, Asien, Afrika und Ozeanien. Jede der mehr als 35 Kaffee- und Espressosorten wird traditionell in der Trommel geröstet und handverlesen. Spezialitäten sind unter anderem der ökologisch angebaute und fair gehandelte Maya-Kaffee aus dem Hochland von Mexiko sowie die Premium-Kaffeemischungen »Pfälzer Spitze« und der Jubiläums-Kaffee, der zum 75-jährigen Firmengeburtstag kreiert wurde.

Mundenheimer Str. 233, Tel. 06 21/56 35 41;
www.mohrbacher.de

Määnzer Fassenacht
Mainz

»Mainz bleibt Mainz, wie es singt und lacht«: Das ist der Höhepunkt des Jahres, wenigstens in Mainz. Faschings- und Karnevalsmuffel wissen, dass sie in der Woche zwischen Weiberfastnacht (Donnerstag vor Rosenmontag) und Aschermittwoch einen großen Bogen um die Stadt machen müssen. Wer rote Nasen und Narrenkappen schick findet und über die Büttenreden lachen kann, ist allerdings herzlich eingeladen mitzumachen. Die Mainzer Narren gelten im rheinischen Karnevalstreiben übrigens als besonders politisch.

701

www.mainzer-fastnacht.de

702

Deutsches Weinlesefest
Neustadt an der Weinstraße

1909 veranstalteten die Neustädter Winzer ihren ersten Festumzug. Was heute daraus geworden ist, kann man auf dem Deutschen Weinlesefest erleben. Sehr ansehnlich ist traditionell auch die Deutsche Weinkönigin, die in Neustadt an der Weinstraße gekrönt wird. Nur 2009 geschah das ausnahmsweise mal in Heilbronn.

www.neustadt.eu

703

Rhein in Flammen
Bonn – Koblenz – Bingen

Hunderttausende Menschen erleben Jahr für Jahr den großen Feuerzauber am mythischen Fluss der Deutschen. Das Volksfest der Pyrotechnik findet jeden Sommer an jeweils fünf Terminen statt.
Los geht's am ersten Samstag im Mai, und zwar am Siebengebirge auf dem Abschnitt zwischen Linz und Bonn. Niederheimbach und Bingen bzw. Rüdesheim folgen am ersten Julisamstag, im August (zweiter Samstag) steigen die Raketen dann zwischen Braubach und Koblenz, und am zweiten bzw. dritten Samstag im September wird der Rhein zuerst in Oberwesel und dann bei St. Goar/St. Goarshausen »in Flammen« gesetzt. Das geschieht jedes Mal auf äußerst fotogene Weise: Kilometerlange Schiffskonvois, »brennende« Burgen und richtig teure Feuerwerke beeindrucken selbst die abgebrühtesten Zeitgenossen. Wer nur einen Termin wahrnehmen will oder kann, sollte in jedem Fall nach Koblenz fahren – dort ist das Spektakel traditionell am größten. Doch auch an den anderen Rheinufern wird man nicht enttäuscht. Schaut man an einem milden Sommerabend zu und hat man dabei ein Glas Riesling in der Hand, ist der Eindruck nicht zu toppen.

www.rhein-in-flammen.com

705

Rock am Ring
Nürburgring

Laut und heftig dröhnte es bis 2014 über dem Nürburgring, wenn beim größten Rockmusik-Festival in Deutschland die Verstärker aufgedreht wurden. Im Jahr 2015 zog das Schwesterfestival von Rock im Park (Nürnberg) auf den Flugplatz in Mendig unweit des Laacher Sees um. 2016 krachte es heftiger, als es den Veranstaltern lieb war: Nach Unwettern und Blitzeinschlägen mit vielen Verletzten wurde das Gelände geräumt. 2022, nach zwei Jahren Corona-Pause, kehrte das legendäre Musiktfest an den Nürburgring zurück!

www.rock-am-ring.de

704

Weinfeste
Pünderich/Mosel

In irgendeinem Dorf ist (fast) immer was los. Unter den vielen Weinfesten an der Mosel zählen die jeweils dreitägigen Straßenweinfeste in Pünderich Ende Mai und Mitte September zu den allerschönsten. Am Fachwerk ranken die Rosen, auf den Hängen stehen die Reben, im Glas funkelt der Riesling.

www.puenderich.de

706

Klettern am Calmont

Bremm/Mosel

Über der engen Schleife der Mosel zwischen den Orten Bremm und Eller erhebt sich eine beeindruckende Flanke: 300 m hoch, an den steilsten Stellen fast 70 Grad geneigt – das ist der Bremmer Calmont, der steilste Weinberg Europas. Auf kleinen Terrassen, in schmalen Parzellen und langen Bahnen wächst hier der Riesling. Es ist heiß. Sehr heiß. Temperaturen von 40 Grad und mehr sind im Sommer nicht selten. Das ist die erste Herausforderung, der sich Weinbergsteiger stellen müssen. Gleich hinter den Häusern von Bremm verläuft der Steig am äußersten schmalen Rand einer hohen Terrasse, links bedrängt von hohen Rebstöcken. Wer hier stolpert, fällt rechts über die Trockenmauer auf die nächste Terrasse. Auch dahinter bleibt die Wegspur schmal. Man schleicht durch grüne Tunnel von Weinlaub, vorbei an verwilderten Parzellen, wo meterlange Wurzeln die Mauerreste festhalten. Eidechsen flitzen, Apollofalter schwirren. Die Vegetation begeistert: Wacholder, Wildkirschen und Schlehen, Erdbeer-Teppiche, Vorhänge von Felsenbirnen, ganze Schieferplatten bedeckt mit rotem Mauerpfeffer … Auf engstem Raum entfaltet sich das Panorama zwischen verwegenster Landbewirtschaftung und anarchischem Wildwuchs.

Gut vier Dutzend Winzer bewirtschaften am Calmont zusammen 15 Hektar Rebflächen. Um das Jahr 1990 waren es noch 10 Hektar. 1999 berief Heinz Berg, damals Bürgermeister von Bremm, alle Verantwortlichen an einen Tisch. Eine Idee wurde geboren: Weinbau, Landschaftspflege und Tourismus sollten durch einen spektakulären Themenpfad miteinander verknüpft werden. Zunächst galt es eine Route zu finden, die quer durch die riesige Flanke von Bremm bis Ediger-Eller führte. Stellenweise war das Gelände so unübersichtlich und überwuchert von Gestrüpp, dass die Wegsucher vom gegenüber liegenden Moselufer mit Fernglas und Handy dirigiert werden mussten. An den gefährlichsten Passagen verankerte der Alpenverein Drahtseile, Leitern und Eisenbügel. Als der Klettersteig 2001 eröffnet wurde, kamen die Leute nicht – sie strömten. Längst ist der Calmont das Zugpferd des regionalen Tourismus. Gestartet wird in

Ediger-Eller (Bahnhof) oder Bremm (Parkplatz am Moselufer). Die Tour dauert ca. drei Stunden. Die teils sehr schmalen Pfade verlangen Trittsicherheit und Schwindelfreiheit. Früh starten und viel Wasser mitnehmen! Wer sich den Klettersteig nicht zutraut, kann den Calmont auch auf der 11 km langen Etappe des 2014 eröffneten Moselsteigs zwischen Neef und Ediger-Eller erleben. Das *Wandermagazin* kürte die 365 km lange Weitwanderroute zwischen Perl und Koblenz 2016 zum schönsten Wanderweg Deutschlands.

Tourist-Info, Calmontstr. 48;
Tel. 01 75/3 24 91 14;
www.bremm-mosel.de,
www.moselsteig.de

707

Ahrtal
Bad Neuenahr-Ahrweiler

Südlich von Bonn liegt eine der idyllischsten deutschen Landschaften: das Tal der 90 km langen Ahr. Sie entspringt in der Eifel und mündet bei Sinzig in den Rhein. Dazwischen? Wunderschöne Natur (vor allem am Mittellauf), malerische Ortsbilder (Altenahr), ein eleganter Kurort (Bad Neuenahr-Ahrweiler) und ein kleines, sehr feines Weinanbaugebiet: Auf den steilen Hängen gedeihen mit die besten und teuersten Rotweine Deutschlands. Am schönsten erlebt man die Landschaft zu Fuß – auf den sieben Etappen des herrlichen Ahrsteigs.

Ahrtal-Tourismus, Hauptstr. 80; Tel. 0 26 41/9 17 10; www.ahrtal.de

708

E-Bike-Tour im Felsenland
Dahn/Pfälzerwald

Wer auch größeren Steigungen – von denen es hier einige gibt! – gelassen entgegenradeln möchte, leiht sich erst mal ein E-Bike. Im größten zusammenhängenden Waldgebiet Deutschlands gibt es viele Verleih- und Ladestationen. Ein guter Tipp für Stromradler ist die Biosphärentour bei Dahn: 35 km und 280 m Höhenunterschied, mittlere Schwierigkeit und eine traumhafte Landschaft.

Tourist-Information, Schulstr. 29; Tel. 0 63 91/9 19 62 22; www.dahner-felsenland.net

709

Oberes Mittelrheintal
Koblenz

Zwischen Koblenz und Bingen hat sich der Rhein über 65 km ein tiefes Bett ins Rheinische Schiefergebirge gegraben. Seine Ufer säumen auf beiden Seiten urweltlich anmutende, dicht bewaldete und von steilen Felsklippen durchzogene Flanken im Wechsel mit steilen Weinbergen. 28 Burgen wurden links und rechts über dem großen Strom errichtet, und wo nur noch Ruinen stehen, ist das Bild noch malerischer. Berühmte Orte wir Bacharach, Oberwesel, Boppard, Kaub und St. Goarshausen mit dem darüber aufragenden Felsen der Loreley wecken im Deutschen den Romantiker. Große Aufregung gab es über die Frage, ob diese Bilderbuchlandschaft den im Jahr 2002 verliehenen Status als UNESCO-Welterbe nach dem Bau einer Rheinbrücke bei St. Goar behalten darf (seit Juli 2010 steht fest: sie darf). Der unromantisch-heftige Straßen- und Bahnverkehr auf beiden Seiten des Flusses stand dabei nie zur Disposition. In jedem Fall ist die Fahrt mit dem Schiff am schönsten.

Tourist-Information, Zentralplatz 1; Tel. 02 61/1 29 16 10; www.koblenz-touristik.de

Auf Tour mit den Weinbotschaftern

Mosel – Nahe – Pfalz – Rheinhessen

Weinbotschafter – auch kein schlechter Job! Als Diplomaten im önologischen Dienst verstehen sich Weinbotschafter gewissermaßen als Mittler zwischen Einheimischen, Winzern und Touristen. Sie bieten in den vier Anbaugebieten Mosel, Nahe, Pfalz und Rheinhessen Touren zu Fuß und mit dem Fahrrad, in Kanus und Planwagen an. Oft verlaufen diese Touren abseits der ausgetretenen Touristenpfade, immer liefern die Botschafter zur Auskunft über den richtigen Wegverlauf auch Informationen über Land und Leute, über Weinlagen und Winzer. Klar, dass man die »bewanderten« Weine dabei auch gleich an Ort und Stelle probieren kann. Und es ist verblüffend zu erleben, wie unterschiedliche Landschaften »schmecken«! Wer mit den Weinbotschaftern wandert, radelt oder paddelt, lernt so das Natur- und Kultur-Gesamtkunstwerk Mosel in seiner ganzen Vielseitigkeit kennen – zwischen Steillagen, Hochplateaus und eng eingeschnittenen Seitentälern. Viele Veranstaltungen werden an festen Terminen angeboten, andere können individuell vereinbart werden.

www.kultur-und-weinbotschafter.de

710

711

Eifelmaare

Daun

Eine Tour zu den berühmten Maaren der Eifel bietet Landschaftsbilder, die es nirgends sonst in Deutschland zu sehen gibt: Wie sehr blaue Augen füllen die runden Wasserflächen die oft dicht bewaldeten Krateröffnungen ehemaliger Vulkane. Am schönsten erlebt man das Naturphänomen zwischen Daun und Schalkenmehren, wenige Kilometer westlich des Autobahndreiecks Vulkaneifel zwischen Trier und Koblenz. Wer um alle drei Dauner Maare wandern möchte, ist gute vier Stunden unterwegs. Man kann die Seen natürlich auch einzeln umrunden.

Tourist-Information, Leopoldstr. 5; Tel. 0 65 92/95 13 70; www.gesundland-vulkaneifel.de

712

Burg Trifels

Annweiler am Trifels

Die Burg Trifels ist Mittelpunkt der Urlaubsregion Trifelsland und thront majestätisch über dem romantischen Städtchen Annweiler am Trifels. Die Staufer prägten im Mittelalter die Geschichte von Stadt und Burg, in der einst der englische König Richard Löwenherz als Gefangener einsaß. Heute entdecken Wanderer die Historie auf dem TrifelsErlebnisWeg, der informativ und spielerisch Vergangenheit und Gegenwart miteinander verknüpft. Auf dem Premiumweg »Annweilerer Burgenweg« kann man neben dem Trifels auch die Ruinen Anebos und Scharfenberg und tolle Aussichtspunkte auf den Pfälzerwald erwandern.

Tourismus Annweiler am Trifels; Meßplatz 1; Tel. 0 63 46/22 00;
www.trifelsland.de; www.burgenlandschaft-pfalz.de

713

Nürburgring

Nürburg/Eifel

Als eine der weltweit schönsten und anspruchsvollsten Strecken schreibt der Nürburgring im Herzen der Vulkaneifel seit der Eröffnung 1927 Rennsport-Geschichte. Die legendäre Nordschleife, von Jackie Stewart ehrfurchtsvoll »Grüne Hölle« getauft, kombiniert mit der modernen Grand-Prix-Strecke, spannenden Erlebnisangeboten sowie vielfältigen Übernachtungsmöglichkeiten bietet ein abwechslungsreiches Programm.
Kleine und große Rennsport-Fans gehen im Motorsport-Erlebnismuseum ring°werk auf Entdeckungsreise und blicken auf der Backstage-Tour hinter die Kulissen von neun Jahrzehnten Nürburgring-Geschichte. Ob bei den Touristenfahrten über die legendäre Nordschleife, der Jagd nach der Bestzeit auf der 400 Meter langen ring°kartbahn oder bei einem Fahrtraining der Nürburgring Driving Academy – die Angebote am Nürburgring sind echte Pulsbeschleuniger.
Eingebettet in die malerische Eifellandschaft vereint der Nürburgring einzigartige Erlebnis-Angebote für einen Tagesausflug.

Otto-Flimm-Str.; Nürburg/Eifel, Tel. 08 00/2 08 32 00; www.nuerburgring.de

Saarland

Prägende Farben sind Quietschgrün (im Biosphärenreservat Bliesgau) und Rostrot (in der Völklinger Hütte). Ganz im Westen ist Deutschland nicht wild, sondern eher wie das Auenland im »Herrn der Ringe«, in dem Orks vor langer Zeit vereinzelt Schwerindustrie installiert haben. Das Saarland ist übrigens viel größer als seine Hauptstadt Saarbrücken!

Das Essen im Saarland ist toll. Bei Villeroy und Boch in Mettlach gibt's aber nur leere Teller. Schade eigentlich.

714

Völklinger Hütte
Völklingen

1883 wurde der erste Hochofen angeblasen, 1986 ging der letzte aus. Den landesweiten Schock nach dem Verlust von tausenden Arbeitsplätzen und 100 Jahren Arbeitskultur dämpfte man durch die Konservierung des über 600 000 Quadratmeter großen Hüttengeländes westlich von Saarbrücken. 1994 ernannte die UNESCO das einzige im Originalzustand erhaltene Eisenwerk aus der Blütezeit der europäischen Stahlindustrie zum Welterbe: ein organisch gewachsenes Ungetüm aus Stahl und Stein. Neu sind das schicke »ScienceCenter Ferrodrom«, eine multimediale Dauerausstellung und das Europäische Zentrum für Kunst und Industriekultur. Wo man auf der rund 50 Jahre jüngeren Zeche Zollverein in Essen die weitgehend ungeschminkte Dokumentation der Industriearbeit erlebt (und sich dabei auch richtig dreckig machen kann), bekommt man von den Saarländern eine saubere Inszenierung.

Rathausstr. 75-79; Tel. 0 68 98/9 10 01 00; www.voelklinger-huette.org

715 Benediktinerabtei
Tholey

Wer im Saarland »dann mal weg sein« möchte, geht ins Kloster. Die Benediktinerabtei in Tholey gilt als geistliches Zentrum im Saarland. Der Legende nach gründete der heilige Wendelin die Abtei um 610. Sicher ist, dass es sich um eines der ältesten Klöster auf deutschem Boden handelt. Absolut sehenswert ist die zwischen 1264 und 1304 erbaute frühgotische Abteikirche, deren Portal und Westturm sogar romanischen Ursprungs sind. Erwähnenswert sind die Abteifenster, die barocke Oberlinger Orgel mit 43 Registern sowie das barocke Chorgestühl aus dem Jahr 1704.

Im Kloster 11; Tel. 0 68 53/ 91 04 23; www.abtei-tholey.de

716 Römische Villa
Perl

Die Rekonstruktion einer römischen Luxusvilla mit Garten bezieht ihren Reiz aus dem Nebeneinander von Ausgrabung (3. Jh. n. Chr.) und gefälliger Inszenierung. Auf Wunsch wird Wellness nach Römerart angeboten: in einer voll funktionsfähigen Badelandschaft mit von außen befeuerter Fußbodenheizung, Kalt- und Warmbad. Hinterher Tavernenessen nach den überlieferten Rezepten des Marcus Gavius Apicius – mit Zutaten aus dem Garten hinterm Haus.

Im Meeswald 1; Tel. 0 68 65/ 9 11 70; www.villa-borg.de

717 Barockresidenz
Ottweiler

Der Ursprung der idyllischen Residenz liegt, noch wenig barock, in einer Klostergründung um 871. Was man heute sieht, sind verwinkelte Gassen und malerische Plätze und über der Stadt als Wahrzeichen ein alter Wehrturm (heute der Turm der evangelischen Kirche mit einem modernen Glockenspiel), dazu das renovierte Schloßtheater und einen schönen Pavillon mit Rosengarten. Keine Scheu sollte man vor dem Besuch des originellen Schulmuseums in der Goethestr. 13 haben: 1000 Jahre Schulgeschichte ohne Abfragen (Di, Do und So)!

Tourist-Information, Schloßhof 5; Tel. 0 68 24/35 11; www.ottweiler.de

Deutsches Zeitungsmuseum
Wadgassen

718

Zeitungsgeschichte »von den Anfängen bis zur Spiegel-Affäre 1962«: Ausziehbare Schränke enthalten Originalabzüge, daneben sind Exponate aus der Anfangszeit jenes Massenmediums zu sehen, das nun also reif für das Museum ist. Im zweiten Bereich gibt's noch mal was zum Anfassen: historische Pressen und Druckmaschinen.

Am Abteihof 1; Tel. 0 68 34/ 9 42 30; www.deutsches-zeitungsmuseum.de; Mo geschl.

719

Schlossberghöhlen
Homburg

Europas größte Buntsandsteinhöhlen beeindrucken mit mächtigen Kuppelhallen und kilometerlangen Gängen, zwölf Stockwerke hoch übereinander gelagert – und sind doch kein reines Naturdenkmal. Sie wurden von Menschenhand geschaffen. Schon im Mittelalter nutzte man den weichen Buntsandstein, später war er wegen des hohen Quarzanteils ein wichtiger Rohstoff für die Glasherstellung; auch als Scheuersand und als Formsand für die Eisenindustrie diente er. Frühzeitig wurden die Höhlen auch als Magazin der 1714 geschleiften Festung Hohenburg benutzt. Lange Zeit vergessen, entdeckte man sie im Jahr 1930 wieder. Im Zweiten Weltkrieg dienten sie als Schutz vor Fliegerangriffen. Sie sind mit einer Führung zugänglich, Anmeldung unter:

Schlossberghöhenstraße 1a; Tel. 0 68 41/20 64; www.homburger-schlossberghoehlen.de

Ludwigskirche

Saarbrücken

Auf dem St. Johanner Markt mag das Herz der Altstadt schlagen, die gute Stube Saarbrückens ist aber der Ludwigsplatz auf der anderen, der westlichen Seite der Saar. Mittendrin in dem beeindruckenden Geviert steht die Ludwigskirche, neben dem Hamburger Michel und der Dresdener Frauenkirche die bedeutendste evangelische Kirche aus der Barockzeit in Deutschland. Nach einem Bombenangriff 1944 waren von ihr nur noch Schutt und Asche übriggeblieben. Der Wiederaufbau, der schon fünf Jahre später begann, ist bis heute noch nicht völlig abgeschlossen. Jahrzehntelang war heftig darüber gestritten worden, ob auch der barocke Innenraum rekonstruiert oder durch eine moderne Gestaltung ersetzt werden sollte. Man entschied sich für die Rekonstruktion. 2009 war sie vollendet – bis auf einige Balustradenfiguren (Mo geschl.).

Am Ludwigsplatz;
Tel. 06 81/5 25 24;
www.ludwigskirche.de

720

721 Altes Pfarrhaus Beaumarais
Saarlouis

Anno 1762 wurde das hübsche Barockhaus erbaut – als Sommervilla der Baronin von Salis. Später wurde es zum Beaumaraiser Pfarrhaus. Hier wohnt man heute als Gast sehr individuell, mit allem modernen Komfort und kostenlosem WLAN in gemütlicher Atmosphäre. Wunderschön ist das Ambiente beim Essen, egal ob im 1920er-Jahre-Speisesaal oder – bei schönem Wetter im Sommer ein Muss – im Biergarten der benachbarten Brasserie »Hofhaus«, in der auch Vernissagen und Kleinkunstabende veranstaltet werden. Nicht versäumen sollte man einen Ausflug über die Grenze nach Lothringen in die schöne Stadt Metz.

Hauptstr. 2–4;
Tel. 0 68 31/63 83;
www.altespfarrhaus.de; €€

722 Domicil Leidinger
Saarbrücken

Zentral, international und sehr sympathisch. Das Nebeneinander von glattrasierten Business-Uniformierten und tätowierten Kunstschaffenden wirkt stimmig. In den Themenzimmern hebt eine originelle Raumaufteilung die Trennung von Wohn- bzw. Schlafbereich und Bad auf. Besonders angenehm sind die geräumigen Duschen. Das sehr gute Frühstücksbüfett glänzt mit frisch bereiteten Eierspeisen und regionalen Bio-Produkten. Der Zen-Garten im Innenhof ist eher eine Lounge und bestens zum chilligen Five'o'Clock geeignet. Auch eine Theaterbühne und einen Jazzclub gibt es, und unmittelbar nebenan steht das traditionsreiche »Filmhaus«, eine der besten Adressen für eingefleischte Cineasten in Deutschland.

Mainzerstr. 10; Tel. 06 81/
9 32 70; www.leidinger-saarbruecken.de; €€

723

Victors Residenz

Perl-Nennig

Der reine Luxus, mitten in den Weinbergen im Dreiländereck Deutschland-Luxemburg-Frankreich. Im Renaissance-Schlösschen logiert man in klassisch-feinem Ambiente, in der angeschlossenen großen Villa wird ein (ebenso feiner) mediterraner Stil gepflegt. Und dann gibt es auch noch neue Suiten im Erdgeschoss mit eigenen Terrassen. Wie sich das in dieser geographischen Lage gehört, ist die Gastronmie hervorragend: mediterran im »Bacchus«, mediterran-saarländisch-deftig in der »Scheune«. Aushängeschild ist natürlich Victor's Gourmet-Restaurant: Hier ist Christian Bau der Herr der Pfannen und Töpfe, einer der prominenten Drei-Sterne-Köche in Deutschland (Mo, Di geschl.).

Schloßstr. 27–29;
Tel. 0 68 66/7 90;
www.victors.de; €€€€

724

Annahof

Blieskastel-Niederwürzbach

Die Gäste im 230 Jahre alten Schloss der Gräfin Marianne von der Leyen, Regentin in Blieskastel, residierten bisher ausschließlich im Ostflügel. Im Frühjahr 2013 soll der Neubau inmitten einer ruhigen Parkanlage fertig sein. Überhaupt ist die Lage des Anwesens – am Ende der Anliegerstraße, direkt am Niederwürzbacherweiher – sehr idyllisch. Ende des 18. Jh. waren hier Gärten im englischen Stil angelegt worden. Der Annahof, ebenso wie der heute als Forsthaus genutzte Rest der Philippsburg, stammt aus dieser Zeit, die 1793 durch französische Truppen ein jähes Ende gefunden hat.

Annahof; Tel. 0 68 42/9 60 20;
www.annahof.de; €

Landgasthof Paulus
Nonnweiler-Sitzerath

»Im Landgasthof Paulus bieten wir komplexe Speisen an, die wir aus einfachen Gerichten über komplizierte Verarbeitungsschritte entwickelt haben. Das Schlichte wird bei uns verfeinert, so gelangen wir zum Wesentlichen der Speise.« Alles klar – nennen wir es einfach ländliche Gourmetküche. Sigrune Essenpreis ist engagiertes Slowfood-Mitglied, sie setzt mit Vorliebe auf frisches Gemüse, Obst, Milch, Käse, Eier, Fleisch und Fisch aus der Region und aus ökologischer Erzeugung. Einen besonderen Schwerpunkt legt die langjährige Vegetarierin auf die fleischlose sowie die Wildkräuterküche. Es gibt aber auch Cordon Bleu, klassisch vom Kalb, und Fleisch vom heimischen Limousin-Jungrind. Und Sigrune Essenpreis nimmt sich Zeit. Der Sauerbraten wird vorher zehn Tage lang eingelegt.

725

Prälat-Faber-Str. 2–4;
Tel. 0 68 73/9 10 11;
www.landgasthof-paulus.de;
Mo, Di geschl. €€€

726

Gästehaus Klaus Erfort
Saarbrücken

Hier isst man im »Restaurant des Jahres 2012«, so gekürt von den rundum verwöhnten Testern des *Feinschmecker*. Souverän verteidigte Klaus Erfort auch drei Michelin-Sterne und 19,5 Gault-Millau-Kochhauben. Er gilt als der Purist unter den deutschen Spitzenköchen: Handwerklich perfekt zubereitet, werden die Zutaten als kulinarische Heiligtümer auf dem Teller inszeniert. Legendären Ruf genießen Erforts auf Meersalz gegarte Langoustine »Royale«. Überhaupt, das Meeresgetier … Wer sich das gönnen möchte, muss viele Wochen im Voraus reservieren.

Mainzer Str. 95; Tel. 06 81/9 58 26 82;
www.gaestehaus-erfort.de; Sa, So geschl. €€€€

Filmhaus
Saarbrücken

727

Alles, bloß kein Mainstream: Das Saarbrücker Filmhaus ist eine der besten Adressen für Cineasten in Deutschland. In den drei Sälen wird amerikanisches Independent-Kino ebenso gezeigt wie europäischer Autorenfilm. Auf die Leinwand kommen aber natürlich auch die Werke deutschsprachiger Nachwuchsautoren und Filmschaffender aus Lateinamerika, Afrika oder Asien. Viele spannende und originelle Filmreihen, zum Beispiel »Filmreif – Kino für Menschen in den besten Jahren«, »Psychoanalytiker stellen Filme vor« (rezeptfrei) oder »BritFilms«.

Mainzer Str. 8;
Tel. 06 81/9 05 48 00;
www.filmhaus-saarbruecken.de

728

Saarländisches Staatstheater
Saarbrücken

Als Adolf Hitler das »Gautheater Saarpfalz« 1938 eröffnete, stilisierte er den neoklassizistischen Bau zum kulturellen Bollwerk gegen Frankreich empor. Vier Jahre später lag das Haus in Schutt und Asche. Heute sind im wiederaufgebauten Staatstheater Oper, Schauspiel, Ballett und Konzerte zu erleben – ein buntes Programm, das Mauern nicht errichtet, sondern sie einreißt. Die »Sparte 4« bietet eine Plattform für junges, experimentelles Theater, für Kleinkunst, Performances und Lesungen.

Schillerplatz 1;
Tel. 06 81/3 09 20;
www.staatstheater.saarland

729

Zeltpalast
Merzig

»Zelt« ist natürlich pures Understatement. Hier sitzt keiner in kalter Zugluft, und nirgends knattert eine Zeltplane. Im Sommer gehen klassische Konzerte, Opern, Musicals und Showprogramme über die Bühne, darüber hinaus werden das ganze Jahr über Varieté, Circus, Kino, Multivisions-Shows sowie verschiedene Firmenevents und Präsentationen geboten.

Saarwiesenring; Tel. 0 68 61/
9 79 07 77; www.musik-theater.de

730

Genuss Region
Saarland

Landauf, landab stimmen Profi- und Hobbyköche das Lob der Region an. Und das verbinden sie mit einer klaren Botschaft: Du sollst nicht nur essen, was auf den Tisch, sondern auch ausschließlich das, was aus der näheren Umgebung kommt. Im besonderen Fall des Saarlands sorgt die Nähe zu den kulinarisch sensibleren Nachbarn im Westen dafür, dass Feinschmecker oder auch »nur« Gut-und-gerne-Esser zwischen Pfälzerwald und Hunsrück aus dem Vollen schöpfen können. Auf der Website der Tourismuszentrale bietet ein Portal Links zu Herstellern, die regionale Spezialitäten vorstellen. Und davon gibt es einige: von Bier und Wein über Senf und Säften bis zu Lyonern und Likören. Auch die Adressen von Bauernläden und -märkten erfährt man unter dieser Adresse:

Tourismus Zentrale Saarland;
Tel. 06 81/92 72 00;
www.urlaub.saarland/Media/Essen-Trinken

731

Villeroy & Boch Outlet Center
Mettlach

Schon 1748 begann das deutsch-französische Unternehmen damit, die Tischkultur zu demokratisieren: Statt Porzellan wurde Töpferware verwendet und mit Keramikglasur versehen. Neben dem Erlebniszentrum mit dem sehenswerten Keramikmuseum und der »Keravision« auf dem schönen, historischen Fabrikgelände (Saaruferstr., Alte Abtei, Tel. 0 68 64/81 15 00) gibt es im Ort einen Werksverkauf: Keramik, Porzellan, Glas und Accessoires. Der Klassiker schlechthin ist das 1770 eingeführte und bis heute angebotene Dekor »Alt-Luxemburg«.

Freiherr-vom-Stein-Str. 4–6, Tel. 0 68 64/20 31;
www.mettlachoutletcenter.de/de/marken/villeroyboch.html

732 Gourmet-Markt
St. Ingbert

Man kann es drehen und wenden, wie man will: Saarländer essen einfach für ihr Leben gern und gut. Darum ist (beziehungsweise isst) man auch auf dem Internationalen Gourmet-Markt in St. Ingbert mit Sicherheit nicht allein. Drei Tage lang treffen sich Produzenten und Konsumenten im eindrucksvollen Ambiente der »Industriekathedrale« Alte Schmelz zum Austausch von Lebensmitteln und Meinungen. Zum Verkosten all der Köstlicheiten wird ein umfangreiches Rahmenprogramm mit Schaukochen und Musik geboten.

www.gourmetmarkt-saarland.de

733 Oster- und Weihnachtsmarkt
St. Wendel

Budenzauber, wie man ihn zum Fest der Liebe haben möchte. Mit Kamelen und buntem Gefolge ziehen die Weisen aus dem Morgenland durch die Innenstadt von St. Wendel. Die Besucher sehen Szenen aus der Weihnachtsgeschichte, fliegende Adler, Falken und Bussarde, fantasievoll kostümierte Stelzenläufer und Feuerartisten, Kunsthandwerker und Musiker, eine riesige Weihnachtspyramide, den Zwergenwald und eine Rodelbahn – mit echtem Alpenschnee! Nicht weniger zauber-, wenngleich frühlingshaft ist die Szenerie auf dem St. Wendeler Ostermarkt. Das Städtchen im Nordosten des Saarlands ist über die Grenzen des Saarlandes hinaus längst als »Markt-Metropole« bekannt: mit sechs großen Krammärkten, mit regelmäßigen Wochenmärkten, zwölf Flohmärkten und den Samstagsmärkten.

www.sankt-wendel.de

734 Filmfest Max Ophüls
Saarbrücken

Beim ersten Mal, 1980 war das, kamen rund 500 Besucher. Bei der 39. Auflage des Festivals wurden 2018 schon 43 500 Zuschauer gezählt. Mit dem Filmfestival Max Ophüls hat sich Saarbrücken längst als eine der wichtigsten Städte in Kino-Deutschland profiliert. Die Wettbewerbsbedingungen garantieren spannende Programme: Teilnehmen dürfen allein deutschsprachige Nachwuchs-Regisseure bis zu ihrem dritten abendfüllenden Spiel- oder Dokumentarfilm. Aus dem Kulturleben Saarbrückens sind das Festival und die Cineasten-Partys in »Lolas Bistro« im Saarbrücker Club »Garage« (Bleichstraße 11–15) nicht mehr wegzudenken.

www.ffmop.de

Festival Perspectives
Saarbrücken

Ein französisches Festival in Saarbrücken ist 1978 zum Beginn eines wunderbaren kulturellen Brückenschlags in der Grenzregion geworden und in mittlerweile mehr als drei Jahrzehnten zu einer festen Institution. Zehn Tage lang, zwischen Mai und Juni, wird beim deutsch-französischen Festival zeitgenössische Bühnenkunst gezeigt: Sprech-, Musik- und Tanztheater, Pantomime und Videoszenografie, Figuren- und Straßentheater, Zirkus und Akrobatik – immer dicht am Publikum.

www.festival-perspectives.de

735

736

Saarspektakel
Saarbrücken

An jedem ersten Augustwochenende macht Saarbrücken sich so richtig nass. Zwei Tage lang sausen Jetstreamboote, paddeln Ruderboote, schwimmen und fahren Amphibienfahrzeuge auf der Saar. Höhepunkte sind die quietschbunten und nicht immer ganz ernsthaften Wettbewerbe, wie zum Beispiel das Drachenbootrennen, die Karlsberg Urpils Saar-Fari mit allem, was nur irgendwie schwimmt, und das Gaudi-Rennen mit Schlauchbooten und Gummitieren. Dazu Musik, Wurst und Getränke.

www.saarspektakel.de

737

Gärten ohne Grenzen

Dreiländereck

Ein wahres Großprojekt: 23 Gärten im Dreiländereck Saarland-Lothringen-Luxemburg zeigen barocke Gartenpracht. 15 Gärten machen im Saarland mit, darunter der Garten der Sinne in Merzig und der Garten der Vier Jahreszeiten in Losheim am See, der idyllische Forstgarten hinter dem Jagdschloss Karlsbrunn und der Bürgerpark in Besseringen, der mit seiner Zierkirschenallee einen Besuch vor allem im Frühjahr lohnt, wenn unter den blühenden Bäumen die Narzissen einen gelben Teppich auslegen.

Saarschleifenland Tourismus, Merzig, Torstraße 45; Tel. 0 68 61/8 04 40; www.gaerten-ohne-grenzen.de

738

Urwald vor der Stadt

Saarbrücken

Hier wird nicht mehr mit dem Holz gewirtschaftet, hier bleiben umgefallene Bäume einfach liegen. Baummoose und farbenprächtige Pilze wachsen, verloren geglaubte Arten kehren zurück, Wege wachsen zu. Unmittelbar vor den Toren Saarbrückens soll sich hier das größte Wildnisgebiet in einer städtisch geprägten Landschaft entwickeln. Zentraler Ausgangspunkt und Veranstaltungsort ist die Scheune Neuhaus.

Scheune Neuhaus; Tel. 0 68 06/10 24 19; www.saar-urwald.de

739

Durch den Bliesgau

Blieskastel

Gleich hinter Saarbrücken heben sich die grünen Wellen des Bliesgaus, der mit seinen Wäldern und Streuobstwiesen seit 2009 UNESCO-Biosphärenreservat ist: eine saftig-grüne Natur- und Kulturlandschaft, die auf gut bezeichneten Routen per (E-) Bike, zu Fuß oder mit der Pferdekutsche durchstreift wird. Auf den weiten Halbtrockenrasen kann man fast die Hälfte aller in Deutschland vorkommenden Orchideenarten bewundern. Das dichte Nebeneinander von Stadt und Land ist ungemein reizvoll.

Biosphärenreservat, Paradeplatz 4; Tel. 0 68 42/96 00 90; www.biosphaere-bliesgau.eu

Saarschleife

Mettlach-Orscholz

740

Den schönsten Blick auf das fotogene Naturdenkmal hat man vom Aussichtspunkt Cloef (Zufahrt von Orscholz, 6 km östlich der Villa Borg): Zwischen dicht bewaldeten und erfreulich unerschlossenen Bergrücken schlägt die Saar zu Füßen der Betrachter einen vollkommenen Halbkreis. Hier verläuft der 2007 eröffnete Saar-Hunsrück-Steig, vom Deutschen Wanderinstitut als bester deutscher Fernwanderweg ausgezeichnet. Aber auch auf der 16 km langen Rundwanderung »Saarschleife Tafeltour«, die über den Aussichtspunkt führt, wird man sicher glücklich.

Saarschleifenland Tourismus, Torstraße 45, Merzig, Tel. 0 68 61/8 04 40, www.saarschleifenland.de

Sachsen

Die Sprache, na gut. Aber für die Augen ist Sachsen ein Fest. Das liegt zum Beispiel an so unterschiedlichen Landsleuten wie August dem Starken und Neo Rauch. An Alten Meistern und barocken Schnörkeln in Dresden, an Neuer Schule und starken Farben in Leipzig. Und natürlich auch an Landschaften wie dem Elbsandsteingebirge. Das inspiriert.

Raus aus dem Zwinger, rauf auf den Theaterplatz. König Johann reitet durch Dresden, aber mit dem weiteren Verlauf des Abends hat er nichts zu tun.

741

Frauenkirche
Dresden

Auferstanden aus Ruinen: Die Nationalhymne der DDR scheint der Dresdner Frauenkirche auf den schönen Sandsteinleib geschrieben zu sein. Denn in der hellen Fassade erinnern viele dunkle Steine an eine dramatische Geschichte. Nach der verheerenden Bombardierung Dresdens im Februar 1945 war der 1743 vollendete achteckige Zentralbau, ein Wunderwerk barocker Architektur, eingestürzt. 1993 hatte der weitgehend aus Spenden finanzierte Wiederaufbau begonnen, 2005 war er abgeschlossen. Die etwas »pixelige« Fassade rührt daher, dass zu etwa einem Drittel die originalen Steine verwendet wurden. Die Raumwirkung im Inneren ist überwältigend.

Neumarkt; Tel. 03 51/65 60 61 00;
www.frauenkirche-dresden.de

742

Schloss
Augustusburg

Östlich von Chemnitz steht das gewaltige Jagdschloss Augustusburg mit seinen Museen: dem Schlossmuseum (schöne Renaissanceräume), den Sammlungen zu Jagd und Vogelkunde und dem Motorradmuseum, das nicht nur die heimischen Gefährte der Marken DKW, Auto Union und MZ zeigt.

Augustusburg;
Tel. 03 72 91/38 00;
www.die-sehenswerten-drei.de

743

Gemäldegalerie Alte Meister

Dresden

Alt, meisterlich und weltberühmt: Die »Sixtinische Madonna« von Raffael, der »Zinsgroschen« von Tizian, die »Kupplerin« von Vermeer. Dazu Rembrandt, Rubens, Dürer, Holbein, Cranach … Die Bilder hängen auf farbigen Wänden: auf roten die italienischen, auf grünen die deutschen, flämischen und holländischen, auf grauen die französischen und spanischen.

Zwinger, Semperbau; Tel. 03 51/49 14 20 00; www.skd-dresden.de; Mo geschl.

744

Albrechtsburg und Dom

Meißen

In eindrucksvoller Geschlossenheit erhebt sich auf dem Burgberg über der Elbe das Ensemble von Albrechtsburg und Dom. Erstere, von 1471 bis 1525 erbaut, war damals das erste Residenzschloss in Mitteleuropa. Die Wandmalereien im Inneren sind jedoch »Fakes«: Sie zeugen von der Begeisterung für das Mittelalter in der zweiten Hälfte des 19. Jh. (www.albrechtsburg-meissen.de). Im Dom (1260–1410) begeistern die Glasgemälde im Chor, der spätgotische Altar und die Aussicht von den Türmen über Stadt, Land und Fluss.

Tel. 0 35 21/4 70 70; www.touristinfo-meissen.de

St.-Annen-Kirche

Annaberg-Buchholz

745

Dass die »Annaberger Bergordnung« von 1509 einmal in ganz Deutschland galt, zeigt die frühere Bedeutung der Stadt in der Mitte des Erzgebirges. Hier war das Zentrum der Montanwirtschaft, hier wurde mit großen Zahlen gerechnet: Adam Ries, der deutsche Großrechenmeister, lebte und arbeitete nach 1522 in Annaberg. Hauptsehenswürdigkeit der Stadt ist die St-Annen-Kirche, die größte Hallenkirche Sachsens (1499–1525). Sehr schön ist der 1521 geweihte »Bergaltar« mit Szenen vom Leben und Arbeiten in alter Zeit.

Tourist-Information, Buchholzer Str. 2; Tel. 0 37 33/1 94 33; www.annaberg-buchholz.de

746 Industriemuseum
Chemnitz

»Sächsisches Manchester«, das klingt nicht allzu nett. Chemnitz hat sich diesen Ruf im 19. Jh. erarbeitet, als die Stadt das Zentrum des sächsischen Maschinenbaus war. In der DDR hieß sie folgerichtig Karl-Marx-Stadt. Anfang 1945 fast völlig zerstört, wurde die Innenstadt als Beispiel für den sozialistischen Städtebau neu errichtet. Schöner als die Plattenbauten sind die Gründerzeit- und Jugendstilhäuser im Kaßberg-Viertel. Ein klares Bekenntnis zur wirtschaftlichen Vergangenheit legt das äußerst sehenswerte Industriemuseum ab.

Zwickauer Str. 119; Tel. 03 71/3 67 61 40; www.saechsisches-industriemuseum.de; Mo geschl.

747 Kirche St. Wolfgang
Schneeberg

Erst war es das Silber (bis 1500), dann das Kobalt, das man in Meißen zum Färben des Porzellans brauchte. Dass die Schneeberger davon gut leben konnten, sieht man an den schönen Barockhäusern, die den langen Marktplatz einfassen und auch an der spätgotischen Kirche St. Wolfgang (1516–1540), einem der ersten Kirchenbauten der Reformation. Größter Schatz der Kirche und eines der bedeutendsten Werke der sakralen Kunst in Sachsen überhaupt ist der Flügelaltar von Lucas Cranach d. Ä.

Tourist-Information, Markt 1; Tel. 0 37 72/2 03 14; www.schneeberg.de

748 August-Horch-Museum
Zwickau

Sehnsüchtige Blicke gingen nach Zwickau: Wann ist er endlich da …? Von 1957 an übten sich die Bürger der DDR in Geduld. Auf einen Pkw der Baureihe Trabant aus der Produktion der VEB Sachsenring Automobilwerke Zwickau hieß es viele Jahre warten. Aber schon lange vor dem »Trabi« waren hier Autos gebaut worden. August Horch, der das erste Auto mit Vierzylindermotor entwickelt hatte, verlagerte seine Fabrik bereits 1904 nach Zwickau, wo er fünf Jahre später die Firma Audi gründete. Am historischen Ort im alten Audi-Werk öffnete im September 2004 das August-Horch-Museum seine Tore. Es illustriert ein emotionales Kapitel deutscher Geschichte. Neben dem ersten »Phaeton« (1911!) sind auch der Kleinwagen DKW F1 mit dem ersten serienmäßigen Frontantrieb und immer wieder schöne Sonderausstellungen zu sehen, wie 2012: »100 Jahre Führerschein«.

Audistr. 7; Tel. 03 75/27 17 38 12; www.horch-museum.de; Mo geschl.

749

Brühlsche Terrassen

Dresden

Der venezianische Maler Canaletto erhob Dresden in seinen Gemälden Mitte des 18. Jh. zu »Elbflorenz«. Im Februar 1945 wurde die schönste Skyline des Barocks in Flächenbombardements fast dem Erdboden gleichgemacht. Nach Jahrzehnten des Wiederaufbaus steht sie wieder: mit der katholischen Kathedrale St. Trinitatis und der evangelischen Kreuzkirche – Samstagabendvespern mit dem berühmten Knabenchor um 17 Uhr (außer in den sächsischen Sommerferien) – und mit den Brühlschen Terrassen, dem »Balkon Europas«. Die ehemalige Wehranlage umfasst zusammen mit dem letzten vorhandenen Stadttor die älteste Steinbrücke Dresdens, dazu verschiedene Wachstuben, Geschützhöfe und Wehrgänge. In den Kasematten, in denen 1708 zum ersten Mal in Europa Hartporzellan hergestellt wurde, befindet sich heute ein Museum. Zurück ans Licht: Der abendliche Bummel über der Elbe ist vielleicht der schönste Stadtspaziergang in Deutschland.

Georg-Treu-Platz 1;
Tel. 03 51/4 38 37 03 20;
www.festung-xperience.de

751

Zwinger
Dresden

Absolutistisches Angebertum in seiner schönsten Form: Der grandiose Gebäudekomplex mit Gartenanlagen im Zentrum Dresdens war keine Residenz, sondern nur ein (weiteres) Aushängeschild der Macht, das August der Starke nach 1710 in Auftrag gab. Bis 1732 entstanden die prächtige Langgalerie und das Kronentor, der mit fantastischen Skulpturen geschmückte Wallpavillon, das Nymphenbad und der Glockenspielpavillon. Im Zwinger sind heute die Gemäldegalerie Alte Meister, der Mathematisch-Physikalische Salon, die Porzellansammlung und die Rüstkammer untergebracht.

Staatliche Schlösser, Theaterplatz; Tel. 03 51/49 14 20 00; www.der-dresdner-zwinger.de

750

Fürstenzug
Dresden

Das größte Porzellanbild der Welt befindet sich auf der Außenseite des Stallhofs vom Residenzschloss. Es ist 102 m lang, besteht aus 25 000 Meissener Porzellankacheln und zeigt eine Ahnengalerie der sächsischen Herrscher seit 1127. Neben 94 Menschen sind 45 Pferde und zwei Hunde zu sehen (Foto S. 356).

Augustusstraße; www.dresden-und-sachsen.de/dresden/fuerstenzug.htm

752 Museum in der Runden Ecke
Leipzig

Eigentlich ein Pflichtbesuch – für Ossis und Wessis. Man sollte einer Führung durch die vom Bürgerkomitee gegründete Ausstellung »Macht und Banalität« in der ehemaligen Leipziger Stasi-Zentrale folgen. Sie dokumentiert die alle Lebensbereiche durchdringende Spitzelei der Staatssicherheit in der DDR.

Dittrichring 24;
Tel. 03 41/9 61 24 43;
www.runde-ecke-leipzig.de

753 Museum der bildenden Künste Leipzig

Seit 2004 Leipzigs erste Adresse in Sachen Kunst. Hier hängen alte Meister wie die Werke der beiden Lucas Cranachs, aber auch deutsche Romantiker, Expressionisten und klassisch-Moderne wie Max Beckmann. Über 500 Werke dokumentieren das Kunstschaffen in der DDR. Dem großen Leipziger Maler Neo Rauch war 2010 eine Werkschau zum 50. Geburtstag gewidmet.

Katharinenstr. 10;
Tel. 03 41/21 69 90;
www.mdbk.de; Mo geschl.

754 Gefängnisse
Bautzen

Die alte Stadt an der Spree hat viele wunderschöne Seiten – und zwei berühmte Gefängnisse. Bautzen I, das »Gelbe Elend«, diente den Nazis sowie nach dem Krieg der sowjetischen Geheimpolizei. Die Sonderhaftanstalt Bautzen II war von 1956 bis 1989 als »Stasi-Knast« gefürchtet. Hier befindet sich eine eindrucksvolle Gedenkstätte.

Weigangstr. 8a;
Tel. 0 35 91/4 04 74;
www.stsg.de

755 Bergbaukultur
Freiberg

Im 12. Jh. wurden die ersten Silberadern im Erzgebirge gefunden, 1765 gründete man die berühmte Bergakademie, und erst 1913 wurde der Silberbergbau eingestellt. Über der großartigen Altstadt erhebt sich der spätgotische Dom mit seiner Silbermannorgel und der »Tulpenkanzel«. Sehenswert sind außerdem das Stadt- und Bergbaumuseum beim Dom (Mo geschl.) sowie die beiden mineralogischen Sammlungen im Schloss Freudenstein (www.terra-mineralia.de) und in der TU Bergakademie in der Brennhausgasse (www.tu-freiberg.de).

Tourist-Information, Schloßplatz 6; Tel. 0 37 31/27 36 64;
www.freiberg-service.de

Jugendstil-kaufhaus
Görlitz

756

Ein kleines Lehrstück in Sachen Marktwirtschaft. Seit 2009 stand das Jugendstilkaufhaus in Görlitz, 1912/13 erbaut, einige Jahre leer. Das architektonische Juwel beeindruckt mit freihängenden Treppen, einem verzierten Glasdach, riesigen Kronleuchtern und tragenden Säulen mit Jugendstilornamenten und diente u. a. dem Oscar-prämierten »Grand Budapest Hotel« als Filmlocation. Im Jahr 2016 wurde der Konsumtempel umfassend renoviert. Wenn alles klappt und neue Mieter gefunden werden, soll er bald endlich wiedereröffnet werden.

An der Frauenkirche 5–7;
www.kaufhaus-goerlitz.eu

757

Schloss Moritzburg
Moritzburg

August der Starke, König von Polen und Kurfürst von Sachsen, ließ das alte Jagdschloss (1542–1546) der sächsischen Kurfürsten und Könige auf einer Insel im Schlossteich in der ersten Hälfte des 18. Jh. zu einem luxuriösen Jagd- und Lustschloss umbauen. Die Sammlung der Rothirschgeweihe – darunter der berühmte Moritzburger 24-Ender – gilt als eine der bedeutendsten weltweit. Daneben sind kostbare Möbel, Gemälde und Porzellane zu sehen sowie eine Ausstellung zur Küchen- und Tafelkultur. Sehr schöne Umgebung.

Schlossallee;
Tel. 03 52 07/8 73 18;
www.schloss-moritzburg.de;
im Winter Mo geschl.

758

Zoo
Leipzig

Wenn asiatische Dickhäuter im Elefantentempel ein kühles Bad nehmen, Schneeleoparden durch das Himalaya-Hochgebirge streifen, Giraffen über die Weiten der Savanne schreiten oder der Menschenaffen-Nachwuchs in Pongoland tollkühne Kletterpartien vollführt, kommen die Besucher ins Staunen. In Südamerika lassen sich Mähnenwölfe und Große Ameisenbären entdecken und im liebevoll angelegten Bienengarten stehen die Kleinsten hoch im Kurs. Die europaweit einzigartige Tropenerlebniswelt Gondwanaland entführt in einen Regenwald mit mehr als 24000 tropischen Pflanzen und mehr als 300 exotischen Tieren. Weitläufige, den natürlichen Lebensräumen nachempfundene Gehege und großzügige Wasserläufe prägen die Halle, die sich in das natürliche Erscheinungsbild des Zoos einfügt. Subtropische 26 Grad und eine hohe Luftfeuchtigkeit machen das Gefühl perfekt, einen tropischen Dschungel zu betreten, der per Boot, aus den Wipfeln der Bäume und auf verschlungenen Pfaden entlang von Riesenottern, Komodowaren und Tapiren erkundet werden kann. Das historische Schmuckstück ist das frisch sanierte Aquarium, das seinen Fokus auf die tropischen und subtropischen Meer- und Süßwasserlebensräume richtet.

Pfaffendorfer Straße 29; Tel. 03 41/5 93 33 85; www.zoo-leipzig.de

Schloss und Park

Bad Muskau

759

Es war der Lebenstraum des Fürsten von Pückler-Muskau (1785–1871), seine Ländereien beiderseits der Neiße in einen gigantischen Landschaftspark umzuwandeln. Von 1815 bis 1844 leitete er das Projekt, dann war der adelige Träumer pleite. Nachfolgende Besitzer bauten jedoch weiter, und was die UNESCO 2004 zum Welterbe erklärte, ist der größte englische Landschaftspark in Zentraleuropa. Von den etwa 830 Hektar Gesamtfläche liegen zwei Drittel auf der polnischen Seite. Eine Brücke über die Neiße erschließt Besuchern auch diesen Teil und damit das Gesamtkunstwerk Muskauer Park. Am Westrand der Anlage steht das wiedererrichtete Neue Schloss, das seit 2008 im Sommer wieder besichtigt werden kann.

Neues Schloss; Tel. 03 57 71/6 31 00; www.muskauer-park.de

760

Völkerschlachtdenkmal
Leipzig

Das bombastische Denkmal, eher beeindruckend als schön, erinnert an das Gemetzel vor den Toren der Stadt im Jahr 1813, als Napoleon mit seiner Armee gegen den Rest Europas verlor und 125 000 Soldaten starben. Interessant ist die Ausstellung im »Forum 1813«.

Straße des 18. Oktober 100; Tel. 03 41/2 41 68 70; www.voelkerschlachtdenkmal.de

761

Thomas- und Nikolaikirche
Leipzig

In der Thomaskirche liegen die Gebeine von Johann Sebastian Bach begraben, der hier 27 Jahre lang bis zu seinem Tod 1750 lebte und arbeitete. Die Montagsgebete in der Nikolaikirche entwickelten sich im Jahr 1989 zu Massenveranstaltungen, welche die Leipziger Montagsdemos nach sich zogen – den Anfang vom Ende des SED-Regimes.

Thomaskirchhof 18; www.thomaskirche.org; Nikolaikirchhof 3; www.nikolaikirche.de

762

Altstadt
Görlitz

Görlitz ist nicht nur die östlichste Stadt Deutschlands, für viele ist sie auch die schönste – und immer noch ein Geheimtipp. Rund 3500 Baudenkmäler verzeichnet das Inventar: Spätgotik, Renaissance, Barock, Gründerzeit. Zgorzelec, der polnische Teil von Görlitz, ist über die Altstadtbrücke zu erreichen.

Tourist-Information, Obermarkt 32; Tel. 0 35 81/4 75 70; www.goerlitz.de

Geschichtspfad
Bautzen

763

Seit mehr als 1000 Jahren steht die »Stadt der Türme« auf einem Granitplateau über der Spree. Zwischen ihren Mauern und Fassaden scheint das Mittelalter noch nicht zu Ende gegangen zu sein. Auf dem Geschichtspfad folgt man dem Verlauf der alten Befestigungen, taucht ein in die Gassen der Altstadt und kommt zum Turm der Neuen Wasserkunst (1721), einer Anlage zur Wasserversorgung der Stadt. Führungen und Audio-Guides vermittelt die Tourist-Information am Hauptmarkt, der guten Stube der Stadt mit dem barocken Rathaus.

Tourist-Information, Hauptmarkt 1; Tel. 0 35 91/4 20 16; www.bautzen.de

764

Museum Gunzenhauser
Chemnitz

Chemnitz hat sich längst auch als Kunststandort einen Namen gemacht, unter anderem mit den Städtischen Kunstsammlungen im König-Albert-Bau am Theaterplatz (Kunst des 19. und 20. Jh.; Mo geschl.) und mit dem neuen Museum Gunzenhauser im großartig modernisierten ehemaligen Sparkassengebäude (1928–1930) am Falkeplatz. In schönster Bauhaus-Architektur werden hier große Werke von Edvard Munch, Lovis Corinth, Karl Schmitt-Rotluff, Max Beckmann, Otto Dix und vielen mehr gezeigt.

Falkeplatz; Tel. 03 71/4 88 70 24; www.kunstsammlungen-chemnitz.de; Mo geschl.

765

Schloss Pillnitz
Dresden

Ein wunderschönes Ausflugsziel ist die ehemalige Sommerresidenz des sächsischen Königs aus dem 18. Jh. an der Elbe in Pillnitz, heute ein Stadtteil von Dresden. Sie besteht aus dem am Fluss liegenden Wasserpalais, dem zum Hang hin gegenüberliegenden Bergpalais und dem diese verbindenden Neuen Palais. Von den Gebäuden umgeben wird der barocke Lustgarten, der noch durch einen umliegenden Schlosspark ergänzt wird. Eine botanische Sehenswürdigkeit des Parks ist die knapp 9 Meter hohe Pillnitzer Kamelie, die in der kalten Jahreszeit von einem klimatisierten fahrbaren Glashaus umgeben wird.

August-Böckstiegel-Straße 2; Tel. 03 51/2 61 32 60; www.schlosspillnitz.de

766

Grünes Gewölbe
Dresden

Was seit 2005 im Westflügel des Dresdner Residenzschlosses zu sehen ist, spottet eigentlich jeder Beschreibung. Offiziell handelt es sich um »eine der größten, reichsten und ältesten Schatzkammern Europas«. Rund 4000 Posten umfasst die Sammlung aberwitziger Objekte aus Gold, Edelsteinen, Bernstein, Elfenbein und Email. Im »Neuen« sowie im »Historischen Grünen Gewölbe« ist ausgestellt, was August der Starke und andere sächsische Kurfürsten und Könige gesammelt und/oder in Auftrag gegeben haben: kostbarstes Kunsthandwerk von der Renaissance bis zum Klassizismus. Unfassbar allein der »Hofstaat zu Delhi«: ein nur 1,40 m breites, orientalisches Miniatur-Diorama, dessen Herstellung mehr Geld kostete als der Rohbau von Schloss Moritzburg. Im Historischen Grünen Gewölbe ist die Zahl der Besucher beschränkt – Tickets muss man vorab bestellen.

Residenzschloss;
Tel. 03 51/49 14 20 00;
www.skd-dresden.de; Di geschl.

767

Fürstenhof
Leipzig

Für ein Grandhotel eher klein, im Ambiente ganz groß. Alles im Palais (1770) am Ring um die Altstadt ist opulent, edel und großzügig, dabei einladend und freundlich. In den Zimmern stehen Möbel aus Myrtenholz, in den Bädern schimmert grüner Marmor. Kristall-Kronleuchter hängen unter der hohen Decke im Restaurant »Villers«, wo man im sehr hellen Interieur des 18. Jh. speist. Schön auch der recht barocke Wellnessbereich im Keller.

Tröndlinring 8;
Tel. 03 41/14 00; www.hotelfuerstenhof-leipzig.com; €€€

768

Hotel Townhouse Dresden
Dresden

Ein Kontrapunkt inmitten der barocken Schnörkeligkeit Dresdens. Die Zimmer sind angenehm modern und ohne modischen Design-Firlefanz: rechte Winkel, gerade Linien, helle Farben zwischen Weiß, Braun, Beige und Grau. Besonders schön die »Suites« wie die »Grande«-Suite: mit Blick auf die Kuppel der Frauenkirche.

Neumarkt 1; Tel. 03 51/5 63 30 90; www.vagabondclub.com/dresden.de; €€€

769

Taschenbergpalais
Dresden

Barack Obama war auch schon hier – wenn auch nicht über Nacht. Im wiederaufgebauten Barockpalais wurde 1995 eine Luxusherberge in Bestlage zwischen Zwinger und Schloss eröffnet. Zu den Sehenswürdigkeiten Dresdens ist es jeweils nur ein Katzensprung. In den Zimmern gibt es viel Platz, sehr hohe Decken (4,80 m!) und schönes, modernes Mobiliar. Großer Spa-Bereich und feine Cocktails an der tollen Bar.

Taschenberg 3;
Tel. 03 51/4 91 20;
www.kempinski-dresden.de;
€€€€

770 Börse
Görlitz

Schöner kann man in der Stadt an der Neiße kaum logieren. Die »Börse« datiert ins Jahr 1714 zurück, die Einrichtung der geräumigen Zimmer hält die Balance zwischen klassisch (Himmelbetten, Möbel, Stoffe) und modern (Elektronik). Weitere Zimmer, etwas günstiger, gibt es im »Gästehaus im Flüsterbogen«. Das Hallenhaus aus dem 16. Jh. steht gleich gegenüber.

Untermarkt 16;
Tel. 0 35 81/7 64 20;
www.boerse-goerlitz.de; €€

771 Galerie Hotel Leipziger Hof
Leipzig

Dieses Hotel ist auch eine Gemäldegalerie: Bilder von Wolfgang Mattheuer, Werner Tübke und anderen Künstlern der Leipziger Schule schmücken die Wände in Zimmern und Fluren. Im Innenhof ist ein netter Biergarten eingerichtet (freitags und samstags Grillabende), das Restaurant bietet eine ansprechende Frischeküche zu zivilen Preisen. Die ungefähr 200 Bilder umfassende private Kunstsammlung im Haus ist kostenlos zu besichtigen.

Hedwigstr. 1–3;
Tel. 03 41/6 97 40;
www.leipziger-hof.de; €

772 Schlosshotel Klaffenbach
Chemnitz/Klaffenbach

Etwas außerhalb von Chemnitz, am Flüsschen Würschnitz, steht das schöne Wasserschloss – eine eine feine Adresse für Businessreisende, Verwöhnsüchtige, Golfer (es gibt einen 18-Loch-Platz direkt am Hotel), Reiter (der Reithof befindet sich in 200 m Entfernung) und Hochzeitspaare. Eine Schau ist natürlich das Gewölberestaurant, in dem man mit frischen Produkten aus der Umgebung versorgt wird. Sächsische Kaffee- und Kuchenspezialitäten genießt man vorher im Schlosscafé.

Wasserschlossweg 6;
Tel. 03 71/2 61 10; www.schlosshotel-chemnitz.de; €

773

Gästehaus Wolfsbrunn
Hartenstein

Hier treibt der Jugendstil die schönsten Blüten. Von 1911 bis 1912 wurde Schloss Wolfsbrunn erbaut, 1998 wurde es schließlich mit viel Liebe zum historischen Detail restauriert. Das Schloss des ehemaligen Bergbaubarons Karl Georg Wolf steht in landschaftlich überaus reizvoller Lage in einem Park südöstlich von Zwickau mitten im Erzgebirge. Das wunderschöne Restaurant weiß mit einer sehr guten (und durchaus günstigen) saisonal-regionalen Frischeküche zu gefallen.

Stein 8; Tel. 03 76 05/7 60; www.gaestehaus-wolfsbrunn.de; €€

774

Villa Sorgenfrei
Radebeul

Die paar Kilometer nach Dresden legt man bequem mit dem Auto, der S-Bahn oder Straßenbahn zurück – um abends umso lieber zurückzukommen. Im hübschen Städtchen Radebeul an der Elbe steht unter den Weinbergen dieses Anwesen, das ein Dresdner Bankier am Ende des 18. Jh. zu einem Weinschlösschen umbauen und mit allerliebsten Schnörkeln versehen ließ. Vor zehn Jahren wurde es sehr sorgfältig und liebevoll restauriert. Frei von Sorgen verbringt man heute als Tourist darin seine Zeit. Man residiert zwischen pastellfarbenen, mit feinen Girlanden verzierten Wänden, echten Antiquitäten und auch manchem neuen Mobiliar. Man promeniert durch die wunderschöne Parkanlage, ersteigt vielleicht die vielen, vielen Stufen der »Himmelsleiter«, um vom Gipfel des Weinbergs auf die Elbe zu schauen. Und weil man davon Appetit bekommt, setzt man sich abends im traumhaften Gartensaal unter dem Lüster aus Bleikristallglas zu Tisch. Oder man geht auf die Sommerterrasse und lauscht beim Studium der Speisekarte dem Rauschen der Eichen und Kastanien und dem Zwitschern der sorgenfreien Vögel. Die Küche setzt auf Regionalität, macht aber kein Dogma daraus und ihre Sache überhaupt ganz ausgezeichnet.

Augustusweg 48; Tel. 03 51/7 95 66 60; www.hotel-villa-sorgenfrei.de; €€

775

Goldenes Fass

Meißen

Gegenüber der Meißener Altstadt, auf dem anderen Elbufer, wird »Heimatkunde zum Anbeißen« geboten – im schönen Landhausambiente, mit nicht nur regionaler, sondern auch saisonaler Note. Wobei man auch gern über den sächsischen Horizont hinweg schaut: etwa beim Promnitztaler Landgockel mit Ratatouille und rotem Wildreis. Tolle Käseauswahl.

Vorbrücker Str. 1; Tel. 0 35 21/ 71 92 00; www.goldenes-fass-meissen.de; €€

776

Villa Esche

Chemnitz

Die Architektur (1903 von Henry van de Velde entworfen) und das Ambiente in einer traumhaften Parkanlage sind toll. Feine internationale Küche – von der gerösteten Blutwurst bis zum Seeteufel mit Safranschaum.

Parkstr. 58; Tel. 03 71/5 33 10 88; www.restaurant-villaesche.de; Mo geschl. €€

777

Villandry

Dresden

Hier setzt man auf die Region, egal ob beim Bio-Ochsen oder beim sächsischen Wild – dazu etwas mediterrane Leichtigkeit. Beim Wein wird weniger Wert auf große Namen als auf bezahlbare Qualität gelegt – und auf die Saison: Im Sommer überwiegen die weißen Tropfen, im Winter die roten. Events und Kochkurse im »Villandry No. 10« .

Jordanstr. 8; Tel. 03 51/ 8 99 67 24; www.villandry.de; nur Di–Sa ab 18 Uhr; €€

Caroussel

Dresden

778

Die barocke Bülow Residenz in der Inneren Neustadt war schon fein. Noch etwas feiner ist es im Bülow Palais in der Königstraße, wo Benjamin Biedlingmaier, der »Aufsteiger des Jahres 2013« (*Der Feinschmecker*) im Restaurant »Caroussel« Gourmetküche vom Feinsten bietet. Wie man sie beschreiben soll? Vielleicht als neudeutsch. Oder als neosächsisch, mit französisch-mediterraner Note. Serviert wird auf Meissener Porzellan. Viele schöne Weine aus der Region. Sehr hübsches Ambiente.

Königstr. 14; Tel. 03 51/ 8 00 31 40; www.buelow-palais.de/restaurants-bar/#caroussel; €€€€

Zschoner Mühle
Dresden

779

Erlebnis und Gastronomie im Landschaftsschutzgebiet Zschoner Grund am Westrand Dresdens. Allerliebst steht das 500 Jahre alte Fachwerkhäuschen mit der altdeutschen Wassermühle (Museum) zwischen Wiesen und Bäumen. Drinnen, in den alten Räumen und Gewölben, oder draußen, im rebenumrankten Biergarten wird aufgetischt, was die Region und die Jahreszeiten so alles hergeben. Das reicht vom Schweinebraten bis zur Moritzburger Bachforelle, von der Brennnesselsuppe im Frühling bis zur Holundersuppe im Herbst. »Deftig, ländlich, reichlich« – so die Selbstauskunft. Viele Veranstaltungen für Groß und Klein, dazu die »Molaris Natur-Projektschule« für einen außerschulischen Lernort – beide vermittelt vom eigenen Kulturverein.

Zschonergrund 2;
Tel. 03 51/4 21 02 52;
www.zschoner-muehle.de;
Rest. Mo–Fr geschl., Garten im Sommer tgl. 11–17 Uhr; €

780

Falco
Leipzig

Sachsens bester Koch hat seinen Arbeitsplatz im 27. Stock des Riesenhotels »The Westin«. Dort kombiniert er, was »eigentlich undenkbar« (Eigenauskunft) ist. 72 Stunden gart Peter Maria Schnurr das American Beef bei milder Hitze, er bereitet blauen Hummer mit Bachkresse, Kohlrabi und einem Aufguss vom grünen Apfel sowie einen Soja-Meerwasser-Marshmellow mit Aprikosen-Algen-Konfitüre. Wer das moderne Spiel mit Aromen und Texturen zu schätzen weiß, gerät ins Schwärmen. Grandios die Bar & Lounge mit dem schönsten Blick über Leipzig, mit 80 Sorten Whisky, 200 Digestifs und 800 Weinen.

Gerberstr. 15; Tel. 03 41/9 88 27 27; www.falco-leipzig.de;
So, Mo geschl. €€€€

781

Apels Garten

Leipzig

Neben der Thomaskirche steht das Traditionsrestaurant, in dem sächsische Küche modern interpretiert wird. Das heißt, die Scheiben von der Entenbrust werden auch mal im Wok geschwenkt. Neben Sauerbraten und Quarkkäulchen stehen auch Hirsch und Lamm auf der Karte. Gute, preiswerte Weine aus Sachsen und Saale-Unstrut.

Kolonnadenstr. 2; Tel. 03 41/ 9 60 77 77; www.apels-garten.de; So abend geschl. €€

782

Schneider Stube

Görlitz

Stilvoll ist das Ambiente im Hotel Tuchmacher, mit dunklen Wandpaneelen und Holzdecke. Gekocht wird überwiegend regional, manchmal mit französischem Einschlag. Es gibt in Rotwein geschmortes Landkaninchen und Reh und hinterher Schoko-Lasagne oder Quarkkäulchen. Kaffee und Espresso kommen aus der eigenen Röstung.

Petersstr. 8; Tel. 0 35 81/4 73 10; www.tuchmacher.de; €€

783

Spreetal Restaurant

Grubschütz

Im rustikalen Ambiente wird die regionale Küche – man befindet sich nur 2 km vor Bautzen – sehr ideenreich variiert: Man bereitet klassische sorbische Gerichte wie die Hochzeitssuppe mit Fadennudeln, Eierstich mit Leberklößchen, Karpfen und Rehragout.

Preuschwitzer Str. 12; Tel. 0 35 91/ 27 04 09; www.landhotel-grubschuetz.de; Mo geschl. €€

784

Drogerie

Leipzig

Wo vor noch nicht allzu langer Zeit Creme und Waschmittel verkauft wurden, befindet sich jetzt ein kleiner, sympathischer Gourmet-Tempel mit französischem Flair, in dem exquisite Mittelmeerküche und ausgewählte Weine serviert werden. Das Gebäude stammt aus dem frühen 19. Jh., wurde in den 1930er-Jahren zur Drogerie umgestaltet, 1998 aufwendig saniert und zur Gastronomie umfunktioniert. Im Obergeschoss befindet sich noch eine exklusive Genuss-Lounge.

Schillerweg 36; Tel. 03 41/22 28 64 66; www.drogerie-leipzig.net; So geschl.; €€€

Stadttheater
Freiberg

785

Kulturelles Aushängeschild der Bergarbeiterstadt Freiberg ist das älteste in ursprünglicher Form erhaltene Stadttheater der Welt. Es wurde bereits 1790 gegründet, und es wird seit dieser Zeit kontinuierlich von einem städtischen Theaterensemble bespielt. Hier brachte der 14-jährige Carl Maria von Weber im Jahr 1800 seine erste Oper, »Das stumme Waldmädchen«, zur Uraufführung. Seit 1993 wird das Haus zusammen mit dem Stadttheater in Döbeln als Mittelsächsisches Theater Freiberg und Döbeln geführt.

Borngasse 1;
Tel. 0 37 31/35 82 35; www.mittelsaechsisches-theater.de

786

Pfeffermühle und Academixer
Leipzig

Ihre Gründung – und die frühe Feuertaufe – erlebten die beiden Kabarett-Institutionen im real existierenden Sozialismus. Gäste der Academixer dürfen sich nicht nur über politisches Kabarett, sondern auch über sächsische Mundartprogramme und literarisch-musikalische Satiren freuen. Bei der Pfeffermühle, die 2011 in Kretschmann's Hof in der Katharinenstraße umgezogen ist, kümmert man sich mit Gründung der 1. Leipziger Kabarett-Schule auch um den Nachwuchs. Wer in der DDR frech gewesen ist, kann jungen Leuten wirklich etwas beibringen.

Academixer, Kupfergasse 2;
Tel. 03 41/21 78 78 78;
www.academixer.com
Pfeffermühle, Katharinenstr. 17;
Tel. 03 41/9 60 31 96; www.kabarett-leipziger-pfeffermuehle.de

787

Neues Gewandhaus
Leipzig

Der 1981 eröffnete Saal ist schon das dritte Gewandhaus. Auf seiner Bühne musiziert das älteste bürgerliche Konzertorchester (seit 1743) Deutschlands auf Weltniveau. Kurt Masur, der langjährige Leiter und (bis zu seinem Tod 2015) Ehrendirigent, war 1989 einer der Anführer der friedlichen Revolution.

Augustusplatz 8; Tel. 03 41/1 27 02 80; www.gewandhaus.de

788

Semperoper
Dresden

Weniger als der Superlativ ist in Dresden nicht möglich, darum gilt die Sächsische Staatsoper als das schönste deutsche Opernhaus. Der von Gottfried Semper zweimal ausgeführte Bau – 1841 und, nach einem Brand, 1878 – wurde 1945 im Bombenhagel vernichtet. Den weitgehend originalgetreuen Neubau eröffnete die Staatskapelle Dresden (1548 gegründet – eines der ältesten und natürlich besten Orchester der Welt …) 1985 mit dem »Freischütz«. Wer abends auf das festlich beleuchtete Opernhaus zuschreitet, denkt unwillkürlich an die Fernsehwerbung für Radeberger Pilsner. Immerhin das beste Bier Sachsens.

Theaterplatz 2; Tel. 03 51/4 91 17 05; www.semperoper.de

Oper
Chemnitz

789

Größtes Renommee genießt das Opernhaus nicht nur wegen seiner spannenden Inszenierungen, sondern auch wegen einer der modernsten Bühnentechniken in Europa. Auf der speziellen Drehbühne sieht man Opern, Operetten und Musicals. Besondere Beachtung finden Aufführungen unbekannter oder selten gespielter Opern. Zwei Produktionen erhielten schon den Deutschen Theaterpreis, 2011 zeichnete der Verband Deutscher Bühnen- und Medienverlage die Chemnitzer Oper für ihr beispielhaftes Engagement im Bereich Musiktheater aus.

Theaterplatz 2;
Tel. 03 71/4 00 04 30;
www.theater-chemnitz.de

790

Drallewatsch und KarLi
Leipzig

Nachtschwärmer genießen die Stimmung am »Drallewatsch« um das Barfußgässchen: Kneipe an Kneipe, Tisch an Tisch und keine Sperrstunde. Auerbachs Keller, wo es Faust und Mephistopheles »so kannibalisch wohl als wie 500 Säuen« war, gibt es zwar auch noch (am Eingang der Mädlerpassage), die Stimmung am »Drallewatsch« ist aber besser, wenngleich auch schon recht touristisch. Echte Leipziger zieht es abends auf die »KarLi« (Karl-Liebknecht-Straße) südlich des Altstadtrings: Hier gibt es eine ausgeprägte Kneipenkultur, mehrere Pubs, kleine Restaurants mit internationaler Küche und angesagte Clubs. Auch Leipzigs namhaftes Kulturzentrum naTo ist hier in der Nr. 46 zu finden (Konzerte, Programmkino, Literaturlesungen, Theatervorstellungen und Veranstaltungen zu politischen Themen).

Tourist-Information, Katharinenstr. 8; Tel. 03 41/7 10 42 60; www.leipzig.travel

Bachfest
Leipzig

791

Wer zum Bachfest Leipzig reist, findet das, was viele suchen und Johann Sebastian Bach selbst als »Recreation des Gemüths« beschrieb: ein sich Forttragen lassen, ein Erheben der Seele über den Staub des Alltags, Konzerte mit Gänsehaut-Garantie. Seine herausragende Stellung unter den großen deutschen Musikfestivals verdankt die Leipziger Ausgabe vor allem zwei Faktoren: der Qualität des Programms und der Authentizität seiner Orte.

Bachs Musik an den originalen Wirkungsstätten zu erleben, ist selbst für große Künstlerpersönlichkeiten immer wieder etwas Besonderes. Hier hat er gelebt und gearbeitet; hier wurden seine berühmtesten Werke zu Papier gebracht und uraufgeführt. Das hinterlässt Eindruck – und verleiht dem Bachfest Leipzig eine solche Strahlkraft, dass inzwischen jährlich Gäste aus über 50 Ländern anreisen. 2023 wird ein besonderes Jubiläum gefeiert: Vor 300 Jahren kam Bach als Thomaskantor nach Leipzig. Dieses bedeutende Ereignis feiert die Stadt im Rahmen des Bachfestes (8.–18. Juni 2023) und mit einer Fülle an Veranstaltungen in den kommenden Jahren.

Thomaskirchhof 15/16; Tel. 03 41/9 13 70;
www.bachfestleipzig.de

792

Erlebniswelt Meissen

Meissen

In der Erlebniswelt bestaunen die Besucher die Herstellung des weltberühmten Meissener Porzellans in den Schauwerkstätten, im Museum erfährt man alles über die Geschichte der Porzellanmanufaktur und erhält einen weltweit einmaligen Überblick über die Gesamtentwicklung des Porzellans.
In den Stores und dem Outlet lassen sich die Besucher von der größten Produktpalette zum Kauf inspirieren und runden den Besuch mit einem kulinarischen Vergnügen im Café & Restaurant MEISSEN ab.
Die Erlebniswelt ist ganzjährig geöffnet und überrascht immer wieder mit außergewöhnlichen Events, Aktionen für die ganze Familie und wechselnden Ausstellungen zu spannenden Themen.

Talstraße 9, 01662 Meißen; Tel. 0 35 21/46 82 08; www.erlebniswelt-meissen.com

793

Kulturkaufhaus DAStietz

Chemnitz

Das 1914 erbaute ehemalige Hertie-Kaufhaus ist eine Institution. Neben Geschäften und Cafés sind seit 2004 auch Volkshochschule und Stadtbibliothek, das städtische Naturkunde-Museum, die Neue Sächsische Galerie und im Lichthof der fotogene, 290 Millionen Jahre alte versteinerte Wald eingezogen.

Moritzstr. 20; Tel. 03 71/ 4 88 43 66; www.dastietz.de

794

Pfunds Molkerei

Dresden

Von Geheimtipp kann keine Rede sein. Aber man muss sie einfach gesehen haben, diese kokett »Milchladen« genannte Kaufmannspuppenstube. Die handbemalten Majolikafliesen von Villeroy & Boch an den Wänden erzählen vom schönen Leben auf dem Land, und auf der ebenfalls bunt gefliesten Theke liegen die Waren zum Verkauf aus. Um die 100 Käsesorten gibt es, dazu Joghurt und Buttermilch, Kondensmilch, Milchgrappa und die berühmte Milchseife. Über dem Laden werden im Restaurant Käsesuppe, Kartoffeln und Quark, Käseplatten und Quarktorte serviert.

Bautzner Str. 79; Tel. 03 51/ 80 80 80; www.pfunds.de

Spielzeugdorf

Seiffen

795

Das »Spielzeugdorf« ist längst zu einer Pilgerstätte für alle Liebhaber des erzgebirgischen Holzhandwerks geworden. Und sie werden hier satt bedient: im Spielzeugmuseum und im Freilichtmuseum am östlichen Ortsausgang, wo gedrechselt wird, dass die Späne fliegen (beide sind täglich geöffnet, das Freilichtmuseum im Winter je nach Witterung). Wer die typischen Weihnachtsfiguren und -pyramiden kaufen möchte, wird *downtown* Seiffen fündig: Hier reiht sich Laden an Laden.

Tourist-Information, Hauptstr. 73; Tel. 03 73 62/84 38; www.seiffen.de

796

Senfladen
Bautzen

Bautzen, die Stadt der Sorben, ist eine Hochburg der Senfproduktion, und der Senfladen am Fleischmarkt ist zugleich Manufaktur und Museum. Von der Kultivierung der Senfpflanze bis zur Herstellung und zum Gebrauch erfährt man alles, was man über Senf wissen will. Eine 1300 kg schwere Senfmühle aus dem vorherigen Jahrhundert ist nur ein Schaustück des liebevoll eingerichteten Museums. An einer originalen Biedermeier-Ladeneinrichtung von 1860 kann man alle steinvermahlenen Manufaktur-Senfe probieren und erwerben: Es sind ein paar …

Fleischmarkt 5;
Tel. 0 35 91/59 71 18;
www.bautzener-senfladen.de

797

Mädlerpassage
Leipzig

Der Hauptbahnhof ist der größte Kopfbahnhof Europas, vor den Gleisen wird heute heftig geshoppt. Stilvoller kauft man im Zentrum, im Luxus-Labyrinth von Mädler- und Königshofpassage ein. Der Koffer- und Lederfabrikant Anton Mädler ließ hier von 1912 bis 1914 ein fünfgeschossiges Durchgangshaus mit einer 142 m langen, viergeschossigen Passage hochziehen. Ursprünglich und noch bis 1989 wurde es als Messehaus der Branchen Porzellan, Keramik und Steingut genutzt. Von 1995 bis 1997 teuer saniert, bietet es neben »Auerbachs Keller«, dem berühmten Schauplatz aus Goethes »Faust«, über 20 exklusive Ladengeschäfte und Gaststätten.

Grimmaische Str. 2;
Tel. 03 41/21 63 40;
www.maedlerpassage.de

Spinnerei – Kunstzentrum

Leipzig

Wer sich für Gegenwartskunst interessiert und noch nicht weiß, ob er nur gucken oder auch anfassen, sprich: kaufen möchte, sollte sich auf den Weg in den Leipziger Westen machen. Auf dem riesigen Gelände der alten Baumwollspinnerei in Plagwitz haben sich elf Galeristen und Aussteller aus dem In- und Ausland eingerichtet. Rund 100 Künstler arbeiten in den hohen, hellen Ateliers, die eher konserviert als saniert werden. Neo Rauch war 1994 einer der ersten. Bis heute arbeitet der Star der »Neuen Leipziger Schule« in der Spinnerei. Dass sich auch viele andere Künstler mit dem Label aus Leipzig prima vermarkten lassen, besonders in Amerika, ist nicht zuletzt das Verdienst eines cleveren Galeristen. Gerd Harry (»Judy«) Lybke brachte das Werk Neo Rauchs 1999 über den Atlantik und trat so, mit guten Kontakten und einigem Glück, die Lawine los. Lybkes Galerie Eigen + Art liegt, na klar, in der Spinnerei. Gleich nebenan kann man in der maerzgalerie zwar keinen Neo Rauch kaufen, aber für weniger Geld vielleicht ein Bild seines Jahrgangskommilitonen Hans Aichinger. Nicht weit von der Spinnerei entfernt haben sich im gründerzeitlichen Tapetenwerk in der Lützner Str. 91 (www.tapetenwerk.de) ebenfalls neue Mieter eingefunden: Künstler, Galeristen, Architekten.

Spinnereistr. 7;
Tel. 03 41 / 4 98 02 22;
www.spinnerei.de

798

799

Kät
Annaberg

Das größte Volksfest im Erzgebirge mit über 100 Schaustellern beginnt 14 Tage nach Pfingsten in Annaberg-Buchholz. Zuerst, ab 1520, noch eine Wallfahrt, wandelte sich das Fest nach der Reformation zuerst (1539) zu einem sommerlichen Totenfest und dann zu einem quicklebendigen Jahrmarkt, der seit 1869 auf der Schützenwiese oberhalb des Schutzteiches stattfindet – und zwar zehn Tage lang. Dass der Name auf die mundartliche Aussprache von Dreieinigkeit (»Dreiaanigkät«) zurückgeht, dürfte den Besuchern in den modernen Fahrgeschäften egal sein.

www.annaberg-buchholz.de

800

Fischwochen
Oberlausitz

Eine kulinarische Spezialität der Oberlausitz darf man aufs Angenehmste bei den Fischwochen im Herbst zwischen Ende September und Anfang November erleben. Dann fischen die Lausitzer Teichwirte nämlich ab – vor allem Karpfen, der blau, gebacken oder gegrillt verspeist wird. Aber auch Forelle und Zander findet sich im Angebot. Teilnehmende Betriebe bieten mindestens drei zusätzliche Gerichte mit heimischem Fisch an. Dazu gibt es lokale Feste, Exkursionen und geführte Wanderungen.

www.oberlausitz.com

801

Moritzburg Festival
Moritzburg

Die Alternative zu den »großen« Dresdner Musikfestspielen (www.musikfest spiele.com) ist das »kleine« Kammermusikfestival in Schloss Moritzburg. Etablierte Stars und vielversprechende Newcomer treten im wunderbaren Speisesaal des Moritzbuger Schlosses und in der evangelischen Kirche in Moritzburg auf. Das musikalische Spektrum reicht von der Renaissance bis in die Moderne – Jazz, Tango und Klezmer inbegriffen.

www.moritzburgfestival.de

802

Lachmesse
Leipzig

Lustigkeit nach Kalender. Beim größten internationalen Festival für Kabarett und Kleinkunst in Europa stehen natürlich die deutschen Spaßmacher im Mittelpunkt. Das elftägige Stelldichein von Richling, Venske, Zimmerschied & Co., jedes Jahr im Oktober dürfen Fans nicht verpassen.

www.lachmesse.de

803

Weihnachtsmarkt
Schneeberg

Die Namen Schneeberg und Erzgebirge stehen für beruhigend unglobalisiertes Brauchtum: Nirgends drehen sich die Weihnachtspyramiden schöner. Ein Höhepunkt ist das Lichtelfest am zweiten Adventwochenende, das seine Wurzeln in der Vergangenheit hat, als der Bergmann im Winter kaum je die Sonne sah. Darum stellte jedes seiner Kinder eine geschnitzte Figur mit einer brennenden Kerze in die Fenster der Wohnung. Aber auch in der übrigen Adventszeit ist der Schneeberger Weihnachtsmarkt eine Schau.

www.schneeberg.de

Silberstraße
Annaberg-Buchholz

804

»Bergkgeschrey« nannte man das, was geschah, wenn früher im Erzgebirge mal wieder jemand Silber gefunden hatte. Der Silberrausch ist längst vorbei, doch der jahrhundertelange Abbau von Kupfer und Zinn, Wismut und Uran hat die beliebte Erholungsregion bis in die jüngste Vergangenheit geprägt – wie sehr, das erfährt man auf der rund 275 km langen, grenzüberschreitenden Sächsisch-Böhmischen Silberstraße. Sie verbindet alle lohnenden Ziele in der reizvollen Natur- und überaus reichen Kulturlandschaft des Erzgebirges.

Tourismusverband Erzgebirge;
Tel. 0 37 33/18 80 00;
www.annaberg-buchholz.de

Schlösserfahrt mit der Weißen Flotte Dresden

805

Na also, Deutschland hat sie doch, die größte (Raddampfer-)Flotte der Welt. Von Dresden aus starten die »Stadt Wehlen«, Baujahr 1879, die »Pillnitz«, Baujahr 1886, die »Dresden« (1926) sowie sechs weitere Raddampfer und vier Motorschiffe zu Rund- und Linienfahrten auf der Elbe. Klassisch-schön ist die Fahrt zu den prächtigen Elbschlössern Albrechtsberg, Lingnerschloss und Eckberg sowie nach Pillnitz mit seinem großartigen Park.

Georg-Treu-Platz 3;
Tel. 03 51/86 60 90; www.saechsische-dampfschiffahrt.de

806

Leipziger Neuseenland
Markkleeberg

Die ehemalige Tagebaulandschaft im Süden der Stadt ist eine gigantische Landschaftsbaustelle, aber zugleich ein riesiges Freizeitareal – schon jetzt. Die gigantischen Gruben laufen allmählich voll Wasser, ihre Ränder werden zu Stränden. Mit der »Costa Cospuda«, dem Cospudener See, ging es 2000 los: Er wurde sogleich zum beliebtesten Badesee der Leipziger und eröffnete die Aussicht auf noch viel mehr Wasser zum Plantschen, Paddeln und Tauchen. Mehr als 20 Seen und insgesamt 70 Quadratkilometer neue Wasserflächen sind entstanden. Vom neuen Stadthafen kann man mit dem »Leipzigboot« oder Paddelbooten ohne auszusteigen das Seengebiet erreichen. Insgesamt werden die Leipziger 225 km neue Wasserwege bekommen. Und irgendwann wohl auch die Bootsverbindung nach Hamburg.

Tourist Info, Rathausstr. 22;
Tel. 03 41/33 79 67 18;
www.leipzigerneuseenland.de

807

Landschaftspark Kromlau
Weißwasser

Der fantastische Rhododendren- und Azaleenpark in Kromlau ist zur Blütezeit im Mai und Juni ein Traum. Die nette Waldeisenbahn (www.waldeisenbahn.de) fährt an Wochenenden von April bis Anfang Oktober gemütlich nach Bad Muskau.

Tel. 0 35 76/22 28 28; www.kromlau-online.de

808

Sächsische Schweiz
Pirna

Mit dem Raddampfer oder der S-Bahn von Dresden bis Kurort Rathen, zu Fuß hinauf zum Aussichtspunkt der Bastei und abends vielleicht noch der »Freischütz« auf der Felsenbühne – das ist das Standardprogramm. Wer den Zauber der Natur intensiver und einsamer erleben möchte, muss tiefer hinein ins Elbsandsteingebirge mit seinen bizarren und unter Kletterern weltberühmten Felstürmen, den tiefen Schluchten und fantastischen Laubwäldern – im Frühjahr und Herbst am schönsten! Highlight für Wanderer ist der 112 km lange »Malerweg«.

Tourismusverband, Bahnhofstr. 21; Tel. 0 35 01/47 01 47; www.saechsische-schweiz.de

809

Rund um Plauen – per E-Bike
Sächsisches Vogtland

Ganz schön romantisch hier. Das sächsische Vogtland rund um Plauen ist eine Postkartenlandschaft mit gewissen Höhenunterschieden. Darum bietet die Region eine flächendeckende Infrastruktur für E-Biker. Wer sich an einer der Verleihstationen ein E-Bike ausleiht, erhält dazu gleich passende Tourentipps. 50 bis 100 km ist man mit dem E-Bike mobil, je nachdem, wie sehr man sich beim Treten von der Technik helfen lässt. Ist die Tour länger, kann man zusätzlich zwölf Akkuladestationen ansteuern, um neue Energie zu tanken.

Tourismusverband; Tel. 0 37 44/18 88 60; www.vogtland-tourismus.de

Erzgebirge

810

Welterbe mit Weitblick

Als im Jahre 1168 nahe der heutigen Universitätsstadt Freiberg Silber gefunden wurde, ahnte noch niemand, welch rasante Entwicklung der Dunkelwald Miriquidi nehmen würde. Das »Berggeschrey« lockte unzählige Menschen in das Gebirge, das bis heute das Erz in seinem Namen trägt. Seitdem beeindrucken die erzgebirgischen Bergstädte mit Charme und Ausstrahlung. Seit fast 400 Jahren trägt der Bergmann die einzigartige Bergmannskanzel im Freiberger Dom. In den oftmals spätgotischen Hallenkirchen der Region wird immer wieder die enge Beziehung zwischen Glauben und Bergbau sichtbar. Ein grandioses Zeugnis aus der Blütezeit der Bergstädte ist der Bergaltar der St. Annenkirche in Annaberg-Buchholz. Höhepunkt der städtebaulichen Planungen war Marienberg. Bis heute ist der Grundriss der ersten idealen Renaissancestadtanlage nördlich der Alpen erhalten geblieben. Es sind diese außergewöhnlichen Zeugnisse von über 850 Jahre durchgehenden Bergbau über und unter Tage, die zusammen das UNESCO-Welterbe Montanregion Erzgebirge/Krušnohoří bilden.

Das Erzgebirge ist zudem eine der schönsten Wanderregionen Deutschlands. Hoch oben verläuft auf 285 km und mit 17 Tagesetappen der Qualitätswanderweg Kammweg Erzgebirge-Vogtland. Von Mai bis Oktober kann er in Etappen, aber auch als Standortwanderung, Tages- oder Thementour erkundet werden. Die Strecke wird gesäumt von zahlreichen Zeugnissen der reichen Geschichte des Erzgebirges. Unberührte Natur, blühende Bergwiesen und spannende Einblicke in das UNESCO-Welterbe Montanregion Erzgebirge/Krušnohoří versprechen weitere über 5000 km markierte Wanderwege vorbei an historischen Bergstädten wie Freiberg, Marienberg, Annaberg-Buchholz oder Schneeberg.

Tourismusverband Erzgebirge e.V.; Adam-Ries-Straße 16; Tel. 0 37 33/18 80 00; www.erzgebirge-tourismus.de

Sachsen-Anhalt

Vor Dr. Helmut Kohl, 1989, kam Dr. Martin Luther, 1517. In dieser Zeit und schon lange vorher haben noch andere interessante Menschen ihre Spuren im Land zwischen Harz und Elbe hinterlassen. Haben Kirchen mit runden Bögen und ein Bauhaus mit geraden Linien gebaut. Für die Statistik: Sachsen-Anhalt hat die höchste Dichte an UNESCO-Welterbestätten in Deutschland.

Die *stechen* wirklich ins Auge. Mit den Silhouetten von Marktkirche und Rotem Turm wird Halle zur »Fünf-Türme-Stadt«.

811

Bauhaus
Dessau

Für Architekten ist es das einflussreichste Bauwerk des 20. Jh. Walter Gropius, der 1919 das Staatliche Bauhaus gegründet hatte, entwarf das neue Hochschulgebäude in Dessau, wohin man 1926 umzog. Es ist ein Zweckgebäude aus Stahl, Beton und Glas, konsequent durchgestaltet, ohne jede Ornamentik. Die Form folgte der Funktion – und zwar ohne Kompromisse. Neuartig waren die großen Glasfronten im Werkstatttrakt, die dem Bauwerk einen Charakter von Transparenz und Leichtigkeit verliehen. Funktionell waren sie nicht wirklich: Im Sommer wurde das Bauhaus zum Backofen, im Winter zum Kühlschrank.

Gropiusallee 38; Tel. 03 40/6 50 82 50; www.bauhaus-dessau.de

812

Marktplatz
Halle

Fünf Türme prägen die Silhouette der über 1200 Jahre alten Stadt: Vier gehören der Marktkirche, der fünfte, der Rote Turm, ist ein Uhr- und Glockenturm: In ihm hängt das größte Glockenspiel Deutschlands. Im Krieg blieb Halle von Flächenbombardements verschont. Darum sind die Gotik- und Renaissancefassaden am Marktplatz so schön wie zu alten Zeiten.

Marktplatz 13; Tel. 03 45/1 22 99 84; www.halle.de

813

Franckesche Stiftungen
Halle

August Hermann Francke gründete 1698 mitten in Halle ein Waisenhaus, um das herum in den nächsten Jahren Schulen, Werkstätten, Wohngebäude und Gärten sowie eine Apotheke entstanden. Sein Lebenswerk wird bis heute fortgeführt. Interessant sind vor allem die barocke Kulissenbibliothek, die Kunst- und Naturalienkammer und, im Lindenhof, das längste Fachwerkhaus Europas (114 m). Auch das Waisenhaus steht noch; hier finden Vorträge, Konzerte und Ausstellungen statt.

Franckeplatz 1; Tel. 03 45/2 12 74 50; www.francke-halle.de; Mo geschl.

814

Domstadt

Naumburg (Saale)

Wer besonders erlesene Kulturschätze bestaunen möchte, ist in Naumburg an der Saale richtig. Die bezaubernde Bach-Stadt mit ihrem UNESCO-Welterbe-Dom St. Peter und Paul liegt inmitten der großartigen Kultur- und Weinlandschaft »Saale-Unstrut« – gern bezeichnet als die Toskana des Nordens. Der Dom machte Naumburg weltbekannt, denn er zählt zu den bedeutendsten Kathedralbauwerken des Mittelalters. In seinem Innern thront in Stein gemeißelt die schönste Frau des Mittelalters: Uta von Ballenstedt, eine der zwölf Stifterfiguren. Sie gehört zu den herausragendsten Kreationen deutscher Bildhauerkunst. Ein großartiges Kulturdenkmal musikalischer Art ist die Hildebrandt-Orgel in der Kirche St. Wenzel am Marktplatz. Das Instrument zählt zu den fünf bedeutendsten Orgeln weltweit und ist die einzige authentisch erhaltene große Orgel, die Johann Sebastian Bach mit konzipiert hat. Sie verwirklicht wie keine andere Bachs Klangideale. Der Tradition verbunden werden alljährlich Konzertreihen und der Internationale Orgelsommer veranstaltet.

Tourist-Information Naumburg; Markt 6;
Tel. 0 34 45/27 31 25; www.naumburg-tourismus.de

Wasserstraßen-kreuz
Magdeburg

815

Nördlich von Magdeburg, direkt an der A2 Hannover – Berlin, kreuzt der Mittellandkanal die Elbe. Damit auch große Flussschiffe auf dem Weg zwischen Rhein und Oder bzw. zwischen Hannover und Berlin keinen Umweg machen müssen, hat man eine 918 m lange Trogbrücke über den Strom gespannt. Sie wurde 2003 eröffnet. Große Schleusen und Verbindungskanäle erlauben den Schiffen das »Abbiegen«. Die Brücke ist für Fußgänger und Radfahrer offen. Auch Rundfahrten mit Fahrgastschiffen von Magdeburg sind möglich.

Am Schiffshebewerk 1; Tel. 03 91/6 62 84 82; www.wasserstrassenkreuz-magdeburg.de

816

Rübeländer Tropfsteinhöhlen
Rübeland

Schon 1646 wurden erste Besucher durch die Tropfstein-Zauberwelt der Baumannshöhle, links der Bode, geführt. Die Hermannshöhle, rechts der Bode, wurde dagegen erst 1866 entdeckt; sie birgt nicht nur fantastische Tropfsteine sondern auch lebendige Grottenolme.

Blankenburger Str. 35; Tel. 03 94 54/4 91 32; www.harzer-hoehlen.de

817

Ferropolis
Gräfenhainichen

Auf einer Halbinsel im gefluteten Braunkohle-Tagebau Golpa-Nord südöstlich von Dessau stehen drei rostige Schaufelradbagger und zwei Absetzer, die vor der Verschrottung gerettet wurden und seit 1995 die Hauptattraktionen eines Freilichtmuseums sind. Jeden Sommer geht hier auch das große Hip-Hop- und Reggae-Festival »splash!« über die Bühne.

Ferropolisstr. 1; Tel. 03 49 53/3 51 25; www.ferropolis.de

818

Lutherhaus
Lutherstadt Wittenberg

In der Collegienstr. 54 wohnte Luther von 1508 bis 1546. Die Arbeitsstube ist weitgehend original erhalten geblieben. Sehenswert sind auch das Ensemble um den Marktplatz mit dem Rathaus und dem Cranachhaus, in dem der Maler Lucas Cranach d. Ä. lebte und arbeitete, sowie die Stadtkirche mit dem Reformationsaltar von Cranach.

Collegienstr. 54; Tel. 0 34 91/4 20 31 71; www.martinluther.de

819

Landesmuseum für Vorgeschichte
Halle

Das Landesmuseum für Vorgeschichte gehört zu den wichtigsten archäologischen Museen in Mitteleuropa. Die umfangreiche Sammlung umfasst zahlreiche Stücke von europaweitem Rang, teilweise sogar von Weltgeltung, wie z.B. den Jahrhundertfund der »Himmelsscheibe von Nebra«, die Teil des UNESCO-Dokumentenerbes ist. In den lichten Sälen des historischen Museumsgebäudes haben Archäologen Szenen aus dem Alltag der ersten Bewohner Mitteldeutschlands nachgezeichnet, die eine abwechslungsreiche Entdeckungsreise zu den Wurzeln der europäischen Menschheitsgeschichte ermöglichen. Außergewöhnliche Inszenierungen lassen ein realistisches Bild vorgeschichtlichen Lebens entstehen mit wilden Höhlenlöwen und imposanten Mammuts, eiszeitlichen Jagdrevieren, nachdenklichen Neandertalern, Schamanen, Totenkammern, goldreichen Fürstengräbern und natürlich der »Himmelsscheibe von Nebra« (1600 v. Chr.), der ältesten konkreten Himmelsdarstellung der Menschheit. Neben der Dauerausstellung präsentiert das Landesmuseum regelmäßig wechselnde Sonderausstellungen.

Richard-Wagner-Str. 9
Tel. 03 45/52 47 30
www.landesmuseum-vorgeschichte.de; Mo geschl.

820

Gartenreich
Dessau-Wörlitz

Das zweite Dessauer Welterbe steht im größten Kontrast zum Bauhaus. Zwischen 1765 und 1810 entstand bei Wörlitz ein Landschaftsgarten, der keine andere Funktion hatte als zu gefallen: Seen, Kanäle und Brücken, Schlösser – das Wörlitzer Schloss (1769–1773) ist das erste Bauwerk des deutschen Klassizismus –, kleine Tempel, Villen und eine Pagode, arrangiert zu einem sinnlos-schönen Gesamtkunstwerk. Das Gartenreich erstreckt sich der Elbe entlang von Großkühnau bis nach Rehsen und bezieht auch die Dessauer Gärten Georgium und Luisium mit ein: sechs Schlösser, sieben Parkanlagen und mehr als 100 »Kleinarchitekturen« auf 142 Quadratkilometern.

Wörlitz Information; Tel. 03 49 05/3 10 09; www.woerlitz-information.de, www.gartenreich.com

821

Meisterhäuser
Dessau

Nordwestlich des Bauhauses stehen die drei Meisterhäuser. Walter Gropius entwarf sie als Wohnräume für die Lehrer am Bauhaus, unter ihnen Paul Klee, Wassily Kandinsky und Oskar Schlemmer. Sie wurden restauriert und zeigen innen wieder die originale Farbgestaltung, vornehmlich in Rot, Blau, Gelb und Schwarz.

Ebertallee 59–71;
Tel. 03 40/6 50 82 50;
www.bauhaus-dessau.de

822

Altstadt
Quedlinburg

1327 Fachwerkhäuser aus 600 Jahren auf 80 Hektar Fläche: Diese Daten waren für die UNESCO genug, um Quedlinburg als eines der schönsten und besterhaltenen mittelalterlichen Stadtensembles zum Welterbe zu ernennen. Hier bummelt man über das Kopfsteinpflaster durch enge Gassen, von Platz zu Platz. Schon im Jahr 994 hat Quedlinburg das Stadtrecht erhalten.

Tourist-Information,
Markt 4; Tel. 0 39 46/90 56 24;
www.quedlinburg.de

823

Schloss
Wernigerode

Dem entzückenden Märchenschloss über den Dächern der Stadt wurde schon das Prädikat »Neuschwanstein im Harz« verliehen. Das geht historisch in Ordnung, denn Schloss Wernigerode erhielt wie das bayerische »Märchenschloss« am Alpenrand seine jetzige Gestalt im ausgehenden 19. Jh. Es beherbergt ein vielbesuchtes Museum sowie eine Außenstelle der Stiftung Dome und Schlösser in Sachsen-Anhalt.

Am Schloß 1;
Tel. 0 39 43/55 30 30,
www.schloss-wernigerode.de;
im Winter Mo geschl.

824

Altstadt
Wernigerode

Auch ohne das Gütesiegel der UNESCO begeistert Wernigerode auf halber Strecke zwischen den Welterbe-Städten Goslar und Quedlinburg mit Fachwerk satt rund um den Marktplatz. Besonders niedlich ist das Rathaus mit seinen spitzen Türmchen. So manchen Besucher werden die vielen jungen Gesichter im Stadtbild überraschen. Die Erklärung dafür ist einfach: Das mittelalterliche Städtchen Wernigerode besitzt nämlich eine Hochschule für angewandte Wissenschaften.

Tourist-Information,
Marktplatz 10;
Tel. 0 39 43/5 53 78 35;
www.wernigerode-tourismus.de

825

Altstadt
Salzwedel

Die alte Hansestadt Salzwedel liegt ziemlich genau in der Mitte des größten, (noch) nicht von Autobahnen zerschnittenen Gebiets in Deutschland: im Dreieck zwischen Hamburg, Hannover und Berlin. Noch bemerkenswerter als das automobile Handicap sind allerdings die großartige Fachwerkarchitektur innerhalb der mittelalterlichen Stadtbefestigung, die gotischen Kirchen und viele weitere Backsteinbauten. Salzwedel ist darüber hinaus bekannt als die Geburtsstadt des Baumkuchens.

Tourist-Information, Neuperverstr. 29; Tel. 0 39 01/42 24 38; www.salzwedel.de

826

Schlosskirche Allerheiligen
Lutherstadt Wittenberg

Eigentlich heißt die Stadt an der Elbe nur Wittenberg. Aber da Martin Luther (1483–1546) hier einen Wendepunkt der europäischen Geschichte setzte, geht der Namenszusatz in Ordnung: Am 31. Oktober 1517 startete er mit dem (historisch gleichwohl zur Legende erklärten) Anschlag der 95 Thesen gegen den katholischen Ablasshandel die Reformation. Kirche und Schloss wurden 1760 bzw. 1814 zerstört, die Kirche wurde nach einer völligen Umgestaltung im Jahr 1892 als Gedenkstätte neu eröffnet. Der Sarg des Reformators befindet sich nahe der Kanzel 2,40 m tief unter der Erde. Fünf Jahre lang ist der historisch so bedeutende Ort für das große Reformations-Jubiläum 2017 herausgeputzt worden.

Schlossplatz; Tel. 0 34 91/5 06 91 60; www.schlosskirche-wittenberg.de/index.php/de

827

Altstadt
Tangermünde

Nördlich von Magdeburg bietet die dünn besiedelte Altmark viel Platz für Aktive: beim Radfahren, Reiten, Wandern und Paddeln auf dem »Blauen Band« (www.blaues-band.de). Architektonische Juwelen sind die acht alten Hansestädte der Region. Mit seinem geschlossenen mittelalterlichen Stadtbild und der eindrucksvollen Stadtmauer gehört Tangermünde mit Sicherheit zu den schönsten Städten im Norden Deutschlands. Bemerkenswert sind das spätgotische Rathaus mit seiner Backsteinfassade und die fast vollständig erhaltene Stadtmauer mit ihren Toren und Türmen. Landschaftlich großartig an der Mündung des Tanger in die Elbe gelegen.

Tourist-Information, Markt 2; Tel. 03 93 22/2 23 93; www.tangermuende.de

828

Dom
Magdeburg

805 wurde die Stadt an der Elbe zum ersten Mal urkundlich erwähnt, 1945 verschwand sie beinahe von der Landkarte. Die durch zahlreiche Flächenbombardements vernichtete Altstadt wurde danach nur in Ansätzen rekonstruiert, wie zum Beispiel in der Hegelstraße. Etwas weniger stark zerstört waren der bemerkenswerte Dom, das Kloster Unser Lieben Frauen – die Klosterkirche dient heute als Konzertsaal –, und das Rathaus, die nach dem Krieg alle restauriert wurden. Der Dom ist mit seinen beiden mächtigen Türmen das älteste gotische Bauwerk auf deutschem Boden. Genauer gesagt: Als man im Jahr 1209 die Bauarbeiten aufnahm, begann die Gotik; als man die jeweils rund 100 m hohen Türme im Jahr 1520 fertigstellte, endete sie. Seit 1567 ist der Dom eine evangelische Pfarrkirche. Einen der Türme darf (und sollte!) man besteigen.

Am Dom 1;
Tel. 03 91/5 41 04 36,
www.magdeburgerdom.de

829

Grüne Zitadelle
Magdeburg

Die Landeshauptstadt Sachsen-Anhalts bietet mit der »Grünen Zitadelle« ein Beispiel moderner Architektur in denkbar größter Distanz von der Bauhaus-Ästhetik 50 km elbeaufwärts in Dessau. Das letzte Bauprojekt des Universalkünstlers Friedensreich Hundertwasser (1928–2000) wurde nach dessen Tod im Jahr 2005 vollendet und trägt irgendwie den falschen Namen. Das außen rosaweiße und innen ziemlich bunte Gebäude ist in erster Linie ein Wohnhaus, beherbergt aber auch Geschäfte, ein Café und ein Restaurant sowie ein Hotel und ein Theater.

Breiter Weg 9; Tel. 03 91/59 84 83 17; www.gruene-zitadelle.de

Kloster Michaelstein

Blankenburg/Harz

Mehr als 870 Jahre ist es her, dass sich Zisterziensermönche am Nordharz niederließen und Kloster Michaelstein begründeten. Im Kloster ist heute neben dem Museum auch die Musikakademie Sachsen-Anhalt für Bildung und Aufführungspraxis beheimatet. Die denkmalgeschützte Klosteranlage bietet dabei eine unvergleichliche Atmosphäre. Die dazugehörigen beiden Klostergärten dienten ursprünglich der Selbstversorgung. Innerhalb der Klausur waren Kräuter-, Gemüse- und Obstgärten, außerhalb der Mauern Wein-, Hopfen- und Kohlgärten. Allein im Kräutergarten gedeihen etwa 260 Pflanzensorten. Die Musikinstrumentensammlung im Kloster weist einen umfassenden Bestand von ca. 1000 Exponaten auf, der die Entwicklung vom historischen zum modernen Instrumentarium nachzeichnet und zeigt sich zugleich als eine Ausstellung zur Aufführungspraxis, die sich dem Musik-Machen mehrerer Jahrhunderte widmet. Der gesamte Klosterkomplex ist für kulturinteressierte und naturbegeisterte Urlauber, aber auch als Tagungsort bestens geeignet.

830

Michaelstein 15; Tel. 0 39 44/90 30 15;
www.kloster-michaelstein.de

Lyonel-Feininger-Galerie
Quedlinburg

831

Das Ausstellungshaus ist dem Werk des vielseitigen Künstlers Lyonel Feininger gewidmet. Mit der Sammlung des Quedlinburgers Dr. Hermann Klumpp verfügt das Museum über einen der weltweit bedeutendsten Bestände an Druckgrafiken Feiningers. Hermann Klumpp (1902–1987) war bereits promovierter Jurist als er am Bauhaus in Dessau sein Studium begann. Hier schloss er eine enge, dauerhafte Freundschaft mit dem Bauhausmeister Lyonel Feininger (1871–1956). Mit 16 Jahren war der in New York geborene Künstler nach Deutschland gelangt, wo er sich zu einem der bedeutendsten Vertreter der Klassischen Moderne entwickelte. Als Feiningers Werke 1937 von den Nationalsozialisten als »entartet« diffamiert wurden, kehrte er in die USA zurück. Vor der Ausreise übergab er ein umfangreiches Konvolut seiner Arbeiten an Klumpp, der es vor der Vernichtung rettete. Die Sammlung Klumpp wurde 1986 zum Gründungsanlass für die Lyonel-Feininger-Galerie. Die neueingerichtete Dauerausstellung »Lyonel Feininger. Meister der Moderne« gibt einen Überblick über das vielseitige Schaffen des Karikaturisten, Grafikers, Malers, Bauhausmeisters und Fotografen. Mitmachstationen laden zum Sehen, Hören und Entdecken des facettenreichen Werks ein. Darüber hinaus werden auch die kreative Künstlerfamilie Feininger sowie die wechselvolle Geschichte des Museums beleuchtet.

Schlossberg 11;
Tel. 0 39 46/68 95 93 80;
www.feininger-galerie.de;
Di geschl.

832

Altstadt
Stendal

Wirtschaftlicher und kultureller Mittelpunkt der Altmark ist die Hansestadt Stendal. Buchstäblich hervorragende Baudenkmäler der Backsteingotik sind hier zu sehen, darunter das Ensemble am Marktplatz mit der Marienkirche und dem Rathaus, der Dom St. Nikolai mit seinen kostbaren Glasgemälden und das Uenglinger Tor, Teil der mittelalterlichen Stadtbefestigung. Schöne Fachwerk- und Giebelhäuser stehen in der Breiten Straße. Übrigens: Stendal liegt nach Messungen des deutschen Wetterdienstes im regenärmsten Gebiet Deutschlands.

Tourist-Information, Markt 1; Tel. 0 39 31/65 11 90; www.stendal-tourist.de

833

Kloster
Jerichow

Die Klosterkirche des Prämonstratenserklosters mit seinem großartigen Kreuzgang verkörpert die norddeutsche Backsteinarchitektur in höchster Vollendung. In seiner unverändert erhaltenen Geschlossenheit ist das Klosterensemble einmalig.

Am Kloster 1; Tel. 03 93 43/2 85; www.kloster-jerichow.de

834

Stiftskirche und Domschatz
Quedlinburg

Mitten in Quedlinburg stehen das Renaissanceschloss und die mächtige romanische Stiftskirche St. Servatius aus dem Jahr 1129. Eine kuriose Geschichte verbindet sich mit dem äußerst wertvollen Domschatz, der erst seit 1993 wieder zu sehen ist: Ein ehemaliger US-Soldat hatte ihn nach dem Krieg bei sich zu Hause in Texas »geparkt«.

Schlossberg 1; Tel. 0 39 46/70 99 00; www.domschatz quedlinburg.de/; Mo geschl.

835

Stiftskirche
Gernrode/Quedlinburg

St. Cyriakus, seit 961 beurkundet, ist eine der ältesten Kirchen in ganz Nordeuropa. Wobei sie ihr ursprüngliches Aussehen den Restaurierungen im 19. Jahrhundert verdankt. Von der einst reichen Ausstattung ist nicht viel übrig geblieben. Der bedeutendste Kunstschatz ist im südlichen Seitenschiff das Heilige Grab mit seinem Reliefschmuck, die älteste Nachbildung des Grabes Christi in Deutschland (um 1100).

Burgstr. 3; Tel. 03 94 85/2 75; www.stiftskirche-gernrode.de

Burg Falkenstein

836

Falkenstein/Harz

Mit der Burg Falkenstein erhebt sich über der Selke eine der eindrucksvollsten Burgen des Harzes. Die massive, ca. 17 m hohe Schildmauer mit dem darüber befindlichen Bergfried bildet das einprägsame Panorama der im 12. Jh. gegründeten Burg. Im 13. Jh. soll Eike von Repgow hier den »Sachsenspiegel«, das bekannteste deutschsprachige Rechtsbuch des Mittelalters, verfasst haben. Vom 15. bis zum 18. Jh. erfuhr die Burg umfangreiche Um- und Ausbauten, die ihr Erscheinungsbild bis heute prägen. Im April 1946 eröffnete auf der Burg ein Museum. 1998 übernahm die heutige Kulturstiftung Sachsen-Anhalt den Betrieb der Burg. In den letzten Jahren erfolgten aufwändige Sanierungen der Ausstellungsräume, beispielsweise der voll funktionsfähigen spätgotischen Alten Küche oder der Burgkapelle. Die Burg bietet museumspädagogische Angebote für Kinder- und Jugendgruppen sowie geführte Rundgänge an. Ganzjährig finden Veranstaltungen wie das Ritterfest zu Himmelfahrt, die Pfingstkonzerte oder das traditionelle Burgfest am ersten Oktoberwochenende statt.

Pansfelde/Burg Falkenstein 1; Tel. 03 47 43/53 55 90; www.burg-falkenstein.de; www.kulturstiftung-st.de

Kunstmuseum Moritzburg

Halle (Saale)

837

Die Moritzburg steht für über 500 Jahre Baugeschichte und mehr als 130 Jahre Museumsgeschichte. Sie beherbergt seit 1904 das Kunstmuseum Moritzburg Halle (Saale), eines der wichtigen deutschen Kunstmuseen für die moderne Kunst im 20. Jh. Zwischen 1929 und 1931 hatte Lyonel Feininger im Torturm sein Atelier, in dem er den Zyklus seiner berühmten Halle-Bilder schuf. Im spektakulären und preisgekrönten Erweiterungsbau des spanischen Architektenduos Nieto/Sobejano verbindet sich eindrucksvoll die Baukunst vergangener Epochen mit den architektonischen Visionen des 21. Jh. Das Museum zeigt als Schwerpunkt die Vielfalt der Kunst der Moderne im 20. Jh. mit Werken u. a. von Gustav Klimt, Franz Marc, Annemarie und Katharina Heise, Emil Nolde, Ernst Ludwig Kirchner, El Lissitzky, Otto Dix, Wolfgang Mattheuer, Willi Sitte und Annemirl Bauer und thematisiert dabei als eines der wenigen deutschen Kunstmuseen offensiv auch die Kunst im Nationalsozialismus und in der DDR.

Friedemann-Bach-Platz 5; Tel. 03 45/21 25 90;
www.kunstmuseum-moritzburg.de; Mi geschl.

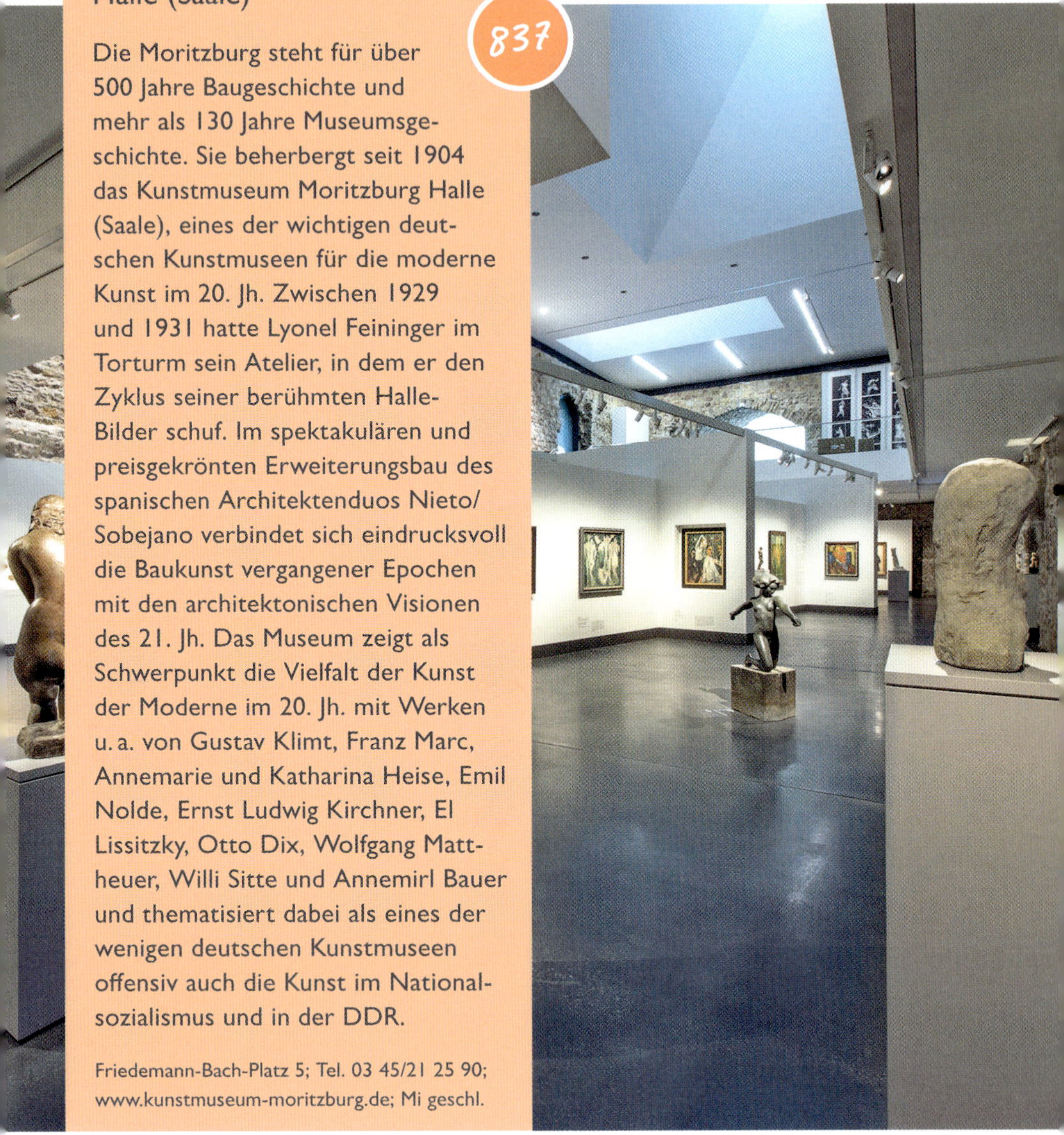

838

Gasthaus Königsruhe

Thale/Harz

Das Gasthaus liegt höchst idyllisch unmittelbar neben der munteren Bode, die tagsüber im Biergarten und Abends im Bett für die natürliche Musikbegleitung sorgt. Die Zimmereinrichtung ist einfach, das Klima herzlich.

Hirschgrund 1; Tel. 0 39 47/27 26; www.koenigsruhe.de; €

839

Ankerhof

Halle

Komfort und Stil in ruhiger, zentraler Lage an einem Arm der Saale. Der ehemalige Speicher aus dem Jahr 1836 wurde sehr ansprechend renoviert und 1997 als Hotel neueröffnet. Blickfänge in den Zimmern sind die Natursteinwände aus Porphyr. Das Restaurant »Saalekahn« besitzt auch eine schmale Terrasse direkt über dem Wasser. Hübscher Sauna- und Wellnessbereich.

Ankerstr. 2a; Tel. 03 45/57 02 70; www.ankerhof.de; €€

840

Gut Voigtländer

Blankenburg/Harz

Diese sehr hübsche Hotelanlage gleich neben dem Stadtpark würde auch heute noch ohne weiteres als Gutshof durchgehen. Der Blick in den viereckigen Innenhof fällt auf einen Teich. Die Zimmer und Suiten sind im unaufdringlichen Landhausstil gehalten und zeigen wie die Außenfassade ihr Fachwerk-Gerüst. Harzer Küche mit mediterraner Note im Restaurant.

Am Thie 2; Tel. 0 39 44/3 66 10, www.gut-voigtlaender.de; €

841

Hotel am Anger

Wernigerode

Sehr günstig am Anfang der Breiten Straße und damit innerhalb der guten Stube Wernigerodes liegt dieses schön sanierte, verwinkelte Innenhof-Fachwerkensemble. In den Landhaus-Zimmern nächtigt man unter alten Holzbalken an der Decke. Der Service ist sehr herzlich. Wer am Tag ausgedehnte Wanderungen rund um den Brocken unternehmen möchte, erhält höchst kompetente Auskunft. Auch Tipps für andere lohnende Ausflugsziele per Auto oder Harzer Schmalspurbahn werden gern gegeben.

Breite Str. 92–94; Tel. 0 39 43/9 23 20; www.hotel-am-anger.de; €

Landhaus Hadrys
Magdeburg

842

Anspruchsvoll, aber nicht überkandidelt ist die Küche im Landgasthaus. Es gibt Filets von Saibling, Weideochsen oder Steinbutt – tadellose Rohstoffe, sehr fein zubereitet. Die Kürbisravioli mit Chorizo und Curryschaum gehen schon als regelrechte Extravaganzen durch, ohne eine Kundschaft zu verschrecken, die sich vielleicht eher im »Gutbürgerlichen« zu Hause fühlt. Wohl die beste Adresse für alle, die in der Landeshauptstadt sehr gut essen wollen. Die Preise sind ausgesprochen fair.

Halberstädter Chaussee 1; Tel. 03 91/6 62 66 80, www.landhaus-hadrys.de; So, Mo geschl. €€€

843

Die Kirche
Magdeburg

Am Stadtrand von Magdeburg, unweit der Elbeauen, ragt ein kleiner Kirchturm empor. Gottesdienste werden hier allerdings schon lange nicht mehr gefeiert, bis 1990 fristete das Kirchlein Prester, 1832 gebaut, sogar ein Dasein als Bauhof. Heute beherbergt es ein ganz besonderes Restaurant. Auf dem ehemaligen Kirchhof kann man wunderbar sitzen und den Blick über die Elbauen schweifen lassen, die Kleinen können sich auf dem Spielplatz austoben und im Inneren kann man unter meterhohen neugotischen Fenstern wunderbar speisen, saisonal, regional. Die Architektur wurde umsichtig mit modernen Elementen versehen, sodass ein romantischer Ort zum rundum-wohlfühlen entstanden ist. Die beiden Glocken der Kirche läuten heute übrigens in der Sankt-Briccius-Kirche in in Magdeburg-Cracau.

Alt Prester 86, Tel. 03 91/5 35 33 52; www.restaurant-die-kirche.de; Mo, Di, Mi geschl. €€

844

Pächterhaus
Dessau

Hübsch ist das Ambiente hinter alten Mauern, richtig gut ist das, was man dort auf dem Teller bekommt. Aus der Regionalität wird kein Dogma gemacht. So gibt es etwa zum Lammkarree Kenia-Böhnchen und Bambes – eine Art sächsischen Kartoffelpuffer. Der ansonsten eher mediterrane Kurs führt sicher ans Ziel.

Kirchstr. 1; Tel. 03 40/21 72 78 09; www.paechterhaus-dessau.de; Mo geschl. €€

845

Ins kleine Paradies
Wernigerode

Das Wort »urig« fällt einem ein, wenn man das kleine Restaurant in zweiter Reihe von *downtown* Wernigerode betritt. Hier wird sehr deftig gekocht: Kartoffelaufläufe, Schierker Backleber, Bratensülze. Zum Verdauen Kümmel und Korn vom Klostergut Wöltingerode. Nette Atmosphäre, fast immer voll.

Unterengengasse 6; Tel. 0 39 43/63 20 50; €

846

Forelle
Thale/Treseburg

Gleich neben dem Haus kann man die Tiere in der Bode springen sehen. Als ob sie es darauf anlegten, auf schnellstem Weg in die Küche zu gelangen. Nicht weniger als 34 verschiedene Forellengerichte bereitet man im Hotelrestaurant zu – in der Folie und in der Mandelhülle, im Kräutersud und in Butterschmalz gebacken, wacholdergeräuchert und pochiert.

Ortsstr. 28; Tel. 03 94 56/56 40; www.hotel-forelle-harz.de; €

847

Hyaku Mizu
Magdeburg

Die Lage in der Grünen Zitadelle ist natürlich eine Schau, aber was man hier auf den Teller bekommt, ist mindestens so bunt – und außerordentlich wohlschmeckend. Geboten wird klassische japanische Küche, die vor den Augen der Gäste frisch zubereitet wird. Wichtigstes Utensil ist der traditionelle Robata-Grill – er wird bis zu 1000 Grad heiß! Das Ambiente ist schön, modern und erinnert überhaupt nicht an Hundertwasser (der ja bei manchen allergische Reaktionen hervorruft …). Prima ist auch die Bar.

Breiter Weg 8/10; Tel. 03 91/59 77 88 72; www.hyaku-mizu.de; Di geschl. €€

Bühnen
Halle

Dem Anspruch der Kulturhauptstadt Sachsen-Anhalts kommt Halle mit seinen Bühnen überzeugend nach – zuerst natürlich mit der Oper am Universitätsring 24. Die Staatskapelle, das zweitgrößte deutsche Orchester, musiziert in der Georg-Friedrich-Händel-Halle am Salzgrafenplatz. Die Kulturinsel in der Ulrichstraße wird vom Neuen Theater (Sprechtheater) und dem Puppentheater bespielt – mit Programmen für kleine und große Gäste. Vor allem junge Zuschauer spricht das Programm im Thalia Theater in der Kardinal-Albrecht-Straße an.

848

Tel. 03 45/5 11 07 77; www.buehnen-halle.de

849

Anhaltisches Theater
Dessau

Die Zukunft des 2010/11 als »Bestes Theater außerhalb der Theaterzentren« ausgezeichneten Hauses ist bedroht. Nach massiven Kürzungen steht es seit 2013 auf der Roten Liste des Deutschen Kulturrats. An der Qualität liegt es sicher nicht – wie man 2015 sehen konnte, als der Ring des Nibelungen über die Bühne rollte.

Friedensplatz 1A; Tel. 03 40/2 51 13 33, www.anhaltisches-theater.de

850

Luchs Kino
Halle

Das gemütliche, mehrfach ausgezeichnete Kino bietet eine sehr gelungene Balance zwischen Filmkunst und anspruchsvollem Mainstream. Dazu gibt es Retrospektiven, Doku-Highlights, begleitende Foren und Diskussionsveranstaltungen. Sehr schön: Im Lux wird die Tradition des Vorfilms gepflegt.

Seebener Str. 172; Tel. 03 45/5 23 86 31; www.luchskino.de

851

Theater
Magdeburg

Keine Berührungsängste zwischen Ernst und (vermeintlichem) Unernst: Auf dem Programm der Oper steht Mozarts »Entführung aus dem Serail« neben dem Splatter-Grusical »Sweeney Todd« von Stephen Sondheim. Das Theater Magdeburg leistet sich Ensembles für Musiktheater, Ballett, Konzert und Schauspiel.

Universitätsplatz 9; Tel. 03 91/40 49 04 90; www.theater-magdeburg.de

852

Nordharzer Städtebund-theater Halberstadt

Das Halberstädter Theater hat sich nicht erst mit seinen berühmten Debütanten Gustav Gründgens und Theo Lingen einen Namen gemacht. 1992 fusionierten das Stadttheater in Quedlinburg und das Volktheaters in Halberstadt. Seitdem werden sie unter einheitlicher Führung als Nordharzer Städtebundtheater geführt. Zu dessen beliebtesten Programmen gehören die sommerlichen Aufführungen im bekannten Bergtheater Thale, auf der Waldbühne in Altenbrak, im Wasserschloss Westerburg und auf zahlreichen weiteren Bühnen im Harz. Die Zukunft ist ungewiss: Auch das Städtebundtheater kämpft mit massiven Kürzungen im Kulturhaushalt. Als Zeichen für bürgerschaftliches Engagement wurde die »Kultur-Aktie« initiiert.

Straße der Opfer des Faschismus 38 (Großes Haus), Spiegelstr. 20a (Kammerbühne); Tel. 0 39 41/69 65 65; www.harztheater.de

853

Partymeile Hasselbachplatz Magdeburg

Der Hasselbachplatz ist ein Verkehrsknotenpunkt – und der Mittelpunkt des Magdeburger Nachtlebens. Am und um den Hasselbachplatz gibt es rund drei Dutzend Kneipen, Bars, Restaurants und Clubs. Empfehlungen auszusprechen, ist schwer möglich. Die Szene ist so vielseitig, dass man selber suchen muss. Hier dürfte aber jeder eine Location nach seinem Geschmack finden.

Tourist-Information, Breiter Weg 22; Tel. 03 91/63 60 14 02; www.magdeburg-tourist.de

Harzkristall
Derenburg

854

In der nördlichsten Glashütte Deutschlands, unweit von Wernigerode, wird direkt am Hüttenofen nach alter Handwerkskunst Glas hergestellt und veredelt. Seit den 1960er-Jahren gehört man der Hochschule für Kunst und Design in Halle an, und heute ist der umfassend modernisierte Betrieb eine echte Besucherattraktion. Im Werksverkauf oder im Glasmarkt kann man diverse Glaskunstartikel, Weihnachtsschmuck und Modelle der hauseigenen Leuchtenkollektion erwerben. Der Abenteuerspielplatz vor der Manufaktur bietet neben allerlei Geräten einen kleinen Glas-Lehrpfad.

Im Freien Felde 5; Tel. 03 94 53/68 00, www.harzkristall.de

855

Schnick Schnack Schatz
Halle

Halle wurde schon als Discount-Hauptstadt Deutschlands bezeichnet – kaum woanders ist die Dichte an Discount-Märkten höher. Aber es gibt sie noch, die individuellen Ecken, in der Kleinen Ulrichstraße zum Beispiel: Hier befindet sich der schrecklich nette Krimskramsladen Schnick Schnack Schatz. Nichts hier drinnen muss, vieles möchte man aber haben: Badeseife, Reisetagebücher und Postkarten, große und kleine Taschen, Buntstifte, Rezeptbücher, Notizzettel, Stempel …

Kleine Ulrichstr. 18a;
Tel. 03 45/3 88 12 85;
www.schnickschnackschatz.de

856 Rotkäppchen Sektkellerei
Freyburg

1856 gegründet, stand das Traditionsunternehmen, das noch in der DDR für Glanz und Luxus gesorgt hatte, 1991 vor dem Aus. Die Treuhand rettete es, und heute ist Rotkäppchen wieder ganz oben. Die Besucher drängen sich im denkmalgeschützten Lichthof, im Domkellergewölbe vor dem größten deutschen Cuvéefass aus Holz (120 000 Liter) – und im Sektshop, wo nun gar nichts mehr an die DDR erinnert.

Sektkellereistr. 5; Tel. 03 44 64/ 3 40; www.rotkaeppchen.de

857 Quartier 7
Quedlinburg

In einem hübschen Hof nicht weit vom Markt sind sieben Kunsthandwerker eingezogen; beim Altstadt-Bummel darf man sie gern besuchen. Zu kaufen gibt es Produkte aus Filz, Silber, Glas und Keramik, daneben sehr individuelle Damenmode und Buch-Acessoires.

Marktstr. 7; www.quartier7.de

858 Erste Baumkuchenfabrik
Salzwedel

Seit 1807 gibt man hier das Originalrezept von Generation zu Generation weiter. Der Baumkuchen, bekanntestes Exportgut der Stadt, wird im Manufakturbetrieb ohne künstliche Aromen und Konservierungsstoffe nach dem Originalrezept aus dem Jahre 1807 gebacken: vor offenem Feuer auf einer sich drehenden Holzwalze.

Sankt-Georg-Str. 87; Tel. 0 39 01/3 23 06, www.baumkuchen-salzwedel.de

859 Halloren
Halle

Halloren hießen die Salzwirker in Halle, Halloren heißt die Firma am selben Ort, die sich »Deutschlands älteste Schokoladenfabrik« nennt. Kult sind die garantiert nicht gesalzenen Halloren-Kugeln: Sahnecreme und Kakaocreme, von dunkler Schokolade umhüllt. Im Fabrikverkauf kann man auch alle anderen leckeren Erzeugnisse erwerben, etwa Pralinen, Konfekt, Schokoladentaler, Likörkirschen oder das Dessert »Kathi«. Good Bye, Lenin.

Delitzscher Str. 70 (mit Museum), Tel. 03 45/5 64 20; Leipziger Str. 66, Tel. 03 45/4 70 10 59; www.halloren.de

Winzerfest
Freyburg

860

Die Weinregion Saale-Unstrut lädt ein: Beim Freyburger Winzerfest, dem größten Weinfest in Mitteldeutschland, verwandelt sich an jedem zweiten Wochenende im September die Innenstadt in einen einzigen Weinausschank. Vier Tage lang, von Freitag bis Montag, gibt es Musik und Spektakel auf dem Markplatz und rundherum. Die Mittelalterstraße, ein Antik-Trödelmarkt sowie ein Vergnügungspark mit bunten Fahrgeschäften ergänzen das Angebot. Als weitere Höhepunkte stehen am Sonntag die Proklamation der neuen Weinkönigin und der große historische Festumzug auf dem Programm.

www.freyburg-tourismus.de

861

Walpurgisnacht
Harz

Am 30. April fliegen die Hexen von Wernigerode zum Blocksberg, um sich dort mit dem Teufel zu vermählen. Tatsächlich geschieht weder das eine noch das andere, aber für ein ordentliches Spektakel am Harz reicht es locker. Sozusagen die traditionelle deutsche Alternative zum amerikanischen Halloween.

www.walpurgis-harz.de

862

Händel-Festspiele
Halle

Berühmtester Sohn der Stadt ist Georg Friedrich Händel (1685–1759), dessen Geburtshaus in der Großen Nikolaistr. 5 besichtigt werden kann. Ihm ist das kulturelle Top-Event Halles gewidmet: die Händel-Festspiele, jedes Jahr im Juni. Dabei wird Händels Gesamtwerk nach den neuesten wissenschaftlichen und künstlerischen Erkenntnissen aufgeführt – weshalb nicht nur gewöhnliche Musikliebhaber, sondern auch Musikwissenschaftler mitmachen. Im Mittelpunkt stehen die Opern. Mindestens eine Oper wird jedes Jahr zusammen mit dem Opernhaus inszeniert. Mit den 42 erhaltenen Opern des Komponisten ist man noch nicht ganz durch.

www.haendelfestspiele-halle.de

863

Kulturgenuss und Naturerlebnisse

Halberstadt

Prächtige Sakralbauten wie das Ensemble aus romanischer Liebfrauenkirche, gotischem Dom und den barocken Kurien der ehemaligen Domherren rund um den Domplatz zeugen in Halberstadt noch heute von Reichtum und Bedeutung der ehemaligen Bischofsstadt. Aber auch Aktiv- und Naturурlauber finden hier jede Menge interessante Angebote, wie die Halberstädter Berge im Süden, den historischen Landschaftspark Spiegelsberge mit seinen bunten Wiesen und verschlungenen Pfaden oder die Theken- und Klusberge mit ihren faszinierenden Sandsteinformationen. Nicht weit von Halberstadt entfernt liegt der attraktive Höhenzug Huy. Ausgangsort für zahlreiche Wander- und Radtouren ist das Benediktinerkloster Huysburg. Der 35 km lange Quellweg führt zur Daneilshöhle, Sargstedter Warte und zu den Gletschertöpfen. Das Kloster Huysburg ist neben der Halberstädter Liebfrauenkirche eine bedeutsame Station an der Straße der Romanik. Ebenso wie das Wasserschloss Westerburg in Dedeleben – die älteste besterhaltene Wasserburg Deutschlands.

Tourist Information Halberstadt; Holzmarkt 1; Tel. 0 39 41/55 18 15; www.halberstadt-tourismus.de

Verbandsgemeinde Elbe-Havel-Land

Schönhausen (Elbe)

864

Ein Geheimtipp in der Altmark, dem Norden Sachsen-Anhalts, ist der Elb-Havel-Winkel – besonders für aktive Erholungssuchende, die die intakte Natur genießen möchten. Ob man als Radfahrer über den Elberadweg oder den Havel-Radweg das Gebiet kreuzt oder auf dem Altmarkrundkurs unterwegs ist: Die regionalen Themenrundkurse bieten die Möglichkeit, auf Halb- oder Ganztagestouren tiefer in die Region vorzudringen. Der Landstrich ist ein idealer Ausgangspunkt für Ausflüge auf dem Wasser. Die Elbe bietet mit einem Teil des UNESCO-Biosphärenreservats Mittelelbe dem Wasserwanderer eine einzigartige naturnahe Flusslandschaft. Auch die Havel ist ein Paradies für Kanufahrer. Durch die Vielzahl an Seitenarmen und die schwache Strömung kann auch gegen den Strom gepaddelt werden. Der Reiturlauber ist im Elb-Havel-Winkel in einem Paradies von naturbelassenen Routen über Wiesen und Felder unterwegs. Wer zudem kulturell interessiert ist, findet eine Reihe historischer Bauwerke, die alle eine eigene Geschichte erzählen.

Bismarckstr. 12; Tel. 03 93 23/84 00;
www.elbhavelwinkel.com

865

Harzer Schmalspurbahn
Wernigerode

Pünktlich um 8.55 Uhr setzt sich Lokomotive 997239-5, gebaut 1955 in Potsdam-Babelsberg, lautstark in Bewegung. In Schierke heißt es noch mal Wasser fassen. Dann geht es hinauf, zuerst durch dichten Wald, am Ende über die kahle Gipfelkuppe mit fantastischer Aussicht bis zum Brockenbahnhof – Ankunft sehr pünktlich um 10.36 Uhr. 33 km Strecke und knapp 900 m Höhenunterschied hat die eiserne Lady zischend, fauchend, ratternd, aber klaglos bewältigt. Bei jeder Fahrt zum Gipfel und wieder zurück verschlingt sie etwa 1,5 Tonnen Kohle. Kohle, die als dunkler Rauch in der Luft hängt. Noch in ihren letzten Zügen gründete die DDR-Regierung den Nationalpark Hochharz. Für die alte Dampfeisenbahn war in den ersten Plänen der amtlichen Naturschützer kein Platz. Doch als sie die Bahn einstellen wollten, sank die Akzeptanz für den Nationalpark in der Bevölkerung auf null. Längst hat man sich mit dem mehr als 100 Jahre alten Kulturgut Brockenbahn arrangiert. Gut so. Nur bei den allerübelsten Wetterbedingungen bleiben die Züge im Depot. Sonst dampfen sie täglich im Fahrplantakt, bei Sonne und Regen, bei Schnee und Eis. Insgesamt 140 km umfasst das Streckennetz – Traumpfade für große und kleine Jungs.

Friedrichstr. 151; Tel. 0 39 43/ 55 80; www.hsb-wr.de

Straße der Romanik
Sachsen-Anhalt

866

Schon bald nach der politischen Wende, im Jahr 1993, wurde die Idee geboren, die mittelalterlichen Baudenkmäler in Sachsen-Anhalt aus der Epoche zwischen 950 und 1250 durch eine touristische Straße zu verbinden: von Salzwedel in der Altmark bis hinunter nach Zeitz im Burgenlandkreis an der Weißen Elster. Weil es im ganzen Land aber so viel zu sehen gibt, hat man eine Nord- und eine Südroute eingerichtet. Beide zusammen verbinden Dutzende Ziele. Nicht nur für Architekturliebhaber eine der lohnendsten Themenstraßen Deutschlands.

www.strasse-der-romanik.net

Schleswig-Holstein

Der Tag an der Waterkant beginnt damit, dass man »Moin« sagt. Er endet damit, dass man dasselbe sagt. Dazwischen spannt sich ein weiter Raum. Er reicht von der Nordsee zur Ostsee und von Sylt bis zu den Buddenbrooks. Er enthält Deiche und Leuchttürme, Salzwiesenlämmer und schwarz-weiße Holsteiner, Ebbe und Flut. Platz bis zum Horizont.

Vesterhever im Norden der
albinsel Eiderstedt. Ein guter
rt, um den Einheimischen beim
nheimischsein zuzusehen.

868

Hafen und Ostseekai
Kiel

Statt zu rekonstruieren, was die Bomben alles vernichtet hatten – also fast alles –, bauten die Kieler ihre Stadt nach dem Krieg wieder so auf, dass sie in erster Linie funktionierte. Und sie funktioniert: Am Ostseekai legen die Kreuzfahrer an, an Schweden- und Norwegerkai die großen Fähren. Vom Windjammer »Gorch Fock« bis zum U-Boot sieht man alles, was schwimmt. Spaziergänge an der Förde bieten stets neue Bilder vom Kommen und Gehen auf der Ostsee. Natürlich gehört die Hafenrundfahrt zum Pflichtprogramm für alle Besucher der nördlichsten Großstadt Deutschlands. Sie dauert etwa zwei Stunden und startet an der Bahnhofsbrücke.

Tourist-Information, Andreas-Gayk-Str. 31; Tel. 04 31/67 91 00; www.kiel-sailing-city.de

867

Marine-Ehrenmal
Laboe

Knapp 20 km nördlich von Kiel, am Ausgang der Förde, erinnern nahe dem Seebad Laboe ein eindrucksvoller, 85 m hoher Turm und die U 995, ein echtes, begehbares U-Boot von 1943, an die gefallenen Marinesoldaten beider Weltkriege. Die 1993 politisch sanft korrigierte Ausstellung erläutert historische Zusammenhänge.

Strandstr. 92; Tel. 0 43 43/ 49 48 49 62; www.deutscher-marinebund.de

869

Stadtbummel
Rendsburg

Die über 800 Jahre alte Stadt zwischen Eider und Nord-Ostsee-Kanal hat ein noch recht modernes Wahrzeichen: die »Eiserne Lady«, eine 42 m hohe Eisenbahnbrücke über den Nord-Ostsee-Kanal. Die darunter hängende Schwebefähre ist immer noch ein offizielles Verkehrsmittel. Sie befördert pro Fahrt bis zu vier Fahrzeuge oder etwa 60 Fußgänger. Knapp zwei Minuten dauert die Überfahrt. Der Bummel durch die Innenstadt führt durch enge Gassen und an alten Bürgerhäusern vorbei. Sehenswert ist auch das Neuwerk, die barocke Stadterweiterung mit dem Paradeplatz und repräsentativen Bauten aus dem 17. Jh. 3,2 km Länge misst der mit blauer Farbe auf dem Pflaster markierte Weg durch die Stadt.

Tourist-Information, Altstädter Markt; Tel. 0 43 31/2 11 20; www.rendsburg.de

870

Hafen und Wattforum
Tönning

Das hübsche Städtchen an der Eidermündung besitzt wohl den schönsten Hafen an der schleswig-holsteinischen Nordseeküste. Hier gibt es auch eine kleine Werft, in der seit 1740 Holzschiffe gebaut werden, und zwar bis heute. Eine besondere Attraktion ist das 1999 eröffnete Multimar-Wattforum, das größte Informationszentrum für den Nationalpark Schleswig-Holsteinisches Wattenmeer. Die futuristisch-kantige Architektur bietet im Inneren Platz für 17 größere Aquarien und 18 Sonderaquarien. Besonders spektakulär ist der Ausstellungsbereich »Wale in Watt und Weltmeer« – mit dem Skelett eines 1997 gestrandeten Pottwals (www.multimar-wattforum.de).

Tourist-Information, Am Markt; Tel. 0 48 61/6 14 20; www.toenning.de

871

Schloss
Eutin

Bildschön und rings von Wassergräben umgeben, steht das schmucke Geviert auf einer kleinen Insel direkt am Großen Eutiner See. Dass es mal eine mittelalterliche Burg war, ist nicht mehr zu sehen, die lange Baugeschichte endete aber auch erst im 19. Jh. Was man drinnen zu sehen bekommt, sind Räume in ihrer Originalausstattung – vom späten Barock bis zum Klassizismus –, die bis ins 20. Jh. ständig bewohnt wurden, sowie mehrere große Schiffsmodelle. Der denkmalgeschützte Landschaftspark vor den Mauern bildet die Bühne für die alljährlichen Eutiner Festspiele.

Schlossplatz 5; Tel. 0 45 21/7 09 50, www.schloss-eutin.de; Okt.–Apr. Mo geschl.

Schloss Gottorf
Schleswig

872

Mächtig ragt die weiße Fassade über der grünen Insel im Südwesten der Stadt auf. Sie beherbergt zwei großartige Museen. Im Landesmuseum für Kunst- und Kulturgeschichte werden mittelalterliche Sakralkunst gezeigt, alte Meister, Barockmaler und Expressionisten. Im Archäologischen Landesmuseum sind das um 320 erbaute Nydamschiff und mehrere Moorleichen zu sehen. Wunderschön ist der Terrassengarten, der erste Barockgarten nördlich der Alpen. Hier ist im Globushaus eine Nachbildung des berühmten Gottorfer Riesenglobus (1650–1664) zu sehen.

Schlossinsel 1; Tel. 0 46 21/ 81 32 22; www.schloss-gottorf.de; im Winter Mo geschl.

873

Dom St. Petri
Schleswig

Erheblich überdimensioniert wirkt der 113 m hohe Westturm, der erst 1894 fertig wurde und viel zu groß ist für den zwischen 1200 und 1408 entstandenen Dom. Doch die Silhouette ist einmalig und innen stimmen die Proportionen. Berühmt ist der Bordesholmer Altar (1514-1521): 392 Figuren zeigen die Passion Christi. Toller Blick von der Aussichtsplattform auf 65 m Höhe.

Norderdomstr. 4; Tel. 0 46 21/98 98 57; www.mein-schleswiger-dom.de

Freilichtmuseum Schleswig-Holstein
Molfsee

Die heile Welt liegt nur 6 km südlich von Kiel. Bäcker backen, Schmiede schmieden, Korbmacher machen Körbe. Leben und Arbeit in reetgedeckter Vergangenheit wird auf einem 60 Hektar großen Landschaftspark mit wunderschönen alten Hofgebäuden und Mühlen ausgestellt. Unverzichtbar für Familien.

Hamburger Landstr. 97; Tel. 04 31/6 59 66 22; www.freilichtmuseum-sh.de; Mo geschl.

874

875

Altstadt

Lübeck

Die Stadt ist ein paar Jahre älter als die »Buddenbrooks« von Thomas Mann, der in seinem Roman (1901) einer Lübecker Kaufmannsfamilie beim »Verfallen« zusah. Schon 100 Jahre nach seiner Gründung (1143) war Lübeck Hauptort der Hanse, einer Vereinigung von Kaufleuten und Städten an Nord- und Ostsee, und zeitweise die wichtigste Handelsstadt im Norden Europas. Der »Verfall« kam plötzlich und mit fürchterlicher Wucht im März 1942: Als erste deutsche Großstadt wurde Lübeck von britischen Bombern angegriffen. Heute gehört die allseitig vom Wasser der Trave umflossene Altstadt mit der Kulisse ihrer sieben Kirchtürme als Rekonstruktion zum Welterbe. Wahrzeichen ist das Holstentor. Schon während der Bauzeit (15. Jh.) hatte sich der südliche Turm abgesenkt; die schiefe Optik ist originalgetreu. Auffällig sind die hohen Hausgiebel und die roten Backstein-Fassaden – etwa am Salzspeicher neben dem Holstentor, beim Rathaus mit seinen fotogenen Türmchen und beim 1280 gestifteten Heiligen-Geist-Hospital. Unter den fünf großen Kirchen beeindruckt besonders die Marienkirche. Mehrere alte Segler und das Feuerschiff »Fehrmarnbelt« sind im Museumshafen zu sehen.

Welcome Center, Holstentorplatz 1; Tel. 04 51/8 89 97 00; www.luebeck-tourismus.de

Arche Warder
Warder

Warum immer Zebras, Elefanten und Giraffen? Auf dem Freigelände südwestlich von Kiel leben etwa 1200 Tiere von 86 Rassen, die einmal mit den Menschen gelebt und gearbeitet haben, im Lauf der Zeit aber unmodern wurden: Bentheimer, Posaviner, Turopolje, Girgentana, Poitou, Hinterwälder, Vorwerk, Skudde. Ja, es handelt sich um Schweine, Pferde, Ziegen, Esel, Rinder, Hühner und Schafe, die heute auf der Roten Liste der bedrohten Nutztierrassen stehen. Man staunt über die Vielfalt der Arten, freut sich über ihre Schönheit und interagiert. Für Kinder natürlich der Hit.

Langwedeler Weg 11;
Tel. 0 43 29/9 13 40;
www.arche-warder.de

876

877

Leuchtturm Westerheversand
Westerhever-Poppenbüll

Den schönsten Leuchtturm an der deutschen Nordseeküste kennt jeder – spätestens seit der Jever-Fernsehwerbung. In natura ist das 41 m hohe Schmuckstück, 1906 auf einer grünen Warft im Norden der Halbinsel Eiderstedt erbaut, aber noch viel schöner: reine Land Art und ganz ohne störenden Parkplatz: Der 2,5 km lange Zugang erfolgt zu Fuß in etwa 45 Minuten. Turmbesteigungen sind nach telefonischer Anmeldung möglich.

Info-Hus Westerhever,
Tel. 0 48 65/12 06;
www.westerhever-nordsee.de

878

»Graue Stadt am Meer«
Husum

Husum ist farbiger, als Theodor Storm, prominentester Sohn der Stadt, sie beschrieb. Storms Geburtshaus steht am Marktplatz (Nr. 9), sein Wohnhaus in der Wasserreihe 31 ist heute ein Museum. Sehenswert sind auch das Schifffahrtsmuseum am Hafen und das neue Nordsee-Museum im Nissenhaus über das aufregende Leben der Nordfriesen zwischen Land, Deich und wildem Meer.

Tourist-Information, Großstr. 27;
Tel. 0 48 41/8 98 70;
www.husum-tourismus.de

879

Buddenbrookhaus

Lübeck

Pilgerstätte für Germanisten ist das Buddenbrookhaus in der Mengstraße unmittelbar neben der Marienkirche. In ihm lebten von 1841 bis 1891 die »Manns«, deren prominentester Sohn Thomas darin seinen weltberühmten Debütroman »Buddenbrooks« inszenierte. Heute ist es ein Museum, das sich mit seinen Interieurs im »Landschaftszimmer« und im Speisesaal als »begehbarer Roman« inszeniert.

Mengstr. 4; Tel. 04 51/1 22 41 90; www.buddenbrookhaus.de

880

Passat

Travemünde

Das moderne Wahrzeichen von Travemünde, das Hotel Maritim, hat eine Höhe von 119 m. Auf nur 56 m Höhe, aber ungleich größere Aufmerksamkeit bringt es der stolze Viermaster Passat, der neben der Hafeneinfahrt als Museumsschiff dem Abwracken entgangen ist. Von 1911 bis 1957 trotzte der Windjammer den Weltmeeren. Allein 39 Umsegelungen des berüchtigten Kap Hoorn an der Südspitze Südamerikas stehen im Logbuch.

Priwallpromenade 3a; Tel. 0 45 02/1 22 52 20; www.rettetdiepassat.de; im Winter geschl.

Eiderstedter Kirchen

Garding

881

Es steht wirklich so auf dem Straßenschild: Welt. Doch nicht nur weltlich, sondern gewissermaßen auch geistlich ist es, was den Ort besuchenswert macht – und ganz besonders die spätromanische »Sommerkirche Welt«. Sie dient heute als Ausstellungsraum und informiert über die 18 Kirchen der Halbinsel Eiderstedt. Die alten Gemäuer gehen bis ins 12. Jh. zurück und sind zugleich Etappenpunkte einer feinen Route, die Land und Leute zwischen Tönning und St. Peter-Ording erschließt.

Tourismuszentrale Eiderstedt, Markt 26; Tel. 0 48 62/4 69; www.tz-eiderstedt.de

882

Altstadt
Friedrichstadt

Hier sieht es ja aus wie in Holland! Kein Wunder: Es waren schließlich holländische Baumeister, die viele der alten Häuser im 17 Jh. errichteten – besonders schön auf der Westseite des Marktes, wo neun Treppengiebelhäuser eine geschlossene Front holländischer Kaufmannshäuser bilden. Auffällig sind die Hausmarken (Gevelstene), oft farbig gefasste Reliefs über den Eingangstüren. Wie sich das für Holland gehört, gibt es auch viel Wasser in der Stadt: Friedrichstadt liegt auf einer künstlichen Insel, die von zahlreichen Grachten durchzogen wird.

Tourismusverein, Am Markt 9;
Tel. 0 48 81/9 39 30;
www.friedrichstadt.de

883

Wikinger Museum Haithabu
Busdorf

Wo vor über 1000 Jahren die Wikinger siedelten, steht heute ein sehenswertes Freilichtmuseum. Im rekonstruierten Wikingerdorf ist aber kaum zu spüren, dass Haithabu im 10. Jh. eine richtige Stadt und einer der bedeutendsten Handelsplätze an der Ostsee gewesen ist. Den Kindern ist das herzlich egal.

Am Haddebyer Noor 5;
Tel. 0 46 21/81 32 22;
www.haithabu.de;
im Winter Mo geschl.

884

Seehundstation
Friedrichskoog

Hein, Lümmel, Deern, Lili und Mareike heißen die Bewohner der Seehund-WG. Zu ihnen gesellen sich die Kegelrobben Juris und Nemirseta. Teilweise leben sie schon seit 1985 in der Station. Die Tiere, die sich hier ein naturnah angelegtes Seewasserbecken teilen, konnten aus verschiedenen Gründen nicht ausgewildert werden und lassen sich nun bereitwillig betrachten. Im Rahmen der Fütterungen wie auch im Informationszentrum und in der Erlebnisausstellung wird Wissenswertes über die heimischen Meeressäuger vermittelt.

An der Seeschleuse 4;
Tel. 0 48 54/13 72; www.seehundstation-friedrichskoog.de

Europäisches Hansemuseum
Lübeck

885

Wo ließe sich der Mythos Hanse besser ergründen als in Lübeck? Im Europäischen Hansemuseum wird die Geschichte von Aufstieg und Krise dieser einstigen Wirtschaftsmacht erzählt. Die Besucher:innen begeben sich auf eine faszinierende Reise durch die 800 Jahre währende Geschichte der Hanse, die zwischen Lübeck und London, Bergen, Brügge und Nowgorod zu einem der mächtigsten Handelsnetzwerke des Mittelalters heranwuchs. In der interaktiven Ausstellung erleben Groß und Klein die aufregende Atmosphäre eines Hansetags, befühlen edle Stoffe und andere Handelswaren und erfahren vom bis heute spürbaren Einfluss der Hanse auf Wirtschaft, Politik und Kultur. Ein moderner Museumsneubau mit inszenierten Räumen, das aufwendig restaurierte Burgkloster und eine archäologische Grabungsstätte laden zum Entdecken ein.

An der Untertrave 1, 23552 Lübeck;
Tel. 04 51/8 09 09 90;
www.hansemuseum.eu

Dom
Meldorf

Eigentlich ist er zu groß für die 7300-Seelen-Gemeinde. Aber als der Dom gebaut wurde (1250–1300), war man in Dithmarschen bereits wohlhabend und frei und konnte, nein wollte ihn sich leisten. In der dreischiffigen Basilika sind Fresken und Heiligenbilder aus dem 13. Jh. erhalten, ferner das Bronzetaufbecken (um 1300) und der Passionsaltar (1520). Die Orgel wurde erst 1977 gebaut, aber sie ist so groß und so gut, dass sie Meldorf zu einem bekannten Konzertort gemacht hat. Auch die Reihe Internationale Sommerkonzerte findet im Dom statt.

886

Klosterhof 19; Tel. 0 48 32/67 40; www.kirche-meldorf.de

887

Nord-Ostsee-Kanal
Brunsbüttel

Das stillgelegte Kernkraftwerk gegenüber kann man zwar nicht mehr anschauen, attraktiver ist aber ohnehin die Besichtigung der Schleusenanlage des Nord-Ostsee-Kanals, des meistbefahrenen künstlichen Wasserweges der Welt. 1895 eingeweiht, führt er von Kiel über rund 100 km bis nach Brunsbüttel – wo nicht nur der Kanal, sondern auch die Elbe in die Nordsee mündet.

Gustav-Meyer-Platz 2; Tel. 0 48 52/39 11 86; www.brunsbuettel.de

888

Palais für aktuelle Kunst
Glückstadt

In der alten Festungsstadt wird in einem bildhübschen Adelspalais aus dem 17. Jh. konsequent moderne Kunst gezeigt – in erster Linie Malerei, Fotografie, Grafik und Medienkunst. Der 2000 gegründete Kunstverein präsentiert nicht nur norddeutsche Künstler wie Caroline Grone, Helmut Heißenbüttel und René Goffin, sondern auch internationale Größen wie Martin Parr, Bernhard Prinz und Tue Greenfort. Regelmäßig sind auch Ausstellungen einflussreicher Kunsthochschulklassen aus ganz Deutschland zu sehen.

Am Hafen 46; Tel. 0 41 24/60 47 69; www.pak-glueckstadt.de; Do–So 13–17 Uhr

889 Erlebniszentrum Naturgewalten List/Sylt

Wie schnell wandert eine Wanderdüne? Wie entstehen Ebbe und Flut? Wie verändert der Wind die Wellen? Welche Kraft entwickelt ein Orkan, und wie überstehen Seevögel dieses Inferno? Viele Fragen, viele Antworten – auf 1500 Quadratmeter Fläche in der 2009 neu eröffneten Dauerausstellung, die das Alfred-Wegener-Institut bei List in den Sand gesetzt hat. Hier wird man auch über den Nationalpark informiert.

Hafenstr. 37; Tel. 0 46 51/83 61 90; www.naturgewalten-sylt.de

890 Rotes Kliff Kampen/Sylt

Sylt bietet neben viel Reichtum auch eine der extremsten Naturerfahrungen Deutschlands überhaupt. An ihrer engsten Stelle ist die Insel nur 320 m breit. Und an diesem dünnen Streifen Land nagen die Sturmfluten, eindrucksvoll zu sehen an der 52 m hohen Steilküste des Roten Kliffs bei Kampen. Da bröckelt der Reichtum. Leuchtet die Abbruchkante aus Geschiebelehm in der Abendsonne rot auf, ist das fast schon wie ein ein politisches Manifest.

Tourismus Service, Hauptstr. 12; Tel. 0 46 51/46 98 22; www.kampen.de

891 Nolde-Museum Neukirchen/Seebüll

1930 zog der expressionistische Maler Emil Nolde (1867–1956) mit seiner Frau in das neue Wohn- und Atelierhaus auf eine leerstehende Warft, nahe der dänischen Grenze, unweit des 1927 eröffneten Hindenburgdammes nach Sylt. Neben dem Haus legten Ada und Emil Nolde einen Garten an, dessen Wege in Form der Anfangsbuchstaben ihrer Vornamen verlaufen. Das Anwesen gehört heute der Stiftung Seebüll und ist ein Museum. Hier werden rund 160 Arbeiten des Malers gezeigt, der überzeugter Nationalsozialist war und doch von den Nazis als »entartet« abgestempelt wurde.

Seebüll 31; Tel. 0 46 64/98 39 30; www.nolde-stiftung.de

892

Grand Spa Resort
Travemünde

4500 Quadratmeter umfasst der Fitness-, Wellness- und Beauty-Bereich, der vor allem mit seinen verschiedenen Thalasso-Angeboten punktet. Am Strand stehen eigene Hotel-Strandkörbe. Die Zimmer bieten entweder den Blick aufs Meer oder in den Park. Im Gourmetrestaurant »Buddenbrooks« gibt es perfekten Labskaus ebenso wie andere maritime Köstlichkeiten: Seezunge, Jakobsmuscheln oder Matjes … und Fleisch, ob vom deutschen Schwein oder vom amerikanischen Langhornrind.

Außenallee 10;
Tel. 0 45 02/3 07 00;
www.a-rosa-resorts.de;
€€€€

893

Landhaus an de Dün
St. Peter Ording

Mitten im Kurzentrum liegt das beliebte Wellness-Hotel. Hier kann man sich im Schwimmbad mit Gegenstromanlage und Wildwasserkanal vergnügen, in der Whirlpoolrotunde mit Bodenstrudel und Massagedüsen, in Sauna und Solarium. Großes Angebot an Massagen und Bädern.

Im Bad 63; Tel. 0 48 63/9 60 60; www.hotel-landhaus.de; €€€

Romantik Hotel Kieler Kaufmann
Kiel

894

Farbige Wände, edle Textilien und schwere Möbel in der Bankiersvilla, moderne Räume im Parkflügel. Und das Essen? Steak und Grill im »Kaufmannsladen«, moderne Gourmetküche im »Ahlmanns«. Von der Gartenterrasse blickt man auf die Förde – und spaziert dann durch den großen Park bis ans Ufer.

Niemannsweg 102; Tel. 04 31/8 81 10; www.kieler-kaufmann.de; €€€

895

Dorint Söl'ring Hof
Rantum/Sylt

Aller Komfort auf der Düne. Das kleinen Landhaus bietet einen erstklassigen Service. Wer will, kann sich im hauseigenen Rolls Royce Silver Cloud II, Baujahr 1961, über die Insel chauffieren lassen. Hotelchef Johannes King steht auch am Herd. Probiert man erst seine Gourmetkünste, möchte man ihn dort auch nicht mehr weglassen.

Am Sandwall 1; Tel. 0 46 51/83 62 00; www.soelring-hof.de; €€€€

Altes Gymnasium
Husum

896

Schulbänke drücken war gestern. Seit dem großen Umbau im Jahr 1996 (durch einen ehemaligen Schüler) sind die Sitzflächen im Königlich Preußischen Gymnasium hübsch gepolstert, der Ton ist zuvorkommend, und die Noten darf man selbst vergeben. Meistens werden sie gut sein, denn die Zimmereinrichtung und der Komfort haben seit dem strengen Regime der Pauker merklich zugelegt. Die 53 Zimmer und Suiten, 30 davon im 1954 erbauten Gartenhaus, sind ausgesprochen individuell und gemütlich eingerichtet. Es gibt einen großen Wellnessbereich und im Gewölbe anstelle des Karzers mit Wasser und Brot das Gourmet-Restaurant »Das Eucken«. Der Name kommt nicht von ungefähr: Rudolf Eucken, der 1908 den Nobelpreis für Literatur erhielt, war hier mal Lehrer.

Süderstr. 2–10; Tel. 0 48 41 / 83 30, www.geniesserhotel-altes-gymnasium.de; €€€€

897

Fährhaus
Munkmarsch/Sylt

Der pure Luxus auf Sylt – entweder in viktorianischem Ambiente, mit Blick aufs Watt, oder, in den Zimmern »nach hinten«, auf den Wald. Tolle Wellnessabteilung mit Pool, Whirlpool, Sauna und mit exquisiten Beauty-Angeboten. Wunderschönes Ambiente im Gourmet-Hausgastrestaurant »Mara Sand« im ersten Stock. Sehr empfehlenswert ist auch das zweite Restaurant, die »Käpt'n Selmer Stube« mit feiner Regionalküche.

Heefwai 1; Tel. 0 46 51/9 39 70; www.faehrhaus-sylt.de; €€€€

Schlafstrand-korb
Föhr

898

Romantischer geht es kaum. Den Sonnenuntergang am Strand erleben, zusehen, wie der Strand langsam immer einsamer und ruhiger wird, die Nacht direkt am Meer verbringen und von den ersten zarten Sonnenstrahlen geweckt werden. Das geht auf der Insel Föhr in den Schlafstrandkörben. Sie lassen sich umklappen, sodass man zu zweit genug Platz darin findet, ein Klappdach schützt bei Bedarf vor Wind und Regen. Mehr braucht es eigentlich nicht für eine unvergessliche Übernachtung.

Wyk, Nieblum, Utersum; Tel. 0 46 81/3 00; www.foehr.de/schlafstrandkorb; €

899

Golfhotel Budersand
Hörnum/Sylt

Hier kommt das Kontrastprogramm zur Sylter Reetdachseligkeit: Vier auffallend kantige Häuser, durch Brücken miteinander verbunden, sind das neue Highlight im Süden, direkt am Meer. Mit konsequenter Architektur und edelsten Materialien, mit großzügigen öffentlichen Bereichen und einem tollen Spa. Und mit einer schönen Bibliothek, für die Elke Heidenreich 1200 Bände ausgewählt hat.

Am Kai 3; Tel. 0 46 51/4 60 70; www.budersand.de; €€€€

900

Ual Öömrang Wiartshüs
Norddorf/Amrum

Die Aussprache lernt man schon bis zur Abreise. Das »alte Wirtshaus« liegt nah am Watt in Norddorf und sieht aus wie ein Friesenhaus, das man unbedingt fotografieren muss. Drinnen ist es so gemütlich, wie es Reetdach und Backsteinmauern vermuten lassen. Und es wird ausgezeichnet gekocht, mit frischen Zutaten von der Insel und aus der Region: Fisch kommt vom Fischmarkt in Tönning, Fleisch aus Husum, Kartoffeln, Gemüse und Kräuter aus Norddorf. Das Brot, das auf den Tisch kommt, wird im Ualöö…, also es wird selbst gebacken.

Bräätlun 4; Tel. 0 46 82/8 36; www.uoew.de; €€

901

September
Kiel

Schwarz und Weiß, Akzente von Rot, dazu der Holzton des Bodens: So sieht ein modernes Restaurant aus. Auf den Tellern gibt es mehr Farben. Die Küche verarbeitet gern Heimisches (Lamm und Rind) – mit ausgesprochen wohlschmeckenden Resultaten. Schön auch die Atmosphäre im grünen Innenhof.

Alte Lübecker Chaussee 27;
Tel. 04 31/68 06 10;
www.september-kiel.de;
So, Mo, Di geschl. €€€

902

Sansibar
Rantum/Sylt

Der Kult in den Dünen. Tatsächlich ist die Lage dieser Sylter Institution phänomenal. Hier am Fenster sitzen und die Sonne untergehen sehen, offenbart allen Zauber, den die Insel bieten kann. Und dann schmeckt es auch noch so gut, egal ob Currywurst, Seezunge oder Wagyu Ribeye. Ohne Reservierung geht (fast) nichts!

Hörnumer Str. 80;
Tel. 0 46 51/96 46 46;
www.sansibar.de; €€€€

Schankwirtschaft
Tönning

903

Diese traumhafte Immobilie aus dem Jahr 1688 befindet sich in fantastischer Lage knapp 10 km westlich von Tönning – ideal, um bei Kaffee und Kuchen und dem legendären Eiergrog (nicht für Autofahrer!) einen ganzen Nachmittag zu verbummeln und den Abend gleich dazu. In schönstem Puppenstubenambiente werden auch erstklassige belegte Brote und Bratkartoffelgerichte serviert – obendrauf mit Schafskäse, Schinken, Krabben, oder Matjes …

Katingsiel 4;
Tel. 0 48 62/3 70; www.schankwirtschaft-andresen.de;
Mo geschl. (außer in den Ferien), im Winter nur Sa/So; €

904

Roter Haubarg
Witzwort

Der berühmte Rote Haubarg sieht großartig aus, hat aber eindeutig den falschen Namen. Tatsächlich ist das riesige Bauernhaus aus dem Jahr 1647 mit seiner Grundfläche von 750 Quadratmetern unter dem riesigen Reetdach seit langem weiß gestrichen. Haubarge sind typisch für die Halbinsel Eiderstedt. Sie versammelten ursprünglich alles, was ein landwirtschaftlicher Betrieb brauchte – Vieh, Gesinde, Herrschaft – unter einem Dach. Wie das Leben dort ablief, dokumentiert das angeschlossene Museum (Eintritt frei). Wie es heute abläuft, kann man selber erleben, nachdem man in einer der verschiedenen Stuben oder, bei schönem Wetter, auf der Terrasse Platz genommen hat. Hier wird aufgetischt, was das Land und die See hergeben: Lamm und Fisch, Kartoffeln und Brot, Eintöpfe und Salat. Lecker.

Sand 5; Tel. 0 48 64/8 45; www.roterhaubarg.de; Mo geschl. €€

905

Café Schult
Norddorf/Amrum

Auf zur Tortenschlacht nach Norddorf. Auf der Nordseeinsel wird man schwerlich besseren Kuchen finden. Einen legendären Ruf genießt die Friesentorte. Dänische Plunder, Friesenwaffeln und die Rote Grütze begeistern Augen und Gaumen ebenso. Auch alle anderen, teils täglich wechselnden Angebote überzeugen: Caipirinha-Limonen-Torte, Blaubeertorte, Cranberrytorte, gedeckter Apfelkuchen … und die Fruchtschnitten! Schult kann übrigens nicht nur süß, sondern auch Brote und Brötchen.

Ual Saarepswai 9; Tel. 0 46 82/22 34; www.cafe-schult.com

Restaurants im Hotel Jörg Müller

Westerland/Sylt

906

Friesisch-französisch ist die Liaison, die Jörg Müller in Westerland auf allerhöchstem Niveau kultiviert. Deichlamm und Holsteiner Rind oder das Duo von Steinbutt und Hummer auf zwei Saucen schmecken zum Niederknien. Die Weinkarte listet 1200 Positionen vor allem aus Frankreich und deutschen Spitzenlagen. Deutlich legerer ist die Atmosphäre in der Bistro Bar. Auch hier wird serviert, was die Insel hergibt – also vor allem Fisch und Lamm –, dazu (oder davor oder danach) genießt man das Angebot der Bar.

Süderstr. 8; Tel. 0 46 51/2 77 88; www.hotel-joerg-mueller.de; Mo, Di geschl. €€€€

907

Wullenwever

Lübeck

Spanferkel, Salzwiesenlamm, Sylter Meeräsche, Lübecker Plettenpudding: Roy Petermann kocht saisonal, regional und vor allem so gut, dass er dafür einen Stern bekommen hat. Er kombiniert die leichte Regionalküche mit mediterranen Akzenten zu einem sehr modernen Geschmackserlebnis. Edles Interieur im uralten Kaufmannshaus.

Beckergrube 71; Tel. 04 51/70 43 33; www.wullenwever.de; So, Mo, Di geschl. €€€€

Zum Krug

Husum

908

Es ist romantisch, idyllisch und trotzdem (oder gerade deswegen) nicht aufgesetzt, sondern noch typisch. Im reetgedeckten Bauernhaus genießt man die gehobene regionale Küche wortwörtlich unter Denkmalschutz. Der Chef am Herd heißt Harald Frerks, und er legt großen Wert auf Produkte aus der unmittelbaren Umgebung, egal ob sie aus der Nordsee (Krabben), aus Fließgewässern (Zander) oder von grünen Wiesen (Lamm) kommen. Das Ambiente ist ungemein gemütlich, der Service sehr angenehm und freundlich.

Alte Landstr. 2; Tel. 0 48 41/6 15 80, www.zum-krug.de; Mo, Di geschl. €€€

910

kunst:raum Sylt-Quelle
Rantum/Sylt

Bis zu 500 Zuschauer haben Platz im Großen Haus des kunst:raum in Rantum. In der Abfüllanlage des Mineralbrunnens Sylt-Quelle erleben sie Konzerte, Kammeropern, Performances, Autorenlesungen, Vorträge, Filmreihen und Podiumsdiskussionen. Der kunst:raum dient gleichzeitig als Produktionshalle und Galerie, und er ist ein Wohn- und Lebensraum auf Zeit für Künstler-Stipendiaten, die hier in fünf Apartments wohnen und arbeiten – kurz: Er ist ein Ort der Begegnung. Jahr für Jahr vergibt die Stiftung des Hauses das Sylter Inselschreiber-Stipendium. Die Liste der bisherigen Teilnehmer enthält prominente Namen wie Juli Zeh, Thomas Hettche und Feridun Zaimoglu.

Hafenstr. 1; Tel. 046 51/47 11; www.krsq.de

909

Theater
Itzehoe

Unter der auffälligen Architektur (Typ: schneeweißes Sahnebaiser mit eingesteckten Erdbeerspalten) gehen Opern-, Operetten- und Musicalaufführungen über die Bühne, daneben Sinfoniekonzerte, Tanz- und Schauspielinszenierungen sowie Kleinkunst für Zuschauer jeden Alters. Alles in allem ist das eine ganze Menge Theater.

Theaterplatz;
Tel. 0 48 21/67 09 31;
www.theater-itzehoe.de

911

Deck 8
Kiel

»Nur« eine Hotelbar, aber was für eine: Gleich hinterm Hauptbahnhof genießt man auf dem Dach des Atlantic-Hotels in luftigen 38 m Höhe zu klassischen Cocktails den Blick über die Kieler Förde. Wie man das alles noch toppen kann? Indem man an schönen Sommerabenden auf der Außenlounge Platz nimmt – der »schönsten Dachterrasse Kiels«. Wie im Restaurant Pier 16, zu dem die Bar gehört, legt man hier sehr viel Wert auf frische Zutaten. Freundlicher Service.

Raiffeisenstr. 2;
Tel. 04 31/37 49 95 76;
www.atlantic-hotels.de/hotel-kiel/bar-deck-8-kiel;
Di, Mi geschl.

Blaue Maus
Wittdün/Amrum

912

Whisky! Liebhaber und Connaisseure laufen an der Inselstraße gleich hinter Wittdün in den reetgedeckten Hafen der Glückseligkeit ein. Die Institution im Amrumer Nachtleben bietet hochprozentigen Genuss und einen beinahe legendären, ungemein kenntnisreichen Gastgeber. Nach 40 Jahren hinter dem Tresen hat Maus-Chef Jan von der Weppen anno 2012 sogar seinen ersten eigenen Single Malt abfüllen lassen: eine Fassstärke mit schlappen 60,1 Prozent aus der Tullibardine-Destillerie in den schottischen Highlands.

Inselstr. 107;
Tel. 0 46 82/20 40,
www.blauemaus-amrum.de;
Do geschl.

914

Pony Club
Kampen/Sylt

Kult, die volle Ladung. Wer vom Ballermann für Reiche spricht, mag ein bisschen recht haben und gleichzeitig ein bisschen daneben liegen. So einfach ist es nicht mit der Beschreibung dieses Sylter Phänomens, das Menschen, die schon drin waren und solche, die »da nie reingehen würden«, gleichermaßen fasziniert. 2011 feierte man übrigens schon den 50. Geburtstag. Damit gilt das »Pony« als der am längsten bestehende Club Deutschlands. Wer an einem frühen Morgen vor dem Reetdachhaus im Herzen von Kampen Stellung bezieht, kann nachprüfen, wie reiche und schöne Menschen am Ende einer durchfeierten Nacht aussehen.

Strönwai 6; Tel. 0 46 51/4 21 82; www.pony-kampen.de

913

Theater
Kiel

Hinter der beeindruckenden Backsteinfassade wird großes Musiktheater geboten – mal klassisch-ernst (»Don Giovanni«, »La Traviata«), mal modisch-ironisch (»The Black Rider«). Auch Ballettaufführungen finden hier statt. Die Sparten Schauspiel und Kinder-/Jugendtheater haben im Schauspielhaus in der Holtenauer Straße und im Theater im Werftpark am Ostring ihre Spielstätten.

Rathausplatz; Tel. 04 31/ 90 19 01; www.theater-kiel.de

915 Designer-Quadrat
Kampen/Sylt

Wer auf Sylt shoppen will, hat oft Ansprüche. Unter Swarowski, Louis Vuitton, Hermès und Joop kommt nichts in die Tüte. Mitten in Kampen, im Geviert zwischen Hauptstraße, Zur-Uwe-Düne, Westerweg und Kurhausstraße, kann man Produkte dieser und anderer Marken erwerben oder nur im Schaufenster anschauen. Die Leute vor und hinter den Schaufenstern kann man auch anschauen, was nichts kostet, aber ebenfalls interessant ist.

Tourismus Service, Hauptstr. 12; Tel. 0 46 51/4 69 80; www.kampen.de

916 Wochenmarkt
Husum

Immer donnerstags von 7 bis 13 Uhr (Oktober bis Februar ab 8 Uhr) wird rund um den Tine-Brunnen im Zentrum von Husum platt geklönt, was das Zeug hält. Nebenbei wird verkauft, was frisch vom Land herbeigeschafft wurde. Auswärtige Besucher werden auch auf Hochdeutsch (na ja) bedient. Bereits seit 1465 gibt es den Wochenmarkt in Husum. Sein Besuch ist ein Erlebnis, das man nicht verpassen sollte. Der größte Wochenmarkt in Nordfriesland findet inmitten der historischen Stadtkulisse auch am Samstag statt.

Marktplatz; Tel. 0 48 41/8 98 70; www.husum.org

Sophienhof
Kiel

917

Manchmal muss eben alles unter einem Dach Platz haben. Der Kieler Sophienhof, 1988 eröffnet, versammelt mehr oder weniger alle relevanten, das heißt fußgängerzonenkompatiblen Shops und Marken auf einer Fläche von knapp 38 000 Quadratmetern, die sich unter Einbeziehung der angrenzenden Querpassagen und Kaufhäuser fast verdoppeln. Damit verfügen die Kieler also über das größte überdachte Einkaufszentrum Norddeutschlands. Im Frühjahr 2013 dazugekommen ist der Food Court und eine Markthalle mit großer gastronomischer Vielfalt.

Sophienblatt 20; Tel. 04 31/67 30 44; www.sophienhof.de

918

Bernsteine Boy Jörns
St. Peter Ording

Eigentlich handelt es sich eher um ein Museum mit angebautem Shop. Zu sehen (und zu kaufen) ist hier das »Gold des Nordens«: Bernstein. Dabei handelt es sich um das fossile Harz von Nadelbäumen, die vor zig Millionen Jahren im Raum der heutigen Ostsee wuchsen. Im Verlauf der Eiszeit gelangten die »Steine« auch in die Nordsee und noch etwas später zu Boy Jörns. Seit mehr als 50 Jahren gibt es die Bernsteinschleiferei. Im Museum, das 2001 dazu kam, bestaunt man das Inklusenkabinett mit uralten Insekteneinschlüssen und ein großes Stranddiorama. Und danach kauft man vielleicht Schmuck aus der eigenen Werkstatt. Wer selber einen Bernstein findet, kann ihn sich schleifen und zu einem individuellen Schmuckstück verarbeiten lassen.

Dorfstr. 15;
Tel. 0 48 63/56 11; www.nordsee-bernsteinmuseum.de

919

Niederegger
Lübeck

Zwölf lebensgroße Marzipanfiguren stehen gegenüber dem Rathaus in der Breiten Straße. Die Nasch-Apostel werben für die Manufaktur, die Georg Niederegger (1777–1856) gegründet hatte, um der Welt das Marzipan zu bringen. Unter dem Museum kann man die süßesten Lübecker Souvenirs erwerben.

Breite Str. 89; Tel. 04 51/5 30 11 27; www.niederegger.de

920 Marschentöpferei Hoyerswort

Oldenswort/Eiderstedt

Alfred Jordy hat sich im wunderschönen Herrenhaus Hoyerswort bei Oldenswort auf Eiderstedt seine Töpferwerkstatt eingerichtet. Er fertigt von Hand nach alter holländischer Tradition Fliesen aus feuchtem Ton und stanzt oder schneidet sie aus Platten aus. Bei der Bemalung hält er sich an traditionelle Muster, ergänzt um Motive von der Nordseeküste: Leuchtfeuer, Friesenhäuser, See- und Wattvögel, Fische und Krebse sind ebenso zu haben wie nicht ganz standortgerechte Pinguine. Das Sortiment umfaßt auch Schubladenknöpfe, Riemchen und Bordüren.

Kotzenbüller Chaussee 2;
Tel. 0 48 64/2 03 98 38;
www.hoyerswort.de

Manufaktur

Braderup/Sylt

Helga Behrens und Christian Ostermann verarbeiten in einer alten Scheune in Braderup, am Ortseingang Richtung Kampen, neben dem Hotel »Weißes Kliff« Leder von Hirschen und Rentieren, Ziegen und Rindern. Die Häute werden ausschließlich mit natürlichen Gerbstoffen behandelt. Somit sind die daraus gefertigten Taschen, Bekleidungsstücke und Accessoires nicht nur Einzelstücke, sie »leben« auch und bekommen mit der Zeit eine schöne Patina.

M.-T.-Buchholz Stich 9;
Tel. 0 46 51/4 31 35;
www.manufaktur-sylt.de

921

Gourmet Festival
Schleswig-Holstein

922

Als das Feinschmeckerfestival 1987 im nördlichsten Bundesland gegründet wurde, blitzten dort über sieben Restaurants insgesamt acht Michelin-Sterne. 2016 waren 11 Restaurants mit 13 Sternen gelistet. Die Kooperation Gastliches Wikingland e. V. möchte mit dem Festival die Esskultur weiter fördern und, nebenbei, den Tourismus in den schwachen Herbst- und Wintermonaten ankurbeln. Die Reihe der insgesamt 32 Veranstaltungen zwischen September 2016 und März 2017 eröffnete Naturküche-Star Nils Henkel zusammen mit fünf Kollegen.

www.gourmetfestival.de

923

Musik Festival SHMF
Schleswig-Holstein

Ein ganzes Land horcht auf. Seit der Premiere 1986 hat sich das Schleswig-Holstein Musikfestival (SHMF) zu einem der größten und beliebtesten Festivals für klassische Musik in Deutschland entwickelt. Wohl kein anderes Festival dürfte über eine noch größere Vielfalt von Veranstaltungsorten verfügen. Musiziert wird in Schlössern, Kirchen, Gutshöfen, Kuhställen, Reithallen, Werften und Flughafen-Terminals zwischen Kiel, Föhr, Husum, Meldorf, Itzehoe, Heide und Brunsbüttel.

www.shmf.de

924

Surf World Cup Sylt
Westerland

Der Sylter Weststrand ist nicht ganz Waikiki, aber für europäische Verhältnisse schon ziemlich gut. Hier kämpfen die besten Windsurfer und Windsurferinnen der Welt um Weltranglistenpunkte: Zusammen mit Gran Canaria und Lanzarote ist Sylt der »Grand Slam« im Rahmen der PWA (Professional Windsurfers Association) World Tour. Dazu gibt's Beachsoccer und Beachvolleyball und Beachparty und überhaupt alles, was man vom Sport und der Location erwartet.

www.windsurfworldcup.de

Kieler Woche
Kiel

925

Seit 1882 wird zur Kieler Woche eifrig auf der Kieler Förde gesegelt und dem nordischen Wind standgehalten. Um dem Publikum an der Waterkant ebenfalls ein großes Spektakel bieten zu können, wurde 1949 ein urbanes Fest an Land ins Leben gerufen. Diese Kombination aus den einzigartigen Segelregatten und den besonderen Erlebnissen des Sommerfestivals in der ganzen Stadt macht die Kieler Woche so einmalig. Einige bedeutende Höhepunkte der Kieler Woche sind die Weltklasseregatten im Olympiazentrum Schilksee, die große Windjammer-Segelparade, die zahlreichen Konzerte von großen Stars und lokalen Bands und Kinderspaß auf der Spiellinie.

Bei der Kieler Woche wird sich ausprobiert, eine andere Seite gezeigt, der eigene Horizont erweitert und sich selbst neu kennengelernt. Die Kieler Woche ist ein Event der Überraschungen und spontanen Momente, der Vielfalt und Begegnungen und nicht zuletzt ein maritimes Festival für alle Sinne.

www.kieler-woche.de.

Open Air
Wacken

926

Das »Full Metal Village« ist spätestens seit der Filmdoku der Regisseurin Cho Sung-hyung aus dem Jahr 2005/06 weltbekannt: Menschen mit langen Haaren machen eine große Wiese beim kleinen Dorf Wacken zwischen Hamburg und Heide zum Schauplatz des größten Metal-Festivals auf dem Globus. Speed Metal, Thrash Metal, Black Metal, Death Metal. Dazu gab es 2016 wieder eine zünftige Schlammschlacht. Die 75 000 Karten für die nächste Ohrenspülung sind natürlich immer schnell ausverkauft. Mit dabei sind dann Bands mit hübschen Namen wie Overkill oder Kadavar.

www.wacken.com

927

Biikebrennen
Nordfriesland

Am 21. Februar, dem Vorabend des Petritages, brennen in Nordfriesland die Feuer. Verbrannt wird traditionell eine Strohpuppe, das Petermännchen. Ähnlichkeiten mit dem Papst sind nicht auszuschließen. Heute gehen beim großen Nationalfest der Friesen aber in der Regel nur noch die alten Weihnachtsbäume in Flammen auf. Und hinterher wird Grünkohl gegessen.

www.nordseetourismus.de

928

Heider Marktfrieden
Heide

Am 13. Februar 1447 wurde auf dem Heider Marktplatz der Marktfrieden – Schutz vor Räubern und Piraten – ausgerufen. Heute wird auf dem größten unbebauten Marktplatz Deutschlands (4,7 Hektar) alle zwei Jahre (gerade Jahreszahlen) am zweiten Juliwochenende gefeiert: vier Tage Mittelalter mit Markt und Musik, Gauklern und Akrobaten. Verliebte dürfen sich für eine Dithmarscher Bauernhochzeit mit allem Drumherum bewerben. Da der Pfarrer in der Kirche Plattdeutsch spricht, sollten die Brautleute das auch tun.

www.heider-marktfrieden.de

Holsteinische Schweiz

Im Naturpark

Der Bungsberg hat zwar einen Skilift, aber das mit der »Schweiz« klingt trotzdem etwas gewagt. Der höchste Berg der Moränenlandschaft zwischen Kiel und Lübeck misst 186 m. Eingebettet in die sehr wiesen- und etwas waldgrüne Idylle liegen viele Seen, von denen der Plöner See (3000 Hektar) der größte ist. Es ist ein fantastisches Revier für Radfahrer ebenso wie für Paddler: Der 55 km lange Wasserwanderweg auf der Schwentine vom Großen Eutiner See bis zur Kieler Förde verbindet Natur- und Kulturgenuss. An der Route liegen beispielsweise die großartigen Schlösser Plön und Eutin.

Naturpark Info-Zentrum, Schlossgebiet 9, Plön; Tel. 0 45 22/74 93 80; www.holsteinischeschweiz.de

929

930

»Weltbad«

Travemünde

Das ehemalige »Weltbad« gibt sich noch im Alten Kurhaus und im Casino zu erkennen. Der moderne Tourismusort hat ein anderes Wahrzeichen: das 119 m hohe Hotel Maritim. Der schöne Leuchtturm am Leuchtenfeld 1, einer der ältesten Deutschlands (1539 erbaut, heute ein Museum; tgl. 13–16, Mo geschl. Juli/Aug. tgl. 11–16 Uhr), sieht zierlich dagegen aus. Wer die 20 km von Lübeck zur Seepromenade in Travemünde mit dem Zug zurücklegt, kommt am Jugendstilbahnhof von 1913 an. Auf dem Uhrenturm wird der nächste Zug zurück nach Lübeck angezeigt.

Welcome Center, Bertlingstr. 21; Tel. 04 51/8 89 97 00; www.travemuende.de

931

Über den Traumstrand

St. Peter Ording

Platz haben – wer diesen Wunsch auf einer Liste seiner Urlaubswünsche ganz weit nach oben stellt, muss hierherkommen. Der Streifen Sand, der die Halbinsel Eiderstedt nach Westen zum Wattenmeer und zur Nordsee öffnet, ist 12 km lang und bis zu 2 km breit. Auf dem Weg entlang den Badestellen Ording, Bad, Süd und Böhl nach Süden passiert man eine Reihe typischer Pfahlbaurestaurants sowie die einzigartige, 1 km lange Seebrücke von St. Peter Bad zum Strand. Gutes Bernsteingebiet!

Tourismus-Zentrale,
Maleens Knoll 2;
Tel. 0 48 63/99 90;
www.st.peter-ording.de

Biosphären-Rundfahrt

Halligen

Sie heißen Langeneß, Oland, Hooge, Nordstrandischmoor und Gröde oder, alle zusammen: Halligen. Seit 2004 gehören die fünf bewohnten und fünf unbewohnten Inseln im Wattenmeer zum Biosphärenreservat Schleswig-Holsteinisches Wattenmeer und Halligen, seit 2009 zur Welterbe-Region. Das Leben zwischen Festland und offenem Meer, stets bedroht von Sturmfluten, hat eine einzigartige Form von nachhaltiger Landnutzung geschaffen. Seit langem sind die Inseln Ziele für Urlauber mit Charakter – und für Tagesausflügler. Mehrere Reedereien fahren die Inseln zwischen Amrum, Föhr, Nordstrand und Pellworm an.

Tourismusbüro der Biosphäre Halligen, Marktstr. 6, Raum 52, Husum; Tel. 0 48 41/7 70 75 70; www.halligen.de

932

Friesische Karibik
Föhr

933

Saftiges grünes Marschland, artenreiche Vogelschutzgebiete, lange weiße Sandstrände, gesundes Seeklima, mild und vom Golfstrom begünstigt – die zweitgrößte deutsche Nordseeinsel wird nicht umsonst »Friesische Karibik« genannt. Umgeben vom Nationalpark Schleswig-Holsteinisches Wattenmeer bietet sie jede Menge Erlebnisse für Groß und Klein. Die Insel lässt sich am besten auf zwei Rädern erkunden. Das Auto lässt man lieber zuhause oder auf dem Festland. Elf urige Inseldörfer, eine Inselstadt und atemberaubende Landschaften wollen entdeckt werden. Etliche Cafés und Hofläden locken mit ihren Köstlichkeiten. Dabei dauert es meist nicht lange, bis man auf einen FÖHRgreen-Partner trifft. Das sind Betriebe, Unterkünfte und Initiativen, die enkeltauglich handeln: Manufakturen und Gastronomien, die auf lokale Rohstoffe und kurze Wege achten, zählen ebenso dazu wie energie- und umweltbewusste Unterkünfte und Veranstalter. Einen besonderen Reiz haben hier auch die kälteren Monate: Starke Winde fegen über die Insel, Stürme peitschen das Wasser an den Strand und immer wieder kommt die Sonne durch und taucht die Insel in ein magisches Licht.

Tel. 0 46 81/3 00; urlaub@foehr.de; www.foehr.de

Campingpark Wulfener Hals

934

Fehmarn

Im Süden der Insel Fehmarn liegt einer der schönsten Campingplätze Europas. Das 34 ha große Areal ist von drei Seiten vom Wasser und von der vierten Seite von einem Golfplatz umrahmt. Besonders beliebt bei den Gästen sind das Rahmenprogramm und die zahlreichen Einrichtungen. Schon morgens bietet ein vielköpfiges Animationsteam den großen und kleinen Gästen ein vielseitiges Sport- und Freizeitprogramm mit Yoga, Wellness, Bogenschießen und Kreativangeboten. Der 18-Loch-Golfplatz bietet Schnupperkurse für Interessierte, die auch ohne Platzreife den zusätzlichen 9-Loch-Kurzplatz bespielen können. Wassersportler sind in Deutschlands größter Surf- und Kiteschule, die für alle Altersgruppen Kurse anbietet, sowie in der international ausgezeichneten Tauchschule »Atlantis« herzlich willkommen. Abends werden im Showzelt eigene Musicals und Spielshows aufgeführt und ca. 50 Livebands mit Musik von Calypso über Rock bis Jazz sorgen für gute Laune. Für das leibliche Wohl stehen ein Super- und Freizeitmarkt, drei Restaurants, ein Bistro, eine Bierbar sowie ein Eispoint zur Verfügung. Der Camping- und Ferienpark besitzt einen beheizten Swimmingpool mit Ruhebereich und Whirlpool. Alle Stellplätze verfügen über Strom- Wasser- und W-Lan-Anschluss, viele Plätze sind zusätzlich mit TV-Kabelanschluss inkl. Sky-TV ausgestattet. Für Personen, die keine eigene Campingausrüstung haben, stehen über 100 komplett ausgestattete Mietwohnwagen zur Verfügung. Wer nicht campen möchte, für den stehen 20 Ferienwohnungen sowie 30 Mobilheime/Ferienhäuser von 30 bis 70 qm bereit. Vor der eigentlichen Platzeinfahrt befindet sich direkt am Golfplatz ein moderner Wohnmobilpark mit Komfortanschlüssen, der eine 24-Stunden An- und Abfahrt erlaubt.

Wulfener-Hals-Weg 100;
Tel. 0 43 71/8 62 80;
www.wulfenerhals.de

Thüringen

Ganz großes Theater hier. Der Deutsche lebt nicht von Bratwürsten und Klößen allein, sondern auch vom bedruckten Papier, in das er sie bitte nicht wickelt. Goethe in Weimar, Schiller in Schwierigkeiten, rundherum Fachwerk, Wald und Romantik. Später Klassik. Das alles gilt es zu verdauen in Deutschlands gut gefüllter Mitte.

So sah früher Bildung aus. Heute kann man sich das Bild der Anna-Amalia-Bibliothek auf den Touchscreen holen. Und die Bücher gleich dazu.

Wartburg
Eisenach

»Junker Jörg« nannte sich der Flüchtling, der im Mai 1521 eine karge Stube in der Vogtei der Wartburg über Eisenach bezog und dort das Neue Testament der Bibel ins Deutsche übersetzte. Martin Luthers knapp einjähriger Aufenthalt in der Wartburg ist die folgenreichste Episode in der Geschichte des Gemäuers, in dem sich 1777 auch Johann Wolfgang Goethe fünf Wochen einquartierte. Am 18. Oktober 1817 wehte hier erstmals die schwarz-rot-goldene Fahne im Wind, als 500 Studenten beim Wartburgfest für die Demokratie in einem geeinten Nationalstaat demonstrierten. Die Immobilie selbst, ursprünglich 1067 gegründet, beeindruckt mit ihrer malerischen Lage. Große Teile der heutigen Burganlage sind aber erst nach 1853 im Stil des Historismus entstanden. Nur die eigentliche Hofburg aus der zweiten Hälfte des 12. Jh. ist in ihrer spätromanischen Großartigkeit erhalten geblieben. Manche Fachwerkbauten in der Vorburg sowie der große Südturm stammen aus dem 14. und 15. Jh.

Tel. 0 36 91/25 00;
www.wartburg.de

935

936
Orangerie
Gera

»Bratwurst« wird die halbkreisförmige Orangerie auch genannt. Der spätbarocke Bau war schon Lazarett und Pferdestall, Turnhalle und Lokal. Heute ist hier die Kunstsammlung Gera zu sehen: Gemälde, Druckgrafiken, Zeichnungen und Plastiken vom Mittelalter bis zur Gegenwart. In »Themen-Blöcken« werden bekannte und unbekannte Werke aus unterschiedlichen Epochen, Generationen und Anschauungen nebeneinander präsentiert: Geraer Bilder des 19. Jh. und Motive der Münchener Malerschule, Joseph Beuys neben Horst Sakulowski oder Rainer Schumacher. Die grafische Sammlung reicht von der Dürerzeit bis zur Gegenwart, herausragend die »Handzeichnungen der DDR«.

Orangerieplatz 1;
Tel. 03 65/8 38 42 50;
www.gera.de; Mo geschl.

937
Haus Schulenburg
Gera

Henry van de Velde, Vermittler zwischen Jugendstil und Bauhaus, entwarf das großartige Gebäudeensemble am Anfang des 20. Jh. für den Fabrikanten und Kunstmäzen Paul Schulenburg. Zu sehen sind schöne Museumsräume, Wechselausstellungen und der herrliche Park.

Straße des Friedens 120;
Tel. 03 65/82 64 10;
www.haus-schulenburg-gera.de

938
Höhler
Gera

Die zweitgrößte Stadt Thüringens war im 18. und 19. Jh. ein wichtiger Standort der Stoff- und Tuchindustrie. Viele Gründerzeitvillen zeugen von der Blütezeit der Stadt. Interessant ist aber auch die Geraer Unterwelt: Sie besteht aus etwa 250 tiefen Kellern, einem Labyrinth aus Gängen und Nischen, zusammen mehr als 10 km lang. In diesen »Höhlern« wurde Bier gelagert und seit dem 16. Jh. auch gebraut. Einen Teil des Systems kann man heute besichtigen. Im zweitgrößten Höhler Nr. 188 ist eine beeindruckende Bergbauausstellung mit nahezu 770 Mineralien zu sehen.

Kornmarkt 7;
Tel. 03 65/8 32 13 00;
www.gera-hoehler.de

Goethe-Museen & Goethewanderweg

Ilmenau

939

Der Goethewanderweg geht über urige Waldpfade, vorbei an plätschernden Quellbächen und Felsschluchten. Die Tatsache, dass man an Goethes Lieblingsplätzen vorbeikommt, macht den Weg nur noch charmanter! Rund 20 km liegen zwischen Ilmenau und Stützerbach. Zwar ist der Weg stellenweise recht anspruchsvoll mit steilen Auf- und Abstiegen, allerdings wird man belohnt mit einer prächtigen Natur und fantastischen Ausblicken. Am berühmten Felsen Schwalbenstein schrieb Goethe an nur einem Tag den 4. Akt der »Iphigenie«. Am Kickelhahn, dem Ilmenauer Hausberg, ist der höchste Punkt der Wanderung erreicht: 861 Höhenmeter. Hier oben schrieb der Dichter eines seiner schönsten und bekanntesten Gedichte an die Bretterwand der damaligen Jagdhütte: »Wandrers Nachtlied«. Über das Jagdhaus Gabelbach geht es durch das wildromantische Schortetal bis nach Stützerbach zum Ziel, dem Museum Goethehaus Stützerbach, mit dem originalen Wohn- und Arbeitszimmer des Dichters. Das 2015 neu gestaltete Museum zeigt in der unteren Etage traditionelle Handwerke des Ortes, wie die Papierherstellung und die Glasproduktion. Im Obergeschoss stehen Goethes literarisches und zeichnerisches Werk aus der Stützerbacher Zeit im Mittelpunkt.

Das Museum Jagdhaus Gabelbach ist ein Geheimtipp für Goethekenner, Naturfreunde und Familien. Die Ausstellung im Erdgeschoss zeigt auf anschauliche Weise den Wandel des Waldes rund um den Ilmenauer Hausberg – den Kickelhahn – in den letzten 250 Jahren. Im Obergeschoss vermitteln der herrschaftlich ausgestattete Festsaal sowie die historisch eingerichteten Wohnräume ein eindrucksvolles Bild von der früheren Einrichtung des Hauses. Goethe erhielt durch sein Wirken hier vor Ort vielfache Anregungen für sein poetisches, malerisches und naturkundliches Schaffen. Eines seiner bekanntesten Gedichte »Über allen Gipfeln ist Ruh …« entstand auf dem Kickelhahn.

Warum es den Dichterfürsten ausgerechnet nach Ilmenau verschlug, erfährt man im GoetheStadtMuseum Ilmenau: Im Auftrag des Herzogs ordnete er das zerrüttete Steuerwesen der Stadt und sorgte

für die Wiederbelebung des Kupfer- und Silberbergbaus. Dabei weilte er oft in den herzoglichen Räumen des Amtshauses. Noch heute findet man im historischen Salon den originalen Dielenfußboden, auf dem schon Goethe auf und ab ging. Als Museum zum Anfassen bietet das GoetheStadtMuseum Hörstationen, Filme und Tastvitrinen, mit denen die einzelnen Themen näher erkundet werden können. Beliebtester Anziehungspunkt bei Kindern ist der begehbare Bergwerksstollen mit Klopfgeräuschen.

Museum Goethehaus Stützerbach
OT Stützerbach
Sebastian-Kneipp-Straße 18
Tel. 03 67 84/5 02 77

Museum Jagdhaus Gabelbach
Waldstraße 24
Tel. 0 36 77/20 26 26

GoetheStadtMuseum Ilmenau
Am Markt 1
Tel. 0 36 77/60 02 10

Ilmenau-Information
Tel. 0 36 77/60 03 00
www.ilmenau.de

Oberes Schloss
Greiz

940

Von den beiden Greizer Schlössern ist das Untere, das fürstliche Residenzschloss am Burgplatz, zwar auch hübsch und sehenswert, interessanter ist aber das Obere Schloss – dank moderner Medien und zeitgenössischer Kunst. Man kann Ritterhelme wiegen, höfische Tischmanieren lernen und, klar, skateboarden. Und es gibt den 3-D-Film »Glanz und Gloria der Reussen«. Dabei sieht man schon die ganze Burganlage mit ihrer einzigartigen romanischen Doppelkapelle und den Rokoko-Stuckaturen in 3-D, ohne Brille.

Am Schlossberg; Tel. 0 36 61/70 34 10; www.thueringen.info/greiz-oberes-schloss; Mo geschl.

941

Optisches Museum
Jena

Der Physiker Ernst Abbe rechnete. Der Chemiker Otto Schott lieferte das Glas. Und der Mechaniker Carl Zeiss baute die Mikroskope. Ab der Mitte des 19. Jh. machten die drei Erfinder Jena zur Wiege der Optik. Schon 1922 wurde das Optische Museum gegründet, das heute Brillen und Elektronenmikroskop zeigt, Prunkfernrohre und Hologramme. Sehr schön ist die Zeiss-Werkstatt aus dem Jahr 1866.

Carl-Zeiss-Platz 12; Tel. 0 36 41/44 31 65; www.optischesmuseum.de; So, Mo geschl.

942

Gradierwerk
Bad Salzungen

Im Norden des Thüringer Waldes liegt der Kurort Bad Salzungen, wo das prächtige Gradierwerk Lungen und Augen beglückt: schönster, ach was, gesündester Jugendstil! Das Gradierwerk von 1900 ist architektonisch einmalig, vor allem bietet es aber aus medizinischer Sicht viele verschiedene Inhalationsmöglichkeiten unter Verwendung des anerkannten natürlichen Heilmittels, der Bad Salzunger Sole.

Tourist-Info, Am Gradierwerk; Tel. 0 36 95/6 93 40; www.gradierwerk-badsalzungen.de

943

Planetarium
Jena

Seit 1926 hat sich einiges getan, aber immer noch sieht man im ältesten Planetarium Deutschlands die Sterne auf 900 Quadratmetern. Unter der Kuppel (23 m Durchmesser) ist modernste Technik eingezogen – 2006 sogar eine Laser-Projektionsanlage. Und neben »Bildung« gibt es auch Familienprogramme und Musikshows.

Am Planetarium 5;
Tel. 0 36 41/88 54 88;
www.planetarium-jena.de

944

Dampflokwerk
Meiningen

Der letzte Betrieb in Westeuropa, der heute noch Dampflokomotiven aller Arten repariert: 1914 gegründet, hat sich das Werk in Meiningen zum Kompetenzzentrum für historische Schienenfahrzeuge entwickelt. Aber nicht nur Dampflokomotiven werden hier instand gesetzt, sondern auch Dieselloks, E-Loks, Wagen, Triebwagen und sogar moderne Schneeräumfahrzeuge. Kann ein Teil nicht mehr beschafft werden, wird es neu angefertigt. Man kann sich auch durch das höchst lebendige Denkmal der Verkehrsgeschichte führen lassen (Apr.–Okt. Sa, Nov.–März 1. und 3. Sa/Monat, jeweils um 10 Uhr).

Am Flutgraben 2;
Tel. 0 36 93/85 16 02;
www.dampflokwerk.de

Altstadt
Schmalkalden

945

Schmalkalden, auf der Südseite des Thüringer Waldes gelegen, besitzt eine Altstadt, die zu den wertvollsten Zeugnissen mitteleuropäischen Städtebaus zählt. Zwischen der spätgotischen Hallenkirche Sankt Georg und dem Renaissanceschloss Wilhelmsburg erstreckt sich über enge Gässchen, kleine Plätzchen und viele nette Winkelchen ein mittelalterliches Fachwerk-Gesamtkunstwerk. Natürlich war auch Martin Luther hier: von 7. bis 26. Februar 1537, als der Schmalkaldische Bund tagte, das Verteidigungsbündnis protestantischer Städte und Fürsten.

Tourist-Information, Auer Gasse 6; Tel. 0 36 83/6 09 75 80; www.schmalkalden.com

947

Schloss Friedenstein
Gotha

Westlich von Erfurt liegt die ehemalige Residenz der Herzöge von Sachsen-Gotha. Sehenswert ist die denkmalgeschützte Altstadt, die Hauptattraktionen befinden sich aber im Bereich des weitläufigen Schlossparks mit dem imposanten Wahrzeichen Gothas: Schloss Friedenstein. Im Schlossmuseum können neben den historischen Räumen auch Kunstsammlungen mit Werken aus dem Mittelalter bis ins 20. Jh. besichtigt werden. Ein architektonisches Juwel im Schlosskomplex ist das Ekhof-Theater, das älteste Barocktheater Europas – es besitzt immer noch die originale Bühnentechnik aus dem Jahr 1685. Ebenfalls im Schlosspark befindet sich das Museum der Natur.

Schloss Friedenstein, Schlossplatz 1; Tel. 0 36 21/8 23 40; www.stiftungfriedenstein.de; Mo geschl.

946

Altstadt
Saalfeld

Die Stadt Saalfeld wurde bereits 899 urkundlich erwähnt. Sie besitzt eine fast komplett erhaltene Stadtmauer, eine großartige Altstadt und eine der schönsten Kirchen Thüringens (St. Johannes). Das frühere Amtsgefängnis, nach dem Krieg vom sowjetischen Innenministerium NKWD genutzt und heute als »Hutschachtel« verniedlicht, ist heute ein Museum.

Tourist-Information, Markt 6; Tel. 0 36 71/52 21 81; www.saalfeld-tourismus.de

948

Altstadt-bummel

Weimar

Von allen großen und berühmten Orten Deutschlands ist Weimar vielleicht der deutscheste. Das liegt an der schwindelerregenden historischen Topographie: Nur 10 km – und wenig mehr als 100 Jahre Geschichte – trennen Goethes Gartenhaus und das Krematorium im KZ Buchenwald. Zum »Klassischen Weimar«, das die UNESCO 1998 als Welterbe listete, gehört freilich nur das schöne Ensemble der Altstadt, über deren Straßen so viele große Geister wandelten, dass man als einfacher Tourist fast den Kopf einziehen möchte: Hier in der Belvederer Allee steht das Liszthaus, Wohnhaus des Komponisten und Kapellmeisters von 1869–1886, dort in der Schillerstr. 12 das Schillerhaus, in dem der Dichter seine letzten Lebensjahre verbrachte. Ach, und Bach, Herder und Nietzsche waren auch da …

Tourist-Information, Markt 10;
Tel. 0 36 43/74 50;
www.weimar.de

949

Bauhaus-Museum

Weimar

In Weimar stand die Wiege des modernen Designs. Von 1919 bis 1925, als das Staatliche Bauhaus nach Dessau umzog, wurde hier der Look des 20. Jh. entworfen. Möbel, Lampen, Geschirr, Textilien, Kunst. Mehr als 500 Originale von Walter Gropius, Marcel Breuer, Lyonel Feininger und vielen anderen Bauhaus-Meistern werden seit 2019 im neuen Bauhaus-Museum präsentiert. Der minimalistische Kubus wird von 24 horizontalen LED-Linien gegliedert, die nachts zu leuchten beginnen.

Stéphane-Hessel-Platz 1; Tel. 0 36 43/54 54 00;
www.klassik-stiftung.de; Di geschl.

950

Goethes Häuser

Weimar

Das berühmteste Gartenhaus Deutschlands steht im Park neben der Ilm. Hier wohnte und gärtnerte der Hofrat Johann Wolfgang Goethe ab 1776. Vom Schreibpult über die Möbel bis zur Wandbespannung ist die Einrichtung unverändert geblieben (Mo geschl.). 1782 zog der Dichter und Naturwissenschaftler in das Barockhaus am Frauenplan 1 um, in dem er bis zu seinem Tod im Jahr 1832 lebte. Rund 6000 Bände stehen in Goethes Privatbibliothek, seine Sammlungen zu Kunst sowie den Naturwissenschaften umfassen etwa 50 000 Posten. Das Arbeitszimmer ist im Originalzustand erhalten (Mo geschl.).

Park an der Ilm (Gartenhaus), Frauenplan 1 (Wohnhaus); Tel. 0 36 43/54 54 00; www.klassik-stiftung.de

Herzogin Anna-Amalia-Bibliothek
Weimar

951

Der verheerende Brand im Jahr 2004 war eine nationale Katastrophe. Mehrere tausend Bücher gingen im berühmten Rokokosaal der 1691 gegründeten Bibliothek in Flammen auf. 2007 wurde der restaurierte Saal wieder eröffnet. Goethe hatte die Bibliothek 35 Jahre lang geleitet und zum Archiv der Weimarer Klassik ausgebaut. Neben deutscher Literatur und Kulturgeschichte von 1750 bis 1850 sind die Faust-Sammlung mit 13000 Titeln und eine Shakespeare-Sammlung mit 10000 Titeln die größten Schätze des Hauses.

Platz der Demokratie 1; Tel. 0 36 43/54 54 00; www.klassik-stiftung.de; Mo geschl.

952

Residenzschloss
Sondershausen

Noch bis 1918 residierten die Fürsten zu Schwarzburg-Sondershausen in diesem 800 Jahre alten Gemäuer, das heute über weite Bereiche ein klassizistisches Gesicht trägt. Im Schlossmuseum sind die historischen Räume aus sechs verschiedenen Epochen zu besichtigen, unter ihnen der wahrhaft himmlische Blaue Saal, das entzückende Liebhabertheater und das Steinzimmer. Im Sonderausstellungsbereich des Schlossmuseums zeigt man hauptsächlich die Arbeiten von Künstlern aus der Region. Der natur- und kulturhistorische Bereich widmet sich dagegen der Stadtgeschichte. Hier stehen auch die »Goldene Kutsche« (1710) und der sagenumwobene »Püstrich«: Die eigenartige, aus Bronze gegossene Figur eines dicken Mannes ist vermutlich über 700 Jahre alt – und macht dabei einen erstaunlich modernen Eindruck.

Schloss 1; Tel. 0 36 32/ 62 24 02; www.sondershausen.de; Mo geschl.

Panorama-Museum
Bad Frankenhausen

Was im »Elefantenklo« oder »Gasometer« (so Volkes Stimme) zu sehen ist, verunsichert die Kunstexperten. 1976 hatte der Kulturminister der DDR den Leipziger Maler Werner Tübke beauftragt, ein Panorama zum Gedenken an den Bauernkrieg und seinen Helden Thomas Müntzer zu malen. Tübke fertigte zuerst einen Entwurf im Maßstab 1:10, den er von 1983 bis 1987 im Stil alter Meister wie Dürer oder Cranach auf die 123 m lange und 14 m hohe Leinwand übertrug, die auf einen Stahlring mit 40 m Durchmesser gespannt wurde.

Am Schlachtberg 9; Tel. 03 46 71/61 90; www.panorama-museum.de; Mo geschl.

953

954

Klassik Stiftung Weimar
Weimar

Egal ob Goethe und Schiller, Bach und Liszt oder Nietzsche und Gropius – die ehemalige Residenzstadt atmet den Glanz vergangener Tage und überrascht mit einer Fülle an geschichtlichen wie kulturellen Facetten. Mit einem vielseitigen Ensemble aus Natur- und Kulturdenkmalen, den Parks, Museen und Schlössern sowie einem breiten Veranstaltungsangebot über das gesamte Jahr hinweg bietet Weimar den perfekten Ausgangspunkt für einen Urlaub in Thüringen.
Mit insgesamt 31 Museen und Orten des Erlebens, darunter zwölf UNESCO-Weltkulturerbestätten zur Weimarer Klassik und der Klassischen Moderne, sind die zentralen Sehenswürdigkeiten deutscher Kulturgeschichte immer nur einen Steinwurf entfernt: die Wohnstube des »Faust«-Dichters Goethe, das Bauhaus-Museum oder die wertvolle Büchersammlungen der Herzogin Anna Amalia Bibliothek – das Angebot ist atemberaubend. Herrlich entspannen lässt sich indessen bei einem Spaziergang durch die zahlreichen Naturschönheiten Weimars, wie den Park an der Ilm, die Orangerie im Schlosspark Belvedere oder die gartenkünstlerische Parkarchitektur von Schloss Tiefurt.

Burgplatz 4, 99423 Weimar; Tel. 0 49 36 43/54 54 00; www.klassik-stiftung.de

955

Staatstheater
Meiningen

Das Staatstheater Meiningen zählt zu den traditionsreichsten Häusern Europas. Im neoklassizistischen Haus werden Oper, Operette, Musical, Schauspiel, Konzert und Ballett dargeboten. Das vormalige »Meininger Hoftheater des Herzogtums Sachsen-Meiningen« ist die Wiege des modernen Regietheaters. Ende des 19. Jahrhunderts wurde hier Europas tiefgreifendste Theaterreform begründet. Sogar Hollywood wurde maßgeblich inspiriert.
Diese Tradition und weitere Blütezeiten ließen das Staatstheater zu einer der europaweit bedeutendsten Bühnen erstrahlen. Sein guter Ruf hat nicht nur die Zeiten überdauert, sondern regelmäßig neu begründet – »neu seit 1831« eben. Dafür sorgen auch immer wieder Stars, die ihre Karriere hier beginnen, wie z.B. die Mezzosopranistin Elīna Garanča oder Dirigent Kirill Petrenko.
Die anspruchsvollen wie auch abwechslungsreichen Angebote des Staatstheaters faszinieren Besucher jeden Alters. Das Junge Staatstheater als die jüngst hinzugekommene Sparte des Hauses bietet insbesondere Familien ein breites Repertoire mit Konzerten, Puppenspiel und jungem Schauspiel.

Bernhardstraße 5; Tel.: 0 36 93/45 12 22: www.staatstheater-meiningen.de

Erlebnisbergwerk
Merkers

Mitten im Gewerbepark von Merkers/Krayenberggemeinde saust man im Förderkorb 500 m tief in das gigantische Kalisalzbergwerk hinab. Mit großen Allradfahrzeugen geht es schier endlos durch die Gänge. Man bestaunt im Großbunker den größten untertägigen Schaufelradbagger der Welt und in der Kristallgrotte, nun bereits in 807 m Tiefe, riesige Salzkristalle. Toll ist auch der Ausflug nach Hessen ins nahe Heringen, wo man den schneeweißen Monte Kali besteigen kann – 200 m hoch und ganz aus Salz (www.kalimuseum.de).

956

Zufahrtstr. 1,
Tel. 0 36 95/61 41 01
www.erlebnisbergwerk.de

Kunsthaus Apolda Avantgarde
Apolda

1995 eröffnete der Verein Apolda Avantgarde das Kunsthaus in einer Villa im italienischen Landhausstil aus dem Jahr 1870/71 mit einer Ausstellung von Gemälden der Impressionisten Max Liebermann und Lovis Corinth. Die Ausstellungshistorie ist beeindruckend, man liest die Namen Dalí, Picasso, Cocteau, Kokoschka, Feininger, Ernst und viele andere. Auch Fotografien von Karl Lagerfeld, Helmut Newton und Willy Bogner wurden gezeigt. Regelmäßig finden Kunstvorträge und -auktionen sowie Vernissagen statt.

Bahnhofstr. 42; Tel. 0 36 44/ 51 53 64; www.kunsthausapolda.de; Mo geschl.

957

958 Stadtschloss
Weimar

Von 1789 bis 1913 wurde an der Schlossanlage am Nordende des Ilmparks gebaut. Das Schlossmuseum zeigt eine Sammlung europäischer Kunst vom Mittelalter bis zum Beginn des 20. Jh.: Cranach und Dürer, deutsche Romantik und französischer Impressionismus. Großartig sind auch die Prunkräume. Der Festsaal, das große Treppenhaus und die Galerie gehören zu den schönsten klassizistischen Raumkunstwerken in ganz Europa.

Burgplatz 4; Tel. 0 36 43/ 54 54 00; www.klassik-stiftung.de; Mo geschl.

959 Heidecksburg
Rudolstadt

Im Schlossmuseum der barocken Heidecksburg sind Waffen, Gemälde und Porzellan zu sehen und seit 2007 auch die Ausstellung »Rococo en miniature«: detaillierte Modelle von zehn Schlössern mit rund 1000 Figuren. Ein Prunkstück in Originalgröße ist der Rokoko-Festsaal. Auch die Altstadt von Rudolstadt, dem »Klein-Weimar«, bietet viele schöne Ansichten, vom Stadtschloss über das Rathaus bis zum Freilichtmuseum im Heinrich-Heine-Park mit seinem Ensemble Thüringer Bauernhäuser.

Schlossbezirk 1; Tel. 0 36 72/ 42 90 22; www.heidecksburg.de; Mo geschl.

Erfurt – eine liebenswerte Landeshauptstadt

Die Thüringer Landeshauptstadt verzaubert ihre Besucher mit einem der größten und am besten erhaltenen mittelalterlichen Stadtkerne Deutschlands sowie durch liebevoll restaurierte Fachwerkhäuser. Das imposante Kirchenensemble von Dom St. Marien und Severikirche auf dem Domberg bildet im Sommer die Kulisse für die DomStufen-Festspiele. In der Adventszeit umrahmen die beiden Kirchen einen der stimmungsvollsten Weihnachtsmärkte Deutschlands. Die beiden Kirchen sind vom Domplatz aus über die 70 Stufen einer großen Freitreppe zu erreichen.

Auch die Krämerbrücke, die mit 120 m und 32 Häusern die längste komplett bebaute und bewohnte Brücke Europas ist, zählt als eines der beeindruckendsten und bekanntesten Wahrzeichen der Stadt. Auf der Brücke boten schon im Mittelalter Händler ihre Waren feil. Heute lädt die Krämerbrücke ihre Besucher mit Galerien, kleinen Läden und Bistros zum Verweilen ein. In der Erfurter Altstadt lassen sich zudem zahlreiche Spuren jüdisch-mittelalterlichen Lebens entdecken, wie die Alte Synagoge oder die Mikwe – ein jüdisches Ritualbad.

Über der Erfurter Altstadt erhebt sich die Zitadelle Petersberg – eine der größten und einzige weitgehend erhaltene barocke Stadtfestung Mitteleuropas. Der Petersberg prägt als Stadtkrone seit

960

Jahrhunderten das Bild der Thüringer Landeshauptstadt und ist für Erfurter sowie ihre Besucher ein beliebtes Ausflugsziel zum Verweilen und Entdecken.

Bei einem Besuch der Zitadelle können die Besucher die Ausstellung »Der Petersberg – eine spannende Zeitreise« im Kommandantenhaus sowie die geheimnisvollen Horchgänge in den starken Mauern der Festung erkunden oder einfach nur den traumhaften Ausblick über die Erfurter Altstadt genießen. Tickets für die Ausstellung, für Stadt- und Petersbergführungen sowie Souvenirs sind im modernen Besucherzentrum erhältlich, das sich im Herzen der Festungsanlage befindet.

In den Ausstellungsräumen können sich Jung und Alt auf eine spannende Zeitreise durch die Petersberg-Geschichte begeben und mehr über diesen einzigartigen Ort erfahren. Vor allem Familien mit Kindern kommen hier voll auf ihre Kosten, denn in vielen Räumen darf und soll sogar alles angefasst bzw. benutzt werden. So können beispielsweise die Besucher gemeinsam an drei Stationen eine virtuelle Festung erbauen. Hierfür muss Holz gesägt, müssen Steine bearbeitet und schließlich die Materialien mithilfe eines analogen Krans zur Baustelle befördert werden.

Erfurt Tourist Information;
Benediktsplatz 1, 99084 Erfurt;
Tel. 0361/66 40 0;
info@erfurt-tourismus.de;
www.erfurt-tourismus.de
Besucherzentrum Petersberg;
Petersberg 3, 99084 Erfurt;
Tel. 0361/66 40 170;
info@petersberg-erfurt.de;
www.petersberg-erfurt.de

961 Theatermuseum
Meiningen

»Ohne Meiningen kein Hollywood?«, fragt die Website. Tatsächlich war das Meininger Hoftheater in der zweiten Hälfte des 19. Jh. die Wiege des modernen Theaters. Die »Meininger Spielweise« wurde zum Vorbild der berühmten Stanislavski-Methode, die Filmstars wie Al Pacino, Robert de Niro und Dustin Hoffmann hervorbrachte. 275 historische Bühnenbilder aus der Zeit bis 1914 bilden den Kern der Sammlung des Theatermuseums. Sie werden, alljährlich wechselnd und in weitgehend originaler Anordnung, vorgeführt.

Schlossplatz 1;
Tel. 0 36 93/50 36 41;
www.meininger museen.de;
Mo geschl.

962 Sport und Blumen
Oberhof

Oberhof, die Wiege des Bobsports in Deutschland, ist das sportliche Zentrum des Thüringer Waldes. Auch wenn der Fokus ganz klar auf dem Wintersport liegt – zu sehen in der Skiarena, der Skisporthalle, der Schlitten- und Bobbahn sowie den Schanzenanlagen –, gibt es für den Sommer einen Bikepark und vor allem viele Wanderwege. Südlich des Orts kann man dazu den Rennsteiggarten besuchen. Auf dem barrierefreien Hauptweg sind fast 4000 Pflanzenarten aus den Gebirgen Europas, Asiens, Nord- und Südamerikas, Neuseelands und aus der arktischen Region zu sehen. Die durchschnittliche Jahrestemperatur hier oben, auf dem Kamm des Thüringer Waldes, beträgt nur 4,2 Grad, an etwa 150 Tagen liegt Schnee.

Tourist-Info, Crawinkler Str. 2;
Tel. 03 68 42/26 90;
www.oberhof.de;
Rennsteiggarten,
Am Pfanntalskopf 3;
Tel. 03 68 42/2 22 45;
www.rennsteiggartenoberhof.de

963 Botanischer Garten
Jena

Im Botanischen Garten der Uni am Fürstengraben hat auch schon Goethe botanisiert. Bereits 1586 war hier ein kleiner Medizingarten angelegt worden. Der heutige Komplex von fünf Glashäusern umschließt einen freien Innenhof mit afrikanischen Sukkulenten, Sommerblumen und einem beheizbaren Seerosenbecken. Im Arboretum wachsen etwa 900 verschiedene Laub- und Nadelgehölze, im Alpinum etwa 2500 Arten aus Mittel- und Hochgebirge. Es gibt Anlagen für Rhododendren, Rosen und Dahlien sowie für Heil- und Nutzpflanzen.

Fürstengraben 26;
Tel. 0 36 41/94 92 74; www.
botanischergarten.uni-jena.de

965

Domberg
Erfurt

Weniger eng als in der Erfurter Innenstadt ist es auf dem Domplatz, wo von Montag bis Samstag (7–14 Uhr) der Wochenmarkt stattfindet. Die beeindruckende Kulisse von Mariendom und St.-Severikirche auf dem Domberg ist das Wahrzeichen der Stadt. Die »Gloriosa« im Turm des Doms wurde bereits 1497 gegossen – sie ist die größte, frei schwingende mittelalterliche Glocke in Europa. Schon in der Mitte des 8. Jh. stand auf dem Domberg eine Kirche, der heutige Dom wurde in der Mitte des 12. Jh. gebaut. Rund 100 Jahre jünger ist die Severikirche mit ihren drei schlanken Turmspitzen. Sie komplettiert das fotogene Domberg-Ensemble.

Domstufen 1,; Tel. 03 61/6 46 12 65; www.dom-erfurt.de

964

Museum für Angewandte Kunst Gera

Um diese »Anwendungen« dreht sich die Sammlung: Fotografie, Gebrauchsgrafik und Design. Besonders wertvoll sind die Bauhauskeramiken, die in der Dauerausstellung »Art déco & Funktionalismus – Angewandte Kunst zwischen den Weltkriegen« zu sehen sind.

Greizer Str. 37;
Tel. 03 65/8 38 14 30;
www.gera.de; Mo, Di geschl.

966 Hotel am Schlosspark
Gotha

Dass sie hier, gleich neben der Parkanlage von Schloss Friedenstein, in einem der »besten Tagungshotels in Deutschland« Quartier nehmen, braucht Freizeitreisende nicht zu beunruhigen. Das Ambiente ist nicht kühl, sondern klassisch-modern und sehr wohnlich. Beachtlich ist die Wellness- und Beauty-Abteilung mit angeschlossener Naturheilpraxis, die auch Akupunktur, Bachblütentherapie und psychologische Beratung bietet. Ambitionierte Küche im Hotelrestaurant: Gebratenes Zanderfilet mit Speck-Chip, gerösteter Kölledaer Rotwurst und Weißbierschaum an Trauben-Senf-Kraut …

Lindenauallee 20;
Tel. 0 36 21/44 20;
www.hotel-am-schloss park.de;
€€

967 Hotel auf der Wartburg
Eisenach

Der Pilger, der heute an die Burgpforte klopft, wird wie zu Luthers Zeiten gern bewirtet. Er sollte aber das nötige Kleingeld mitbringen, denn die Kemenaten wurden luxuriös saniert. Recht klein ist der Vitalbereich mit seiner finnischen Sauna, recht groß dafür die Sonnenterrasse mit ihrem tollen Panorama. Frisches Wasser wird aus der eigenen Quelle gezapft.

Auf der Wartburg;
Tel. 0 36 91/ 79 70;
www.wartburghotel.de;
€€€€

968

Zumnorde am Anger
Erfurt

Innen wie außen klassisch schön. Das privat geführte Hotel in der Altstadt verwöhnt Liegeriesen mit 2,20 m langen Betten. Sehr gute französische Gastronomie in stilvollem Ambiente mit holzvertäfelten Wänden sowie Jugendstilelementen. Schöner Restaurantgarten.

Anger 50/51; Tel. 03 61/5 68 00; www.hotel-zumnorde.de; €€

969

Russischer Hof
Weimar

Das erste 5-Sterne-Hotel Thüringens hat in seiner rund 200-jährigen Geschichte viele prominente Gäste gesehen – ganz zu Anfang sogar den russischen Zaren Alexander I. Kristalllüster, Blattgold, glatter Naturstein und polierte Edelhölzer, wohin man schaut. Feine französisch-mediterrane Küche im Restaurant »Anastasia«.

Goetheplatz 2; Tel. 0 36 43/77 40; www.russischerhof-weimar.de; €€€

Stiftung Meininger Baudenkmäler
Meiningen

970

2007 gründete der Hotelier Uwe Klein eine gemeinnützige Stiftung mit dem Zweck, Baudenkmäler in Meiningen zu sanieren und einer weiteren Nutzung zuzuführen. Vier dieser historischen Adressen sind so zu stilvollen Hotels umgebaut worden: das Schlundhaus (mit deftiger Küche im Restaurant) und das Gästehaus Rautenkranz mitten in der Altstadt, der prächtige Ernestiner Hof (mit Barock-Café) und das Palais am Prinzenberg (vier Ferienwohnungen) etwas außerhalb im Grünen.

Tel. 0 36 93/8 81 90; www.uwe-klein-hotels.de; €€

Hotel Elephant
Weimar

972

Schon 1696 stand hier ein Hotel. Was dann 1938 neu errichtet wurde, galt zu seiner Zeit als eines der modernsten Hotels in Europa. Heute begeistert das Kulthotel nicht nur durch seine zentrale Lage am Marktplatz, sondern auch durch die Gestaltung: Bauhaus und Art-déco, wohin man schaut. Besonders eindrucksvoll ist die große Wendeltreppe, wahre Design-Schmuckstücke sind die luxuriösen Suiten. Das Restaurant »Anna Amalia« (Seite 458) gilt als beste Gourmet-Adresse Thüringen. Mit einem Glas Wein auf der Terrasse der Weinkost lässt sich ein kulturgeladener Spaziergang durch die Stadt prächtig abrunden.

Markt 19; Tel. 0 36 43/80 20;
www.hotelelephantweimar.com; €€

Dorint am Goethepark
Weimar

971

Ganz in der Nähe des Parks wurden zwei klassizistische Villen mit einem kantigen Neubau zu einem sehr attraktiven, klassisch-modern eingerichteten Hotel für Touristen und Geschäftsleute verbunden. Sauna, Dampfbad, Whirlpool und Solarium im Wellnessbereich.

Beethovenplatz 1-2;
Tel. 0 36 43/87 20;
hotel-weimar.dorint.com; €€

973 Kromer's
Erfurt

Sehr schöne und empfehlenswerte Adresse mitten in Erfurt. Zwischen Kellergewölbe, Bistro-Restaurant und Gartenterrasse wird man bestens bedient – und zwar mit einer konsequent regionalen Küche nach Slow-Food-Prinzipien.

Kleine Arche 4;
Tel. 03 61/64 47 72 11;
www.kromers-restaurant.de;
Mo geschl. €€

974 Zum Ziegenhainer
Jena/Ziegenhain

Vor 100 Jahren gab es im kleinen Bergdorf Ziegenhain einen Ziegenverein, dem etwa 60 Menschen und etwa 800 Ziegen angehörten. Heute ist Ziegenhain ein Ortsteil von Jena, und im »Ziegenhainer« werden nicht nur Spezialitäten wie Frikassee vom Milchzicklein mit Möhrchen, Champignons und Reis serviert, sondern auch andere, oft in Vergessenheit geratene regionale Köstlichkeiten.

Edelhofgasse 3; Tel. 0 36 41/36 04 73; www.zum-ziegenhainer.de; Mo–Fr geschl. €

975 Clara im Kaisersaal
Erfurt

Modern das Ambiente, modern die Küche: Sie präsentiert sich als eine Art saisonal-regional-mediterraner Crossover. Beispiel gefällig? Die Tomate aus Ichtershausen mit Sonnenblume, breiter Bohne und Goldforellenkaviar. Für Neugierige.

Futterstr. 15-16; Tel. 03 61/5 68 82 07; www.restaurant-clara.de; So, Mo, Di geschl. €€€

976 Turmschänke
Eisenach

Altdeutsch das Ambiente, vorwiegend mediterran die Küche: Direkt neben dem 1070 erbauten Nikolaiturm genoss die Turmschänke schon vor dem Ersten Weltkrieg einen hervorragenden Ruf – den sie während DDR-Zeiten als Weinrestaurant souverän verteidigte. Heute wird frisch, leicht und lecker gekocht – mit besten Zutaten und zu fairen Preisen. Beispiel: Carree vom Iberico-Schwein mit Chorizo-Lauch-Tortilla und gerösteten Paprika. Dazu werden Weine aus Sachsen und von Saale-Unstrut serviert.

Karlsplatz 28;
Tel. 0 36 91/21 35 33; www.turmschaenke-eisenach.de;
So geschl. €€€

977

San
Weimar

Goethe kam nie nach Korea. Wer seine Wirkungsstätten in Weimar heute besucht, hat es leichter: Zumindest in kulinarischer Hinsicht kann man die Reise in den fernen Osten nur empfehlen. Im San wird sehr authentisch koreanisch gekocht – fast wie in Seoul. Und über die Namen der Gerichte kichern darf man auch, etwa beim Bulgogi BimBim-Bap: Rindfleisch mit Reis, Gemüse und Spiegelei. Zu fast allem wird natürlich Kimchi gereicht, mittels Milchsäure fermentierter Kohl. Die Schärfe darf man individuell bestimmen. Bei den Getränken kommen insbesondere Tee-Fans auf ihre Kosten: Auswahl und Originalität sind toll!

Eisfeld 4; Tel. 0 36 43/25 89 42; facebook.com/sanrestaurant; Mo, Di geschl. €

AnnA
Weimar

Das neue Restaurant AnnA bietet sehr authentische, unkomplizierte Küche mit frischen regionalen Thüringer Produkten: Karpfen sauer & Meerrettich oder Flat Iron Steak & Sonnenblume, Grün- & Blumenkohl stehen auf der Karte. Für das Gastronomiekonzept steht Küchenchef Johannes Wallner Pate. Das Restaurant ist ganz im Stil der 1920er- und 30er-Jahre gehalten. Der besondere Garten lädt ebenfalls zum Genuss ein.

Markt 19; Tel. 0 36 43/80 20; www.hotelelephantweimar.de; €€€€

978

980

Scala – Das Turmrestaurant

Jena

Tolle Aussicht vom Jentower aus 128 m Höhe! Das große Thüringen-Panorama sollte dabei aber nicht zu sehr ablenken von den unbemüht modernen Kreationen, die Chefkoch Christian Hempfe in der Küche des schicken Restaurants im 28. Stock des Jenaer Wahrzeichens bereitet: zum Beispiel ein Filet vom Bachsaibling in Kataifiteig mit Mangold und Roten Beten oder den gegrillten Kalbsrücken mit Sellerie-Kartoffelcreme, Rucola und Pfefferkirschen. Auf der Weinkarte viele Gewächse von Saale-Unstrut und aus Sachsen.

Intershop-Tower, Leutragraben 1; Tel. 0 36 41/35 66 66; www.scala-jena.de; €€€

979

Köstritzer Schwarzbierhaus

Weimar

Auf der Terrasse des Restaurants zu sitzen, ist bereits ein Genuss. Denn das filigrane Fachwerk des Hauses sucht in Weimar seinesgleichen. Auf den Tisch kommen Thüringer Spezialitäten. Wer gar nicht mehr gehen möchte, kann sich in einem der liebevoll gestalteten Gästezimmer einmieten.

Scherfgasse 4;
Tel. 0 36 43/77 93 37;
www.esskultur-weimar.de; €

981

Kulturbahnhof
Jena

Der Saalbahnhof war bis in die jüngste Vergangenheit hinein der Jenar Hauptbahnhof. Seit 1999/2000 ist er als »Kulturbahnhof« auch fest im Kulturleben der Stadt verankert. Das ganze Haus ist ständig in Bewegung, ständig wird umgebaut, modernisiert und saniert. Eine sehr bunte Künstler-WG hat sich mittlerweile hier gefunden. Es gibt einen Theater- und einen Konzertsaal (schallgeschützt, für eher laute Konzerte), dazu ein Jazz- und ein Galeriecafé, ein Kino sowie Atelier- und Seminarräume. Und im Hof wächst ein mobiler Garten heran.

Spitzweidenweg 28; www.kuba-jena.de

982

Fettnäpfchen
Gera

Den guten Ruf, den sich die Thüringer Kabarett-Institution in DDR-Zeiten erspielte, hat sie nach der Wende souverän verteidigt. Das Ensemble verbindet Albernheit und Boshaftigkeit mit einer klaren Haltung und ist damit im besten Sinn »oldschool«. Die Hauptbühne ist in einem der traditionellen Bierkeller.

Markt 1; Tel. 03 65/2 31 31; www.kabarett-fettnaepfchen.de

983

Theaterhaus
Jena

Seit dem Mittelalter wird in Jena Theater gespielt. Friedrich Schiller schrieb hier Seine Dramen Maria Stuart und Wallenstein. Das heutige Theater entstand erst nach der politischen Wende und widmet sich seither dem Großen und Ganzen. Auf dem Programm stehen darum Stücke wie »Baby don't hurt me« und »Witch Bitch«.

Schillergäßchen 1; Tel. 0 36 41/ 8 86 90; www.theaterhaus-jena.de

984

Theater
Erfurt

Die Architektur ist wahrhaftig spektakulär und Teil einer sehr effektvollen Inszenierung: Zur Hauptspielstätte des 2003 eröffneten Neubaus, einer Art freistehender Rundskulptur, mit fantastischer Akustik, gelangt man vom Foyer aus über Brücken. Die vollständig verglaste Front des Foyers selbst bietet vor und nach den Aufführungen (und natürlich auch in den Pausen) ein ganz anderes Schauspiel: Der dramatische Blick zum Dom- und Petersberg direkt gegenüber gehört unveränderlich zum Repertoire. An die 500 Veranstaltungen im Jahr listet der Kalender auf. Das Programm reicht von Opern und Operetten über Konzerte bis hin zu Schauspielproduktionen. Außerdem gibt es mindestens eine Uraufführung pro Spielzeit im Großen Haus und in jedem Jahr die DomStufen-Festspiele als Open-Air-Spektakel vor großer Domkulisse.

Theaterplatz 1;
Tel. 03 61/2 23 31 55,
www.theater-erfurt.de

985

Deutsches Nationaltheater
Weimar

Von seiner Eröffnung 1791 bis 1817 leitete der deutsche Großdichter Goethe das Haus. Auch das Musiktheater wurde gepflegt: Friedrich Liszt und Richard Strauss hießen zwei Kapellmeister. 1919 begann hier mit der Deutschen Nationalversammlung das Drama der Weimarer Republik, und 30 Jahre später beklatschte das Publikum Franz Léhars »Land des Lächelns«, während der Librettist der Operette, Fritz Löhner-Beda, im nahen KZ Buchenwald war. Während der DDR-Zeit wurden wieder große Klassiker inszeniert.

Theaterplatz 2; Tel. 0 36 43/75 53 34;
www.nationaltheater-weimar.de

Nordhäuser Brennerei
Nordhausen

986

Der ist nicht aus Weizen, sondern aus Roggen! Auf das Getreide lassen die Nordhäuser nichts kommen, wenn sie daraus den deutschen Schnaps schlechthin brennen. Darum beziehen sie es auch ausschließlich aus der unmittelbaren Umgebung, genauer: aus dem Getreideanbaugebiet der Goldenen Aue zwischen Harz und Kyffhäuser. Für die anspruchsvolle Körnerpickerei, die in Nordhausen auf einer 500-jährigen Brenntradition gründet, steht auch das Wappentier des Betriebs: Huhn Henriette. Mit ihrer denkmalgeschützten Anlage bietet sich die Nordhäuser Brennerei auch für einen richtigen Erlebniseinkauf an, der im Hofladen seinen Abschluss findet – oder auch erst später: Das Veranstaltungsprogramm bietet Theateraufführungen, Kabarett und Lesungen.

Grimmelallee 11;
Tel. 0 36 31/63 63 63;
www.traditionsbrennerei.de

987

Kahla-Porzellan Werksverkauf
Kahla

Seitdem auch im Thüringer Wald das Porzellan entdeckt worden war, entstanden dort nach 1760 die ersten Manufakturen. Anders als die Sachsen setzten die Thüringer bei ihrer Porzellanproduktion allerdings nicht auf exklusives Kunsthandwerk, sondern auf hochwertige Massenware – so wie die Firma Kahla seit 1844. Im Werksverkauf, 10 km südlich von Jena, kann man neben klassischem Geschirr und »jungem« Porzellan (vor allem zweite Wahl) auch Gläser von Schott und Besteck von Rösle erwerben.

Christian-Eckardt-Str. 38; Tel. 03 64 24/7 92 79;
www.kahlaporzellan.com

988

Spielkartenladen
Altenburg

Während halb Europa gegen Napoleon kämpfte, erfanden die Altenburger um 1810 – das Skatspiel. Weil sie dafür Karten brauchten, erfanden sie die gleich dazu. Wobei die Tradition noch viel weiter zurückreicht. Schon 1509 gab es einen Kartenmacher in Altenburg. Heute ist die hiesige Spielkartenfabrik immer noch einer der größen Produzenten in Deutschland. Der Spielkartenladen am Markt hat das ganze Sortiment – und dazu Antiquarisches, Raritäten und Kuriositäten.

Marktgasse 17;
Tel. 0 34 47/51 13 40;
www.spielkartenladen.de

Blaudruck
Erfurt

989

Sie ist eine der letzten ihres Fachs in Europa: Blaudruckmeisterin Sigritt Weiß. Ihre Tischdecken und Tücher bedruckt und färbt sie nach eigenen Entwürfen traditionell mit Modeln und Indigo. Gewonnen aus Färberwaid, ist es einer der ältesten Farbstoffe der Menschheit. Im Mittelalter galt Erfurt das Zentrum des Waidanbaus und -handels in Mitteleuropa. Bis man im 17. Jh. begann, Indigo aus Asien einzuführen, war das Waid aus Erfurt für seine Qualität berühmt – und es machte die Erfurter »Waidjunker« reich.

Mühlburgweg 32; Tel. 03 61/
2 25 24 30 (Voranmeldung)

Ekhof-Festival
Gotha

990

So viel Anachronismus ist schon wieder Avantgarde. Was man im Ekhof-Theater zu sehen bekommt, ist kein komplexes Computerprogramm, sondern echter, analoger Bühnenzauber mit mechanischem Räderwerk, mit Wind- und Donnermaschinen, raffinierten Senkböden und Kulissenwagen, die auf eingelassenen Schlitzen entlanggleiten und binnen Sekunden die Szenerie verändern. Die Bühnentechnik ist dieselbe wie anno 1683, gespielt werden historische Inszenierungen von herausragenden Stücken aus dem 18. Jh. Und zwar den ganzen Juli und August über.

www.ekhof-festival.de

991 Thüringer Theatersommer
Bauerbach

Friedrich Schiller kam, versteckte sich, und die Leute danken es ihm heute noch. Dass der Dichter im Jahr 1782 Zuflucht im kleinen Dorf Bauerbach fand, knapp 20 km vor Meiningen, machte immerhin die Hälfte der heute knapp 300 Bauerbacher zu Schauspielern. Seit 1959 spielen sie in ihrem Naturtheater unter freiem Himmel Schiller, Shakespeare, Molière oder Märchen der Gebrüder Grimm – und das Publikum strömt herbei.

www.naturtheater-bauerbach.de

992 Sommergewinn
Eisenach

Es ist vielleicht das deutsche Volksfest mit dem schönsten Namen. Der Sommer wird jedes Jahr drei Wochen vor dem Osterfest in Eisenach »gewonnen«; Verlierer ist der Winter, der symbolisch als Strohpuppe verbrannt wird. Im frühen Mittelalter, als das noch gängiger Justizvollzug war, wurden die Puppen auf Räder geflochten und vom Metilstein brennend über die noch unbestellten Felder ins Tal gerollt. Seit 2010 gehört der historische Brauch des Feuerradrollens wieder zum Festprogramm.

www.sommergewinn-eisenach.de

Zwiebelmarkt
Weimar

994

Die Stadtverwaltung warnte bereits: »Wer an diesem Wochenende die Kulturstadt Weimar besucht, sollte sich darauf einstellen, dass er kein ›besinnliches‹ Wochenende verbringen wird. An den drei Tagen des Zwiebelmarktes besuchen ca. 300 000 Menschen die Stadt. Wer in der Innenstadt logiert, muss damit rechnen, dass die Veranstaltungen bis 2 Uhr andauern und Tausende von Menschen bis in die Nachtstunden unterwegs sind.« So läuft das an jedem zweiten Oktoberwochenende. Die Zwiebel, um die sich mal alles drehte, ist eher zur Nebensache geworden.

www.weimar.de

Krämerbrückenfest Erfurt

993

Seit 1975 an jedem dritten Wochenende im Juni: Beim größten Altstadtfest Thüringens regieren die Kostümierten: Gaukler, Marktschreier und – auch die waren im Mittelalter schon die Mehrheit – Konsumenten. Ein guter Termin, um mehr als eine Bratwurst zu essen.

www.erfurt-tourismus.de

995

Feengrotten
Saalfeld

Bei einem Rundgang durch das ehemalige Alaunschieferbergwerk »Jeremias Glück« erfährt man viel Interessantes über den Bergbau und das Leben der Bergleute sowie die Entstehung der Feengrotten, die heute als die »farbenreichsten Schaugrotten der Welt« bekannt sind. Im Erlebnismuseum Grottoneum laden Mitmach- und Wissensstationen ein, den Geheimnissen des Bergbaus, der Tropfsteine und der Mineralien selbst auf die Spur zu gehen. Wie man in früheren Zeiten Wasser und Gesteine ohne Strom gefördert hat, erfährt man im Außenbereich an der Wasserkunst und am Göpelwerk. Über die magische Feenpforte gelangt man in den Abenteuerwald Feenweltchen oberhalb der Feengrotten. Verschlungene Pfade laden ein, den Garten der Feenpflanzen, den hellen Hain der Lichtelfen und das dunkle Reich der Waldgeister zu entdecken. Im Heilstollen der Feengrotten wartet die gesunde Grubenluft unter Tage. Sie ist absolut staub-, keim-, allergen- und ozonfrei, angenehm kühl und feucht. Die Liegekuren im Heilstollen sorgen für wohltuende Entspannung, eine Stärkung des Immunsystems und bieten eine nebenwirkungsfreie Behandlungsform für Erkrankungen der Atemwege.

Feengrottenweg 2; Tel. 0 36 71/5 50 40; www.feengrotten.de

996

Nationalpark Hainich

Bad Langensalza/Thiemsburg

Auf dem Baumkronenpfad nahe der Thiemsburg schaut man als Fußgänger nicht zu den Bäumen hoch, sondern auf sie herab. Zwei Schleifen, 238 bzw. 308 m lang, erschließen das faszinierende Urwalderlebnis zwischen den Kronen der Buchen, Eichen und Ahorne. Von dem 44 m hohen Beobachtungsturm überblickt man das rund 16000 Hektar große Areal des Hainich, des größten zusammenhängenden Laubwaldgebiets in Deutschland. Knapp die Hälfte davon wurde 1997 als Nationalpark von jeglicher weiterer Nutzung ausgenommen. Der spektakuläre Weg in den deutschen Urwald beginnt zwischen Eisenach und Bad Langensalza beim Wanderparkplatz am Forsthaus/Nationalparkzentrum Thiemsburg (mit Restaurant) nordöstlich von Craula.

Forsthaus Thiemsburg;
Tel. 0 36 03/89 56 90;
www.nationalpark-hainich.de

997

Per E-Bike auf die Wasserkuppe

Kaltennordheim

Kaltennordheim liegt auf 440 m Höhe am Rand des Biosphärenreservats der Rhön. Die Wasserkuppe ist 950 m hoch und knapp 30 km entfernt. Das Beste: Man muss kein harter Mountainbiker sein, um den ganzen Weg bis auf den höchsten Berg der Rhön tatsächlich radelnd zurückzulegen. Wer sich in Kaltennordheim ein E-Bike ausleiht, bekommt dazu gleich noch eine Karte, in der die E-Tankstellen in der Region verzeichnet sind – und jede Menge Tipps für weitere Touren mit zuschaltbarem Rückenwind.

August-Bebel-Str. 23; Tel. 03 69 66/8 43 74; www.fahrradfuchs.com

Göltzschtalbrücke

Mylau/Netzschkau

998

Die größte Sehenwürdigkeit im Vogtland (haarscharf auf der sächsischen Seite) ist die Göltzschtalbrücke auf der Eisenbahnstrecke Zwickau – Plauen zwischen Mylau und Netzschkau: 574 m lang und 78 m hoch, errichtet aus gut 26 Millionen Ziegelsteinen. 1846 begannen die Bauarbeiten, 1851 war die größte aus Ziegeln errichtete Brücke der Welt schließlich fertig. Führungen zur Geschichte der Brücke werden auf Wunsch am Infopunkt Parkplatz 1 an der Brücke gestartet. Anfragen an:

FV Nördliches Vogtland; Tel. 0 37 65/6 11 99 26; www.goeltzschtalbruecke.info

999

Dornburger Schlösser

Jena/Saaleland

Ein Gesamtkunstwerk aus Landschaft und Architektur, 15 km nordöstlich von Jena: Auf schroffen Felsen über der Saale stehen das Alte Schloss aus der Gotik, das weiße Renaissanceschloss und das Rokokoschloss, das eher eine große Villa ist. Auch Goethe ist mehrfach hier gewesen und hat den Blick von den wunderschönen Gartenanlagen mit Weinbergen, Rosenspalieren und Laubengängen, dem »Balkon Thüringens«, auf das Saaletal genossen. Seit 2008 kann man die Schlösser von Jena her auch zu Fuß erreichen: Links der Saale erreicht man Dornburg via Neuengönna nach 22 km – mit An- und Abstiegen von jeweils etwa 500 m. Los geht es am Carl-Zeiss-Platz in Jena. Mit dem Regionalbus (Linie 424) kommt man wieder zurück nach Jena.

Max-Krehan-Str. 2, Dornburg; Info-Tel. 03 64 27/21 51 30; www.dornburg-saale.de; Mi geschl., Garten bis zum Einbruch der Dunkelheit frei zugänglich

1000

Heilklimatischer Kurort

Friedrichroda

Seit 2018 mit dem Prädikat »Heilklimatische Kurorte Premium-Class« ausgezeichnet, zählen Friedrichroda und der Ortsteil Finsterbergen bundesweit zu den meistbesuchten Kurorten und verbinden Natur und Landschaftserlebnisse mit Aktivurlaub im Heilklima. Auf 200 km Wanderwegen und 19 Terrainkurwegen kann man ganz gezielt etwas für die Gesundheit tun, individuell oder auf geführten Wanderungen mit ausgebildeten Klimatherapeuten. Auch mit dem Rad lassen sich dichte Wälder und herrliche Aussichten erkunden. Im Winter locken traumhafte Wanderwege und gespurte Loipen in die faszinierende Natur des Thüringer Waldes. Nicht entgehen lassen sollte man sich die Marienglashöhle – eine der schönsten und größten Kristallgrotten Europas. Zahlreiche Konzerte im Kurpark Friedrichroda oder dem idyllischen Kurpark Hüllrod in Finsterbergen, Konzerte »Unter Tage« in der Marienglashöhle und vor allem die großen überregional bekannten Stadtfeste bieten Abwechslung und Unterhaltung.

Kur- und Tourismusamt Friedrichroda, Hauptstraße 55, Tel 0 36 23/3 32 00; www.friedrichroda.de

Register

C

D

H

I

J

K

L

M

N

O

P

Q

R

T

U

V

Bildnachweis

Cover: stock.adobe.com: naumenkophoto

S. 2 (v.o.) Bildagentur Huber/R. Schmid, laif/Thomas Linkel, laif/ Dagmar Schwelle, vario images/Westend61; S. 3 (v.o.) laif/Tobias Gerber, laif/Gerald Haenel, laif/Heiko Meyer, fotolia/DeVIce; S. 4 (v.o.) laif/Thomas Ernsting, Matthias Duschner/Stiftung Zollverein, Shutterstock/lightpoet, laif/Fulvio Zanettini; S. 5 (v.o.) laif/Heiko Specht, vario images/imagebroker, Shutterstock/astudio, Caro/Muhs; S. 9 Bildagentur Huber/R. Schmid; S. 10 Dieter Kusch; S. 14 Bildagentur Huber/R.Schmid; S. 13 Chris Korner/DLA Marbach; S. 15 vario images/imagebroker; S. 16 Shutterstock/Gallas; S.17 HUBER IMAGES: Reinhard Schmid; S. 19 laif/Theodor Barth; S. 20 imagebroker/vario images; S. 21 image-broker/vario images; S. 22-23 Shutterstock/ clearlens; S. 24 Staatliche Schlösser und Gärten Baden-Württemberg, Kloster und Schloss Salem, Foto: A. Mende; S. 26 Bildagentur Huber/R. Schmid; S. 27 imagebroker/vario images; S. 28 Holger Leue/www.leue-photo.com; S. 29 Riva/Klaus Mellenthin 2008; S. 30 Nina-Maria Oetker; S. 33 seasons.agency/GourmetPictureGuide; S. 34 Heidi Hintereck/ www.hintereck.eu; S. 37 dpa Picture-Alliance/Christian Kleiner; S. 38 laif/Gerald Haenel; S. 39 Shutterstock/Zvonimir Atletic; S. 40 Jan Albert Rispens/Bellis.perennis@aon.at; S. 42 Bildagentur Huber/R. Schmid; S. 43 Verkehrsverein Tübingen: Barbara Honner; S. 44 Landratsamt Heidenheim: Fouad Vollmer; S. 45 vario images/ imagebroker; S. 46-47 Florian Trykowski; S. 49 Shutterstock/Sina Ettmer Photography; S. 50 Tobias Fröhner I Landratsamt Göppingen; S. 51 Andreas Sporn; S. 53 laif/Thomas Linkel; S. 54 BMW AG; S. 56-57 Bayerisches Golf und Thermenland; S. 59 fotolia/WernerHilpert; S. 60 Deutsches Museum; S. 62 Stadt Landsberg am Lech; S. 63 Nationalarchiv der Richard-Wagner-Stiftung, Bayreuth; S. 64 Südsalz GmbH; S. 66-67 Shutterstock/Francesco Carucci; S. 68 Shutterstock/ Scirocco340; S. 73 laif/Frank Heuer; S. 74 Bayerischer Hof; S. 76 Jahreszeiten Verlag/GourmetPictureGuide; S. 77 Jahreszeiten Verlag/ GourmetPictureGuide; S. 79 BalikaPhotography; S. 80 Jahreszeiten Verlag/GourmetPictureGuide; S. 81 laif/Hans-Bernhard Huber; S. 82 seasons.agency: GourmetPictureGuide; S. 83 Bräustüberl Tegernsee/ Thomas Plettenberg; S. 85 dpa Picture-Alliance/Johann Scheibner; S. 86 laif/Gerald Haenel; S. 89 Dallmayr; S. 90 www.eisch.de; S. 92 Bildagentur Huber/R. Schmid; S. 93 dpa Picture-Alliance/Armin Weigel; S. 94 Bildagentur Huber/R. Schmid; S. 95 dpa Picture-Alliance/Armin Weigel; S. 96 Allgäu Skyline Park: Marc Wittkowski; S. 97 www. freudenberger-maerchenweg.de; S. 99 look-foto; S. 100 Tegernseer Tal Tourismus GmbH; S. 102 Christine Daxl; S. 103 Louis Zuchtriegel, STUDIO ZUCHTRIEGEL; S. 105 istockphoto/johny007pan; S. 106 Bildagentur Huber/R. Schmid; S. 108 laif/Anika Bussemeier; S. 109 Tourismusverband Ostbayern e.V.; S. 111 laif/Dagmar Schwelle; S. 112-113 Bildagentur Huber/Kaos01; S. 114 laif/Max Galli; S. 117 Caro/ Waechter; S. 118 Deutsches Spionagemuseum | German Spy Museum; S. 119 Shutterstock: elxeneiz; S. 120 laif/Franck Guiziou/hemis.fr; S. 121 Hotel Concorde Berlin/C. Witte; S. 122 Jahreszeiten Verlag/ GourmetPictureGuide; S. 123 Jahreszeiten Verlag/GourmetPicture Guide; S. 124 Rotisserie Weingrün; S. 125 Bernd Brundert; S. 126 laif/ Georg Knoll; S. 127 laif/Thomas Ebert; S. 128 vario images/ imagebroker; S. 129 laif/Pierre Adenis/GAFF; S. 130 laif/Hermann Bredehorst/Polaris; S. 131 laif/Georg Knoll; S. 133 vario images/ Westend61; S. 134 Bildagentur Huber/Szyszka; S. 136-137 laif/Tobias Gerber; S. 138 Shutterstock: GTW; S. 140-141 Stiftung Preußische Schlösser und Gärten Berlin-Brandenburg/Foto: Leo Seidel; S. 143 dpa Picture-Alliance/Patrick Pleul; S. 144 Stiftung Schloss Neuhardenberg/ Toma Babovic; S. 145 Zur Bleiche Resort & Spa; S. 148 laif/Martin Kirchner; S. 149 PMSG André Stiebitz; S. 150 fotolia/Gina Sanders; S. 151 look-foto; S. 153 Eberhard Klöppel; S. 154 www.beelitz.de; S. 155 Katja Gragert; S. 157 laif/Gregor Lengler; S. 158 laif/Berthold Steinhilber; S. 159 laif/Paul Hahn; S. 161 laif/Tobias Gerber; S. 162-163 laif/Johannes Arlt; S. 164 laif/Henseler; S. 166 www.atlantic-hotels.de; S. 167 Jahreszeiten Verlag/Hauke Dressler; S. 168 Frank Scheffka; S. 169 ddp images/dapd; S. 170 dpa Picture-Alliance/Ingo Wagner; S. 173 laif/Gerald Haenel; S. 174-175 vario images/McPhoto; S. 176 shutterstock/Oscity; S. 177 seasons.agency: Jalag/Gerald Hänel; S. 178-179 Tierpark Hagenbeck: Lutz Schnier; S. 180 laif/Gunter Gluecklich; S. 181 Jahreszeiten Verlag/GourmetPictureGuide; S. 182 Alexander Michaelis; S. 183 Jahreszeiten Verlag/GourmetPictureGuide; S. 184 seasons.agency: GourmetPictureGuide; S. 185 laif/Marc-Oliver Schulz; S. 186 laif/Joerg Modrow; S. 187 laif/Frank Siemers; S. 189 mauritius images/Ingo Boelter; S. 190 laif/Berthold Steinhilber; S. 191 look-foto; S. 193 laif/Heiko Meyer; S. 194 look-foto; S. 196 mauritius images; S. 197 laif/Heiko Meyer; S. 199 Bildagentur Huber/Gräfenhain; S. 200 vario images/Westend61; S. 202 laif/Heiko Meyer; S. 203 seasons. agency: GourmetPictureGuide; S. 204 seasons.agency: GourmetPicture Guide; S. 207 Michael Hudler; S. 208 Dominik Mentzos; S. 209 dpa Picture-Alliance/Zucchi Uwe; S. 210 seasons.agency: GourmetPicture Guide; S. 211 Getty Images: The Image Bank Unreleased; S. 212 laif/ Heiko Meyer; S. 213 Stefan Thomas Kroeger; S. 214 V Holland; S. 215 Kassel Marketing: Wolfgang Nickel. Kassel; S. 216 fotolia/DaiSign; S. 217 Bildagentur Huber/Gräfenhain; S. 219 fotolia/DeVIce; S. 220 fotolia/Axel Burchardt; S. 221 laif/Marcus Hoehn; S. 222-223 Timm Allrich; S. 225 laif/Bernd Jonkmanns; S. 226 Bildagentur Huber/Bäck; S. 228 fotolia/wiw; S. 230 Bildagentur Huber/R. Schmid; S. 231 Christoph Meyer; S. 232 Travel Charme Kurhaus Binz/Kliem; S. 234 Yachthafenresidenz Hohe Düne GmbH; S. 235 seasons.agency/ GourmetPictureGuide; S. 236 laif/Gerald Haenel; S. 237 Bildagentur Huber/Lubenow; S. 238 Voigt & Kranz UG Prerow; S. 239 mauritius images/ib/Jacek Kaminski; S. 241 dpa Picture-Alliance/Jens Büttner; S. 242 mauritius images/ib/Sabine Lubenow; S. 243 Mirko Runge; S. 244 look-foto; S. 245 dpa Picture-Alliance/Bernd Wüstneck; S. 246 fotolia/DeVIce; S. 248 laif/Clemens Zahn; S. 249 KaiserbäderTourismus Service GmbH; S. 251 laif/Thomas Ernsting; S. 252 Modrow, Jörg; S. 253 Herzog August Bibliothek Wolfenbüttel; S. 254 shutterstock/Igor Borodin; S. 255 dpa Picture-Alliance/P. Schickert/Arco Images; S. 256 vario images/imagebroker; S. 258 laif/Samuel Zuder; S. 259 mauritius images/Alamy; S. 260 imago/Schöning; S. 261 laif/Gerald Haenel; S. 262 look-foto; S. 263 fotolia/Martina Berg; S. 265 Goslar marketing gmbh; S. 266 laif/Norbert Enker; S. 267 Daniel Penschuck; S. 268 ddpimages/dapd; S. 269 Jahreszeiten Verlag/GourmetPictureGuide; S. 270 Jahreszeiten Verlag/GourmetPictureGuide; S. 272 Badhotel Sternhagen; S. 273 la vie GmbH; S. 274 mauritius images/Torsten Krüger; S. 275 The Ritz-Carlton, Wolfsburg/Ian F. Gibb; S. 276 Landhotel und Gasthof Oltmanns; S. 278 Oldenburgisches Staatstheater/Andreas J. Etter; S. 279 Marek Kruszewski; S. 280 laif/ Martin Kirchner; S. 282 European Media Art Festival/Angela von Brill; S. 283 Braunschweig Stadtmarketing GmbH/Falk-Martin Drescher;

S. 284 dpa Picture-Alliance/Carmen Jaspersen; S. 285 dpa Picture-Alliance/Matthias Brunnert; S. 286-287 laif/Martin Kirchner; S. 288 laif/Toma Babovic; S. 289 Naturpark Wildeshauser Geest; S. 290 dpa Picture-Alliance/Ingo Wagner; S. 293 Matthias Duschner/Stiftung Zollverein; S. 294 fotolia/davis; S. 296-297 Manfred Vollmer; S. 299 Shutterstock/Dirk Ercken; S. 300 Helena Grebe; S. 301 www.jazzstadt.de; S. 302 Shutterstock/Tupungato; S. 303 Bildagentur-online/Chromorange; S. 304 KAH Bonn; S. 305 look-foto; S. 306 laif/Dorothea Schmid; S. 308-309 Patrick Gawandtka; S. 311 HPHeinrichs/vario images; S. 312 laif/Ekkehart Bussenius; S. 313 Sonja Nordmann; S. 314 Jahreszeiten Verlag/GourmetPictureGuide; S. 315 www.alte-lohnhalle.de; S. 316 www.hotel-im-wasserturm.de; S. 317 Pullmann Aachen Quellenhof; S. 318 laif/Matthias Jung; S. 319 Berens am Kai GmbH; S. 320 Brauhaus Früh am Dom; S. 321 Restaurant Brauerei Zum Schiffchen GmbH & CO. KG; S. 322 Dirk Vormann/Casino Zollverein Gmbh; S. 323 Lichtburg Essen; S. 324 imago/Ralph Lueger; S. 325 Münster Marketing/Ralf Emmerich; S. 326 Tonhalle, Foto B.Litjes; S. 328 Münster Marketing/Ralf Emmerich; S. 329 Das Dufthaus 4711; S. 330 imagetrust/Heiko Specht; S. 331 laif/Gerald Haenel; S. 332 laif/Thomas Kost; S. 333 laif/Hardy Mueller; S. 334 dpa Picture-Alliance/firo Sportphoto; S. 335 Bildagentur Huber/Kornblum; S. 336 Düsseldorf Marketing & Tourismus GmbH; S. 337 Henning Rogge, Hamburg; S. 338 Münsterland e.V./PhilippFoelting; S. 339 Caro/Giesen; S. 341 AKKH e.V.; S. 343 Shutterstock/lightpoet; S. 344 Geysir.info gGmbH; S. 346-347 Alimdi.net; S. 349 Shutterstock/Ossorio Castillo; S. 350 Shutterstock/Rostislav Ageev; S. 353 fotolia/kuegi; S. 354 Stadtmuseum Simeonstift Trier/Foto: Tomas Riehle; S. 355 Jahreszeiten Verlag/GourmetPictureGuide; S. 356 Jahreszeiten Verlag/Gourmet PictureGuide; S. 357 Jahreszeiten Verlag/GourmetPictureGuide; S. 358 laif/Miquel Gonzalez; S. 361 mauritius images/Alamy; S. 362 Shutterstock/Mostovyi Sergii Igorevich; S. 363 ddp images/dapd; S. 365 dpa Picture-Alliance/Thomas Frey; S. 366-367 laif/Thomas Rabsch; S. 369 seasons.agency/Jalag/Beer, Günter; S. 370 Dominik Ketz; S. 371 Artur Gruber; S. 373 laif/Fulvio Zanettini; S. 374 Weltkulturerbe Völklinger Hütte/Franz Mörscher; S. 375 dpa Picture-Alliance/Becker & Bredel; S. 376 Jahreszeiten Verlag/Arthur F. Selbach; S. 377 laif/Fulvio Zanettini; S. 378 Jahreszeiten Verlag/GourmetPictureGuide; S. 379 Victor's Residenz-Hotel Schloss Berg; S. 380 Jahreszeiten Verlag/GourmetPictureGuide; S. 382 dpa Picture-Alliance/Becker&Baredel Claus Kiefer; S. 383 Villeroy & Boch AG; S. 385 imago/Becker&Bredel; S. 386 laif/Pierre Adenis; S. 387 laif/Hardy Mueller; S. 389 laif/Heiko Specht; S. 390 Fotolia/Sabine Kipus; S. 391 Shutterstock/Edler von Rabenstein; S. 393 H. & D. Zielske/Look-foto; S. 394 Shutterstock/Haas Werbeagentur; S. 396 laif/Martin Kirchner; S. 397 Zoo Leipzig GmbH; S. 398 Bildagentur Huber/R. Schmid; S. 400 Shutterstock/seka33; S. 401 Staatliche Kunstsammlung Dresden/David Brandt; S. 402 Jahreszeiten Verlag/GourmetPictureGuide; S. 403 Jahreszeiten Verlag/GourmetPictureGuide; S. 404 Jahreszeiten Verlag/GourmetPicture Guide; S. 406 Jahreszeiten Verlag/GourmetPictureGuide; S. 408 laif/Peter Hirth; S. 409 Matthias Creutziger; S. 410 laif/Gerhard Westrich; S. 411 Bach-Archiv Leipzig; S. 412 Meissen: Maik Krause; S. 413 Dresdner Molkerei Gebr. Pfund GmbH; S. 414 laif/Gerhard Westrich; S. 415 courtesy Galerie EIGEN + ART Leipzig/Berlin/Thomas Riese; S. 416 laif/Martin Kirchner; S. 417 Bildagentur Huber/R. Schmid; S. 419 Bildagentur Huber/R. Schmid; S. 420-421 Fotos TVE-Greg Snell snellmeida.com; S. 423 vario images/imagebroker; S. 424 dpa Picture-Alliance/Jan Woitas; S. 425 Falko Matte; S. 427 Landesamt für Denkmalpflege und Archäologie Landesmuseum für Vorgeschichte; S. 428 Archiv Ksdw; S. 429 fotolia/Henry Czauderna; S. 431 Bildagentur Huber/R. Schmid; S. 432 Kulturstiftung Sachsen-Anhalt; S. 433 Die Lyonel-Feininger-Galerie in Quedlinburg, Foto: Ray Behringer; S. 435 www.burg-falkenstein.de; S. 436 Marcus-Andreas Mohr; S. 438 MahnS Chateau; S. 441 dpa Picture-Alliance/Andreas Lander; S. 442 Markus Scholz Fotografie; S. 444 mauritius images/Alamy; S. 445 Sebastian Theilig; S. 446 Jeanett Czinzoll; S. 447 Harzer Schmalspurbahnen; S. 449 Shutterstock/astudio; S. 450 laif/Martin Sasse; S. 452 imago/Paul von Stroheim; S. 453 fotolia/volkerladwig; S. 454 Bildagentur Huber/Lubenow; S. 455 laif/Michael Amme; S. 456 Seehundstation Friedrichskoog e.V.; S. 457 Bertram Solcher; S. 458 Wasser- und Schifffahrtsdirektion Nord; S. 459 laif/Karl-Heinz Raach; S. 461 Jahreszeiten Verlag/Arthur F. Selbach; S. 462 Jana Ebert/Budersand; S. 463 Sabine Lubenow/Look-foto; S. 464 laif/Suse Walczak; S. 465 Jahreszeiten Verlag/GourmetPictureGuide; S. 466 vario images/imagebroker; S. 467 Das Fotostudio Kiel; S. 468 dpa Picture-Alliance/Jens Kalaene; S. 469 imago/Werner Otto; S. 470 Jahreszeiten Verlag/GourmetPictureGuide; S. 471 Manufaktur Lederwerkstatt Sylt; S. 472 Axel Nickolaus; S. 473 Christian Beeck/www.segel-bilder.de; S. 474 Thomas Grundner/Look-foto; S. 475 laif/Johannes Arlt; S. 476 imago/Werner Otto; S. 477 Harald Bickel; S. 478-479 Andreas Sewald; S. 481 Caro/Muhs; S. 482 Bildagentur Huber/Thiele; S. 483 fotolia/M. Schuppich; S. 484-485 Dominik Ketz im Auftrag vom Regionalverbund Thüringer Wald e.V.; S. 486 Keltenbad Bad Salzungen; S. 487 Stefan Harnisch; S. 488 Glow Images/ImagebrokerRM; S. 489 HUBER IMAGES: Reinhard Schmid; S. 490 laif/Michael Trippel; S. 492 Gordon Welters © Klassik Stiftung Weimar; S. 493 Marie Liebig; S. 494 dpa Picture-Alliance/Martin Schutt; S. 495 mauritius images/Till Beck; S. 496 Erfurt Tourismus und Marketing Gmbh; S. 497 ETMG, Barbara Neumann; S. 499 Jahreszeiten Verlag/GourmetPictureGuide; S. 500 fotolia/Henry Czauderna; S. 501 Jahreszeiten Verlag/GourmetPicture Guide; S. 502 Jahreszeiten Verlag/GourmetPictureGuide; S. 504 Jahreszeiten Verlag/GourmetPictureGuide; S. 505 Jahreszeiten Verlag/GourmetPictureGuide; S. 506 picture alliance/dpa: Bodo Schackow; S. 507 Deutsches Nationaltheater: Th.Müller; S. 508 Kahla/Thüringen Porzellan GmbH; S. 509 laif/Joerg Glaescher; S. 510 Rainer Salzmann; S. 511 dpa Picture-Alliance/Martin Schutt; S. 512 Florian Trykowski; S. 513 blickwinkel; S. 514 Bildagentur Huber/Szyszka; S. 515 Regionalverbund Thüringer Wald;

Impressum

POLYGLOTT

POLYGLOTT ist eine eingetragene Marke der
GRÄFE UND UNZER VERLAG GmbH

ISBN 978-3-8464-0914-5

1. Auflage 2022

Redaktion und Projektmanagement: Julia Hirner,
Wilhelm Klemm
Lektorat & Satz: Clemens Hoffmann für
booklab GmbH, München
Bildredaktion: Dr. Nafsika Mylona
Herstellung: Gloria Schlayer
Repro: Repro Ludwig, Zell am See
Druck und Bindung: Drukarnia Dimograf sp zo.0., Polen

GRÄFE UND UNZER

Ein Unternehmen der
GANSKE VERLAGSGRUPPE

Wichtiger Hinweis
Die Daten und Fakten für dieses Werk wurden mit äußerster Sorgfalt recherchiert und geprüft. Wir weisen jedoch darauf hi dass diese Angaben häufig Veränderungen unterworfen sind un inhaltliche Fehler oder Auslassungen nicht völlig auszuschließen sind, zumal zum Zeitpunkt der Drucklegung die Auswirkungen von Covid-19 auf das Hotel- und Gastgewerbe vor Ort nicht vollständig abzusehen waren.
Für eventuelle Fehler oder Auslassungen können Gräfe und Unzer und die Autoren keinerlei Verpflichtung und Haftung übernehmen.
Aus Gründen der besseren Lesbarkeit wird in diesem Buch bei Personenbezeichnungen das generische Maskulinum verwende Es gilt gleichermaßen für alle Geschlechter.

Ansprechpartner für den Anzeigenverkauf:
KV Kommunalverlag GmbH & Co. KG,
MediaCenter München,
Tel. 089/928 09 60

Bei Interesse an maßgeschneiderten B2B-Produkten:
roswitha.riedel@graefe-und-unzer.de

Leserservice
GRÄFE UND UNZER Verlag
Grillparzerstraße 12
81675 München
www.graefe-und-unzer.de

Umwelthinweis
Nachhaltigkeit ist uns sehr wichtig. Der Rohstoff Papier ist in d Buchproduktion hierfür von entscheidender Bedeutung. Dahe ist dieses Buch auf PEFC-zertifiziertem Papier gedruckt. PEFC garantiert, dass ökologische, soziale und ökonomische Aspekte in der Verarbeitungskette unabhängig überwacht werden und lückenlos nachvollziehbar sind.